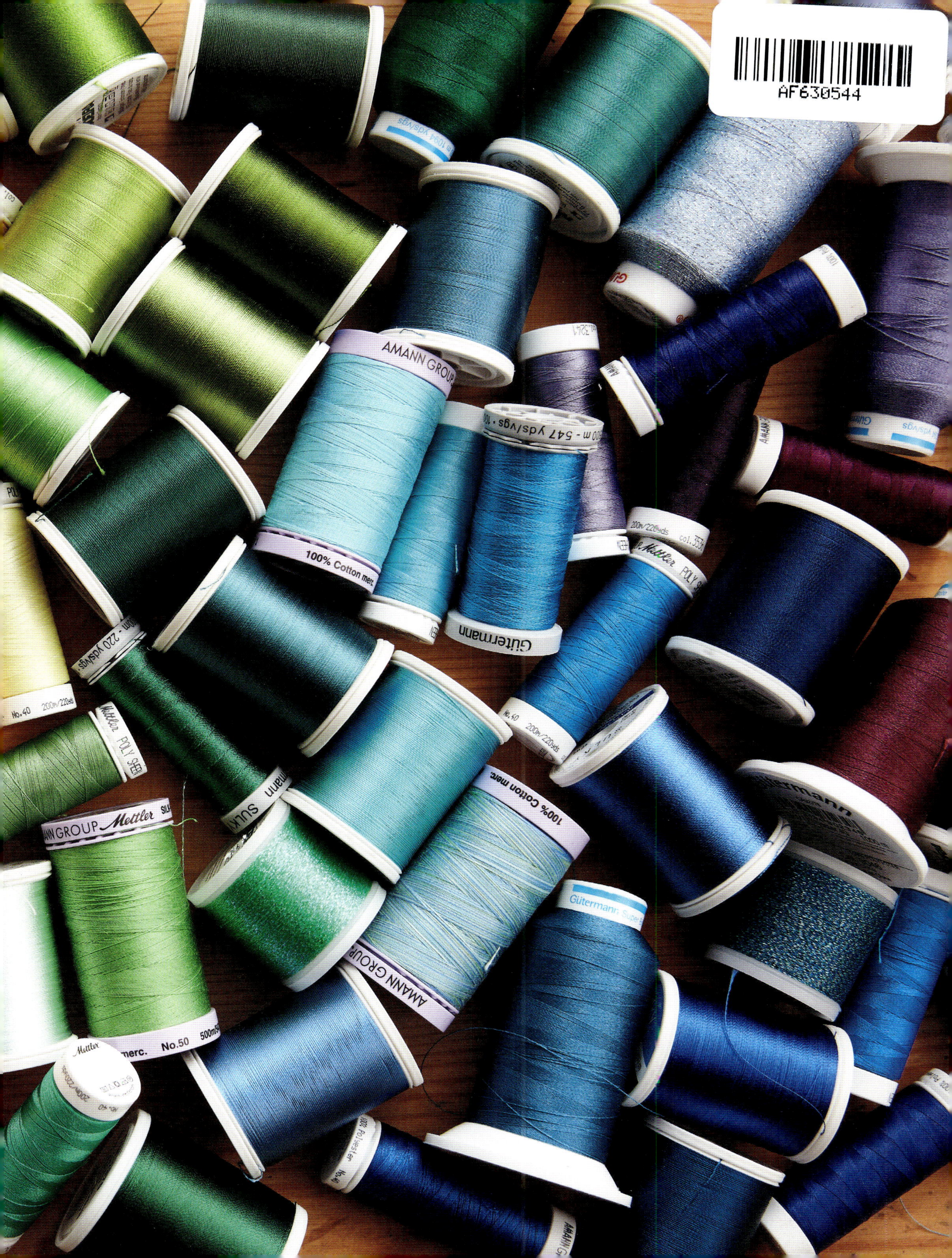
AMANN GROUP
100% Cotton merc.
Gütermann
100% Cotton merc.
AMANN GROUP
AMANN GROUP Mettler
No.50

Gaby Seeberg-Wilhelm

STICKEN MIT DER STICKMASCHINE

Materialien, Grundlagen und Techniken

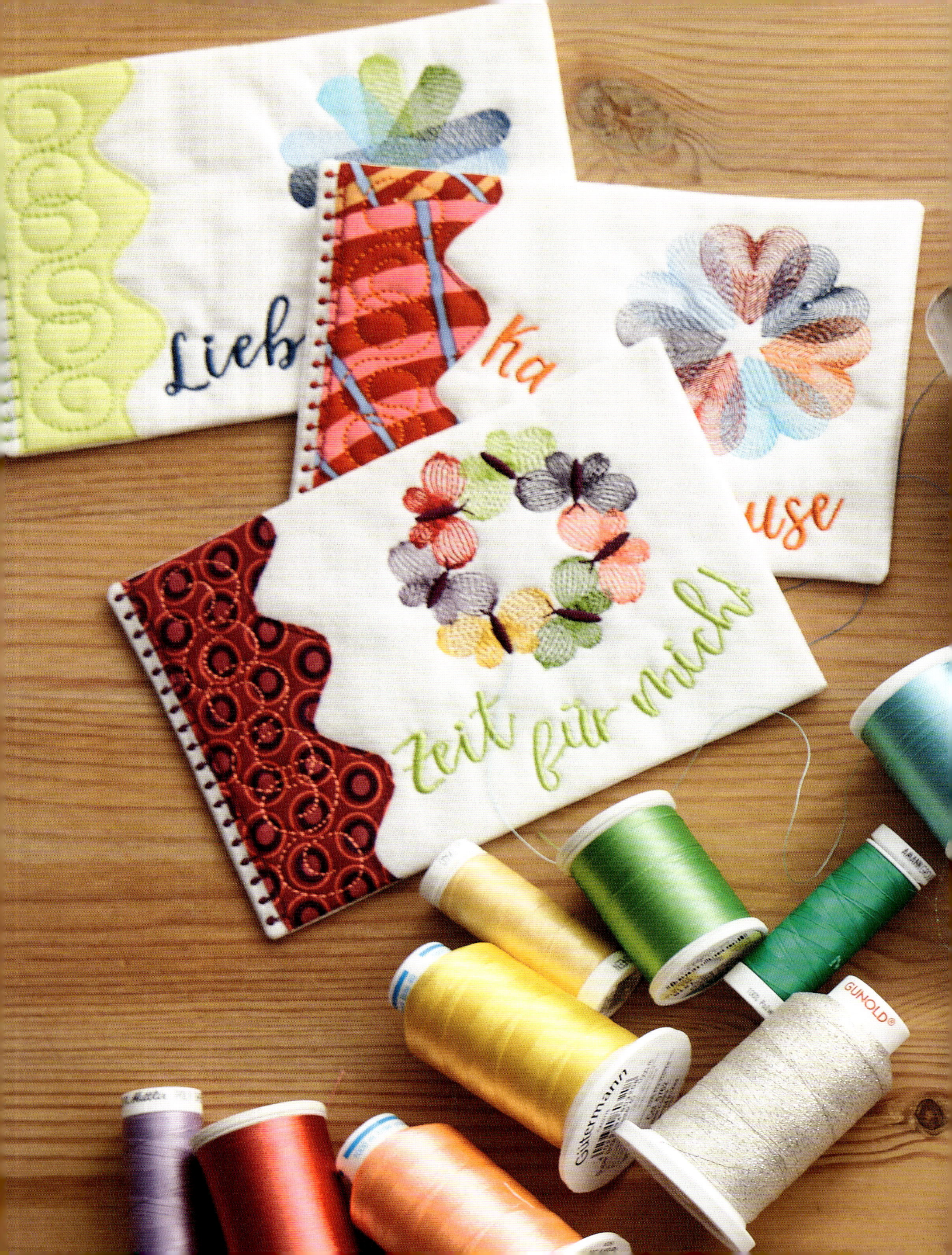
Lieb
Ka
use
Zeit für mich!
GUNOLD
Gütermann

Mein erstes Projektbuch, „Sticken – Meine Ideen auf Stoff“ habe ich genau zehn Jahre vor diesem Buch geschrieben und herausgegeben. Was hat sich alles getan in dieser Zeit! Die Maschinen sind günstiger geworden und wesentlich einfacher zu bedienen. Die Materialien sind vielfältiger und decken jeden Bedarf ab, um unterschiedlichste Stoffe zu besticken. Fäden, Nadeln und Stickvliese stehen in einem breiten Angebot von unterschiedlichsten Herstellern zur Verfügung. Hinzu kommt, dass über das Internet ein riesiger Fundus an Stickdateien zur Auswahl bereitsteht.

Sie können heute Ihrer Kreativität freien Lauf lassen und Stickprojekte mit unterschiedlichsten Schwierigkeitsgraden umsetzen. Manchmal braucht es dann nur noch den einen oder anderen kleinen Tipp oder Hinweis, damit es mit Freude gelingt. Und genau da setze ich mit diesem Buch an. Textilien sind meine Leidenschaft, Sticken ist mein Hobby. Durch Kurse und Schulungen, die ich gebe, und durch die vielen Verkaufsberatungen zu Maschinen, Materialien und Textilien durfte ich einen umfangreichen Erfahrungsschatz ansammeln. Ich möchte mit diesem Stickbuch Anfängerinnen und Anfängern sowie Fortgeschrittenen Tipps und Ideen weitergeben und Ihnen damit meine Erfahrungen mit diesem wunderschönen Hobby zugänglich machen.

Ihre

Gaby Seeberg-Wilhelm

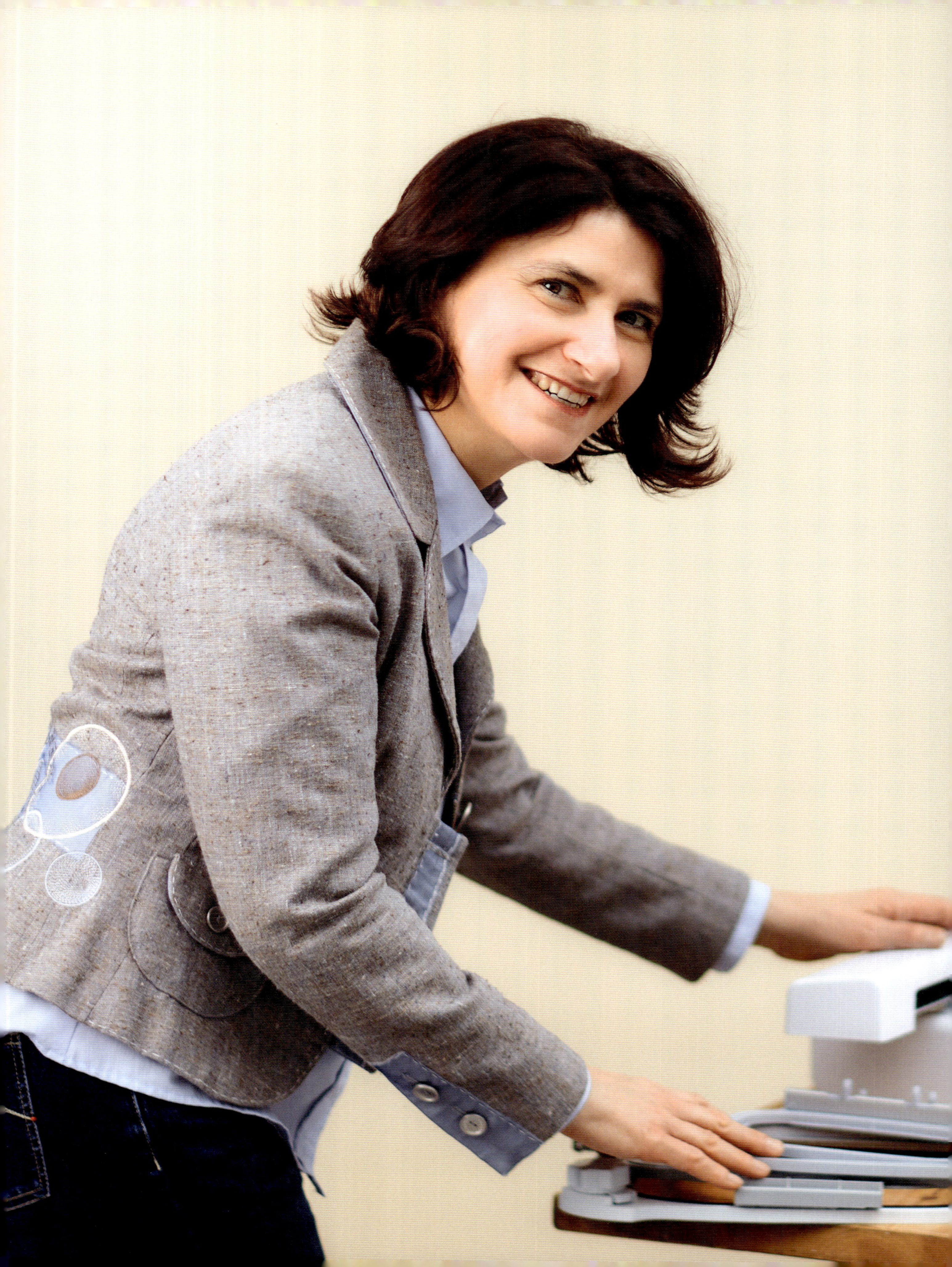

STICKMASCHINE & ZUBEHÖR

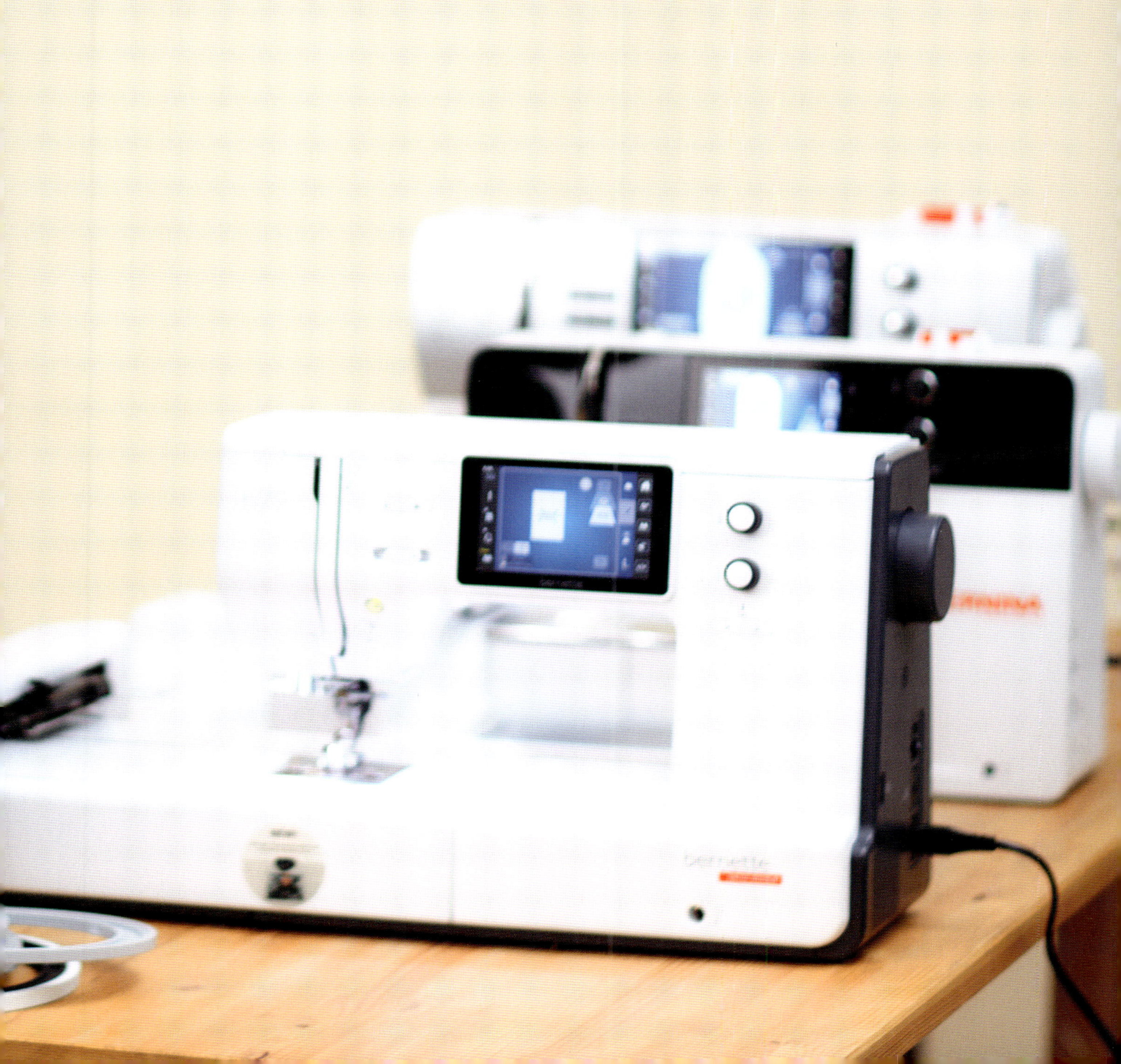

STICKMASCHINE

Mit der Stickmaschine lassen sich Stoffe auf vielfältige Weise verzieren. Vor dem Sticken ist es empfehlenswert, sich mit der Maschine und ihren Funktionen vertraut zu machen. Dabei ist auch die Pflege der Maschine wichtig.

Auf den ersten Blick sieht eine Maschine zum Sticken wie eine normale Nähmaschine aus. Bei genauerer Betrachtung fällt jedoch die Stickeinheit auf, die links an der Maschine angebracht ist. Sie ermöglicht das Verzieren von Geweben. Der zu bestickende Stoff wird in einen Rahmen eingespannt und der Rahmen in die Stickeinheit eingelegt. Die Stickmaschine bewegt den Stickrahmen in alle Richtungen, sodass die gewünschten Verzierungen exakt und reproduzierbar entstehen.

Der passende Stickrahmen ist beim Kauf der Stickeinheit im Lieferumfang enthalten. Eine Auswahl an Stickmustern, meistens auch Alphabete mit verschiedenen Zeichensätzen, werden mit der Maschine geliefert. Durch Verkleinern, Vergrößern, Drehen, Spiegeln und das Kombinieren unterschiedlicher Muster können viele kreative Verzierungen gestaltet werden.

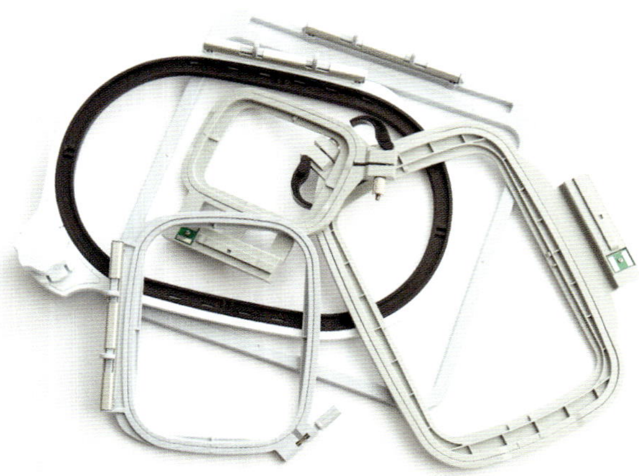

NÄH- UND STICKMASCHINEN

Auf dem Nähmaschinenmarkt werden sowohl kombinierte Näh- und Stickmaschinen angeboten als auch reine Stickmaschinen. Die Näh- und Stickmaschinen können beides – nähen und sticken. Wenn die Stickeinheit nicht angebracht ist, kann das Kombigerät zum Nähen benutzt werden. Sobald jedoch die Stickeinheit angeschlossen ist, können Muster mit dieser Maschine gestickt werden.

REINE STICKMASCHINEN

Eine „reine" Stickmaschine kann nicht als Nähmaschine verwendet werden, sie kann „nur" sticken. Ist das Muster an der Maschine gewählt, führt die Maschine selbstständig ihre Arbeitsgänge durch. Der Vorteil ist, dass die Nähmaschine zum Nähen zur Verfügung steht, solange die Stickmaschine arbeitet. Sie können also bei Bedarf beide Maschinen gleichzeitig nutzen.

MASCHINE ZUM STICKEN VORBEREITEN

Bevor Sie mit dem Sticken beginnen, überprüfen Sie, ob die Maschine richtig eingestellt ist. Um die Maschine herum muss genügend freier Raum geschaffen werden, damit sich der Stickarm und der Stickrahmen ungehindert bewegen können.

Eine Stickmaschine ist von Anfang an auf Sticken eingestellt. Die Maschine muss nicht umgestellt werden. Um eine Nähmaschine in eine Stickmaschine umzuwandeln, sind einige einfache Arbeitsgänge notwendig. Je nach Hersteller können diese Schritte von Maschine zu Maschine variieren. Lassen Sie sich dich Arbeitsschritte bei Ihrem Fachhändler zeigen oder schauen Sie in der Bedienungsanleitung nach.

KOMBIMASCHINE VORBEREITEN

1 **MASCHINE AUSSCHALTEN**

Vor dem Anbringen oder Entfernen der Stickeinheit schalten Sie die Maschine aus. Die meisten Hersteller empfehlen aus Sicherheitsgründen die Maschine ausgeschaltet zu lassen, bis alles angeschlossen und der Stickfuß eingesetzt ist. Sobald Sie die Maschine wieder einschalten, meldet sich automatisch auf dem Display das Stickmenü mit der Stickmusterwahl.

2 **STICKEINHEIT ANBRINGEN**

Die Stickeinheit wird an der Maschine in den meisten Fällen einfach in den dafür vorgesehenen Anschluss eingeschoben. Bei manchen Maschinen gibt es eine bestimmte Grundstellung, die beim Andocken einzuhalten ist.

3 STICKFUSS EINSETZEN

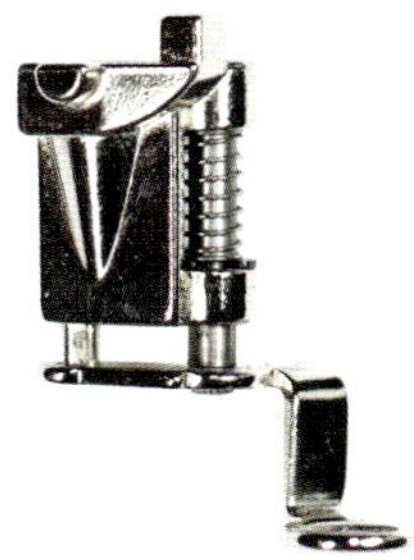

Zum Sticken wird der normale Nähfuß gegen den Stickfuß ausgetauscht. Bei manchen Maschinen wird nicht nur die Fußsohle gewechselt, sondern auch der Schaft. Der Stickfuß ist in diesem Fall gleich an den Fußhalter angebracht und wird im Ganzen ausgetauscht.

4 NADEL WECHSELN

Setzen Sie zum Sticken die passende Nadel ein. Die Nadel muss zum Garn, zum Stickmuster und natürlich auch zum Stoff passen (siehe S. 52).

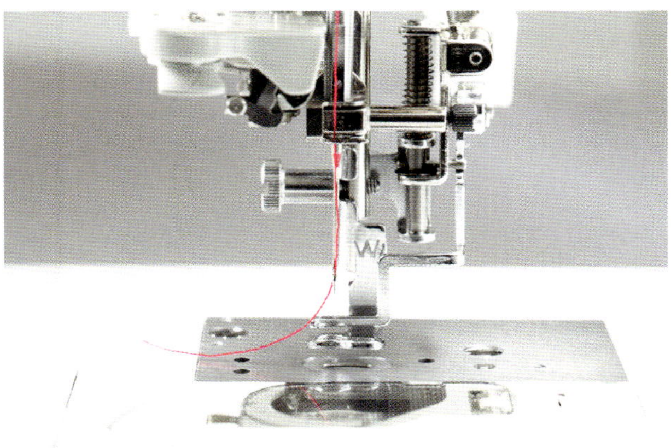

5 FADENSPANNUNG EINSTELLEN

Die meisten aktuellen Maschinen regeln die Oberfadenspannung automatisch mit einem kleinen Motor in der Maschine. Schauen Sie in der Bedienungsanleitung nach, ob das bei Ihrer Maschine der Fall ist. Wird die Fadenspannung nicht automatisch geregelt, können Sie die Oberfadenspannung je nach Maschine mithilfe eines Rädchens anpassen (siehe S. 16).

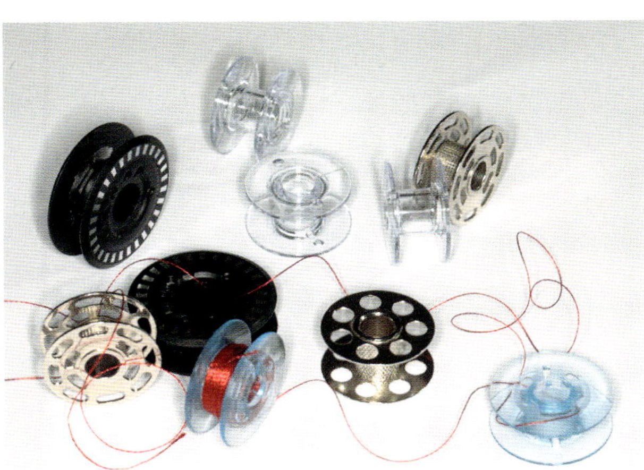

Viele Hersteller liefern zum Sticken einen separaten Spulenkorb bzw. eine Spulenkapsel mit. In diesem Fall wird der Nähspulenkorb gegen den Stickspulenkorb ausgetauscht. Die Unterfadenspannung ist bei dem Stickspulenkorb bzw. der Stickspulenkapsel gleich richtig angepasst.

6 STICHPLATTE WECHSELN

Zum Sticken ist die Geradstichstichplatte geeignet. Diese Stichplatte ist bei manchen Maschinen von Anfang an mit dabei. Wenn nicht, können Sie sie als Sonderzubehör kaufen. Die Geradstichstichplatte hilft bei der Führung der Nadel und verhindert, dass sie ausweicht. Der Oberfaden kann den Unterfaden somit sauber abholen.

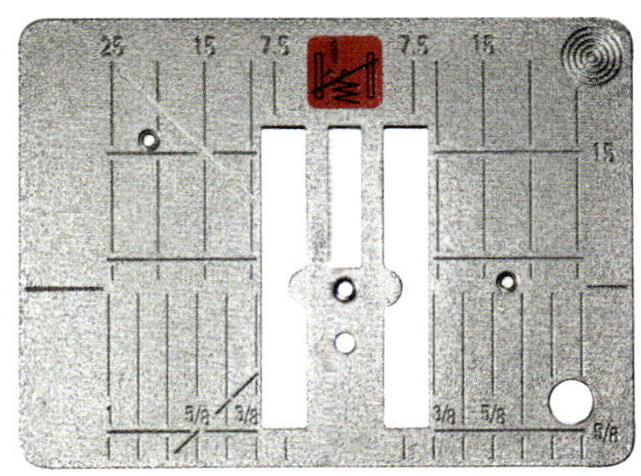

7 STICKRAHMEN EINSPANNEN

Der Stickrahmen besteht aus dem Außenrahmen und dem Innenrahmen. Dazwischen wird das Stickgut eingespannt (siehe S. 56). Wenn ein Stickmuster an der Maschine angewählt wird, wird es auf die Mitte des Rahmens positioniert.

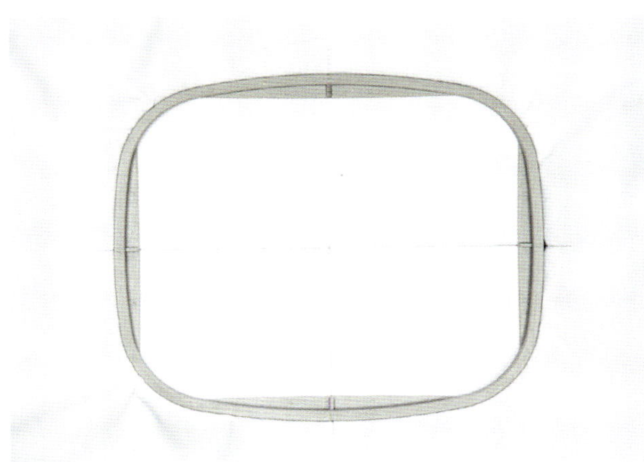

PFLEGE UND REINIGUNG DER MASCHINE

Pflegen Sie Ihre Maschine regelmäßig und sorgfältig, indem Sie sie reinigen, auspinseln und wenn nötig ölen. Wechseln Sie die Nadeln regelmäßig aus, befreien Sie die Spannungsscheiben von Fusseln und Fadenresten. Und: Schauen Sie Ihrer Maschine bei der Arbeit liebevoll zu!

REINIGEN

Das Zubehörpaket enthält einen Pinsel zum Reinigen der Maschine. Damit entfernen Sie die Flusen, Fusseln und Fadenreste aus dem Greiferbereich.

ÖLEN

Viele Maschinen müssen nicht mehr geölt werden. In der Bedienungsanleitung der Maschine können Sie nachlesen, ob das bei Ihrer Maschine der Fall ist. Maschinen, die einen Metallgreifer haben, müssen auf jeden Fall in regelmäßigen Abständen geölt werden. Die neueren Maschinen zeigen eine Benachrichtigung, wenn sie gereinigt und geölt werden müssen.

MEIN TIPP

Lassen Sie Ihre Nähmaschine ab und zu vom Fachhändler warten. Der Mechaniker entfernt auch das Gehäuse der Maschine, reinigt und ölt die Maschine von innen und überall dort, wo Sie selbst keinen Zugang haben.

NADEL WECHSELN

Bei vielen Fabrikaten wird ein Schraubendreher zum Lösen und Festdrehen der Nadelhalterschraube mitgeliefert.
Zum Entfernen der Nadel lösen Sie die Nadelhalterschraube und entnehmen die Nadel. Setzen Sie die neue Nadel mit der flachen Seite nach hinten ein und schieben Sie sie bis zum Anschlag nach oben. Drehen Sie die Schraube wieder fest.
Wechseln Sie die Nadeln nicht erst, wenn sie brechen. Wenn die Nadelspitze stumpf ist, kann es zu Fehlstichen kommen. Prüfen Sie den Zustand der Nadel am besten vor jedem neuen Projekt und beginnen Sie im Zweifel mit einer neuen Nadel. Verwenden Sie stets für den jeweiligen Stoff die passende Nadelstärke und das passende Nadelsystem.

STICHPLATTE ENTFERNEN

Unter der Stichplatte und im Greiferbereich setzen sich häufig Fusseln ab, die nicht gleich zu sehen sind. Nehmen Sie daher die Stichplatte in regelmäßigen Abständen ab und reinigen Sie die Zwischenräume. Lösen Sie dazu mit dem Schraubendreher die Befestigungsschraube der Stichplatte und drehen Sie sie nach der Reinigung wieder fest. Bei manchen Maschinen lässt sich die Stichplatte ohne den Einsatz von Werkzeug leicht anheben und abnehmen. Beachten Sie immer die Bedienungsanleitung der Maschine.

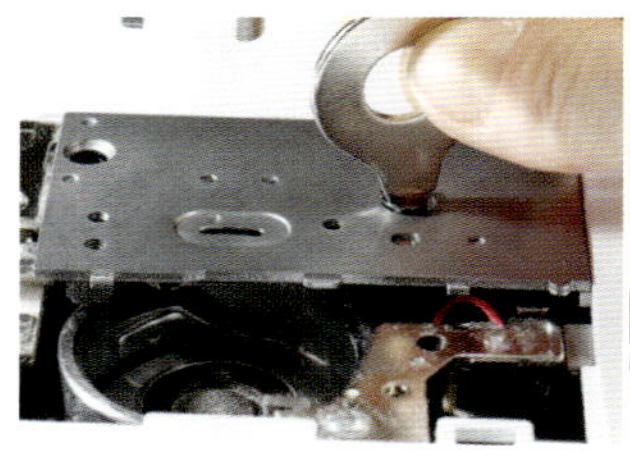

Stichplatte abnehmen

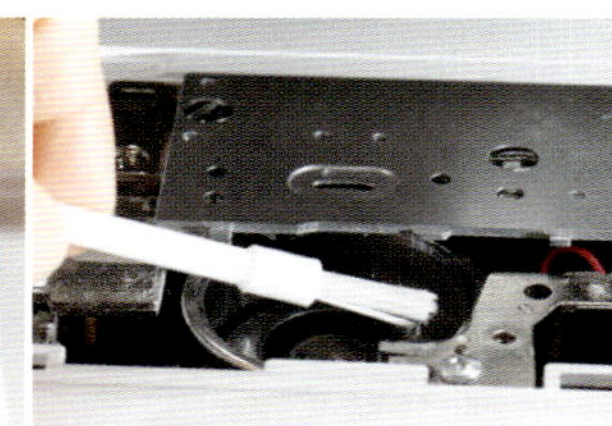

Greiferbereich reinigen

GEHÄUSE REINIGEN

Verwenden Sie zum Reinigen des Gehäuses ein weiches, fusselfreies Tuch.

FADENSPANNUNG

Voraussetzung für ein einwandfreies Stickergebnis ist neben der Verwendung von passendem Stickvlies, Stickspulenkapsel und Geradstichplatte sowie dem glatt im Stickrahmen eingespannten Stoff auch die Fadenspannung.
Die Fadenspannung regelt über eine mechanische Einrichtung in der Maschine den Anpressdruck des Fadens. Dieser beeinflusst die Stichbildung. Die Spannung für Oberfaden und Unterfaden wird jeweils getrennt eingestellt. Der Faden, der oben in die Nähmaschine eingefädelt wird, ist der Oberfaden. Er ist beim Sticken auf der oberen Stoffseite zu sehen. Der Faden, der unten eingefädelt wird, ist der Unterfaden und läuft durch die sogenannte Unterfadenspannung. Den Unterfaden sehen Sie auf der unteren Seite des Stoffes.

OBERFADENSPANNUNG

Der Oberfaden wird beim Einfädeln durch zwei Scheiben gelegt. Diese bilden den Mechanismus für die Oberfadenspannung. Die Scheiben halten den Faden gespannt und lassen ihn kontrolliert in die nächste Fadenführung und zum Fadengeber durchlaufen. Der Anpressdruck kann je nach Herstellermodell automatisch von der Maschine angepasst werden oder wird manuell über einen dafür vorgesehenen Einstellknopf reguliert.

OBERFADENSPANNUNG MANUELL ANPASSEN

Viele Maschinen haben eine Oberfadenspannung, die manuell über den Einstellknopf verändert werden kann. Dieser befindet sich vorne auf der Kopfseite der Maschine. Durch Drehen des Reglers wird der Zug des Fadens angepasst. Auf dem Einstellknopf stehen die Zahlen 0 bis 9. Der optimale Bereich liegt meistens zwischen 3 und 5 und ist deshalb deutlicher hervorgehoben. Wenn eine kleinere Zahl gewählt wird, wird die Fadenspannung lockerer. Für eine festere Fadenspannung wird der Regler auf eine höhere Zahl eingestellt.

AUTOMATISCHE EINSTELLUNG DER OBERFADENSPANNUNG

Die ausgeklügelten Näh- und Sticksysteme justieren die Oberfadenspannung automatisch. Diese Maschinen sind dadurch sehr bequem zu handhaben. Die Fadenspannung stellt die Maschine ein, sobald die Stickdatei geöffnet wird. Diese Einstellung kann bei Bedarf mit den jeweiligen Tasten verändert oder angepasst werden. Mit „+" wird die Fadenspannung fester, mit „-" wird sie lockerer.

UNTERFADENSPANNUNG

Vor dem Sticken werden Oberfaden und Unterfaden passend zum Projekt in die Maschine eingefädelt. Der Unterfaden wird vorher auf die Spule gewickelt und die Spule anschließend in die Spulenkapsel eingelegt. Dabei läuft der Faden durch die Spannscheibe. Wenn die Maschine stickt, wird der Unterfaden nach und nach aus dieser Kapsel herausgezogen, bis die Spule leer ist. Die Unterfadenspannung wird ab Werk präzise eingestellt. Sollte eine Nachjustierung notwendig sein, kontaktieren Sie den Fachhandel.

SPULENKAPSEL

Viele Hersteller liefern bei kombinierten Näh- und Stickmaschinen eine eigene Spulenkapsel zum Sticken mit. Sie ist aber auch separat erhältlich. Bei der Spulenkapsel ist die Fadenspannung etwas fester eingestellt, denn der Stickunterfaden ist etwas dünner im Vergleich zu einem Nähfaden. Verwenden Sie zum Sticken nur diese Stickspulenkapsel.

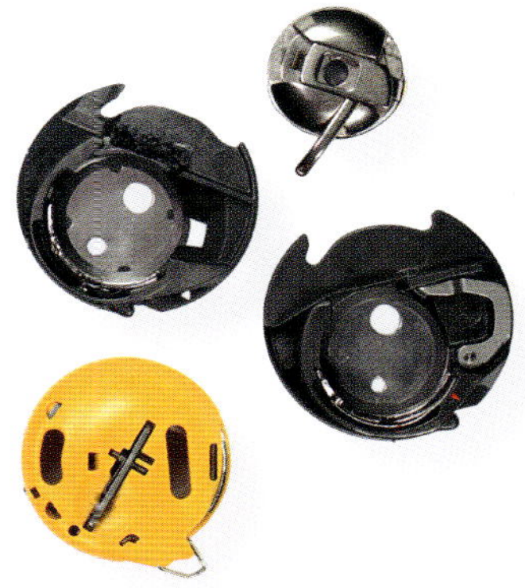

STICHPLATTE

Eine Stickmaschine wird mit einer Geradstichplatte ausgeliefert. Diese Platte hat ein Loch für die Nadelführung. Die Nadel und der Faden werden sauber geführt und können beim Hochkommen nicht ausweichen. So entsteht eine gleichmäßige Fadenspannung.
Prüfen Sie bei den kombinierten Näh- und Stickmaschinen, ob diese Platte im Lieferumfang enthalten ist. Auskunft gibt die Bedienungsanleitung. Es ist in jedem Fall empfehlenswert, die Stichplatte gegen eine Geradstichplatte auszutauschen, damit eine gleichmäßige Fadenspannung beim Sticken entsteht.

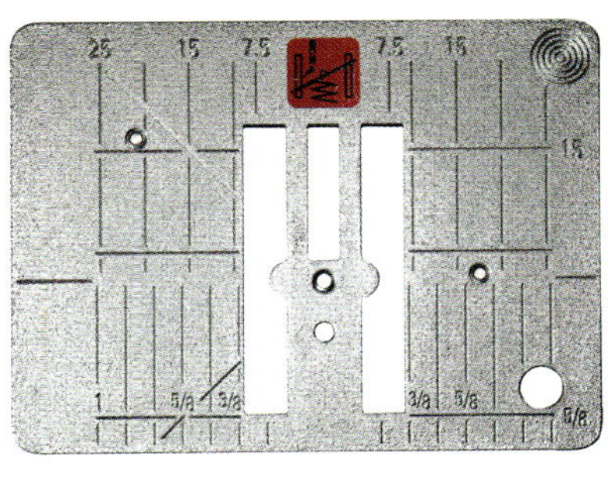

FADENSPANNUNG ANPASSEN

Wenn das Stichbild nicht ideal ist, überprüfen Sie zunächst folgende Punkte, bevor Sie die Fadenspannung verändern:

- Ist die Maschine richtig eingefädelt?
- Liegt der Faden, der eingefädelt ist, zwischen den Fadenspannungsscheiben?
- Ist der Stoff richtig und glatt in den Stickrahmen eingespannt?
- Sind alle Fadenführungen eingefädelt? Läuft der Faden sauber durch die Spulenkapsel?
- Befinden sich kleine Fadenreste oder Fusseln zwischen den Fadenspannungsscheiben? Wenn ja, entfernen Sie sie.
- Viele Maschinen haben einen automatischen Fadenabschneider. Durch das Abschneiden können Fadenreste in den Greifer gelangen und Probleme verursachen. Entfernen Sie deshalb regelmäßig die Stichplatte und reinigen Sie den Greiferbereich und die Zwischenräume.
- Überprüfen Sie den Zustand der Nadel. Wechseln Sie die Nadel aus, wenn sie stumpf oder defekt ist. Achten Sie darauf, dass Sie die Nadel beim Einsetzen bis zum Anschlag nach oben schieben.
- Haben Sie die für die Arbeit passende Nadel verwendet?
- Haben Sie die passende Einlage für den Stoff verwendet? Bei bestimmten Stoffen ist es notwendig, mehrere Einlagen zu kombinieren.

Erst wenn Sie alle Punkte überprüft haben und alles ordnungsgemäß ist, können Sie die Fadenspannung anpassen. Falls es notwendig ist, die Fadenspannung zu verändern, tun Sie dies nur in kleinen Schritten und prüfen stets das Ergebnis.

MEIN TIPP

Bevor Sie ein Kleidungsstück besticken, sticken Sie das Stickmuster auf dem gleichen oder einem ähnlichen Stoff Probe.

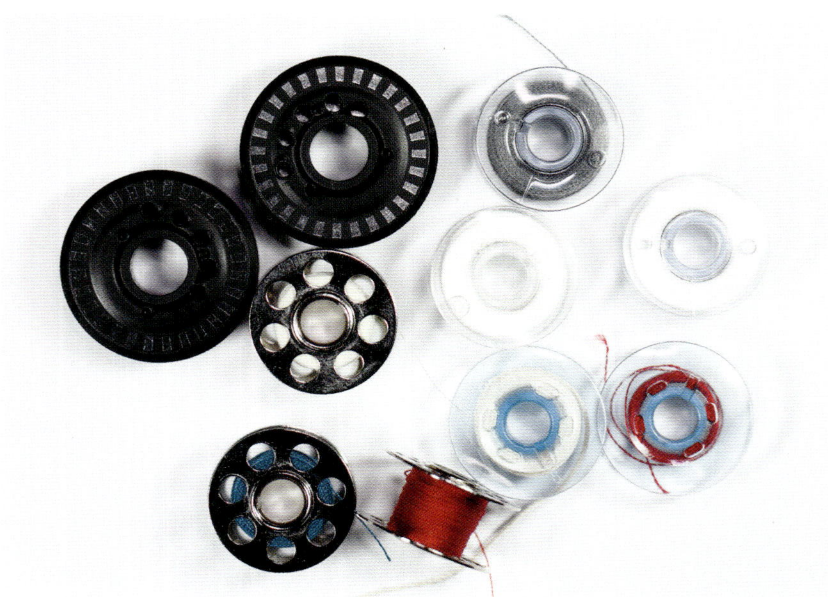

Der Unterfaden wird zunächst auf die Spule gewickelt.

FADENSPANNUNG RICHTIG EINGESTELLT

Die Fadenspannung ist richtig eingestellt, wenn die Verschlingung des Oberfadens mit dem Unterfaden auf der Rückseite des Stickmusters liegt. Der Unterfaden darf auf der Vorderseite nicht sichtbar sein.

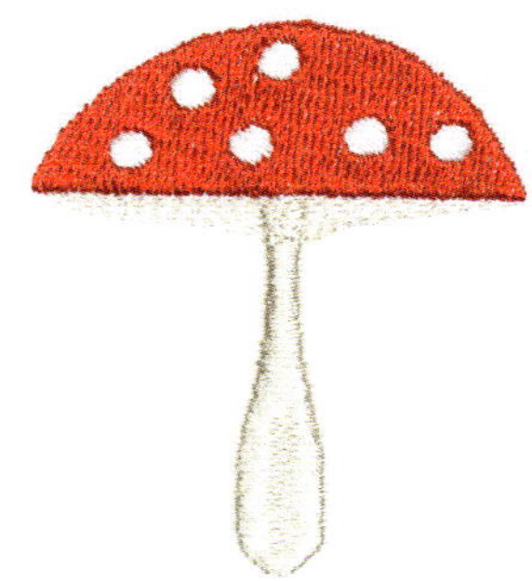

Vorderseite

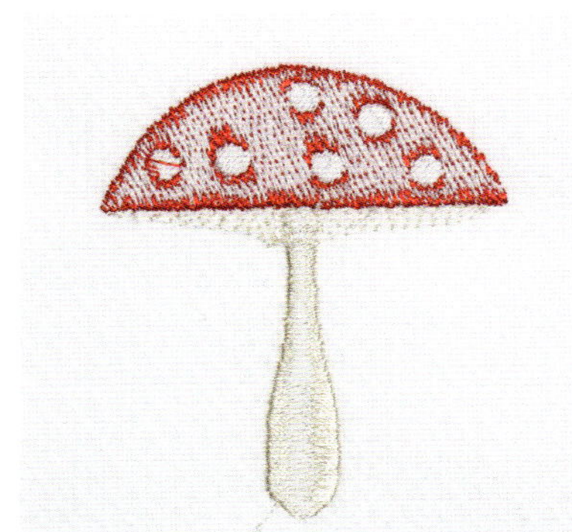

Rückseite

Stickdatei: Pilz
Abmessungen: 49,5 x 58,0 mm
Anzahl Stiche: 2733
Stickrahmen: 10 cm x 10 cm oder größer

OBERFADEN ZU FEST

Wenn der Stickfaden, der durch die Oberfadenspannung läuft, zu stark gespannt ist, sind der Unterfaden und die Verschlingung auf der Vorderseite des Stickmusters zu sehen. In diesem Fall den Spannungsregler für die Oberfadenspannung niedriger einstellen. Damit wird die Fadenspannung lockerer gestellt und die Verschlingung wandert auf die Rückseite.

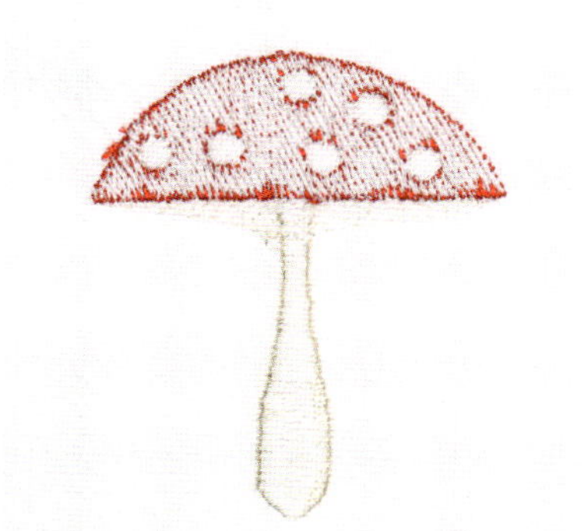

OBERFADEN ZU LOCKER

Wenn der Stickfaden, der durch die Oberfadenspannung läuft, zu locker gespannt ist, sind auf der Vorderseite des Stickmusters größere Schlingen sichtbar. Der Unterfaden und die Verschlingung auf der Rückseite des Stickmusters sind kaum sichtbar. In diesem Fall den Spannungsregler für die Oberfadenspannung höher einstellen. Damit wird die Oberfadenspannung fester und die Verschlingung der Fäden ist auf der Rückseite des Stickmusters sichtbar.

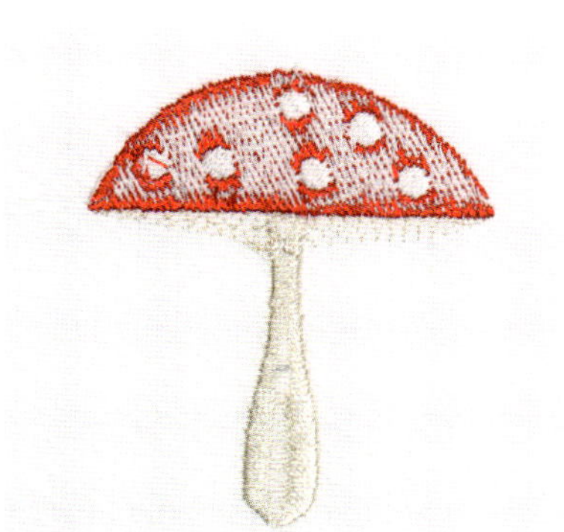

UNTERFADEN AUF VORDERSEITE ZU SEHEN

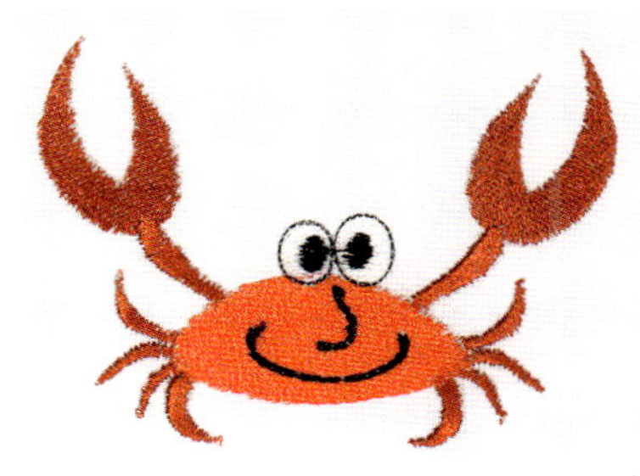

Vorderseite

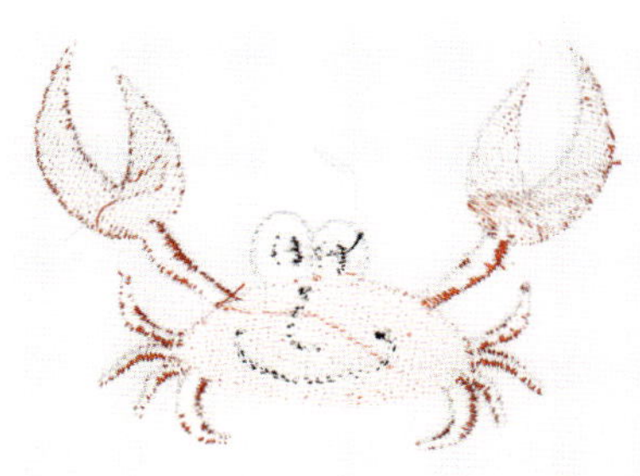

Rückseite

Stickdatei: Krebs
Abmessungen: 95,7 x 70,2 mm
Anzahl Stiche: 6786
Stickrahmen: 10 cm x 10 cm oder größer

Wenn der Unterfaden auf der Vorderseite des Stickmusters zu sehen ist, kann das verschiedene Ursachen haben:

- Bei den kombinierten Näh- und Stickmaschinen liegt dies meistens daran, dass anstatt der Stickspulenkapsel noch die Nähspulenkapsel eingesetzt ist. Achten Sie auch darauf, dass Sie die Geradstichplatte anstelle der Nähstichplatte eingesetzt haben (siehe S. 15).
- Eine stumpfe Nadel kann den Unterfaden nicht sauber aufnehmen. Das wirkt sich auch auf die Fadenspannung aus und macht die Verknotung ungleichmäßig. Wechseln Sie die Nadel öfter aus. Warten Sie nicht, bis sie bricht.
- Die Fadenspannung kann sich verändern, wenn oben in Qualität und Stärke unterschiedliche Fäden verwendet werden. Ein Stickgarn aus Viskose (Rayon) beispielsweise ist weicher und anschmiegsamer und kann somit etwas lockerer gespannt werden als ein Polyesterfaden. Polyesterfäden vertragen generell eine höhere Spannung und können etwas fester gespannt werden, um eine Schlingenbildung auf der Vorderseite zu korrigieren. Bei dickeren Stickgarnen muss die Oberfadenspannung gelockert werden.
- Die Unterfadenspannung kann sich auch dann verändern, wenn verschiedene Unterfäden benutzt werden. Der Unterfaden ist von Hersteller zu Hersteller unterschiedlich verarbeitet. Zudem gibt es mehrere Fadenstärken. Normalerweise wird ein Unterfaden als Bobbinfil bezeichnet und passt für die meisten Stickarbeiten. Dünnere Unterfäden werden verwendet, wenn auch der Oberfaden dünner als gewöhnlich gewählt wird.

MEIN TIPP

Wenn Sie einen Unterfaden ausprobiert haben und die Fadenspannung stimmt, bleiben Sie bei dieser Wahl.

- Die Spule ist nicht richtig aufgespult. Der Faden liegt deshalb locker und ungleichmäßig in der Spule. Das passiert, wenn der Faden beim Aufspulen nicht in der Vorspannung eingefädelt war oder wenn Fadenführungen beim Einfädeln ausgelassen worden sind. Achten Sie beim Spulen darauf, dass der Faden sauber durch die Vorspannung läuft und in alle Führungen eingefädelt ist.

NÜTZLICHES WERKZEUG

Neben Ihrer Stickmaschine benötigen Sie Werkzeuge zum Schneiden, Markieren, Messen und Heften. Auf diese praktischen Helfer möchte ich beim Sticken auf keinen Fall verzichten.

STICKSCHERE

Achten Sie beim Kauf darauf, dass die Spitze auch wirklich spitz geformt ist. Die Schere sollte klein, wendig und handlich sein, gut schneiden. Der Griff sollte leicht zu greifen sein. Die Fäden müssen sauber über dem Stoff abgeschnitten werden können, auch wenn die Stickerei noch im Rahmen eingespannt ist. Meine Stickschere ist doppelt gebogen: nicht nur die Schneidefläche, sondern auch der Griff. So komme ich überall hin und kann auch den kleinsten Fadenrest mühelos wegschneiden.

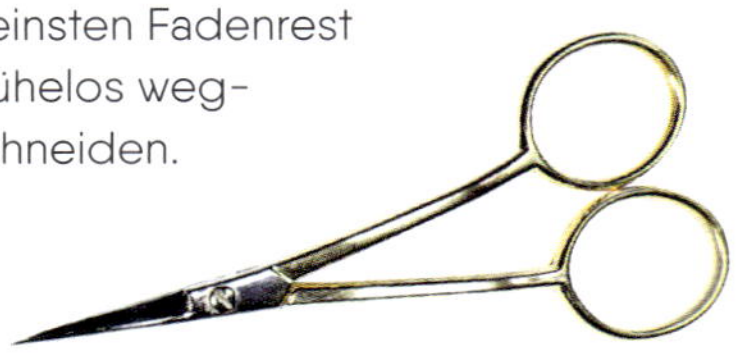

Stickscheren gibt es klein und groß. Sie eignen sich auch sehr gut, um Applikationsstoffe in engen Ecken und Rundungen zurückzuschneiden. Überall dort, wo die Applikationsschere nicht hinkommt.

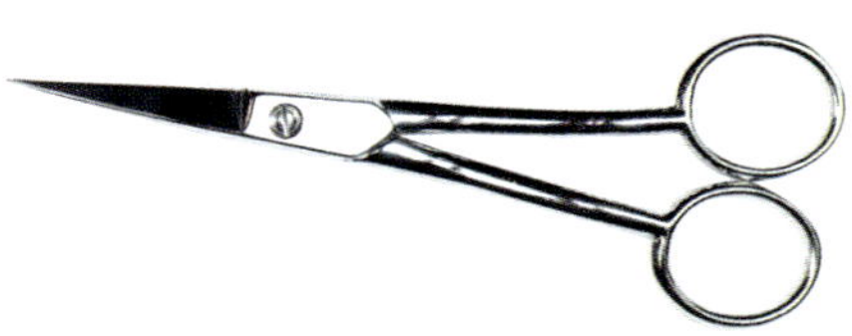

APPLIKATIONSSCHERE

Sie wird auch „Flügelschere“ genannt, weil eine Seite wie ein Flügel aussieht. Damit lassen sich Stoffe beim Applizieren besser zurückschneiden, ohne den Grundstoff zu beschädigen.

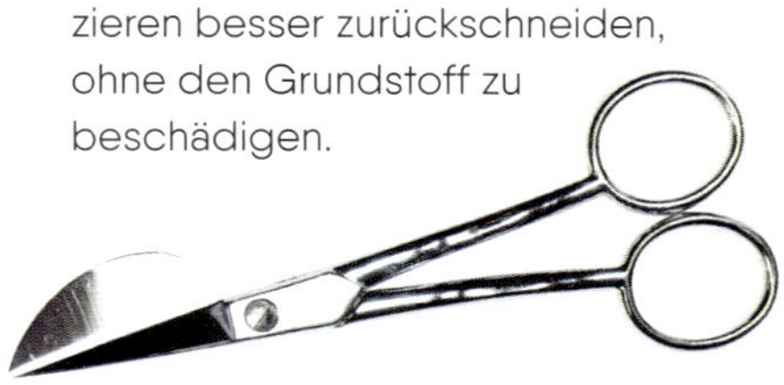

STOFFSCHERE

Eine gute Stoffschere darf nur verwendet werden, um Stoffe zuzuschneiden, und zu nichts anderem. Schneiden Sie mit der Stoffschere niemals Papier oder Sonstiges. Das macht sie stumpf.

KREIDE-MINENSTIFT

Damit können Sie dünne Linien markieren. Die Minenstifte eignen sich für fast alle Stoffe. Sie brechen und bröckeln nicht und müssen auch nicht nachgespitzt werden.

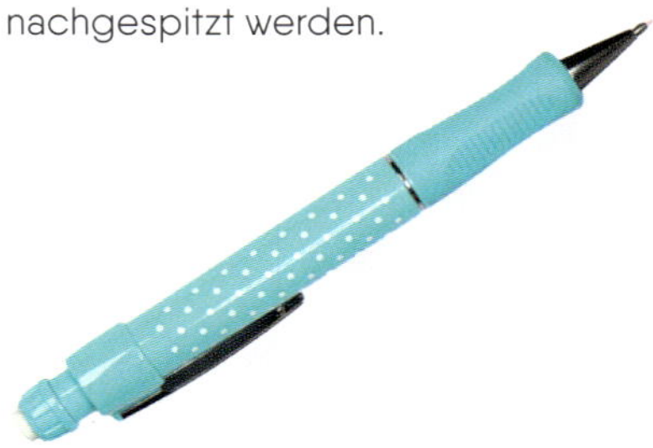

KREIDERÄDCHEN

Mit dem Kreiderädchen lassen sich dünne, feine Linien auf dünnen und glatten Stoffen am besten aufzeichnen. Der Stift ist mit Kreidepulver gefüllt, das von dem Minizackenrädchen an der Spitze beim Rollen über den Stoff aufgetragen wird.

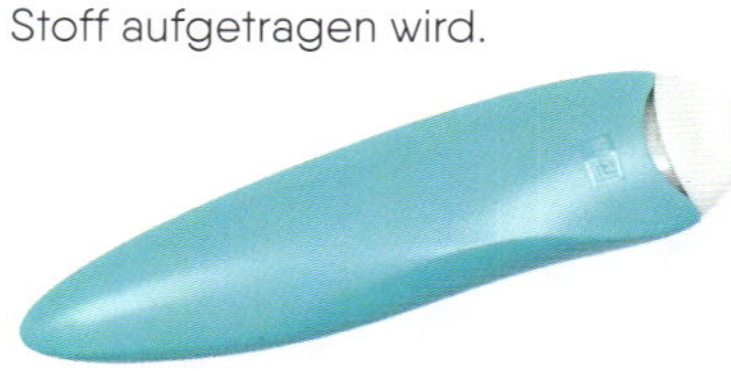

WASSERLÖSLICHER STIFT

Die Markierungen mit dem wasserlöslichen Stift lassen sich entfernen, indem Sie das genähte Teil waschen oder mit einem feuchten Tuch über die Markierung tupfen. Dieser Stift ist sehr praktisch für alle Stoffarten.

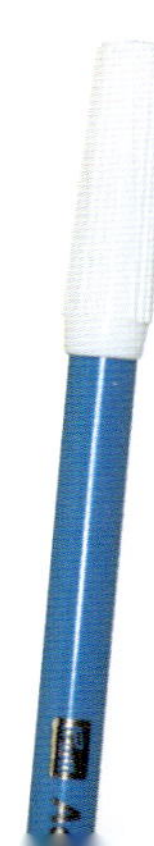

ZAUBERSTIFT

Mit Zauberstift oder Trickmarker gezogene Linien verschwinden nach einer gewissen Zeit wieder. Verwenden Sie ihn nur dann, wenn Sie die markierte Stelle innerhalb weniger Stunden verarbeiten. Er eignet sich für viele Stoffarten.

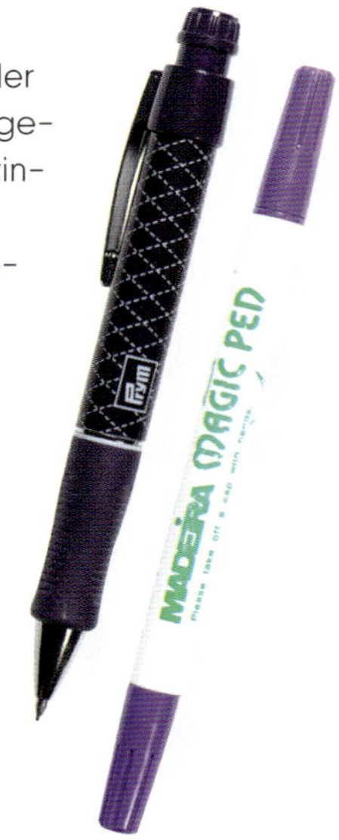

SCHNEIDERKREIDE

Ich nehme die Schneiderkreide selten zur Hand, doch sie sollte in keinem Nähkasten fehlen. Denn auf dickeren Stoffen wie Bouclé und Materialien mit einer groben Struktur lässt es sich mit der Schneiderkreide am besten markieren.

SUBLIMIERKREIDE

Sublimierkreide verschwindet beim Bügeln. Das ist sehr praktisch, wenn die Markierung sofort wieder entfernt werden soll.

MASSBAND

Zum Messen von Abständen für die Platzierung eines Stickmusters.

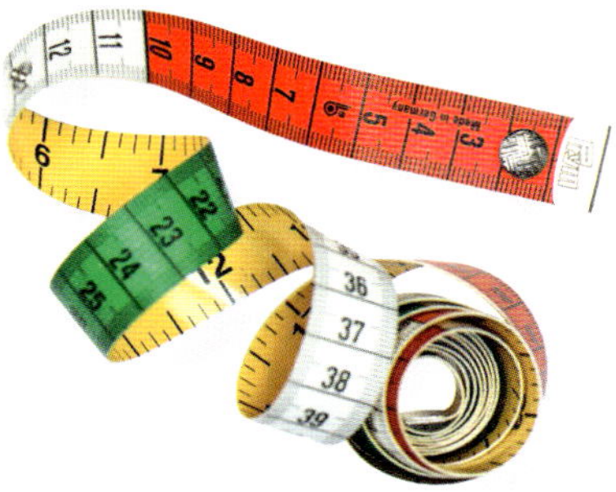

LINEAL, ROLLSCHNEIDER, SCHNEIDEMATTE

Schneidematte und Rollschneider sind praktisch zum Zuschneiden von dünnen und glatten Stoffen, Bändern und Schrägbändern. Die Schneidematte verhindert, dass der Rollschneider die Tischplatte beschädigt. Das Lineal ist für gerade Linien oder Zuschnitte eine große Hilfe. Sie können damit auch die Abstände zwischen Stickmustern ausmessen und mit dem Markierstift anzeichnen.

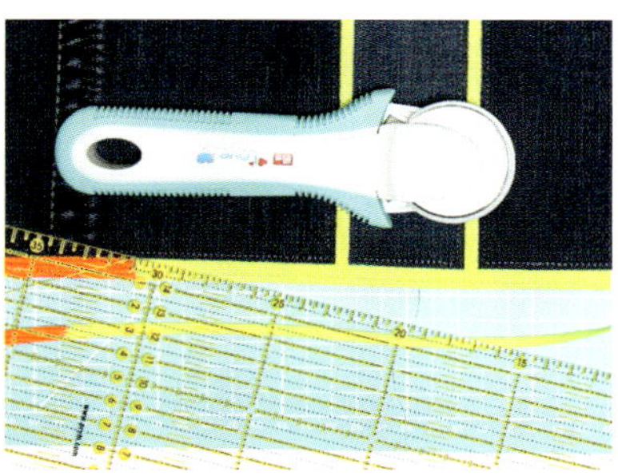

PINZETTE

Sie hilft, Folienreste oder andere Rückstände nach dem Sticken aus den Ecken zu entfernen.

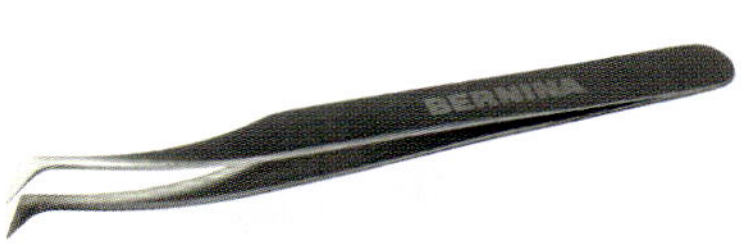

STECKNADELN

Stecknadeln sind zum Fixieren von Stoffen da. Es gibt sie in mehreren Längen und Stärken und mit unterschiedlichen Köpfen. Verwenden Sie die passende Stecknadel für den Stoff, den Sie verarbeiten. Wichtig ist, dass die Nadelspitze einwandfrei ist. Glaskopfstecknadeln können Sie für viele Stoffe einsetzen. Ihr Vorteil: Die Köpfe werden durch das heiße Bügeleisen nicht beschädigt.

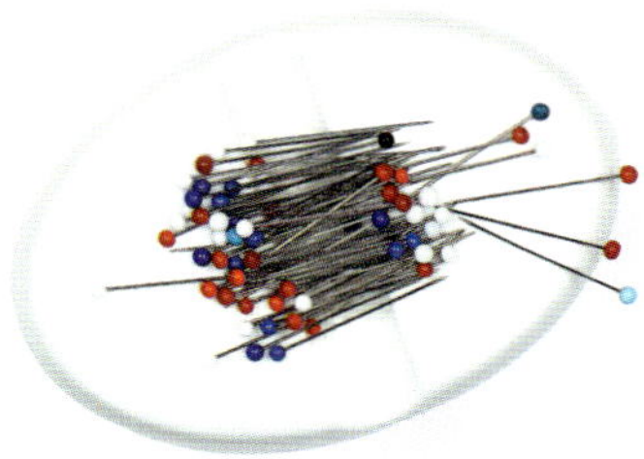

STOFFCLIPSE

Beim Sticken werden Clipse verwendet, um Stoffstücke zusammenzuhalten. Falls sich beim Sticken eines Kleidungsstücks viel Stoff um den Rahmen herum befindet, können Sie den Stoff zu einer Rolle drehen, die Sie mit Clipsen fixieren.
Clipse sind beim Nähen von dickeren Stoffen die ideale Alternative zu Stecknadeln, weil sie nicht im Stoff verschwinden und übersehen werden.

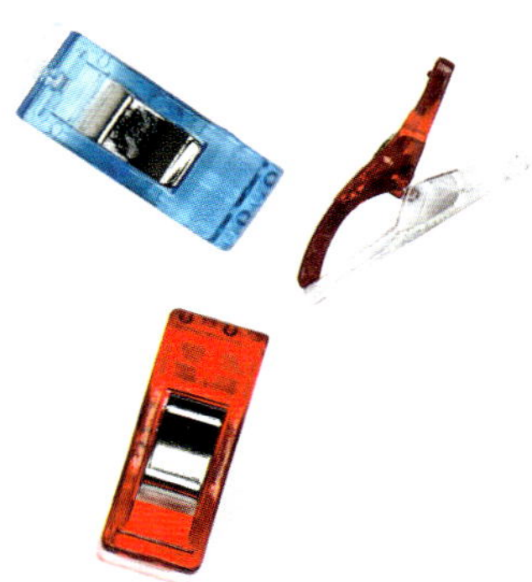

NAHTTRENNER

Ein Nahttrenner ist eine große Hilfe, wenn Sie eine Naht wieder auftrennen müssen. Vorne wie ein kleiner Haken geformt – mit einer kürzeren und einer längeren Seite – ist er in der Mitte mit einer winzigen Schneide versehen. Damit können Heftstiche und Platzierungslinien aufgetrennt werden.

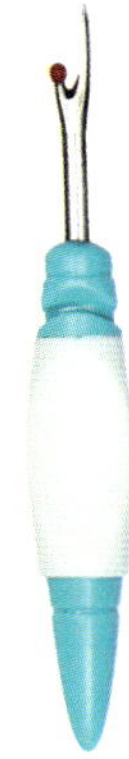

KLEBEBAND

Wenn Sie Stoffteile nur für kurze Zeit fixieren müssen, setzen Sie am einfachsten Klebebänder oder Malerkrepp ein. Damit lassen sich Applikationen fixieren oder Stoffe vor dem Annähen gegen Verrutschen sichern.

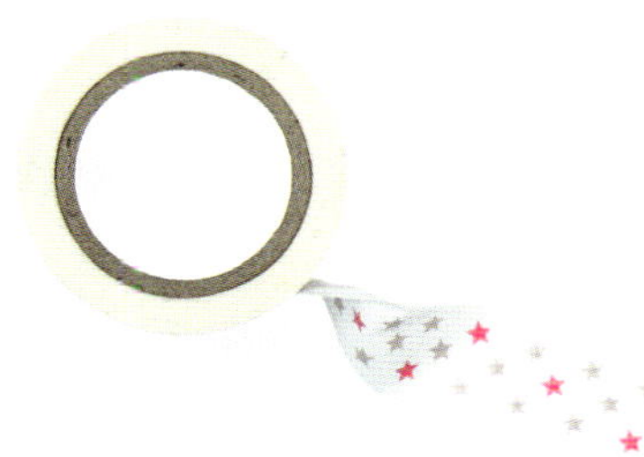

MINIBÜGELEISEN

Mit dem Minibügeleisen kommen Sie bequem in jeden Stickrahmen. Damit werden Applikationen, die mit der doppelseitige Bügeleinlage unterbügelt sind, fixiert. Die Bügelsohle passt auch in kleine Rahmen und bringt dieselbe Leistung wie ein großes Bügeleisen. Übrigens ist es auch ideal auf Reisen, im Nähkurs und für Patchworkarbeiten.

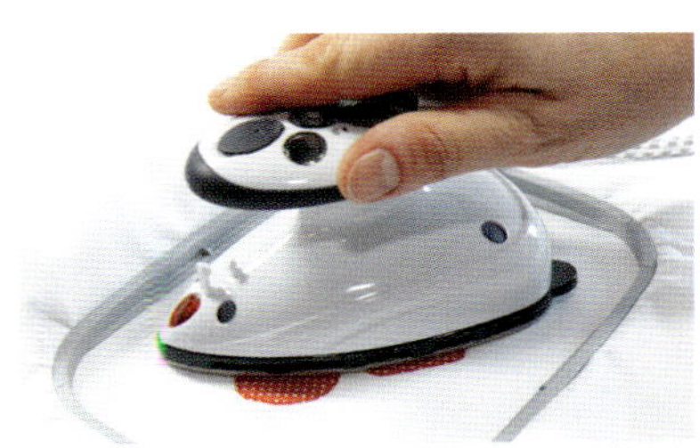

STICKMUSTER

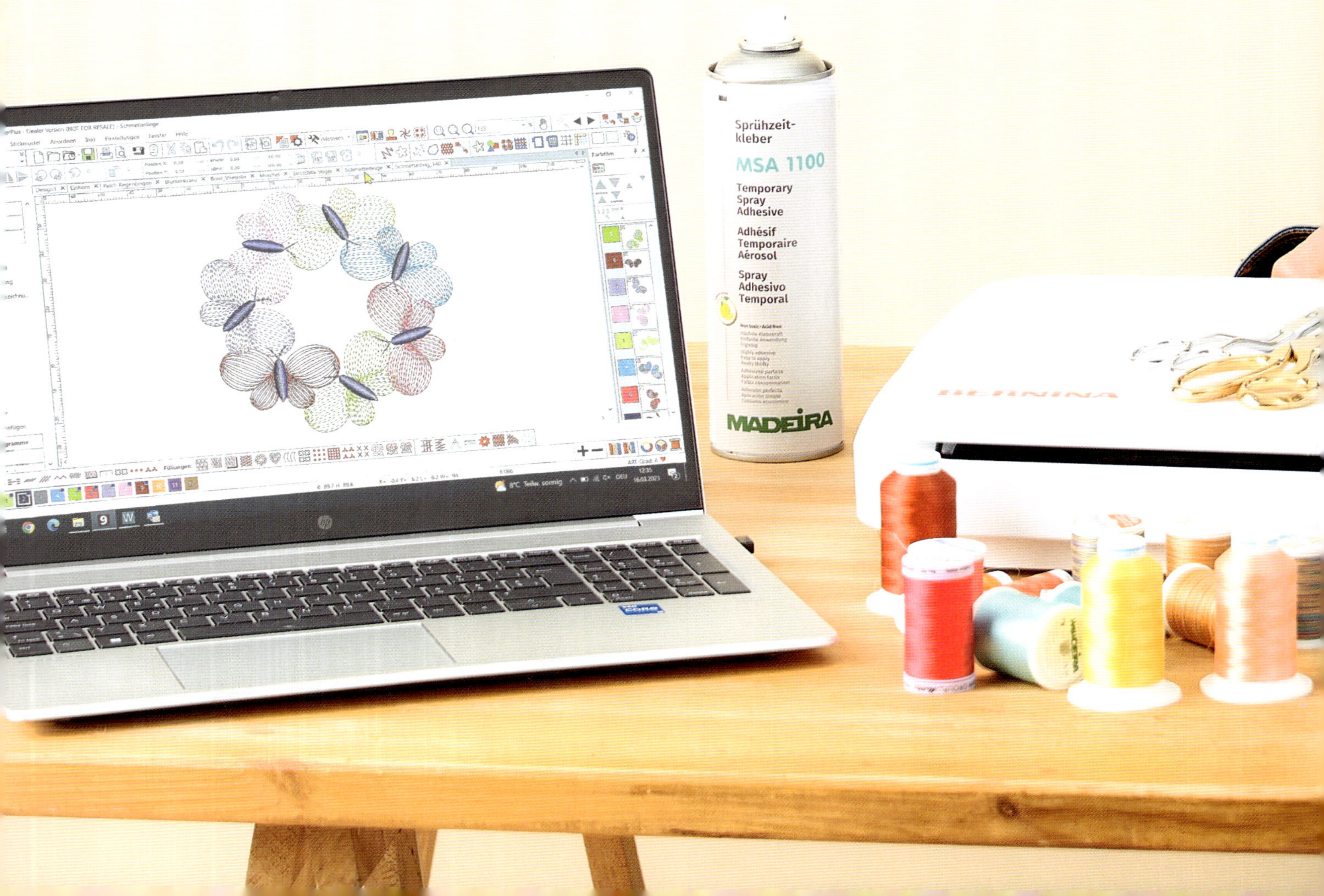

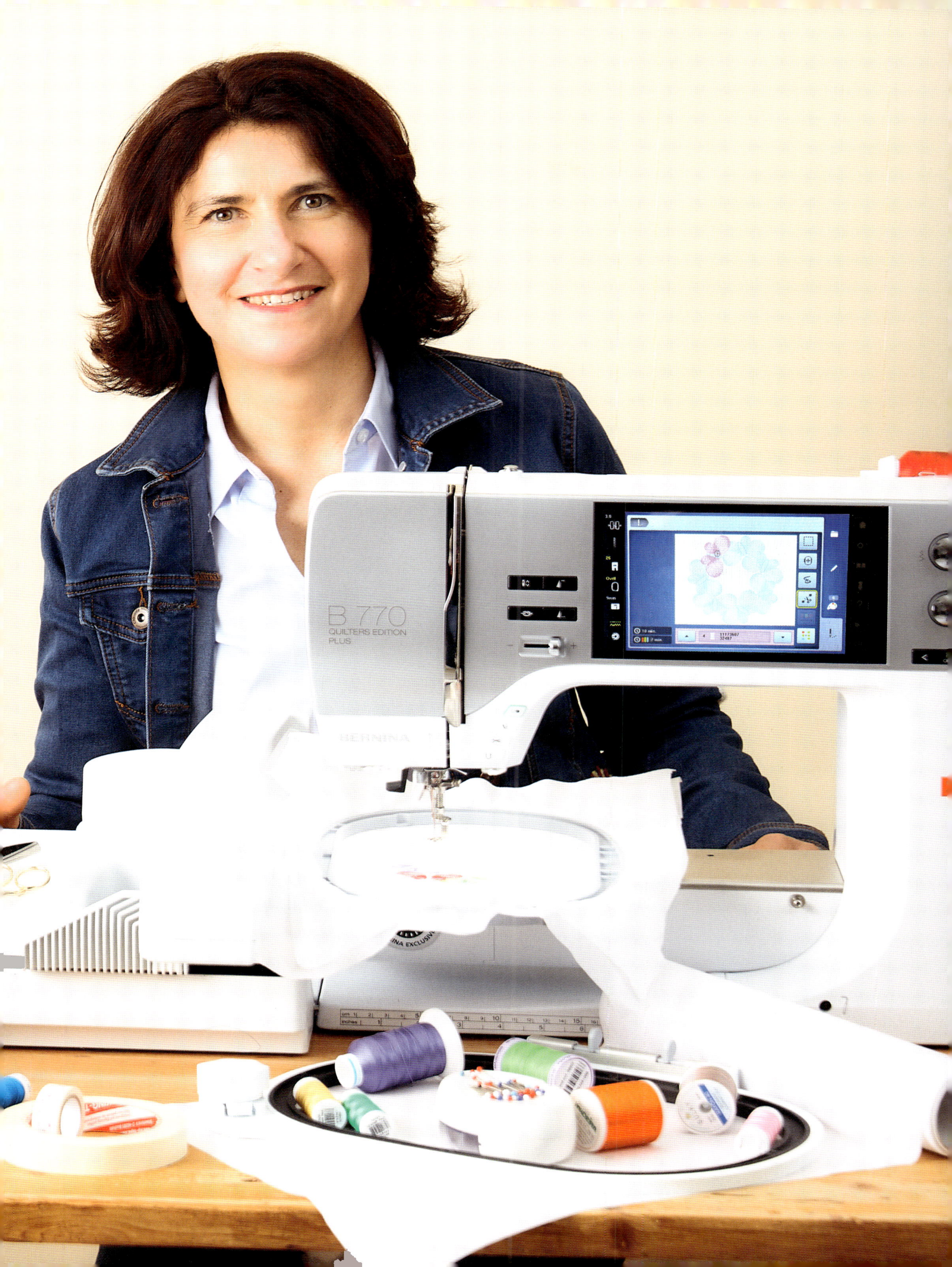
B 770
QUILTERS EDITION
PLUS

WOHER KOMMEN DIE STICKMUSTER?

Die Stickmaschine benötigt Programmdaten, die als Stickdateien vorliegen. Daraus liest sie alle Bewegungsabläufe für ein Muster, um das Muster zu sticken. Es gibt verschiedene Möglichkeiten, wie Sie an die Stickdateien kommen.

STICKMUSTER AUS DER MASCHINE

Mit der Stickmaschine wird eine Auswahl an Stickmustern und Alphabeten mitgeliefert. Mit den Alphabeten können Sie Namen und Texte sticken. Diese Muster können Sie sofort öffnen und mit dem Sticken beginnen.

STICKMUSTER AUS DEM INTERNET

Viele private Verkäufer bieten im Internet Stickmuster an. Achten Sie immer darauf, dass Sie das richtige Dateiformat für Ihre Maschine bekommen. Beim Recherchieren geben Sie als Schlagwort in der Suchmaschine z. B. „Stickmuster kaufen", oder „Stickmuster für die Stickmaschine" ein. Klicken Sie dann durch diese Seiten, bis Sie das Richtige gefunden haben. Wenn Sie etwas Bestimmtes suchen, z. B. Schmetterlinge, können Sie natürlich die Suche eingrenzen, indem Sie neben „Sticken" auch „Schmetterling" eingeben. Manchmal hilft auch die englische Übersetzung des Motivs, um gute Ergebnisse zu finden.
Kostenlose Stickmuster, die sogenannten „freebies", finden Sie im Internet zum Herunterladen. Auf den Internetseiten der Maschinenhersteller finden Sie ebenfalls kostenlose Stickdateien.

HINWEIS: Alle Stickmuster in diesem Buch stehen Ihnen kostenlos in der Digitalen Bibliothek unter www.topp-kreativ.de/digibib nach erfolgter Registrierung zum Download bereit. Den Freischaltcode finden Sie im Impressum.

STICKSOFTWARE

Mithilfe spezieller Programme können Sie Stickmusterdateien selbst herstellen. Ein Stickmuster, das Sie selbst kreiert haben, macht Ihre Arbeit persönlich, individuell und hochwertig. Selbst schlichte T-Shirts, Taschen oder Kissen werden aufgewertet, sobald eigene Ornamente aufgestickt sind.
Um Ihre individuellen Kreationen herzustellen, benötigen Sie eine Sticksoftware. Diese speziellen Anwendungen werden von den Stickmaschinenherstellern angeboten. Die Sticksoftwareprogramme ermöglichen es unter anderem, Bilddateien in Stickdateien umzuwandeln. Sie können also zum Beispiel ein Motiv auf der Kaffeetasse digital mit Fotokamera, Smartphone oder Tablet fotografieren und mithilfe der Software daraus ein Stickmuster erstellen. Dazu einfach das Foto mit der Sticksoftware öffnen, ein Stickmotiv erzeugen, an die Stickmaschine übertragen und auf Servietten oder Tischwäsche sticken, um ein individuelles Tisch-Outfit zu kreieren.

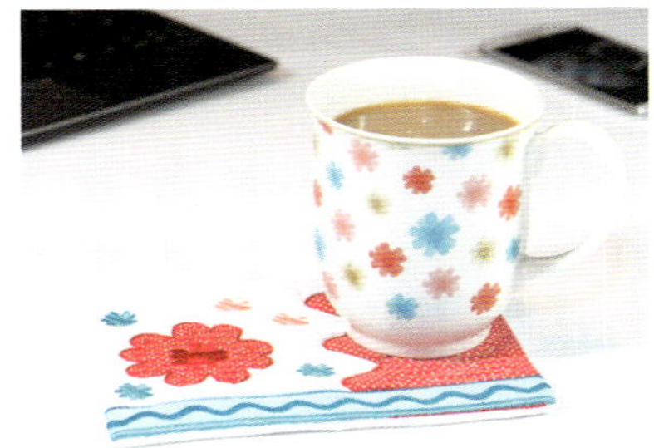

Verschiedene Softwarepakete decken jedes Bedürfnis ab. Mit einem Basic-Programm können Sie vorhandene Stickdateien bearbeiten. Stickmuster zu digitalisieren ist mit Basic-Programmen meist nur bedingt möglich. Mit einer Vollversion der Software sind Ihnen keine Grenzen gesetzt. Hier können Sie sich beim Digitalisieren bis ins kleinste Detail austoben. Nachfolgend gebe ich Ihnen einige Beispiele, was mit der Software möglich ist.

EINE STICKDATEI BEARBEITEN

Vergrößern, verkleinern, drehen, spiegeln, Muster miteinander kombinieren, Farben verändern, Alphabete öffnen und eine Schrift herstellen. Die Farben der Stickdatei können verändert und die Stickmuster in andere Dateiformate für unterschiedliche Maschinen umgewandelt werden.

EINE STICKDATEI DIGITALISIEREN

Sie machen aus einer Bilddatei eine Stickdatei. Dazu scannen oder fotografieren Sie eine Zeichnung und verwenden sie als Vorlage. So können Sie Ihre eigenen Ideen und Skizzen in eine Stickdatei umwandeln. Mithilfe automatischer oder manueller Funktionen verwandeln Sie die Bildvorlage in ein Stickmuster. Ob Applikationen, Redwork-Stickmuster, Kreuzstichmuster, Muster für Quilts, Spitzenstickerei oder Porträts – mit der passenden Software ist alles möglich. Entwerfen Sie Ihr eigenes Logo oder Ihre eigene Signatur und sticken es auf Ihr Selbstgenähtes. Dadurch wird es individualisiert und unverwechselbar.

STICKDATEIEN VERWALTEN

In Laufe der Jahre sammeln sich die Stickmuster im Computer an. Mit der Software haben Sie auch die Möglichkeit, Ihre Stickdateien zu gruppieren und zu verwalten.

SCHRIFTZÜGE UND MONOGRAMME ENTWERFEN

Ein gestickter Name macht Ihr Projekt sofort individuell. Sie können ganze Texte sticken oder Schriftzüge und Namen in vielen verschiedenen Schriftarten. Je nach Softwareversion lassen sich elegante Monogramme entwerfen und bearbeiten. Mit Rahmen, Rändern und Ornamenten personalisieren Sie Ihre Monogrammkreation. Ich finde, Monogramme haben etwas Traditionelles und drücken Wärme und Verbundenheit aus.

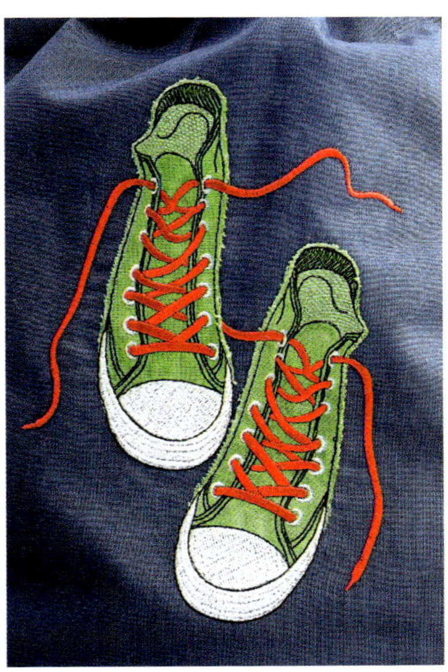

STICKMUSTER IN DIE MASCHINE ÜBERTRAGEN

Die Übertragung der Stickmuster vom Computer in die Stickmaschine ist von Hersteller zu Hersteller und von Fabrikat zu Fabrikat unterschiedlich. In der Bedienungsanleitung Ihrer Maschine können Sie nachlesen, wie Sie das Stickmuster in Ihre Maschine übertragen.

WLAN

Manche Stickmaschinen sind WLAN-fähig. Sobald die Maschine sich mit dem heimischen drahtlosen Netzwerk verbunden hat, kann sie mit der zugehörigen App oder Sticksoftware kommunizieren und die Stickdaten übertragen.

SOFTWARE

Wenn eine App oder eine Software zum Übertragen benötigt wird, ist diese im Appstore oder auf der Internetseite des Herstellers zu finden. Manche Maschinen benötigen eine zusätzliche Software für die Kommunikation mit dem PC. Wenn diese Software nicht im Lieferumfang der Maschine ist, kann diese über die Internetseiten des Herstellers heruntergeladen werden.

USB-STICK

Bei vielen Fabrikaten erfolgt die Übertragung der Stickmuster über einen USB-Anschluss. Sie speichern die Stickmuster im Computer auf einen Stick. Wird der Stick in die Maschine gesteckt, können Sie die Stickmuster zur Weiterverarbeitung öffnen.

KABEL

Eine weitere Möglichkeit, das Muster vom PC auf die Maschine zu übertragen, ist die direkte Verbindung der Maschine mit dem Computer über ein USB-Kabel. Das passende Kabel wird in der Regel mit der Maschine geliefert. Diese Art von Übertragung ist nicht mehr so verbreitet und nur noch bei älteren Modellen zu finden.

GÄNGIGE DATEIFORMATE

Eine große Auswahl an Stickmustern finden Sie kostenlos oder kostenpflichtig im Internet. Achten Sie beim Herunterladen stets auf das passende Dateiformat für Ihre Maschine (siehe Tabelle). Viele Fabrikate können neben dem eigenen Format auch Fremddateiformate lesen, öffnen und verarbeiten.

Hersteller	Dateiformat
Babylock, Brother	PEC, PES, PHC
Bernina	EXP
Janome	JEF, JEF+, SEW
Pfaff, Husqvarna Viking	VIP, VP3, VP4, HUS
Singer	XXX

STICKMUSTER BEARBEITEN

Viele schöne Funktionen, um Stickmuster zu bearbeiten, sind in der Maschine schon vorprogrammiert und warten auf ihre Anwendung. So können Sie ein Muster vergrößern oder verkleinern, drehen oder spiegeln und die Position des Musters im Stickrahmen ändern. Die Bedienung ist abhängig von der jeweiligen Maschine. Schauen Sie deshalb in Ihrer Bedienungsanleitung nach, wo genau in Ihrer Maschine Sie die jeweilige Funktion finden.

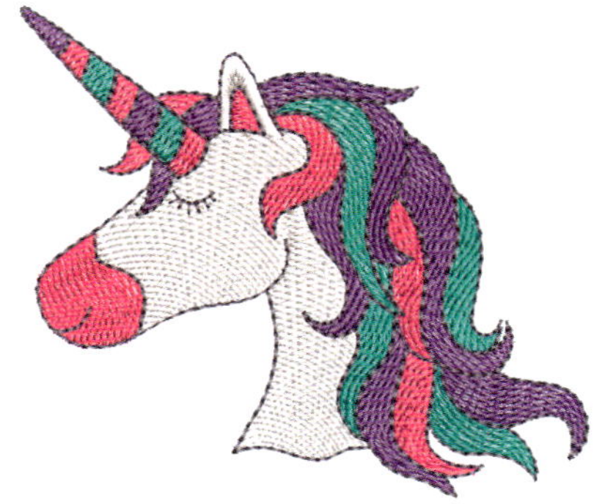

Stickdatei: Einhorn
Abmessungen: 75,0 mm x 66,7 mm
Anzahl Stiche: 9855
Stickrahmen: 10 cm x 10 cm oder größer

MUSTER VERGRÖSSERN UND VERKLEINERN

Sie können die Größe des angewählten Stickmusters anpassen. Dabei lassen sich entweder die Höhe und die Breite separat verändern oder das Muster wird proportional vergrößert oder verkleinert.

Bei den meisten Maschinenfabrikaten wird bei der Veränderung der Größe gleichzeitig die Stichlänge verlängert oder verkürzt. Wird ein Muster vergrößert, werden die Stiche verlängert, wird es verkleinert, stickt die Maschine dichter. Aus diesem Grund ist meist eine Veränderung von maximal 20 Prozent empfohlen. So bleibt das Muster immer noch schön und wird nicht verzerrt oder zu dicht gestickt. Mit der Sticksoftware können Sie die Größe des Musters stärker verändern.

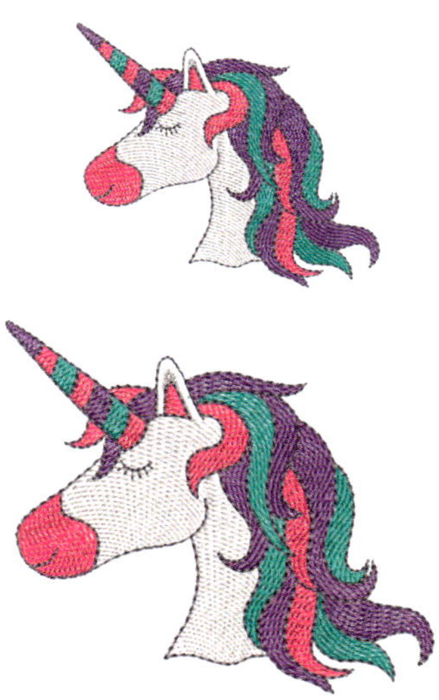

MUSTER SPIEGELN

Sie können ein Stickmuster an einer von Ihnen festgelegten unsichtbaren Achse spiegeln. Die Spiegelung kann an einer horizontalen oder vertikalen Achse erfolgen.

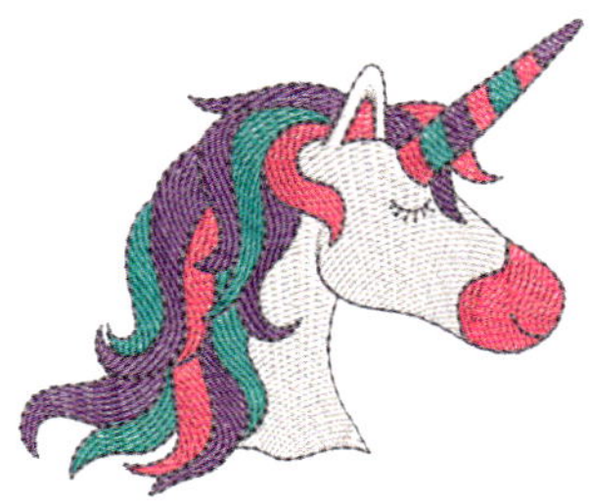

MUSTER DREHEN

Stickmuster lassen sich stufenlos drehen. Dabei rotiert das Stickmuster um einen von Ihnen festgelegten Punkt. Der Ursprung befindet sich standardmäßig in der Mitte des Stickmusters.

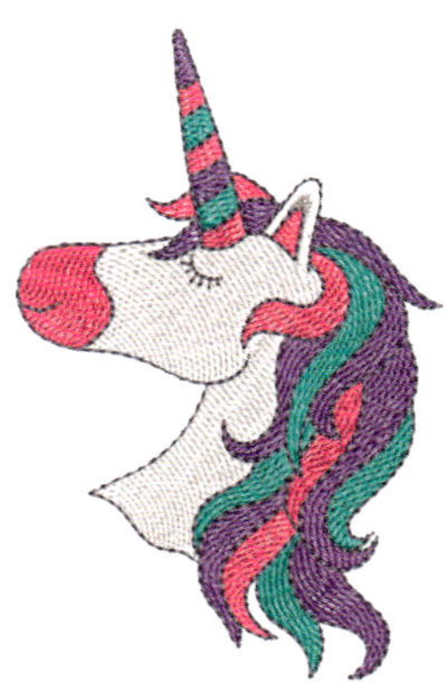

MUSTER IM RAHMEN POSITIONIEREN

Wenn ein Stickmuster in der Maschine geöffnet wird, ist die Position automatisch in der Mitte des Stickrahmens. Die Position lässt sich mit der Funktion zum Positionieren ändern. Diese Funktion ist mit Pfeilen versehen, um den Ort anzuwählen, wohin das Muster verschoben werden soll. Durch Tippen auf die Pfeilsymbole oder Drehen der Knöpfe können Sie die Position genau einstellen. Bei Maschinen mit einem Touchbildschirm können Sie mit dem Finger direkt auf dem Bedienfeld das Muster an die gewünschte Position verschieben.

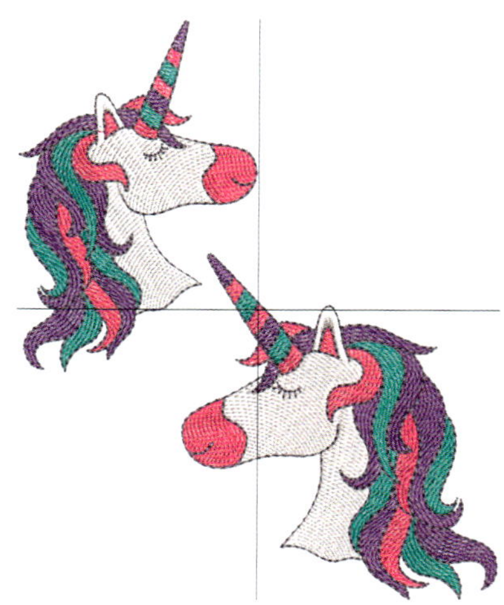

STICKMUSTER IN DIESEM BUCH

Die Stickmuster in diesem Buch sind für die gängigsten Herstellerformate passend zu den Haushaltsmaschinen zum Sticken vorbereitet. Wählen Sie das Dateiformat für Ihre Maschine aus und folgen Sie den Anweisungen zum Download.

WAS BEDEUTEN DIE KÜRZEL?

Damit Sie schnell und einfach die Abfolge im Stickmuster sehen, ist jedem Arbeitsschritt eine Farbe zugeordnet.
Zusätzlich steht bei manchen Projekten am Anfang des Arbeitsschritts ein Buchstabe als Kürzel. Damit ist gleich ersichtlich, was die Maschine als Nächstes tun wird. Zusätzlich wird beschrieben, was gegebenenfalls vor dem Start des nächsten Schritts vorbereitet werden muss.

N **NÄHEN**

Im Nähschritt wird ein Stoffstück auf einen anderen Stoff aufgenäht oder eine Platzierungslinie auf ein Stickvlies genäht. Dieses Kürzel erscheint z. B. bei den Mug Rugs, die nicht nur im Rahmen gestickt, sondern dort auch gleich fast fertiggenäht werden.

S **STICKEN**

Das Kürzel am Anfang der Farbempfehlung steht für einen Stickarbeitsgang. Hier müssen Sie nichts Besonderes beachten. Fädeln Sie die passende Farbe in der Maschine ein und lassen Sie den Arbeitsgang sticken.

A **APPLIZIEREN**

Eine Applikation wird in drei oder vier Schritten aufgenäht. Zuerst wird eine einfache Kontur gestickt. Das ist die Platzierungslinie für den Stoff, der appliziert wird. Danach wird der Stoff über die Platzierungslinie gelegt und mit Klebestreifen fixiert. Im zweiten Durchgang wird der Stoff aufgenäht. Die Naht markiert gleichzeitig die Schnittlinie. Bis kurz vor diese Linie wird der überstehende Stoff zurückgeschnitten. Im dritten Durchgang näht die Maschine einen Heftstich, der wie ein großer Zickzackstich aussieht. Im letzten Schritt wird die Stoffkante mit dem Deckstich übernäht.

MEIN TIPP

Fädeln Sie gleich für den ersten Schritt der Applikation die Farbe ein, die Sie nachher für den Deckstich zum Übernähen der Stoffkante verwenden.

P **PLATZIERUNGSLINIE**

Bei Stoff- oder Filzstücken, die eine genaue Positionierung brauchen, wird vorab eine Platzierungslinie genäht. Dies ist ein einfacher Geradstich. Daran kann das Stoffstück genau positioniert werden.

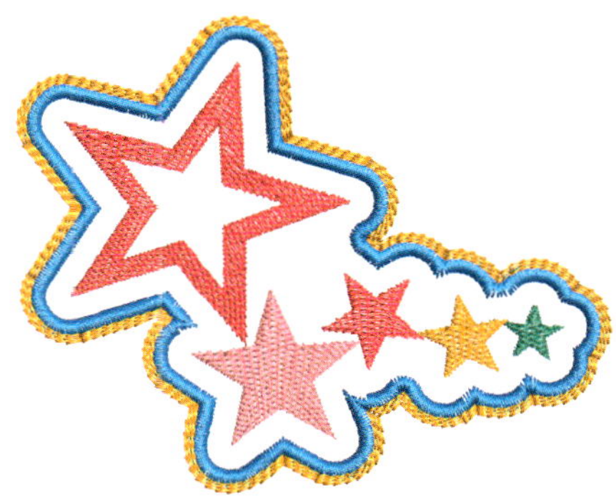

HINWEIS: Alle Stickmuster in diesem Buch stehen kostenlos in der Digitalen Bibliothek unter www.topp-kreativ.de/digibib nach erfolgter Registrierung zum Download bereit. Den Freischaltcode finden Sie im Impressum.

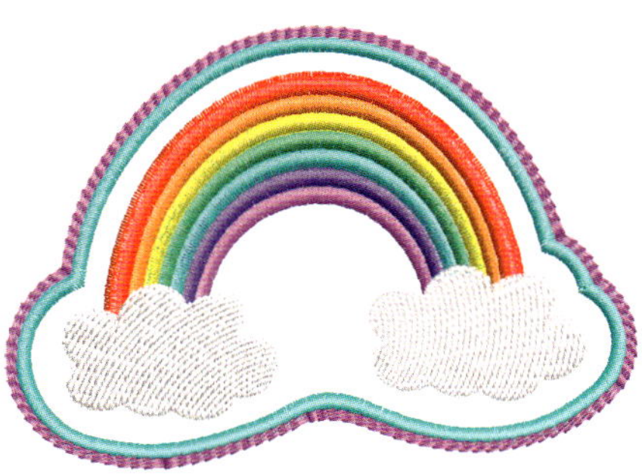

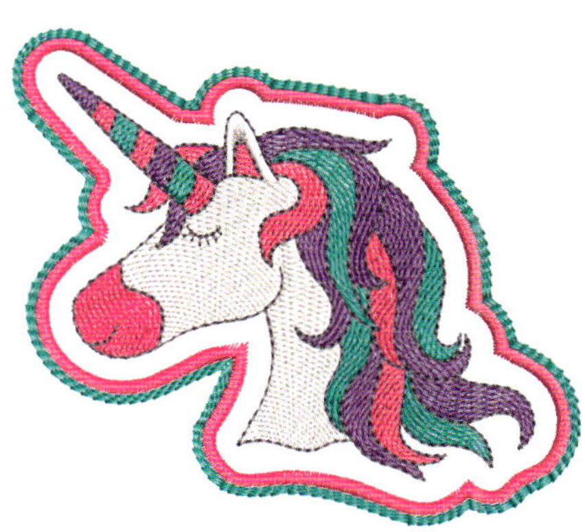

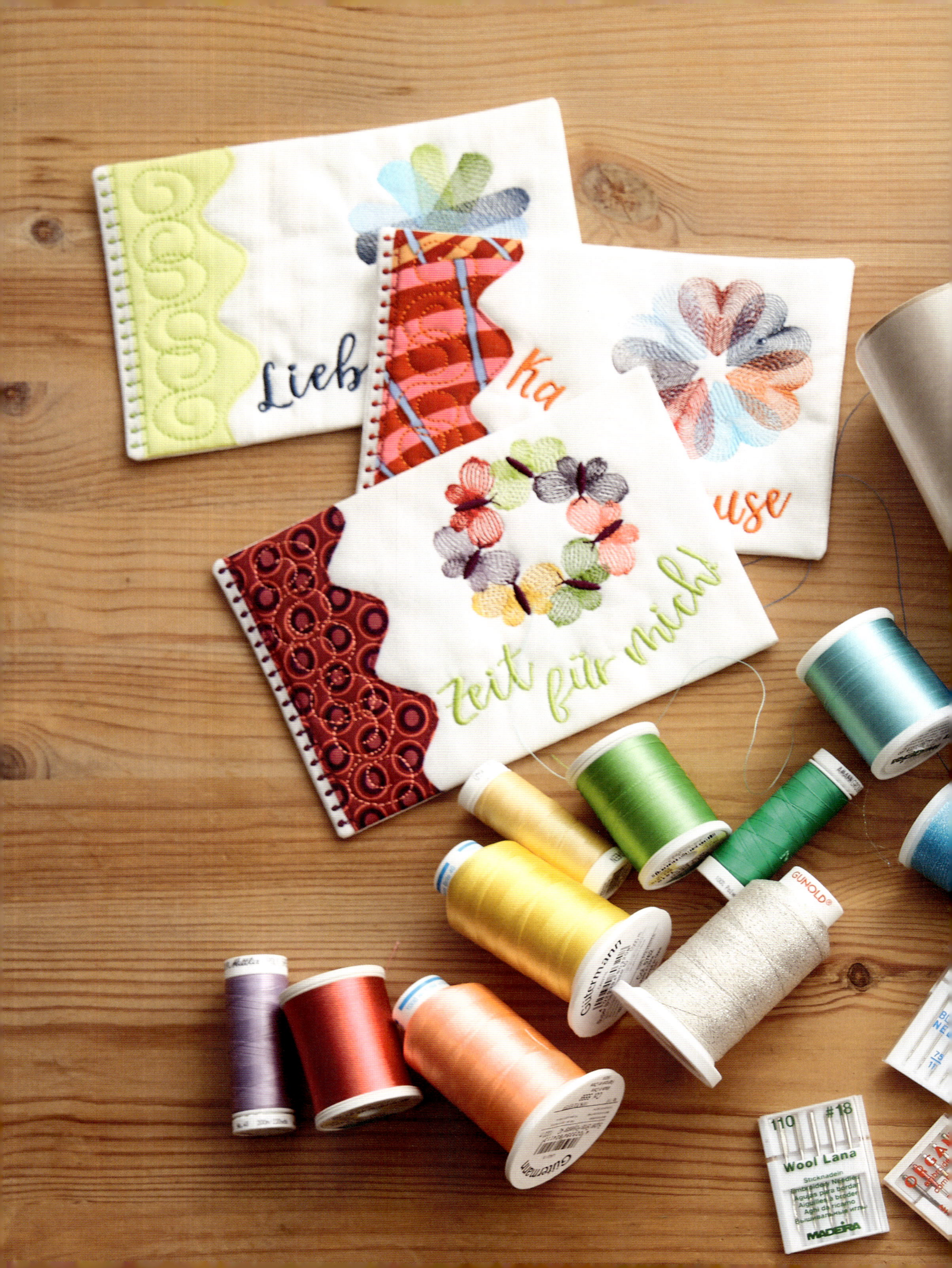
Lieb
Ka
use
Zeit für mich!
Gütermann
GUNOLD
110 #18
Wool Lana
MADEIRA

STICKVLIESE & STABILISATOREN

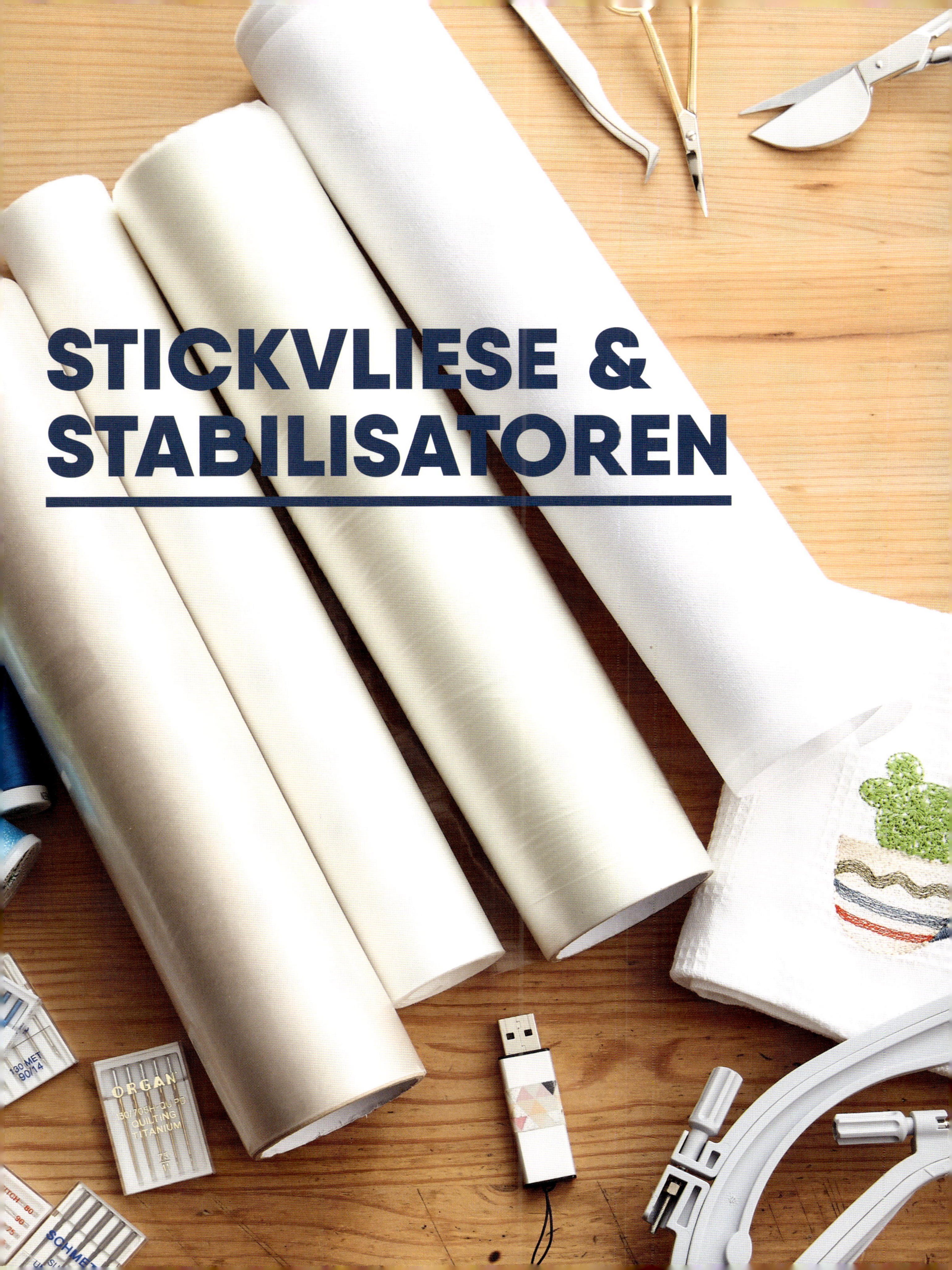

STICKVLIESE & STABILISATOREN

Stickvliese und Stabilisatoren halten den Stoff während des Stickens formstabil und verhindern, dass er sich kräuselt, zusammenzieht, ausdehnt und verzieht. Für jede Stoffart und jede Kreation gibt es das passende Stickvlies. Sehr gute Ergebnisse erzielen Sie, wenn Sie das passende Vlies für Stoffart und Muster verwenden. Die Bezeichnungen der auf dem Markt verfügbaren Vliese sind nicht einheitlich und hängen vom jeweiligen Hersteller ab.
Sie können wählen zwischen Vliesen zum Wegreißen („Tear Away"), Auswaschen („Wash Away"), Abschneiden („Cut Away"), Kleben oder Wegbügeln. Abhängig von der Stickarbeit und vom Stoff können verschiedene Stabilisatoren auch miteinander kombiniert werden. Achten Sie bei der Verarbeitung auf die Anweisungen des Herstellers.

STICKVLIESE ZUM WEGREISSEN

Vliese zum Wegreißen werden am häufigsten verwendet. Sie sind auf dem Markt häufig mit der englischen Bezeichnung „Tear Away" (engl. ab- oder wegreißen) zu finden. Beim Sticken perforiert die Nadel das Vlies. Wenn die Arbeit fertig ist, lassen sich die überstehenden Vliesreste außerhalb der Stickerei vorsichtig wegreißen. Stickvliese zum Wegreißen gibt es als Standardausführung ohne Haftbeschichtung, aber auch zum Aufbügeln und zum Kleben.

TEAR-AWAY-STICKVLIES OHNE HAFTBESCHICHTUNG

Dieses Vlies ist ein Allrounder und wird für viele Stickarbeiten benötigt. In den meisten Fällen wird eine Lage verwendet. Für mehr Stabilität können aber auch mehrere Lagen eingespannt werden. Abhängig von der Stickarbeit und dem Stoff wird dieses Stickvlies oft auch in Kombination mit anderen Stabilisatoren verwendet.
Stickvliese ohne Haftbeschichtung gibt es je nach Hersteller in den Ausführungen „light" für einfache Muster und „heavy" für größere Muster und dickere Stoffe.

Hersteller/ Markenname	**Produktname**		
	fein	**mittel**	**stabil**
Madeira		Cotton Soft	
OESD	Light Weight Tear Away	Ultra Clean and Tear Medium Weight Tear Away	Heavy Weight Tear Away
Sulky	Tear Easy		Tear Away Plus
Vlieseline		Stickvlies	

VERARBEITUNG

Stickvlies zum Wegreißen zusammen mit dem Stoff in den Stickrahmen einspannen. Nach dem Sticken lässt sich das Stickvlies von der Stoffrückseite abziehen und wegreißen.

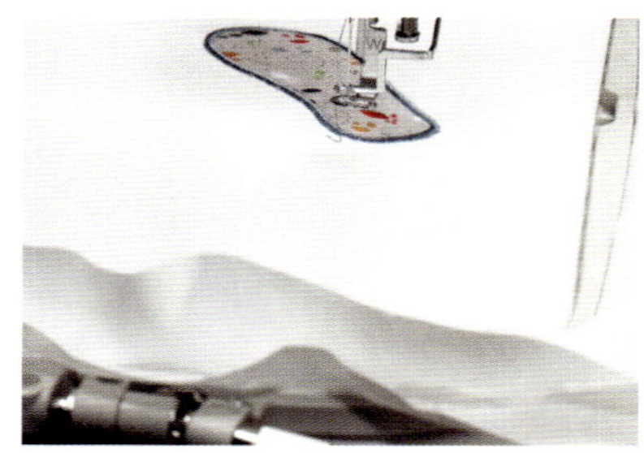

MEIN TIPP

Fixieren Sie den Stoff mit dem Stickvlies zusätzlich mit Sprühkleber. Dann ist der Stoff mit dem Stickvlies verbunden und kann sich beim Sticken weniger zusammenziehen. Wenn Sie mit Klebevliesen oder mit Sprühkleber arbeiten, setzen Sie die spezielle Nadel mit der Antihaftbeschichtung in Ihre Maschine ein, damit keine Klebespuren daran haften bleiben.

TEAR-AWAY-STICKVLIES ZUM AUFBÜGELN

Diese Vliese werden auf der Rückseite von gewebten und gestrickten Materialien aufgebügelt, zum Beispiel gewebte Stoffe mit oder ohne Elastananteil, bi-elastische Stoffe oder Maschenware. Durch das Aufbügeln verbindet sich der Stoff mit dem Vlies und kann sich beim Sticken nicht ausdehnen. Nach dem Sticken das Stickvlies vorsichtig wegreißen.

Hersteller/ Markenname	Produktname
Madeira	Cotton Stable
OESD	Ultra Clean and Tear Fusible
Sulky	Totally Stable
Vlieseline	Fixier-Stickvlies

VERARBEITUNG

Das Vlies etwas größer als den Stickrahmen zuschneiden. Die Vliesseite mit der Klebeschicht auf die Stoffrückseite legen. Den Stoff mit dem Stickvlies unterbügeln und in den Stickrahmen einspannen. Beim Sticken wird das Vlies von der Nadel perforiert und lässt sich danach abziehen und wegreißen. Bei Jerseystoffen zusätzlich eine Lage dünne auswaschbare Folie auflegen.

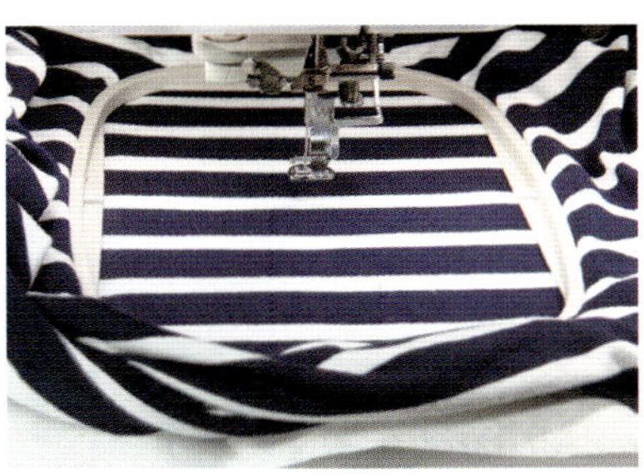

TEAR-AWAY-STICKVLIES ZUM KLEBEN

Auf dem Vlies ist eine Haftbeschichtung aufgebracht, sodass der Stoff einfach aufgeklebt werden kann. Vor allem gewebte Materialien behalten ihre Form und können einfacher eingespannt und verarbeitet werden. Nach dem Sticken wird das Stickvlies von der Stoffrückseite abgezogen. Die Nadel verklebt weniger als bei der Verwendung eines Sprühzeitklebers.

Dieses Vlies verwenden Sie für Stickarbeiten und für Stoffe, die nicht oder nur schwer in den Stickrahmen eingespannt werden können. Dazu zählen Leder, Lederimitat, Korkstoffe und andere störrische Stoffe. Auch für Plüsch und Samt verwenden Sie dieses Vlies. Diese Stoffe werden nicht im Rahmen eingespannt, damit der Stickrahmen den Stoff nicht zusammendrückt und Spuren hinterlässt. Auch Stoffstücke, die kleiner als der Stickrahmen sind, werden am besten mit diesem Klebevlies stabilisiert.

Manche Hersteller bieten das Stickvlies in zwei Stärken an. Fein für dünnere Stoffe und feine Stickereien und etwas fester für dickere Stoffe und größere Stickereien.

Hersteller/ Markenname	Produktname	
	mittel	stabil
Madeira	Cotton Fix	
OESD	Stabil Stick Tear Away	
Sulky	Filmoplast	Filmoplast Strong
Vlieseline	Filmoplast H 54	

VERARBEITUNG

BEI KLEINEN STOFFSTÜCKEN UND MATERIALIEN, DIE NICHT EINGESPANNT WERDEN KÖNNEN

Das Stickvlies in den Rahmen einspannen; die Seite mit dem Abdeckpapier zeigt nach oben. Mit einer Nadel vorsichtig das Abdeckpapier einritzen. Die untere Vlieslage darf dabei nicht beschädigt werden. Die angeritzte Fläche mit der Nadel vorsichtig anheben und abziehen.

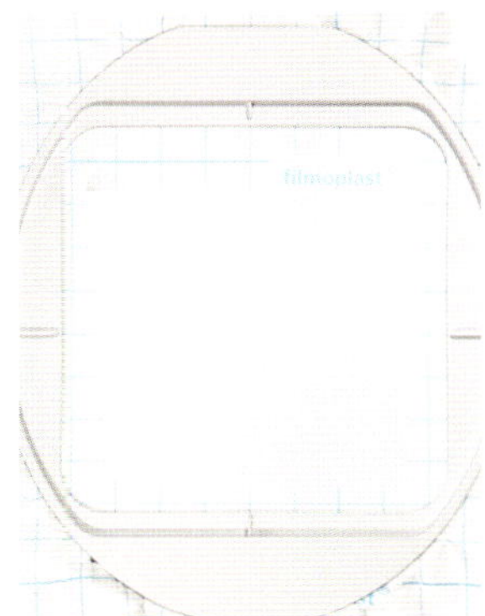

Den Stoff (hier: Filz, 3 mm stark) auf das Vlies kleben und besticken. Wenn das Muster fertig gestickt ist, das Klebevlies von der Stoffrückseite vorsichtig abziehen und wegreißen.

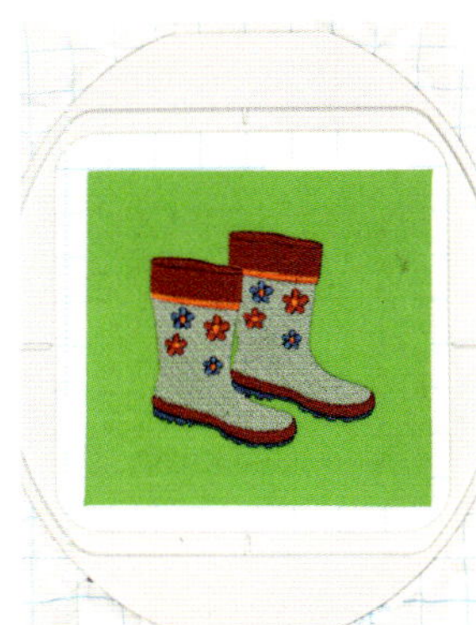

Stickdatei: Gummistiefel
Abmessungen: 96,4 mm x 87,2 mm
Anzahl Stiche: 15570
Stickrahmen: 10 cm x 10 cm oder größer

BEI STOFFEN, DIE IM STICKRAHMEN EINGESPANNT WERDEN

Das Vlies etwas größer als den Stickrahmen zuschneiden. Die gesamte Papierschicht abziehen und das Vlies auf die Stoffrückseite (hier: Musselin) kleben.

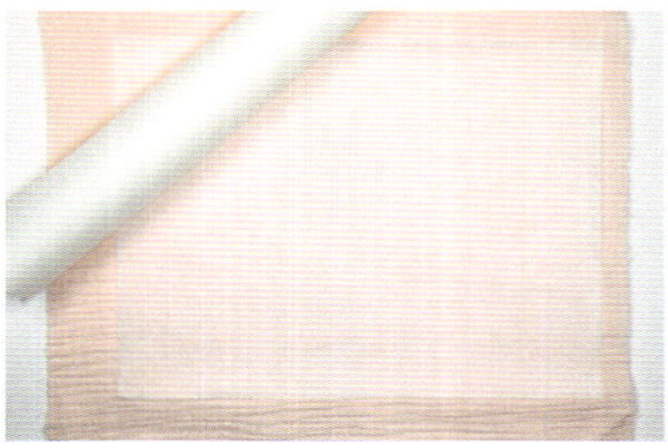

Den Stoff im Rahmen einspannen und das Muster sticken. Nach dem Sticken das Stickvlies abziehen und wegreißen.

HINWEIS: Beim Musselin habe ich zusätzlich eine Lage dünne auswaschbare Folie aufgelegt.

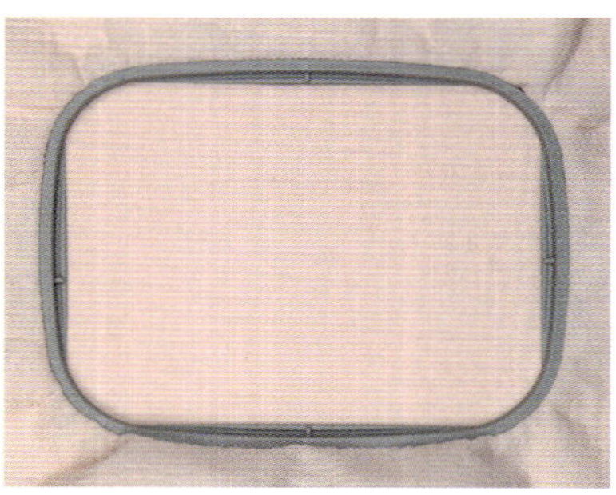

STICKVLIESE ZUM AUSWASCHEN

Die „Wash Away"- oder „Water Soluble"-Stickvliese und -Stabilisatoren lassen sich mit warmem oder kaltem Wasser auswaschen. Sie sind als Folie oder Vlies erhältlich. Stickvliese zum Auswaschen werden zum Stabilisieren von dünnen, feinen und transparenten Stoffen und zum Abdecken der Stoffflora bei Frottee und Samtstoffen eingesetzt. Auch grob gewebte oder grob gestrickte Materialien sollten mit einer wasserlöslichen Stickfolie zusätzlich zu den Vliesen zum Wegreißen überdeckt werden. Stickvliese zum Auswaschen gibt es auch als Klebevliese.
Die auswaschbaren Folien trocknen mit der Zeit aus. Sie müssen deshalb in einem geschlossenen Kunststoffbeutel aufbewahrt werden.

DÜNNE AUSWASCHBARE STICKFOLIE

Verwenden Sie diese Stickfolie zum Besticken von Frottee, Samt, Bouclé-Stoffen und für grob gewebte oder grob gestrickte Stoffe. Diese Stoffe werden zuerst mit dem passenden Stickvlies unterlegt. Auf die rechte Stoffseite wird die dünne Folie gelegt. Die Stiche „schlüpfen" somit nicht in den Stoff und das Stickmuster verliert nicht die Form. Dünne durchsichtige Stoffe wie Organza oder Chiffon, aber auch Jersey, Strick und Leinenstoffe werden mit der dünnen auswaschbaren Folie stabilisiert.

Hersteller/ Markenname	**Produktname**
Madeira	Avalon Film
OESD	SticH2O
Sulky	Solvy

VERARBEITUNG

BEI STRUKTURIERTER, UNGLEICHMÄSSIGER UND GROBER OBERFLÄCHE

Die dünne auswaschbare Stickfolie verwenden Sie bei Leinen, Strick und Vlies sowie Stoffen mit einem Flor wie Frottee, Samt, Bouclé und Plüsch.
Den Stoff mit dem Stickvlies unterlegen. Die dünne, wasserlösliche Folie oben auf die rechte Stoffseite legen. Alle drei Lagen in den Stickrahmen einspannen. Stickvlies und wasserlösliche Einlage lassen sich nach dem Sticken wegreißen. Die wasserlösliche Einlage verschwindet nach dem Waschen rückstandsfrei.

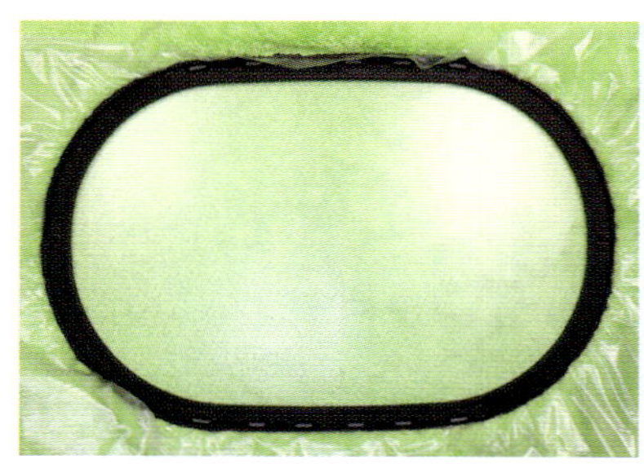

Hier wurde Frottee eingespannt.

Die Folie kann sparsamer verwendet werden, wenn nur die Stelle abgedeckt wird, die nachher zu besticken ist. Dazu ein Stück zuschneiden, das etwas größer ist als die Stickerei. Den Stoff mit dem unterlegten Stickvlies im Rahmen einspannen.

Die Folie auf den Stoff über die Stelle, die bestickt wird, legen und mit Klebeband fixieren. An der Maschine die Heft-Funktion wählen und die Maschine starten. Wenn die Folie geheftet ist, das Klebeband abziehen und den Stoff besticken.

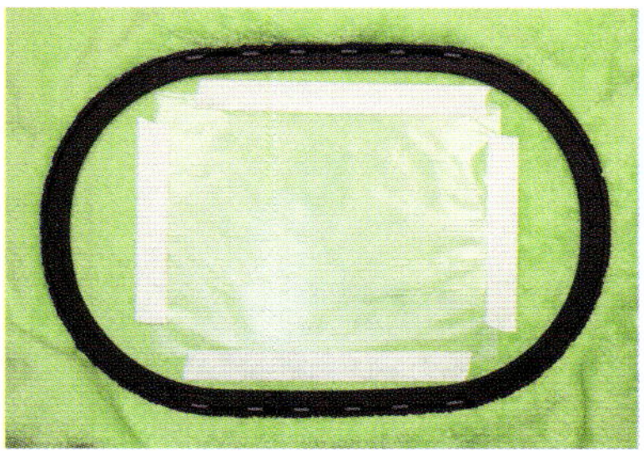

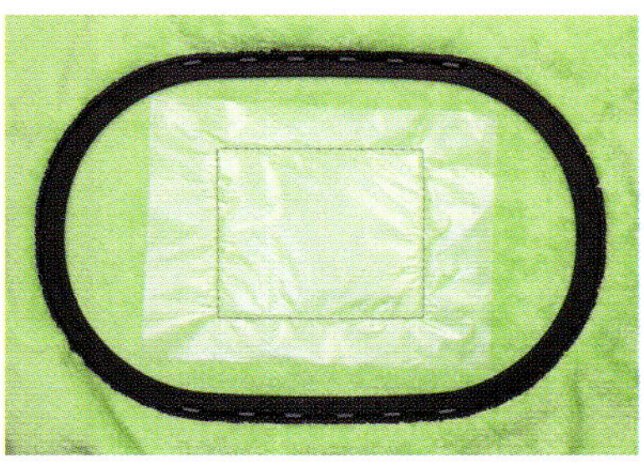

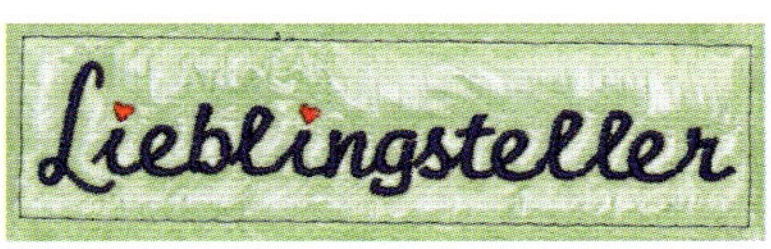

Frotteestoff mit der dünnen wasserlöslichen Einlage bestickt

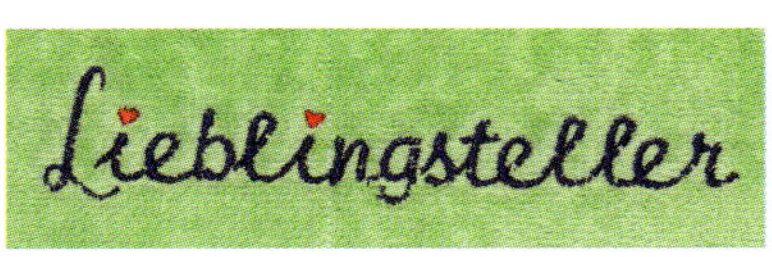

Frotteestoff ohne dünne wasserlösliche Einlage gestickt

Stickdatei: Lieblingsteller
Abmessungen: 32,4 mm x 166,2 mm
Anzahl Stiche: 4076
Stickrahmen: 13 cm x 18 cm
oder größer

MEIN TIPP

Wenn Sie das Projekt nicht gleich waschen möchten, können Sie die Reste der Einlage unsichtbar machen. Tupfen Sie dazu mit einem befeuchteten Wattestäbchen vorsichtig über die Reststücke.

BEI DÜNNEN, TRANSPARENTEN STOFFEN

Filigrane Muster lassen sich mit einer wasserlöslichen Einlage gut sticken. Ist das Muster etwas kompakter, zwei Lagen der dünnen Einlage übereinanderlegen und im Rahmen einspannen oder das wasserlösliche Vlies verwenden.
Die dünne wasserlösliche Einlage passend in der Größe des Stickrahmens zuschneiden. Beides zusammen im Stickrahmen einspannen. Die Einlage befindet sich dabei unter dem Stoff (hier: Organza).

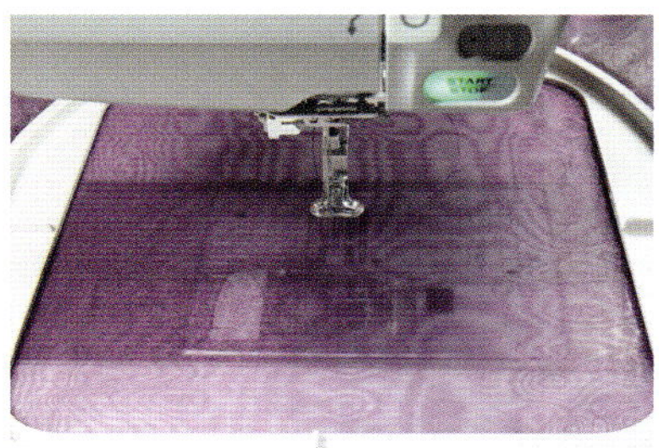

Wenn das Muster fertig gestickt ist, die Folie bis nah an das Muster zurückschneiden. Zum Auflösen der Folie den Stoff ins Wasser legen und auswaschen oder in der Waschmaschine waschen.

Stickdatei: Schmetterling_Organza
Abmessungen: 94,6 mm x 92,2 mm
Anzahl Stiche: 2131
Stickrahmen: 10 cm x 10 cm
oder größer

BEI WÄSCHE- UND JERSEYSTOFFEN UND BEI DESSOUS

Diese Stoffe werden ebenfalls mit der dünnen auswaschbaren Folie stabilisiert. Die Folie über die zu bestickende Stelle legen. Als Trägervlies zum Einspannen eignet sich das Klebevlies zum Auswaschen.

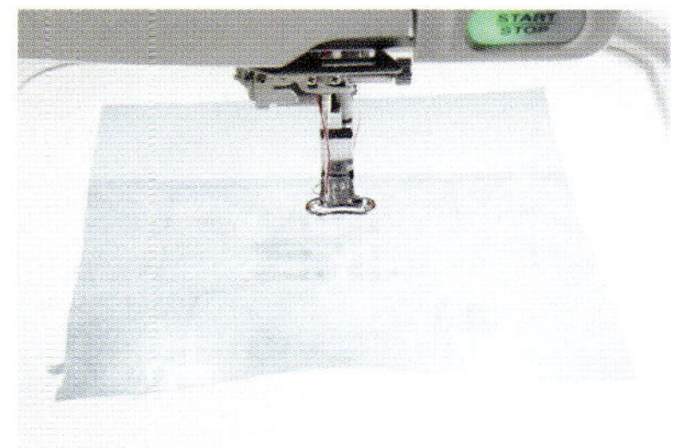

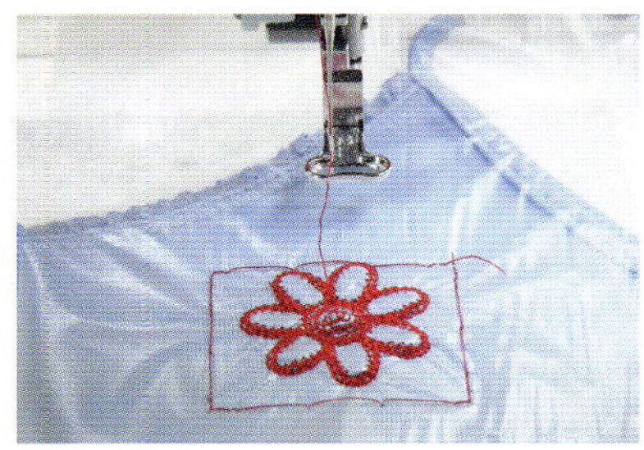

Das Stickmuster sticken, danach das wasserlösliche Vlies wegreißen. Die Einlage so gut wie möglich bis zum Muster zurückschneiden. Zum Auflösen der Vliese den Stoff (hier: Jerseytop) ins Wasser legen oder den Stoff waschen.

Stickdatei: Blume_Alina
Abmessungen: 34,1 mm x 34,5 mm
Anzahl Stiche: 1103
Stickrahmen: 10 cm x 10 cm
oder größer

EXTRASTARKE AUSWASCHBARE STICKFOLIE

Diesen Stabilisator verwenden Sie, um Muster in gröbere oder elastische Stoffe zu sticken, und für voll ausgestickte Muster, die mehr Stabilisierung brauchen, in Verbindung mit einer Vliesunterlage passend zum Stoff und zur Stickerei. Die extrastarke transparente wasserlösliche Folie wird auf die rechte Stoffseite gelegt und mit dem Heftstich der Maschine fixiert. Ideal auch für Spitzenstickereien.

Hersteller/ Markenname	**Produktname**
Madeira	Avalon Ultra
Sulky	Ultra Solvy

VERARBEITUNG

BEI SWEATSHIRTSTOFF

Ein Stück der extrastarken auswaschbaren Stickfolie etwas größer als das Muster zuschneiden. Den Stoff mit dem passenden Stickvlies im Rahmen einspannen. Die Folie auf den Stoff im Rahmen legen und mit Klebeband fixieren. Den Heftstich aus der Maschine anwählen und die Maschine starten. Nach dem Heften das Klebeband abziehen und das Muster fertigsticken.

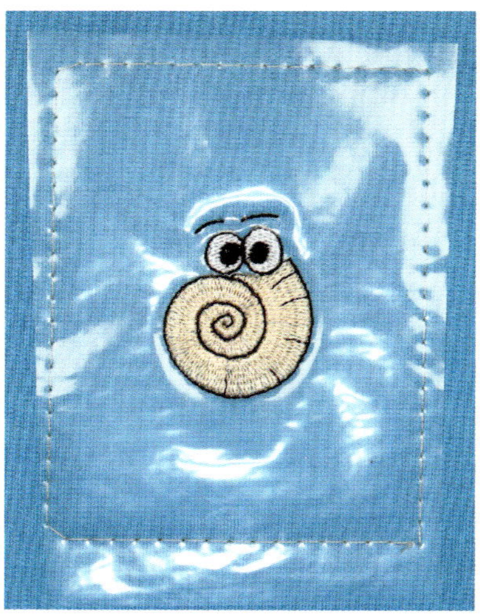

Wenn die Stickerei fertig ist, den Heftstich auftrennen. Die wasserlösliche Folie etwas zurückschneiden. Der Rest löst sich beim Waschen auf.

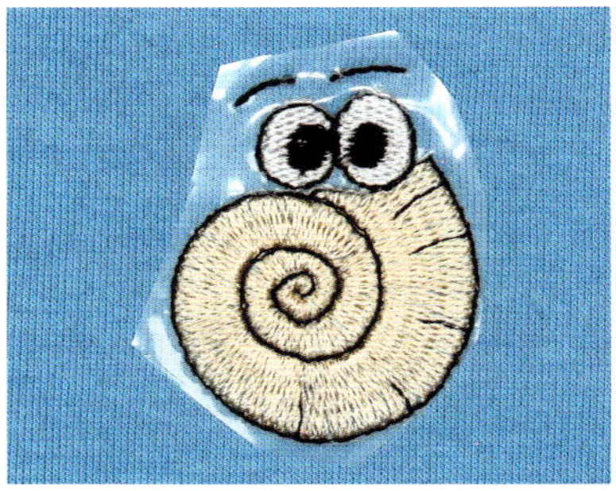

Rechte Stoffseite

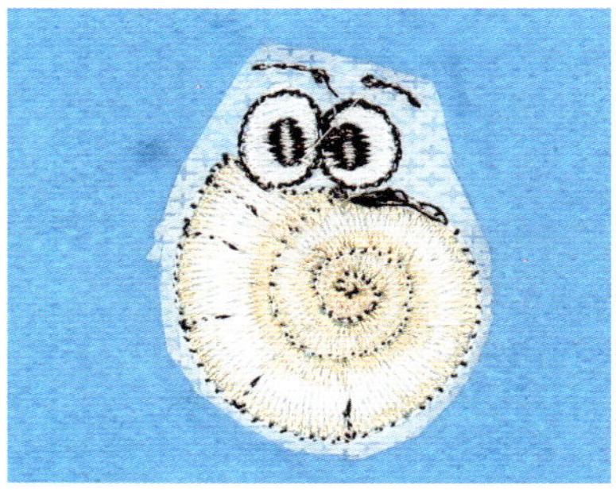

Linke Stoffseite

Stickdatei: Muschel
Abmessungen: 38,5 mm x 48,4 mm
Anzahl Stiche: 4080
Stickrahmen: 10 cm x 10 cm oder größer

FÜR SPITZENSTICKEREI

Auch zum Sticken von Mustern ohne Trägerstoff sowie in der Spitzenstickerei wird die extrastarke auswaschbare Stickfolie verwendet. Sie ist extrem stabil und verträgt Muster mit einer hohe Stickdichte.

Die extrastarke auswaschbare Stickfolie in den Rahmen einspannen. Bei Mustern mit vielen Stichen zusätzlich ein Stück größer als das Muster zuschneiden und mit dem Heftstich der Maschine auf die eingespannte Lage heften. Nach dem Sticken die Folie zurückschneiden. Danach den Stoff ins Wasser legen; die Folie löst sich auf und zurück bleibt die Stickerei.

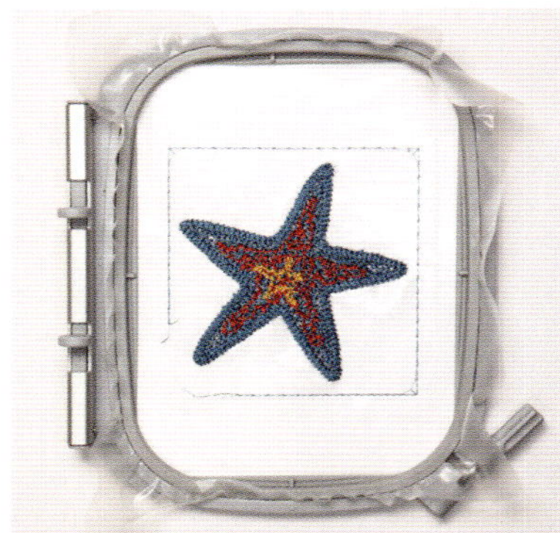

Spitzenstickerei ohne Trägerstoff

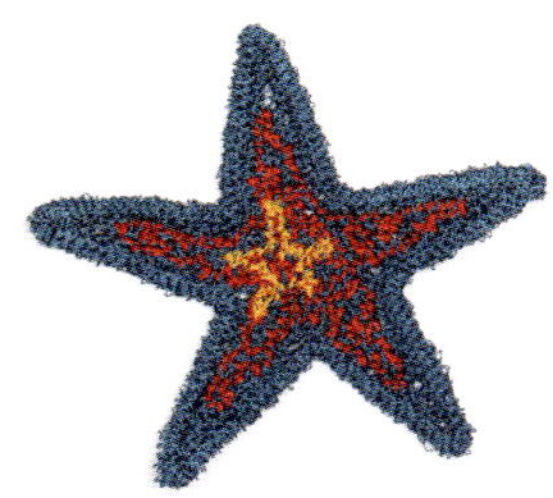

Stickdatei: Seestern_Spitzenstickerei
Abmessungen: 92,3 mm x 91,0 mm
Anzahl Stiche: 7233
Stickrahmen: 10 cm x 10 cm oder größer

VLIES ZUM AUSWASCHEN

Für Spitzenstickerei und für Stickmuster in weichen, flauschigen Stoffen, und dünnen, fließenden und transparenten Stoffen, also zum Beispiel für Babydecken, Kleider und Gardinen, wird dieses weiche, stabile Stickvlies verwendet. Bedecken Sie die Stelle, die bestickt werden soll, je nach Stoff mit einer wasserlöslichen dünnen Folie. Für ein besseres Ergebnis das wasserlösliche Vlies mit einem temporär haftenden Sprühkleber verbinden.

Hersteller/ Markenname	Produktname
Madeira	Avalon Plus
OESD	Aqua Mesh
Sulky	Fabri Solvy
Vlieseline	Soluvlies

VERARBEITUNG

Das Stickvlies mit dem Stoff im Rahmen einspannen. Gegebenenfalls zusätzlich eine dünne wasserlösliche Folie über den Stoff heften. Das Muster sticken. Nach dem Sticken das Vlies bis nah an das Muster zurückschneiden und den Stoff ins Wasser legen, um das Vlies aufzulösen.

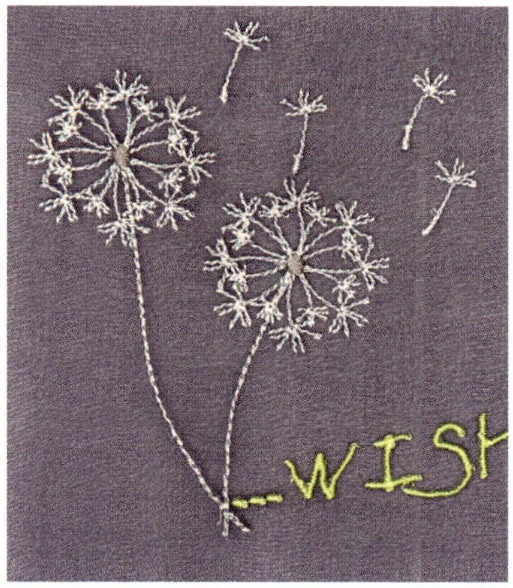

Hier wurde Organza bestickt.

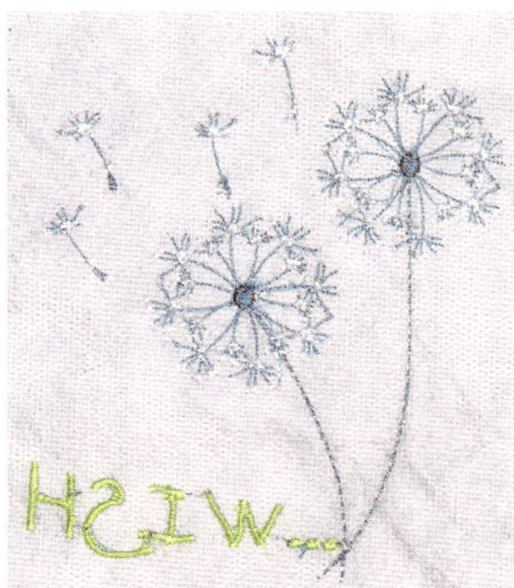

Stoffrückseite

Stickdatei: Pusteblume Wish
Abmessungen: 92,1 mm x 110,6 mm
Anzahl Stiche: 3792
Stickrahmen: 10 cm x 13 cm oder größer

STICKVLIES ZUM KLEBEN UND AUSWASCHEN

Dieses Vlies ist ideal für Stoffe, die nicht in den Stickrahmen eingespannt werden können, oder für Stoffstücke, die kleiner als der Stickrahmen sind.

Hersteller/ Markenname	Produktname
Madeira	Avalon Fix Film
OESD	Aqua Mesh Plus
Vlieseline	Solufix

VERARBEITUNG

BEI KLEINEN STOFFSTÜCKEN

Das Stickvlies mit der Papierseite nach oben in den Stickrahmen einspannen. Das Abdeckpapier anritzen und abziehen.

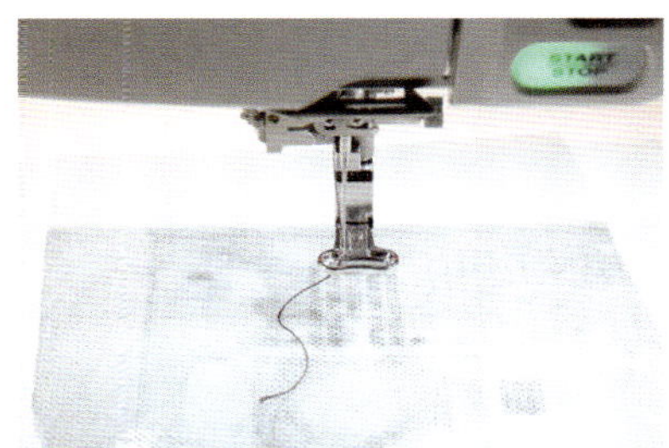

Den Stoff (hier: Unterwäsche) auf das Stickvlies kleben. Nach dem Sticken das Klebevlies zurückschneiden. Die restlichen Stücke verschwinden beim Waschen.

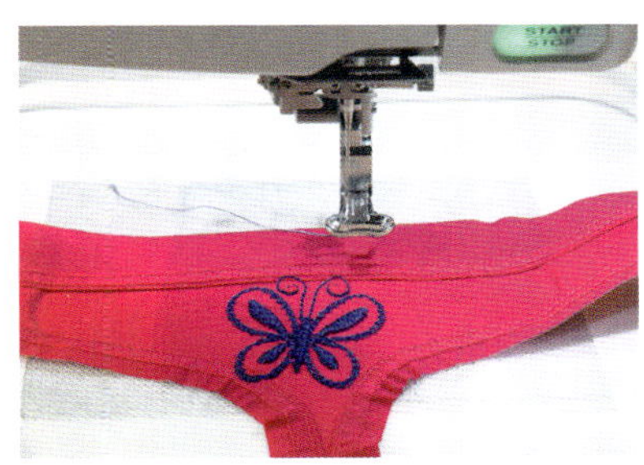

Stickdatei: Schmetterling
Abmessungen: 36,0 mm x 38,9 mm
Anzahl Stiche: 1239
Stickrahmen: 10 cm x 10 cm oder größer

BEI DÜNNEN TRANSPARENTEN STOFFEN

Aus dem Stickvlies zum Kleben und Auswaschen ein Stück zuschneiden, das größer ist als der Rahmen.

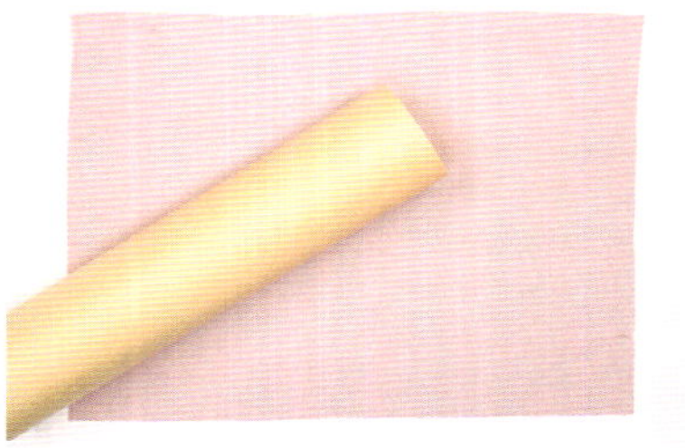

Das Trägerpapier abziehen und auf die Stoffrückseite kleben. Zusätzlich noch eine Lage dünne wasserlösliche Folie zuschneiden und über den Stoff legen.

Alle drei Lagen in den Stickrahmen einspannen und das Muster sticken.

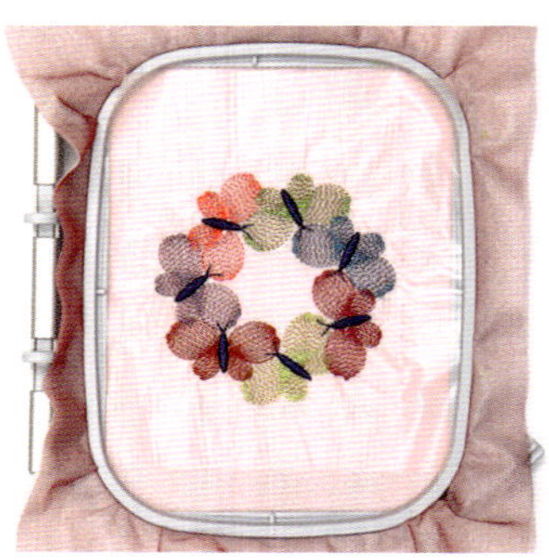

Nach dem Sticken das Stickvlies von der Rückseite vorsichtig abziehen und zurückschneiden. Die Folie ebenfalls zurückschneiden und den Stoff ins Wasser legen. Die wasserlöslichen Vliese lösen sich auf.

Stickdatei: Schmetterling_Kranz
Abmessungen: 90,4 mm x 89,0 mm
Anzahl Stiche: 6394
Stickrahmen: 10 cm x 10 cm oder größer

STICKVLIESE ZUM ABSCHNEIDEN

Die „Cut Away"-Vliese sind weiche, leichte bis mittelschwere Stabilisatoren, die dauerhaft im Stoff bleiben. Sie werden überwiegend zum Sticken von Mustern mit einer hohen Stichzahl verwendet. Nach dem Sticken wird das Vlies zurückgeschnitten, die Stickerei bleibt dauerhaft formstabil und kann sich nicht verziehen.
Stickvliese zum Abschneiden gibt es auch zum Aufbügeln und zum Aufkleben. Diese Stabilisatoren werden zum Verzieren von Heimtextilien, Taschen, Accessoires und Oberbekleidung verwendet, sowohl für gewebte als auch für gestrickte Materialien.
Cut-Away-Stickvliese gibt es je nach Hersteller in „light" für dünnere Stoffe und „heavy" für größere Muster und dickere Stoffe.

LEICHTE AUSFÜHRUNG OHNE HAFT-BESCHICHTUNG

Das leichte Vlies zum Abschneiden ohne Haftbeschichtung eignet sich sehr gut für Stickarbeiten in Maschenware und gewebten Materialien sowie Muster mit einer hohen Stichdichte. Abhängig von der Stickarbeit und dem Stoff wird dieses Stickvlies auch in Kombination mit anderen Stabilisatoren verwendet.

Hersteller/ Markenname	Produktname
Madeira	Weblon Plus
OESD	Poly Mesh
Sulky	Soft'n Sheer plus

VERARBEITUNG

Das Stickvlies zum Wegschneiden etwas größer als den Stickrahmen zuschneiden. Mit temporär haftendem Sprühkleber besprühen. Den Stoff (hier: Baumwolljersey) mit der rechten Seite nach oben auf das Stickvlies kleben und in den Stickrahmen einspannen. Nach dem Sticken das Stickvlies bis nah an das Muster zurückschneiden. Das Vlies bleibt dauerhaft unter der Stickerei und stabilisiert diese.

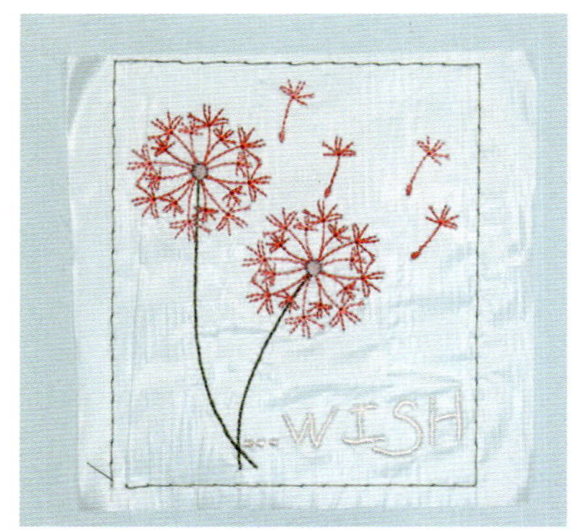

Hier wurde zusätzlich dünne, wasserlösliche Folie aufgebracht, um den Jersey zu stabilisieren.

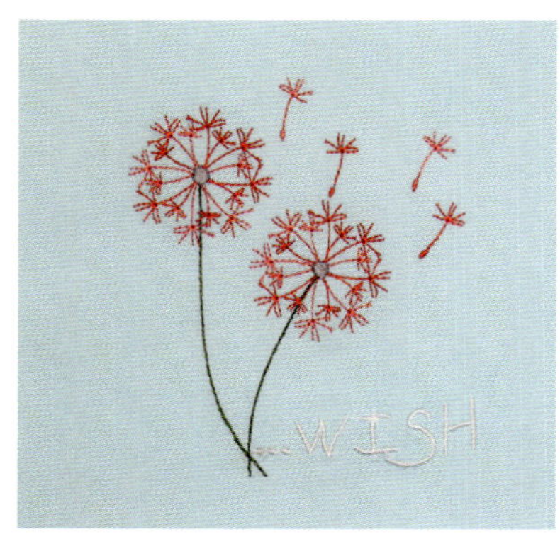

Die Folie wurde nach dem Sticken weggerissen und hat sich beim Waschen aufgelöst. Das Stickvlies bleibt dauerhaft unter dem Stoff.

Stickdatei: Pusteblume Wish
Abmessungen: 92,1 mm x 110,6 mm
Anzahl Stiche: 3792
Stickrahmen: 10 cm x 13 cm oder größer

DICKERE AUSFÜHRUNG OHNE HAFT-BESCHICHTUNG

Das dickere Vlies zum Abschneiden ohne Haftbeschichtung eignet sich sehr gut für große Stickarbeiten mit vielen Stichen und vielen Details. Auch zum Sticken von Patchs, für Leder, Lederimitate und Korkstoffe wird die dickere Ausführung verwendet.

Hersteller/ Markenname	Produktname
Madeira	Super Strong
OESD	Heavy Weight Cut Away
Sulky	Super Strong

VERARBEITUNG

Das dickere Stickvlies zum Abschneiden wird genauso wie das dünnere Stickvlies verarbeitet. Etwas größer als den Stickrahmen zuschneiden und im Rahmen einspannen. Mit temporär haftendem Sprühkleber besprühen und den Stoff (hier: Lederimitat) mit der rechten Stoffseite nach oben aufkleben.
Nach dem Sticken das Stickvlies bis nah an das Muster zurückschneiden. Das Vlies bleibt dauerhaft im Stoff unter der Stickerei und stabilisiert diese.

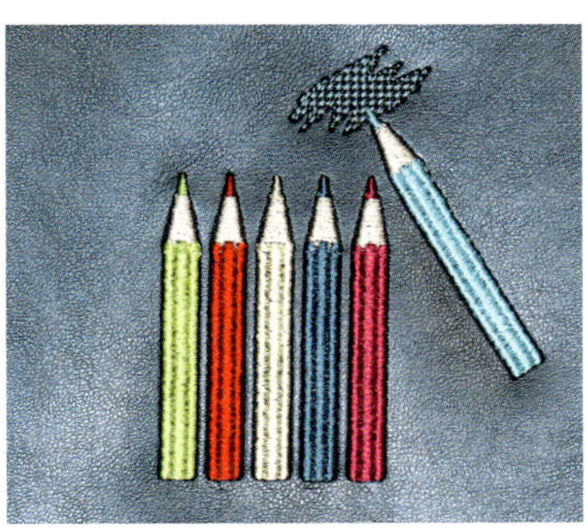

Stickdatei: Stifte
Abmessungen: 79,7 mm x 91,5 mm
Anzahl Stiche: 8965
Stickrahmen: 10 cm x 10 cm oder größer

STICKVLIESE ZUM AUFBÜGELN UND ABSCHNEIDEN

Diese Vliese sind für Stickmuster mit einer hohen Stichzahl, hoher Dichte und vielen Details geeignet. Das Vlies bleibt dauerhaft unter der Stickerei. Abhängig von der Stickarbeit und dem Stoff werden diese Stickvliese auch in Kombination mit anderen Stabilisatoren verwendet. Je nach Hersteller werden die Vliese für unterschiedliche Stickarbeiten empfohlen.

MADEIRA WEBLON STABLE

Wird für mittelschwere bis schwere elastische Materialien, für grobe Maschenware, für Materialien mit Elastananteil und auch bei Funktionsstoffen eingesetzt. Bei Stoffen, die nicht verzugsfrei eingespannt werden können, ebenfalls das Schneidevlies zum Aufbügeln verwenden. Nach dem Sticken das Stickvlies von der Rückseite abziehen und zurückschneiden.

MADEIRA SUPER STABLE

Wird für mittelschwere bis schwere elastische Materialien, für grobe Maschenware und für Stoffe, die nicht verzugsfrei eingespannt werden können, verwendet. Nach dem Sticken das Stickvlies von der Rückseite abziehen und zurückschneiden. Für Bilder, Taschen, Heimtextilien, Karten, Patchs und Textilbücher geeignet.

SULKY ULTRA STABLE

Für Projekte, bei denen das Stickvlies dauerhaft auf der Stoffrückseite bleiben darf. Das Ultra Stable wird zum dauerhaften Fixieren der Stofflage verwendet. Es wird nicht zurückgeschnitten. Für Bilder, Taschen, Heimtextilien, Karten, Patchs und Textilbücher geeignet.

VERARBEITUNG

Das Stickvlies zum Aufbügeln und Abschneiden etwas größer als den Stickrahmen zuschneiden. Das Vlies mit der glänzenden Bügelschicht nach Herstelleranleitung auf die Stoffrückseite (hier: aufgetrennte Hose aus Baumwolle mit Elastananteil, Köperstoff) bügeln (im Foto ist die fertige Stickerei zu sehen).

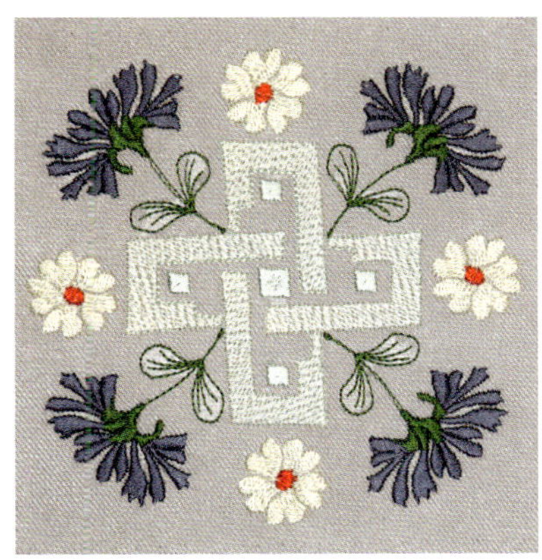

Stickdatei: Blumenkranz
Abmessungen: 122,5 mm x 122,5 mm
Anzahl Stiche: 17622
Stickrahmen: 13 cm x 18 cm oder größer

WEITERE STABILISATOREN

Neben den herkömmlichen Stickvliesen gibt es weitere Stabilisatoren für spezielle Stoffarten und besondere Einsatzgebiete.

HITZELÖSLICHE FOLIE

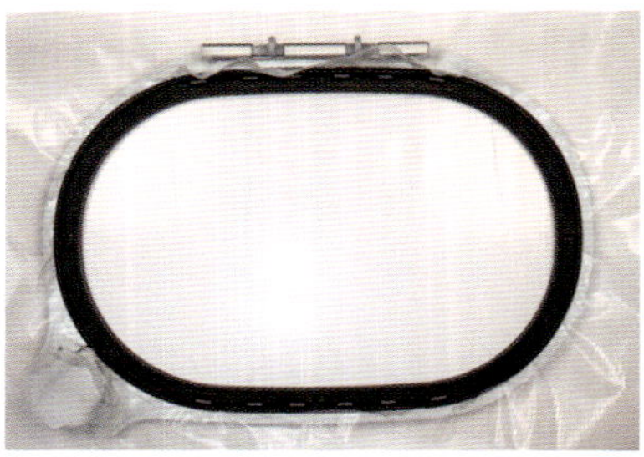

Die hitzelösliche Folie wird zum Sticken von Mustern auf wasserempfindlichen Stoffen wie Walkloden, Cord, Samt, Filz und Korkstoffen, außerdem für Patchs, Untersetzer, Taschen oder Janker verwendet. Nach dem Sticken wird die Folie mit dem Bügeleisen ohne Dampf gebügelt. Dabei entstehen kleine Kügelchen, die Sie einfach wegwischen können. Zurück bleibt die Stickerei.

Hersteller/ Markenname	Produktname
Madeira	Super Film
Sulky	Thermofilm

VERARBEITUNG

Die Folie etwas größer als den Stickrahmen zuschneiden. Die raue Seite der Folie auf die Stoffrückseite auflegen und den Stoff (hier: Walkloden) einspannen. Mit dem Heftstich der Maschine wird der Stoff mit dem Stickvlies fixiert. Das Muster sticken.

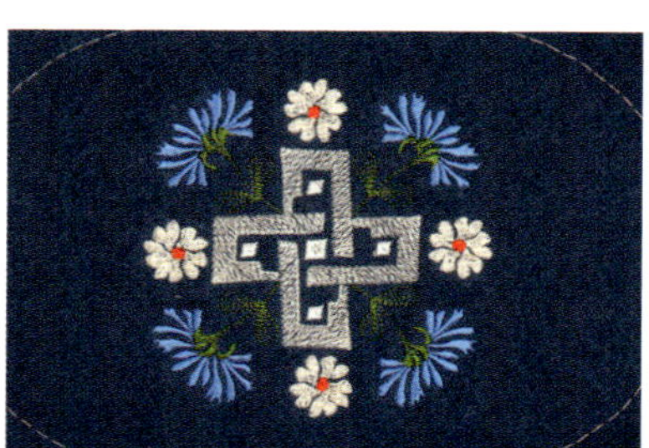

Nach dem Sticken die Folie etwas zurückschneiden.

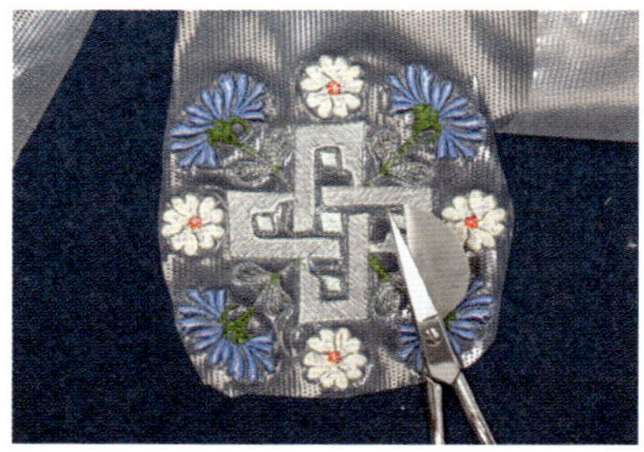

Die Folie anschließend ohne Dampf bügeln. Die Kügelchen entfernen.

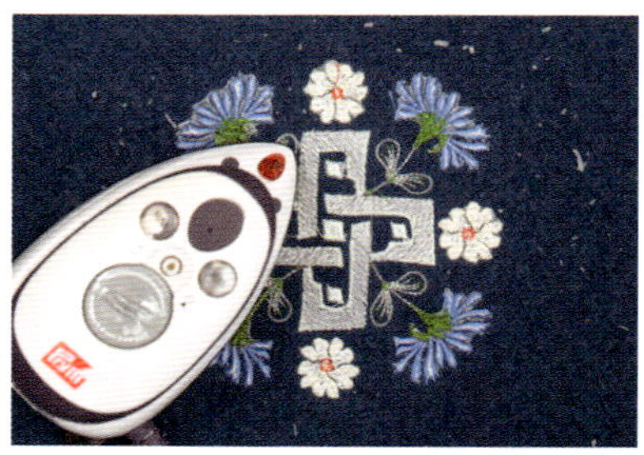

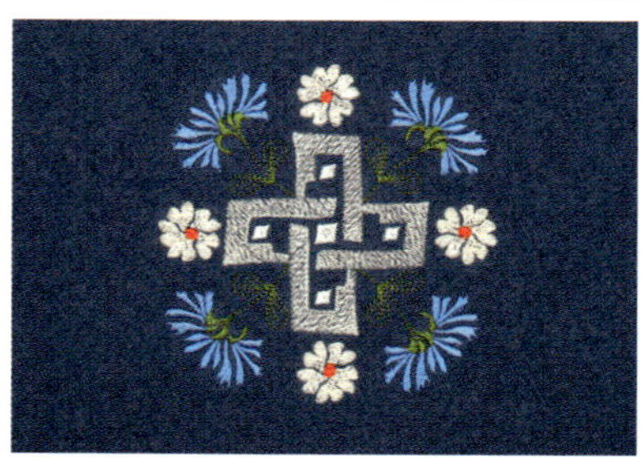

Stickdatei: Blumenkranz
Abmessungen: 122,5 mm x 122,5 mm
Anzahl Stiche: 17622
Stickrahmen: 13 cm x 18 cm oder größer

SPRÜHZEITKLEBER

Mit Sprühzeitkleber lassen sich Stoff und Stickvlies temporär fixieren. Stickvliese ohne Bügel- und Klebebeschichtung werden mit dem Sprühkleber fixiert und eingespannt. Dies verhindert, dass sich der Stoff verzieht. Sprühzeitkleber wird auch für Stoffe verwendet, die nicht eingespannt werden sollen, um Druckstellen zu vermeiden. Auch für Stoffstücke und Teile, die kleiner sind als der Stickrahmen, ist der Sprühkleber geeignet. Sie können damit direkt auf das Stickvlies aufgeklebt werden.

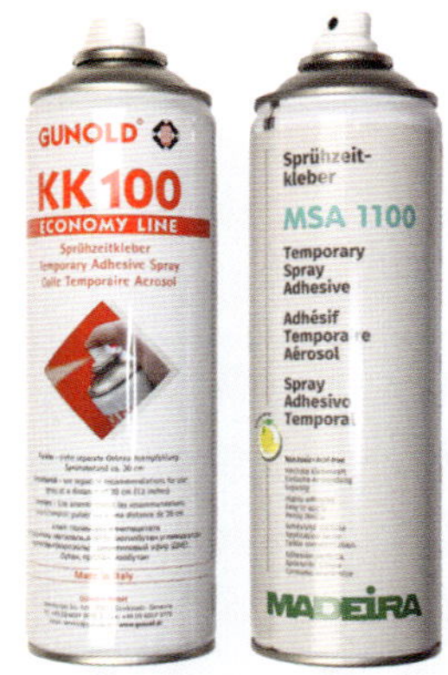

HINWEIS: Wenn Sie Sprühzeitkleber verwenden, setzen Sie zum Sticken die spezielle Nadel mit der Antihaftbeschichtung an der Maschine ein, an der der Kleber nicht so stark haftet. Verklebte Nadeln führen zum Fadenbruch.

VERARBEITUNG

VARIANTE 1

Das Stickvlies mit dem Sprühzeitkleber besprühen und auf die Stoffrückseite kleben. Den Stoff im Rahmen einspannen und das Muster sticken.

VARIANTE 2

Stickvlies im Rahmen einspannen. Sprühzeitkleber auf das Stickvlies sprühen und den Stoff aufkleben. Den Stoff zusätzlich mit einem Heftstich fixieren.

MEIN TIPP

Decken Sie den Rahmen beim Besprühen mit Papier ab, um Kleberspuren darauf zu vermeiden. Falls der Stickrahmen doch besprüht worden ist, können Sie den Kleber mit einem speziellen Reiniger entfernen. Vor dem Gebrauch die Herstelleranweisungen beachten.

DOPPELSEITIGE BÜGELEINLAGE FÜR GEWEBTE MATERIALIEN

Die doppelseitige Bügeleinlage ist optimal, um Applikationen aufzukleben oder um zwei Stofflagen zu verbinden. Es gibt sie mit und ohne Trägerpapier.

Hersteller/ Markenname	Produktname
Madeira	Heat Seal (mit Trägerpapier)
Sulky	Thermofix (ohne Trägerpapier)
Vlieseline	Vliesofix (mit Trägerpapier)

VERARBEITUNG

DOPPELSEITIGE BÜGELEINLAGE MIT TRÄGERPAPIER

Bei der doppelseitigen Bügeleinlage mit Trägerpapier (z. B. Vliesofix) ist eine Seite mit Papier und die andere Seite mit Klebemasse überzogen. Die Einlage mit der Klebeseite auf die Rückseite des Stoffes (hier: Baumwollstoff) bügeln, der appliziert werden soll.

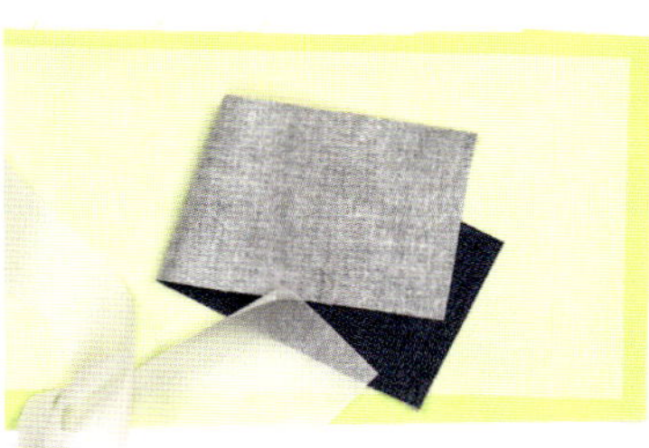

Je nach Weiterverarbeitung den Stoff gleich oder später zuschneiden.

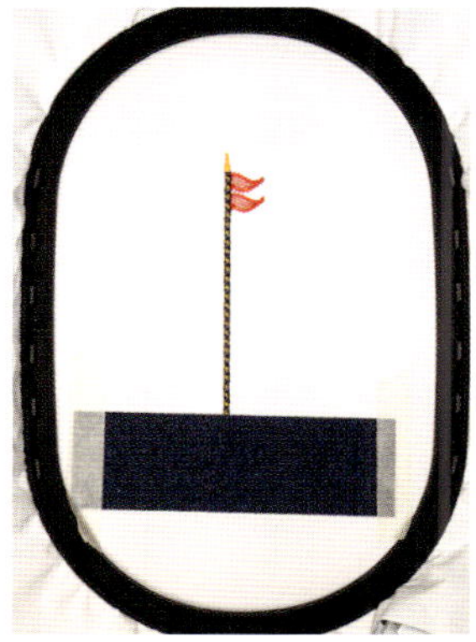

Das Trägerpapier von der Rückseite abziehen und die Applikation auf die vorgesehene Stelle aufbügeln.

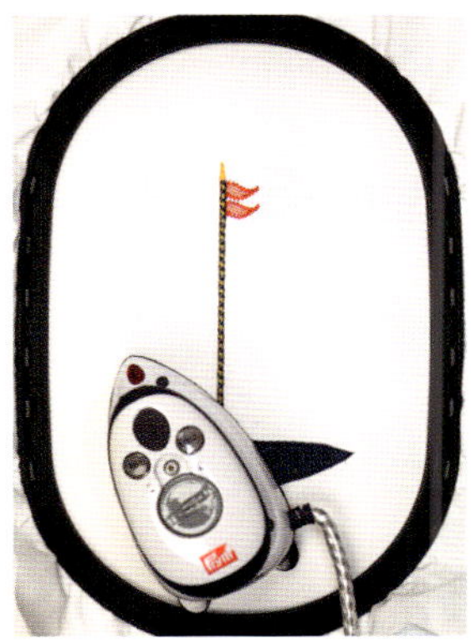

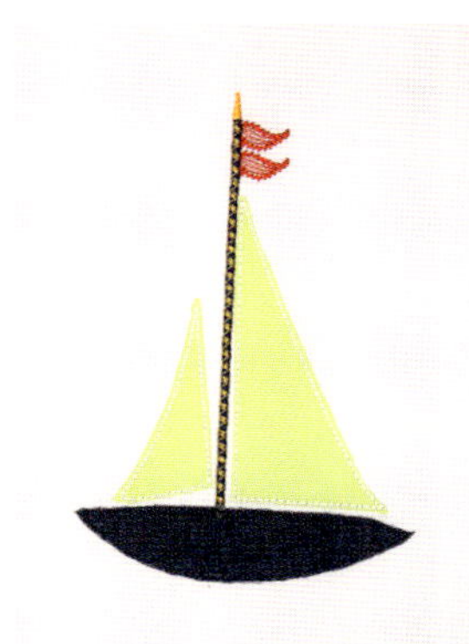

Stickdatei: Appl_Boot_Vliesofix
Abmessungen: 113,1 mm x 170,1 mm
Anzahl Stiche: 3644
Stickrahmen: 13 cm x 18 cm oder größer

DOPPELSEITIGE BÜGELEINLAGE OHNE TRÄGERPAPIER

Für die Verarbeitung der doppelseitigen Bügeleinlage ohne Trägerpapier benötigen Sie handelsübliches Backpapier oder Silikonpapier. Die doppelseitige Bügeleinlage zuschneiden und auf die Rückseite des Applikationsstoffes legen. Das Backpapier darüberlegen und die Einlage aufbügeln. Das Backpapier abziehen und den Stoff für die Applikation weiterverarbeiten. Applikation auf die vorgesehene Stelle aufbügeln.

DOPPELSEITIGE BÜGELEINLAGE FÜR ELASTISCHE MATERIALIEN

Diese doppelseitige Bügeleinlage ist optimal, um Jersey auf Jersey zu applizieren. Noch besser kommt sie zum Einsatz, wenn die Applikation etwas größer ist und der Stoff seine Elastizität beibehalten soll. Das Vlies ist auf einer Seite mit einem Trägerpapier versehen, auf der anderen mit der Klebemasse überzogen.

Hersteller/ Markenname	**Produktname**
Vlieseline	Stretchfix

VERARBEITUNG

Die Bügeleinlage mit der Klebeseite auf die Rückseite des Stoffes für die Applikation (hier: Pikee auf Viskosejersey) bügeln. Das Trägerpapier von der Rückseite abziehen.

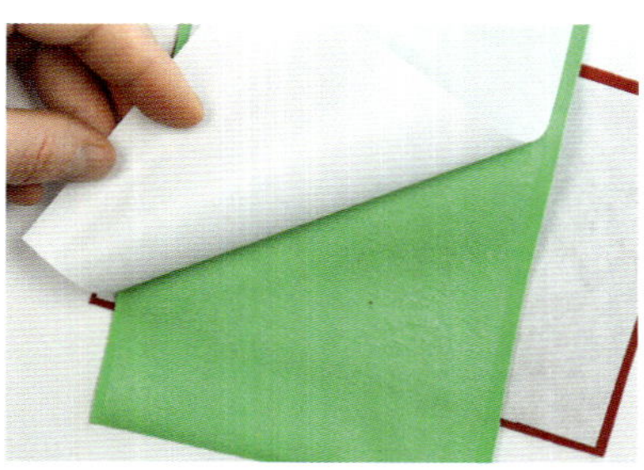

Die Stickdatei an der Maschine öffnen. Den Grundstoff (hier: Viskosejersey) zusammen mit dem Stickvlies zum Wegreißen im Rahmen einspannen. Die Platzierungsline für den Applikationsstoff wird gestickt.

Den Applikationsstoff auf die Platzierungslinie legen und mit Klebestreifen fixieren. Nach dem Start näht die Maschine alles zusammen. Die Form der Applikation ist zu sehen.

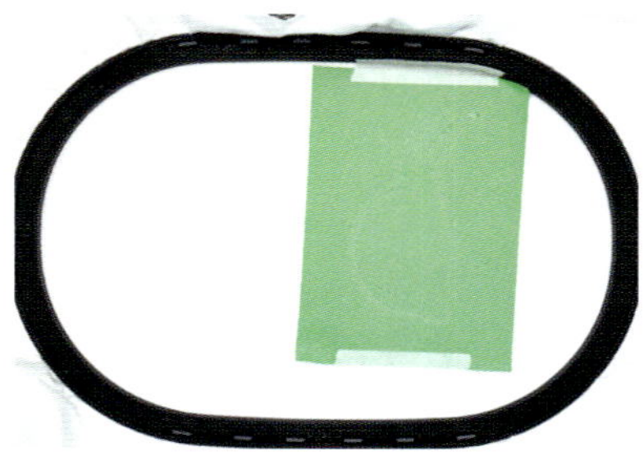

Den Applikationsstoff bis zur Linie zurückschneiden. Im nächsten Maschinenschritt wird der Schnabel gestickt.

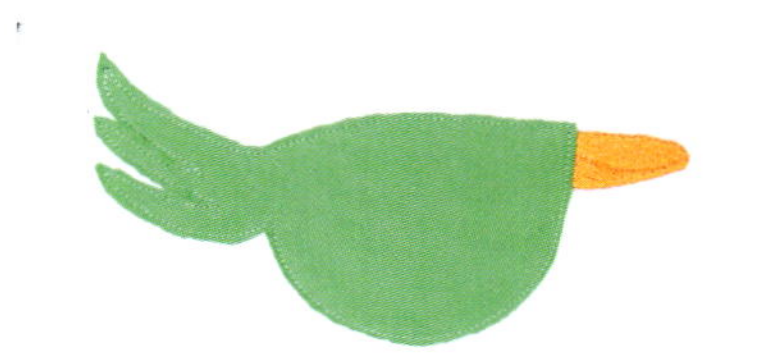

Beim Bügeln verbindet die doppelseitige Klebeeinlage Grundstoff und Applikationsstoff.

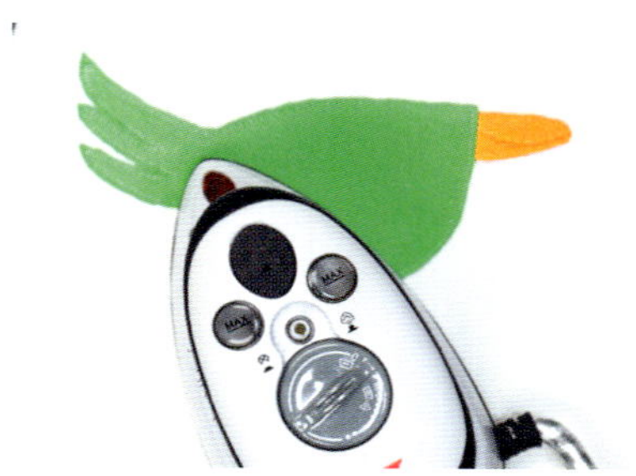

Wenn alle Schritte durchgeführt sind (siehe Stickmusterarbeitsblatt im Download), sieht das fertige Ergebnis so aus:

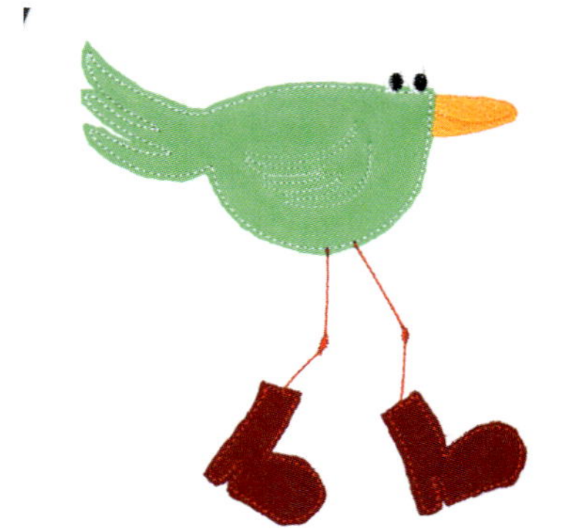

Stickdatei: Appl_Stretchfix Vogel
Abmessungen: 125,0 mm x 136,6 mm
Anzahl Stiche: 3468
Stickrahmen: 13 cm x 18 cm oder größer

DOPPELSEITIGE BÜGELFOLIE FÜR PATCHS

Diese Folien verwenden Sie zum dauerhaften Fixieren von Patchs, Aufnähern und Emblemen. Sie sind extrem haltbar und werden auf die gesamte Fläche des Patchs aufgebügelt. Die doppelseitige Bügelfolie ist mit Trägerpapier versehen.

Hersteller/ Markenname	Produktname
Madeira	Heat Seal (mit Trägerpapier)
OESD	Fuse and Seal
Sulky	Thermofix (ohne Trägerpapier)

VERARBEITUNG

Die Einlage zuschneiden und mit der Klebeseite auf die Rückseite des Patchs (hier: Stickfilz) bügeln.

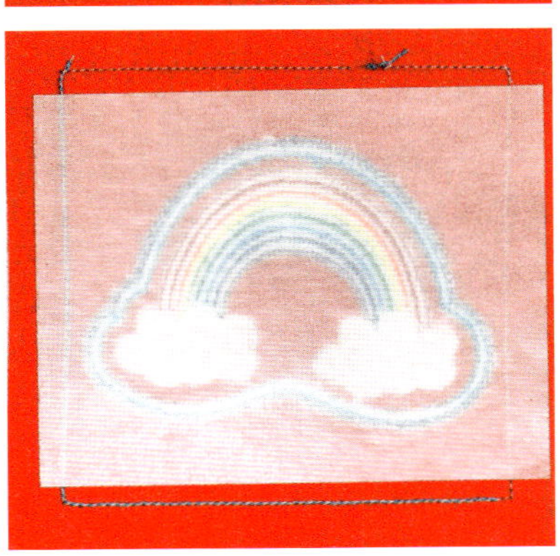

Das Trägerpapier von der Rückseite abziehen, das Patch gegebenenfalls passend zurechtschneiden und auf die vorgesehene Stelle aufbügeln.

Stickdatei: Patch_Regenbogen
Abmessungen inkl. Platzierungslinien: 98,0 mm x 98,0 mm
Abmessungen Stickdatei: 90,4 mm x 65,5 mm
Anzahl Stiche: 10154
Stickrahmen: 10 cm x 10 cm oder größer

SCHUTZVLIES FÜR EMPFINDLICHE HAUT

Die bi-elastische Einlage schützt empfindliche Haut vor kratzigen Stichen, indem sie auf die Rückseite der Stickerei in Kleidungsstücken aufgebügelt wird. Die leichte Gewebeeinlage ist nicht sichtbar und nicht zu spüren. Der Stoff behält seine Eigenschaft und seinen Tragekomfort. Falls sich die Ecken oder Teile des Vlieses durch die Beanspruchung beim Waschen doch auflösen sollten, können sie durch erneutes Bügeln wieder fixiert werden.

MEIN TIPP

Waschen Sie Kleidungstücke, die mit diesem Schutzvlies versehen sind, in einem Waschbeutel. Die Gewebeeinlage hält dadurch länger auf dem Stoff.

Hersteller/ Markenname	Produktname
Madeira	Comfort Wear
OESD	Gentle Touch
Sulky	Tender Touch
Vlieseline	G 785

VERARBEITUNG

Die Gewebeeinlage wird in Längsrichtung zugeschnitten und folgt dabei dem Fadenlauf des Stoffes. Die Gewebeeinlage etwas größer als die Stickerei zuschneiden.
Die Einlage mit der beschichteten Seite nach unten auf die linke Seite des Stoffes (hier: Baumwolljersey) legen und aufbügeln. Beim Aufbügeln das Bügeleisen nicht hin- und herschieben, sondern immer wieder andrücken, hochheben und an der nächsten Position wieder andrücken.

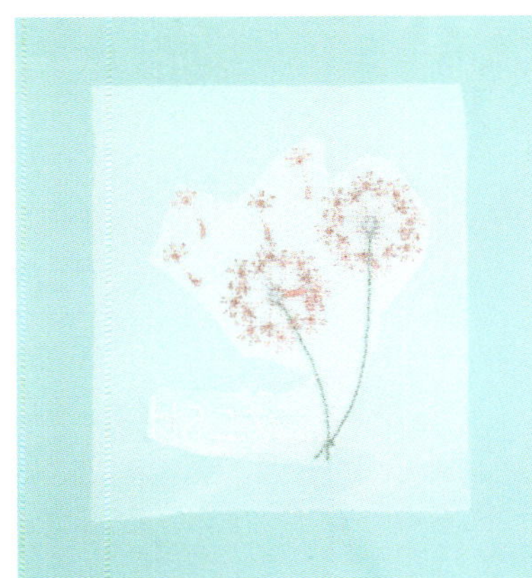

Die Teile nach dem Fixieren flach liegend auskühlen lassen. Die Haftung des Vlieses wird so stabilisiert.

HERSTELLERÜBERSICHT

Die Übersichten auf dieser Doppelseite fassen alle in diesem Kapitel vorgestellten Stickvliese und Stabilisatoren nochmals zusammen. Die Tabellenfarben orientieren sich dabei an den von den Herstellern verwendeten Farbmarkierungen für die einzelnen Stickvliesarten. Während die Markennamen der auf dem Markt verfügbaren Stickvliese herstellerspezifisch sind, sind die Farbmarkierungen auf der Verpackung bei den Stickvliesen zum Wegreißen (Tear Away), zum Auswaschen (Wash Away) und zum Abschneiden (Cut Away) herstellerübergreifend einheitlich: Stickvliese zum Wegreißen sind grün, wasserlösliche Stickvliese blau und Stickvliese zum Abschneiden orange gekennzeichnet. Die Vliese für die speziellen Sticktechniken sind von Hersteller zu Hersteller anders farblich markiert und finden sich hier in den violetten Tabellen.

Stickvlies zum Wegreißen (Tear Away)	**Stärke**	**Madeira**	**OESD**	**Sulky**	**Vlieseline**
Ohne Haftbeschichtung	fein		Light Weight Tear Away	Tear Easy	
	mittel	Cotton Soft	Ultra Clean and Tear		Stickvlies
			Medium Weight Tear Away		
	stabil		Heavy Weight Tear Away	Tear Away Plus	
Zum Bügeln und Wegreißen		Cotton Stable	Ultra Clean and Tear Fusible	Totally Stable	Fixier-Stickvlies
Zum Kleben und Wegreißen	mittel	Cotton Fix	Stabil Stick Tear Away	Filmoplast	Filmoplast H 54
	stabil			Filmoplast Strong	

Wasserlösliches Stickvlies (Wash Away)	**Stärke**	**Madeira**	**OESD**	**Sulky**	**Vlieseline**
Transparente Folie	fein	Avalon Film	SticH2O	Solvy	
	mittel		Badge Master		
Transparente Folie	stabil	Avalon Ultra		Ultra Solvy	
Wasserlösliches Stickvlies		Avalon Plus	Aqua Mesh	Fabri Solvy	Soluvlies
Zum Kleben und Auswaschen		Avalon Fix Film	Aqua Mesh Plus		Solufix
Zum Kleben, Reißen und Auswaschen			Ultra Clean and Tear Plus		

Stickvlies zum Abschneiden (Cut Away)	Stärke	Madeira	OESD	Sulky	Vlieseline
Ohne Beschichtung	mittel	Weblon Plus (Hitze bis 260 C°)	Poly Mesh	Soft'n Sheer plus	
		Super Web (nur mit einem Punkt bügeln, 110 °C)	Medium Weight Cut Away		
	extra-stark	Super Strong	Heavy Weight Cut Away	Super Strong	
Zum Bügeln und Abschneiden	mittel	Weblon Stable	Fusible Poly Mesh		
	extra-stark	Super Stable		Ultra Stable	
Zum Kleben und Abschneiden			Stabil Stick Cut Away		

Doppelseitige Bügeleinlage	Stärke	Madeira	OESD	Sulky	Vlieseline
Für Applikationen	leicht		Applique Fuse and Fix	Thermofix	Vliesofix
Für Patchs	stabil	Heat Seal	Fuse and Seal	BSN	
	elas-tisch				Stretchfix

Weitere Stabilisatoren	Stärke	Madeira	OESD	Sulky	Vlieseline
Hitzelösliche Folie		Super Film		Thermofilm	
Schutzvliese für empfindliche Haut	fein	Comfort Wear	Gentle Touch	Tender Touch	G 785

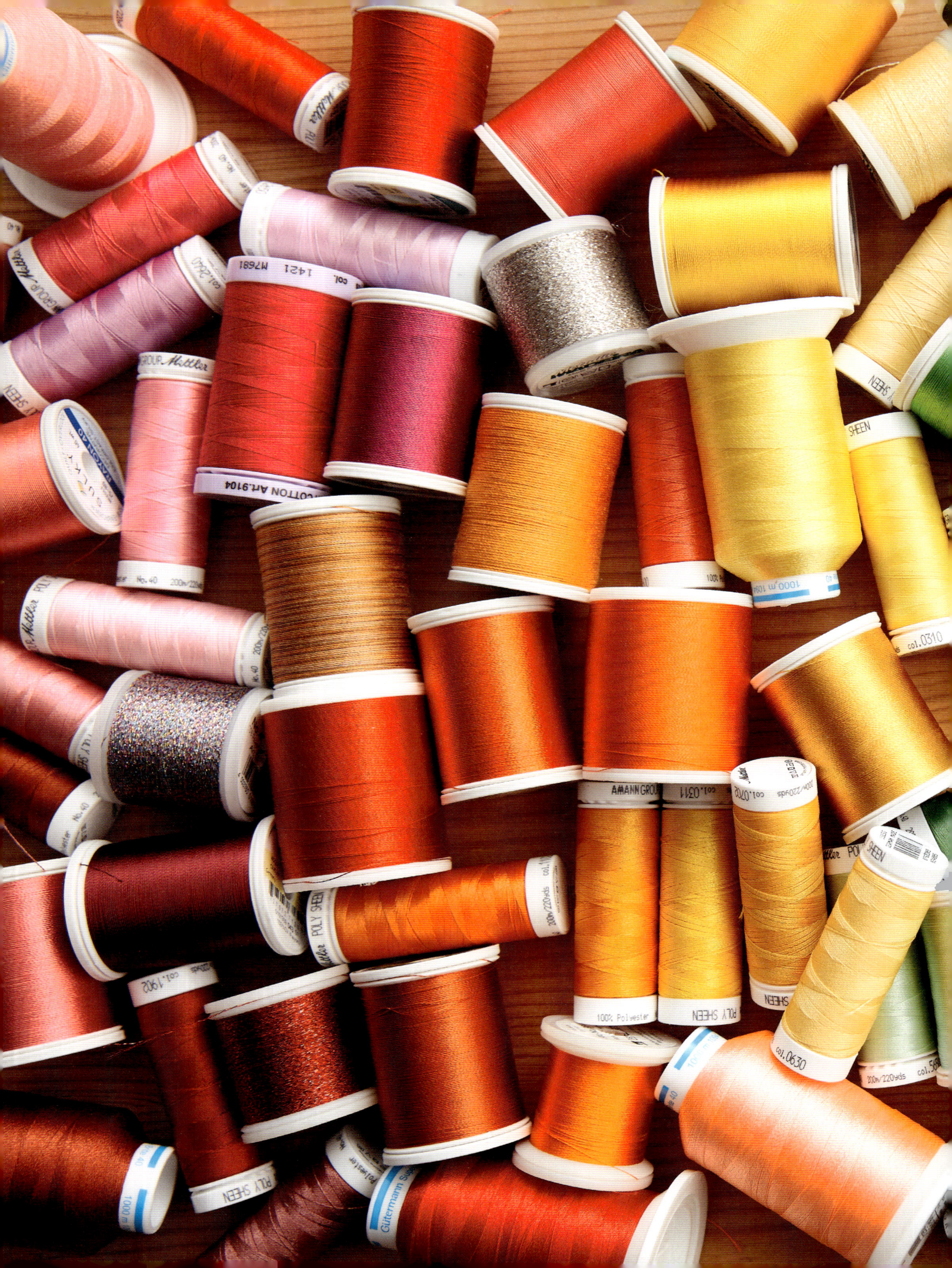

COTTON Art.9104
100% Polyester
POLY SHEEN
col.0630
col.0310

STICKGARNE & STICKNADELN

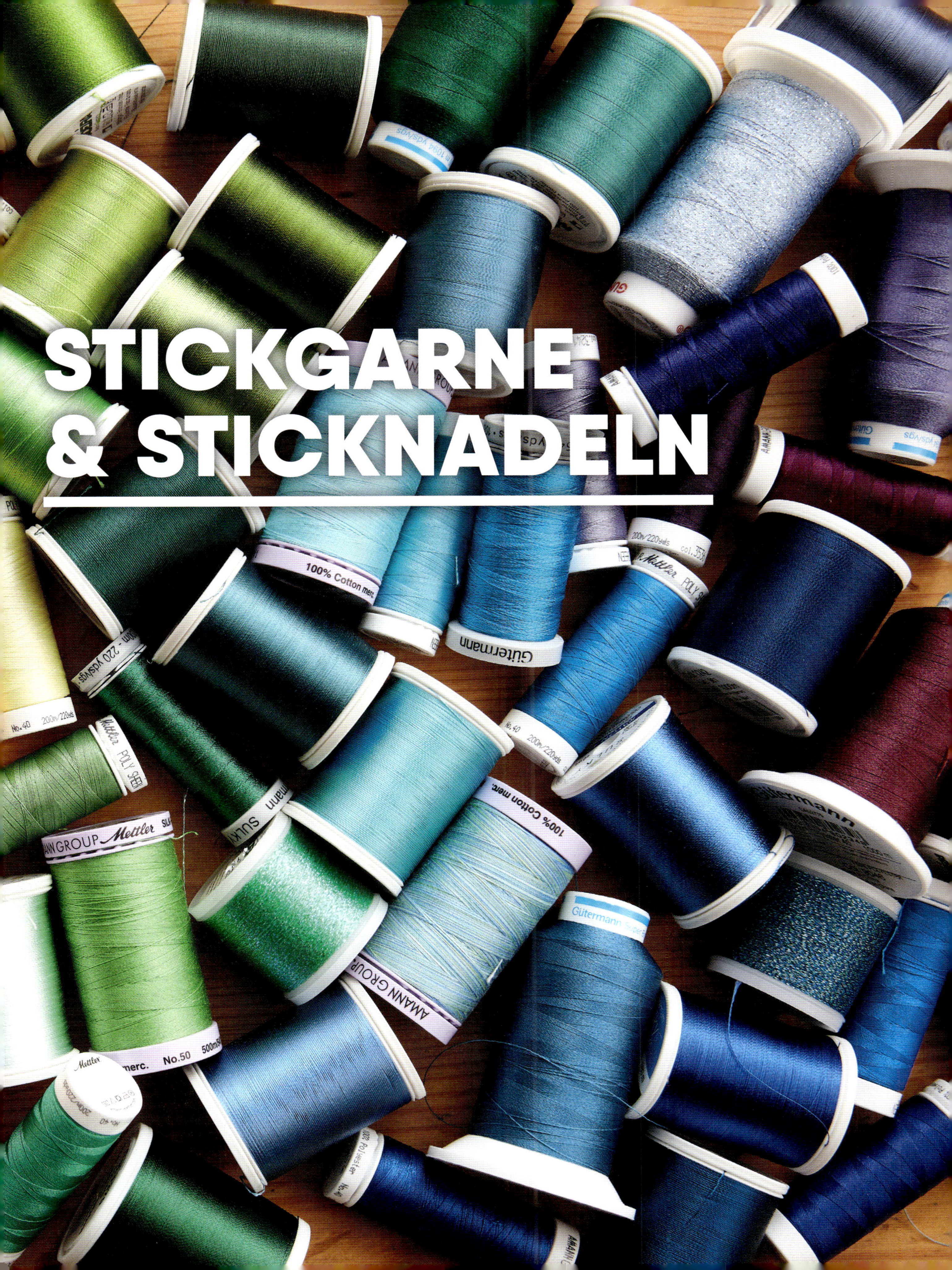

STANDARDGARNE

Für die Haushaltsnäh- und stickmaschinen steht Ihnen ein sehr breites Spektrum an Garnen zur Verfügung. Zum Sticken und Verzieren verwenden Sie die speziellen Stickgarne. Sie sind in verschiedenen Materialien und Qualitäten erhältlich, z. B. aus Polyester, Viskose oder Baumwolle. Für besondere Effekte gibt es Spezialgarne mit Wollanteil sowie Metallic- und Foliengarne (siehe S. 47).

GARNE ZUM STICKEN UND VERZIEREN

Qualitätsgarne sind gleichmäßig gedreht, reißfest und verfügen über eine spezielle Oberflächenbeschaffenheit, die sie scheuerbeständig macht. Außerdem sind sie temperaturbeständig, farbecht und knotenfrei abspulbar.

MEIN TIPP

Setzen Sie für das ausgewählte Garn immer die passende Nadel in Ihrer Stickmaschine ein.

Die Ziergarne werden meistens nur als Oberfaden eingefädelt. Nur Rayon, Polyester und Baumwollstickgarn können auch als Unterfaden verwendet werden. Metallic-Garne dagegen verwenden Sie am besten nur als Oberfaden. Denn als Unterfaden reißen sie sehr leicht oder sie sind einfach zu dick. Probieren Sie es im Zweifelsfall am besten aus.

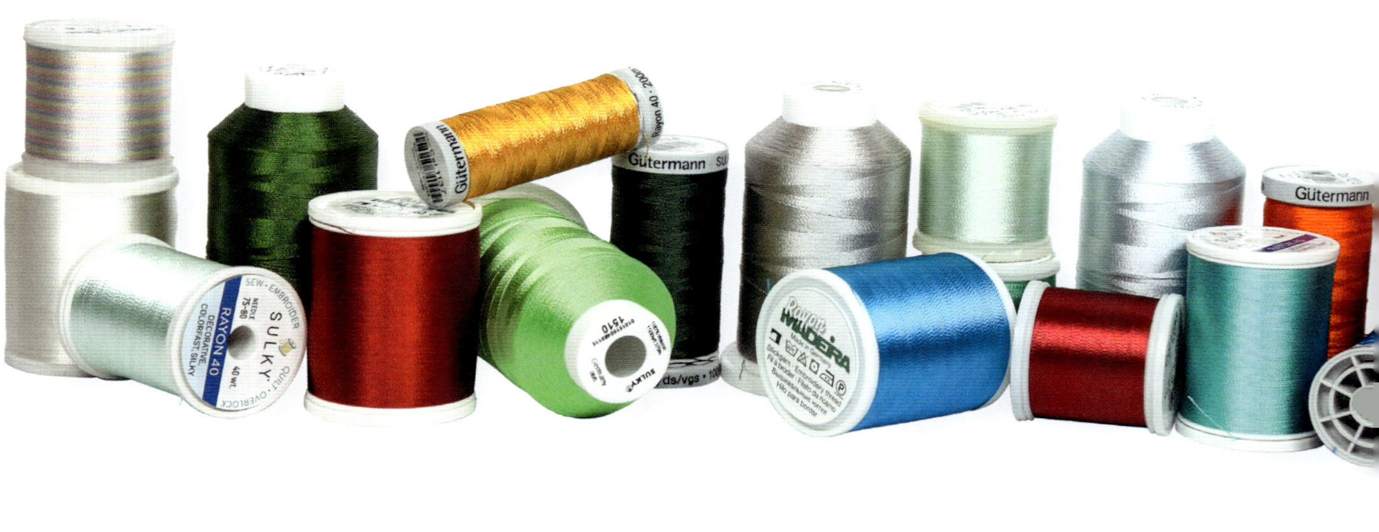

RAYON-STICKGARN

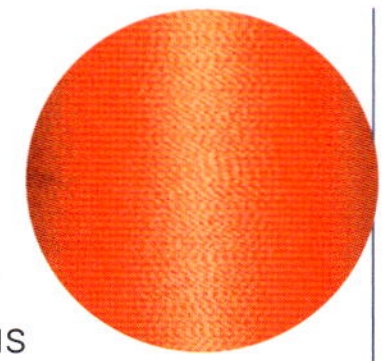

Rayon-Stickgarn, auch Kunstseide genannt, besteht aus 100 % Viskose. Es hat einen außergewöhnlich seidigen Glanz, ist reißfest, farbecht und wickelt sich beim Verarbeiten optimal ab. Rayon-Stickgarne eignen sich für nahezu alle Zierarbeiten und Stickereien, egal, ob der Stoff ein dünner Organza, ein Baumwollstoff, Denim oder Leder ist.

Geeignete Nadeln: Sticknadeln in Stärke 75–90.

Hersteller/ Markenname	Produkt
Gütermann	Rayon 40
Madeira	Rayon 40
Sulky	Rayon 40

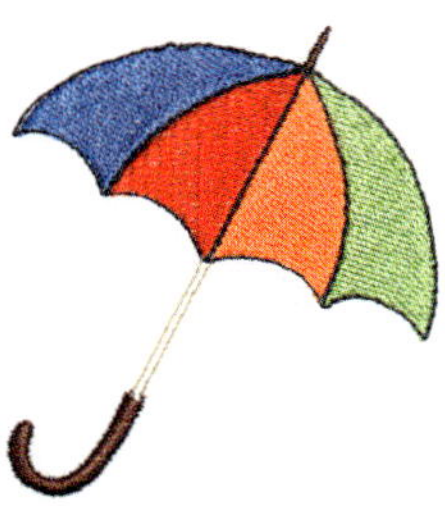

Stickdatei: Schirm
Abmessungen: 71,1 mm x 62,4 mm
Anzahl Stiche: 3815
Stickrahmen: 10 cm x 10 cm oder größer

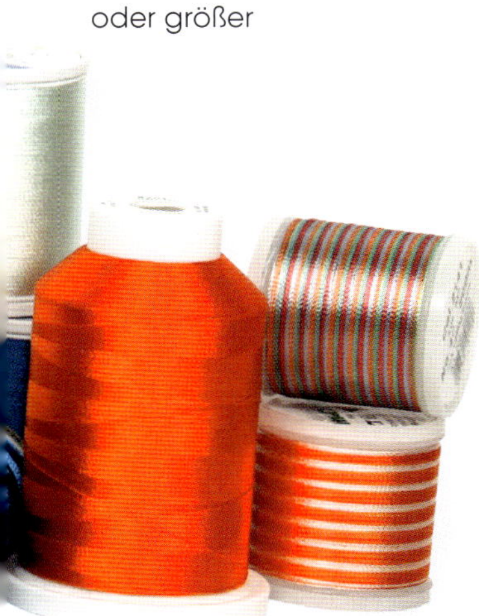

POLYESTER-STICKGARN

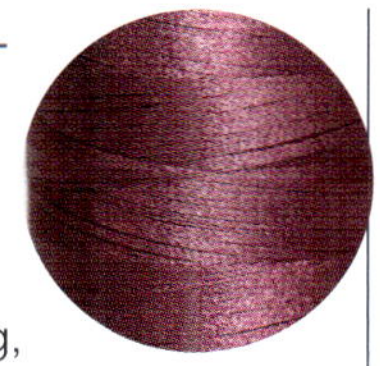

Polyester-Stickgarn aus 100 % Polyester ist sehr strapazierfähig, reißfest, scheuerbeständig, wasch- und chlorecht. Die Leuchtkraft bleibt selbst bei häufigem Waschen erhalten.
Aufgrund seiner hohen Qualitätseigenschaften ist dieser Faden für stark beanspruchte Berufs-, Kinder- und Sportbekleidung, Jeansstoff oder Leder besonders geeignet.

Geeignete Nadeln: Sticknadeln in Stärke 75–90.

Hersteller/ Markenname	Produkt
Gütermann	Super Brite No. 40
Madeira	Polyneon 40
Mettler	Polysheen
Sulky	Poly Deco 40

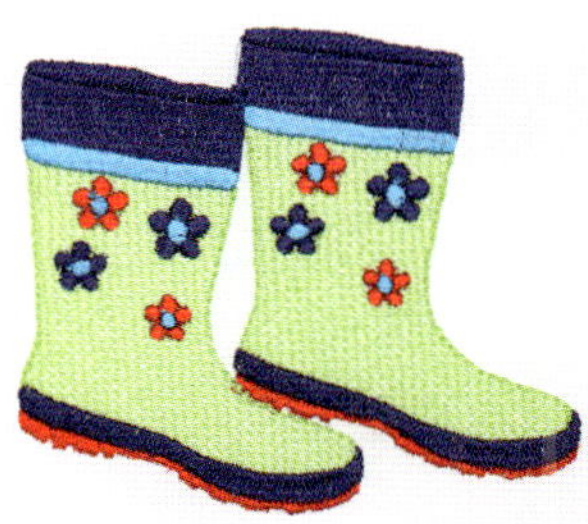

Stickdatei: Gummistiefel
Abmessungen: 96,4 mm x 87,2 mm
Anzahl Stiche: 15570
Stickrahmen: 10 cm x 10 cm oder größer

BAUMWOLL-STICKGARN

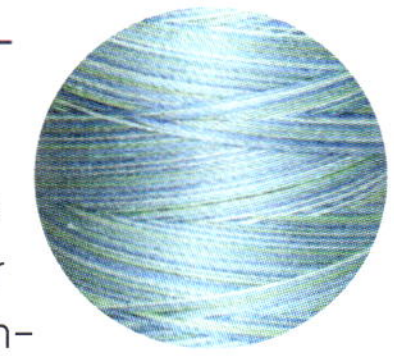

Baumwollstickgarn aus 100 % merzerisierter Baumwolle ist weich, anschmiegsam und glänzt dezent. Diese Fäden verleihen dem Stoff und dem Stickmuster einen edlen und kostbaren Charakter sowie einen angenehm weichen Tragekomfort.
Baumwollstickgarne eignen sich sehr gut zum Verzieren von Babykleidung, Trachtenmode sowie Tisch- und Bettwäsche. Sie füllen in einer etwas dickeren Ausführung ein Flächenstickmuster besonders gut aus. Auf grob strukturierten Stoffen wirken Kreuzstickmuster, Hardanger- und Richelieustickereien mit Baumwollstickgarnen besonders schön. Dünnere Baumwollfäden sind ideal für feine Stickarbeiten, z. B. Monogramme oder Namen in Taschentüchern und Taufkleidern, Krawatten und dünnen Sommerhemden oder Blusen.

Geeignete Nadeln: Sticknadeln in Stärke 75–90 oder Topstitchnadeln in Stärke 80–90.

Hersteller/ Markenname	Produkt
Gütermann	Cotton 30
Madeira	Cotona 30
Mettler	Silk Finish Cotton 40 / 50 / 60
Sulky	Cotton 30 / 50

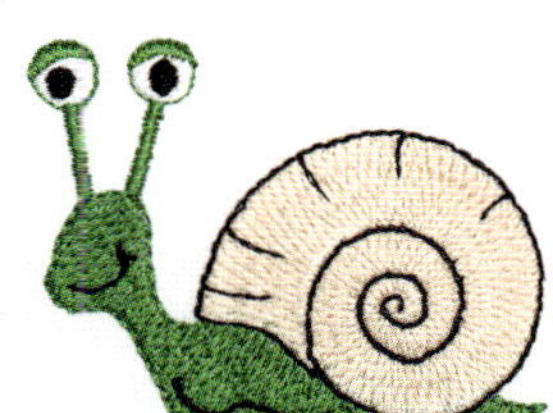

Stickdatei: Schnecke
Abmessungen: 60,9 mm x 50,1 mm
Anzahl Stiche: 4522
Stickrahmen: 10 cm x 10 cm oder größer

STICK-GARN AUS LYOCELL

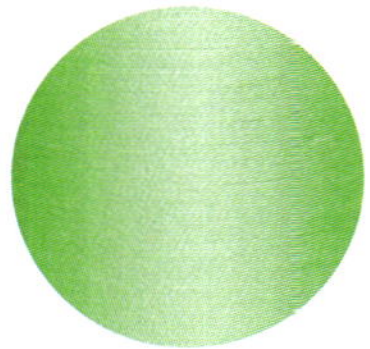

Dieses Garn ist etwas feiner und weicher als andere Garne der Stärke 40. Dadurch ist es auch ideal für Detail- und Monogrammstickereien. Es eignet sich sehr gut zum Verzieren von Babykleidung, Trachtenmode sowie Tisch- und Bettwäsche. Das Garn wird aus Holz hergestellt und ist dadurch vollständig biologisch abbaubar und kompostierbar.

Geeignete Nadeln: Sticknadeln in Stärke 75–90.

Hersteller/ Markenname	Produkt
Madeira	Sensa Green

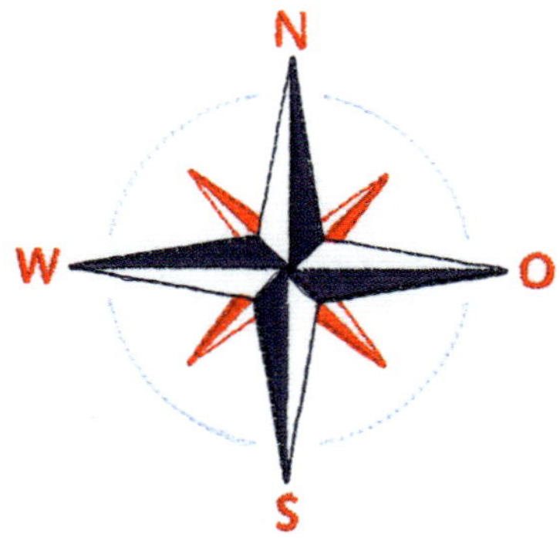

Stickdatei: Met_Kompass
Abmessungen: 98,1 mm x 96,7 mm
Anzahl Stiche: 2911
Stickrahmen: 10 cm x 10 cm oder größer

UNTERFADEN ZUM STICKEN

Auf die Spule für den Unterfaden wird ein spezielles Garn aufgespult, das dünner ist als ein normaler Faden und trotzdem reißfest genug, um sich optimal mit dem Oberfaden zu umschlingen. Weil der Unterfaden dünner ist, passt mehr Fadenlänge auf die Spule und der Faden auf der Rückseite des Stickmotivs ist kaum spürbar.

Unterfaden gibt es in Weiß und Naturfarben für helle Stoffe und in Schwarz für dunkle Stoffe. Auf dem Markt finden Sie fertig aufgespulte Spulen mit Unterfaden sowie Unterfaden zum Selbstaufspulen. Ich empfehle Ihnen, den Unterfaden selbst auf die passenden Spulen zu Ihrer Maschine aufzuspulen. Dadurch ist gewährleistet, dass die Größe, die Höhe und die Form der Spule zu Ihrer Maschine passen und somit ein optimaler Fadenablauf sichergestellt ist.

Wenn Ihre Maschine einen Unterfadenwächter hat, erkennt er auch, wann der Unterfaden zu Ende geht.

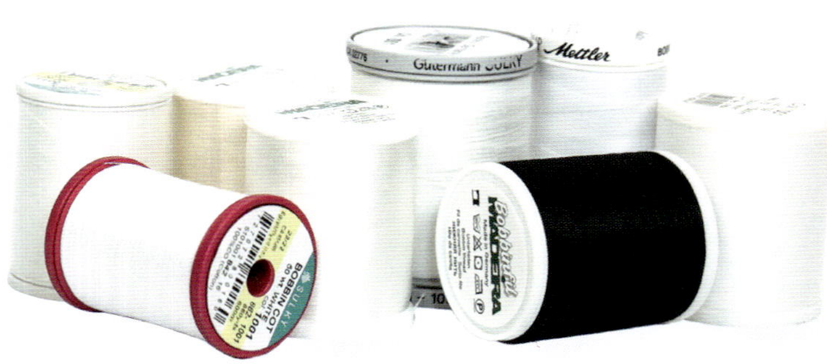

SPEZIAL- UND EFFEKTGARNE

Wenn Sie Ihren Kreationen noch mehr Individualität verleihen möchten, steht Ihnen eine Vielfalt von Effektgarnen zur Verfügung. Dazu gehören Garne mit flauschigem Wollanteil, fluoreszierende Garne, irisierende Effektgarne oder metallisch schimmernde Garne. Je nach Herstellung entsteht eine andere Optik. Glitzern und Glimmern stehen im Vordergrund. Die Spezial- und Effektgarne werden nur als Oberfaden verwendet.

MEIN TIPP

Beim Sticken mit Spezial- und Effektgarnen sollten Sie die Geschwindigkeit reduzieren und die richtige Nadel einsetzen. Achten Sie auch auf die Fadenspannung und passen Sie sie entsprechend an.

METALLISCH SCHIMMERNDE EFFEKTGARNE

Diese funkelnden Garne geben der Stickerei einen wunderschönen Touch. Sie veredeln beispielsweise Textiltaschen, Oberteile und festliche Outfits. Auch Weihnachtsdeko, -karten und -textilien lassen sich mit diesen Garnen hervorragend gestalten. Sie können mit diesen Garnen ganze Muster aussticken oder sie nur für Details im Muster einfädeln.

Trotz ihrer metallischen Namen bestehen die Fäden überwiegend aus Polyester, Polyamid, Viskose usw. Die Oberfläche ist entsprechend behandelt oder sie sind mit Polyesterfolien gezwirnt oder ummantelt.

METALLISCH GLÄNZENDES POLYESTER-GARN

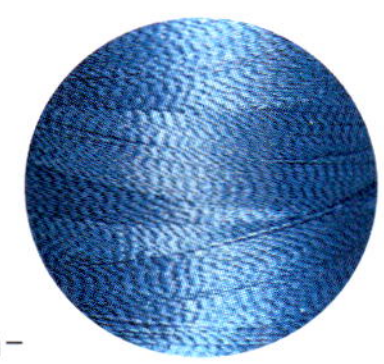

Dieses Garn ist strapazierfähig und chlorecht wie Polyester, es besitzt den seidenweichen Glanz der Viskose und ist leicht zu verarbeiten. Es eignet sich für Applikationen und Stickereien auf Arbeitskleidung, Kinderbekleidung, Sportbekleidung und allem anderen, was oft gewaschen wird.

Geeignete Nadeln: Sticknadeln in Stärke 75–80 oder Topstitchnadeln in Stärke 70–80.

Hersteller/ Markenname	Produkt
Sulky	Poly Flash 40

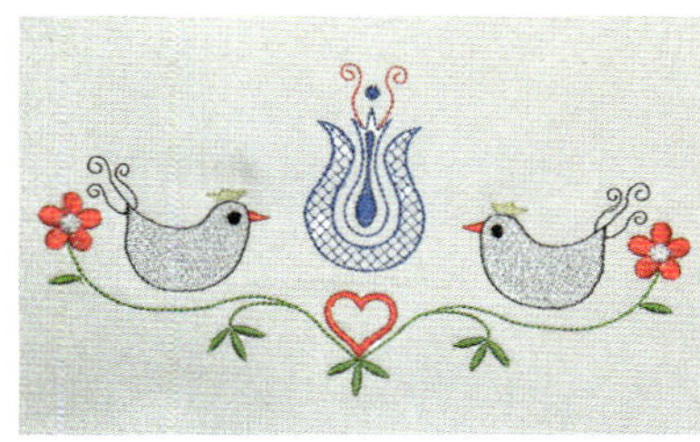

Stickdatei: Trad_Vogel
Abmessungen: 106,1 mm x 199,6 mm
Anzahl Stiche: 10118
Stickrahmen: 14 cm x 25 cm oder größer

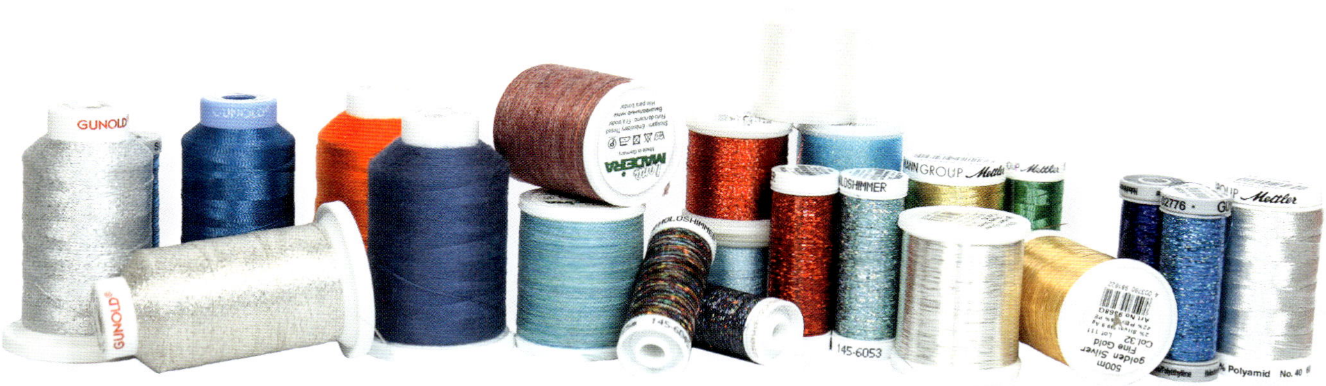

METALLIC-STICKGARN

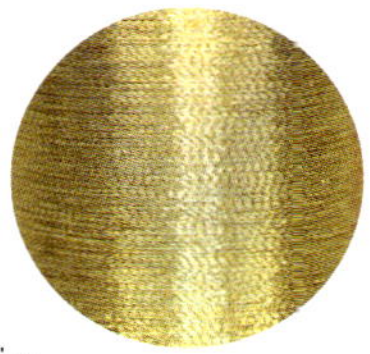

Dieses Garn ist als Metall-Fäden oder Metallic-Fäden erhältlich. Die Fäden sind gezwirnt. Die Stickerei wirkt dadurch fein und elegant.

Geeignete Nadeln: Topstitchnadeln in Stärke 80–90 oder Metallic-Sticknadeln 130/705 MET in Stärke 90.

Hersteller/ Markenname	Produkt
Gütermann	Metallic
Madeira	Metallic
Mettler	Metallic
Sulky	Metallic

Stickdatei: Met_Anker
Abmessungen: 72,1 mm x 95,1 mm
Anzahl Stiche: 5878
Stickrahmen: 10 cm x 10 cm oder größer

HOLO-SHIMMER-GARN

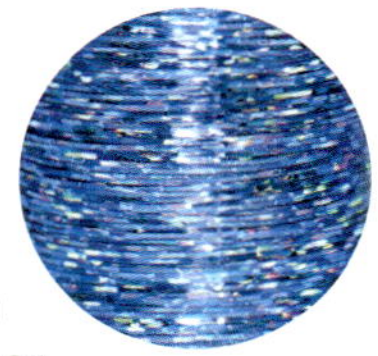

Diese Garne glitzern und funkeln noch viel intensiver als die Metallic-Garne. Durch ihre Struktur entstehen farbintensive Hologramm-Effekte. Die Stickerei ist damit sehr präsent.

Geeignete Nadeln: Topstitchnadeln in Stärke 80–90, Glamournadeln oder Metallic-Sticknadeln 130/705 MET in Stärke 80–90.

Hersteller/ Markenname	Produkt
Gütermann	Holoshimmer
Madeira	Spectra
Sulky	Holoshimmer

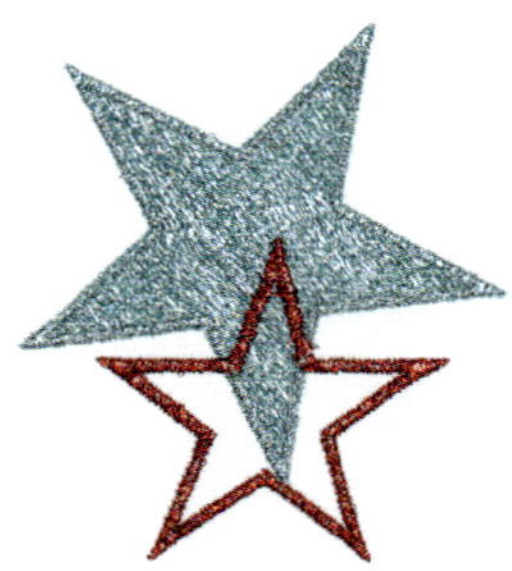

Stickdatei: Met_Sterne
Abmessungen: 83,1 mm x 74,0 mm
Anzahl Stiche: 5361
Stickrahmen: 10 cm x 10 cm oder größer

SLIVER-GARN

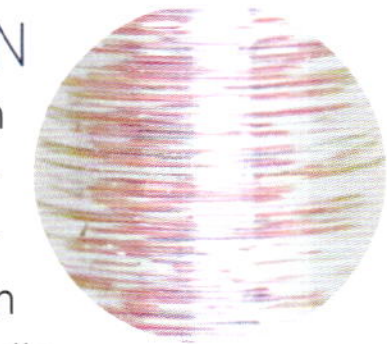

Auch dieses Garn besteht aus metallisiertem Polyester, sogenannten Metallbändchen, die glänzen und glitzern.

Geeignete Nadeln: Topstitchnadeln in Stärke 80–90, Glamournadeln oder Metallic-Sticknadeln 130/705 MET in Stärke 80–90.

Hersteller/ Markenname	Produkt
Gütermann	Sliver
Sulky	Sliver

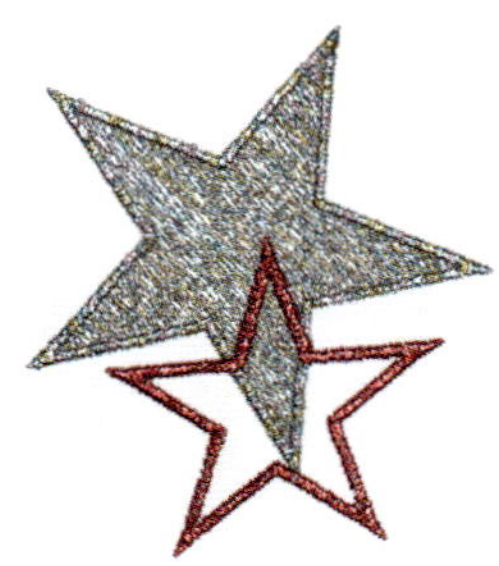

Stickdatei: Met_Sterne
Abmessungen: 83,1 mm x 74,0 mm
Anzahl Stiche: 5361
Stickrahmen: 10 cm x 10 cm oder größer

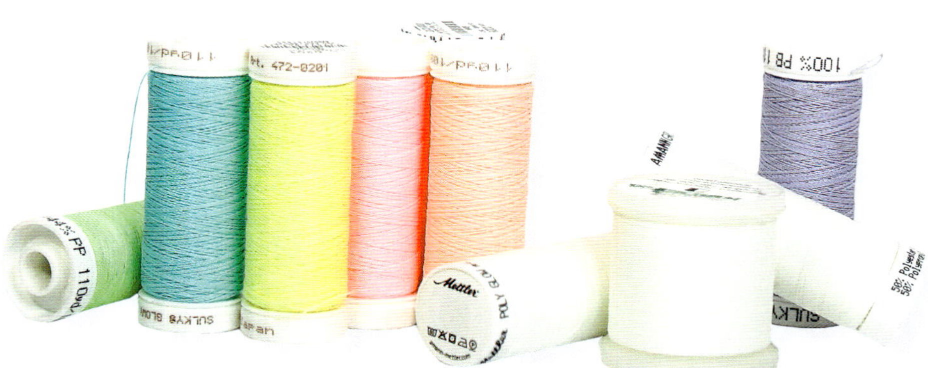

Garne mit Neoneffekt gibt es in vielen Farben.

SPARKLING-GARN

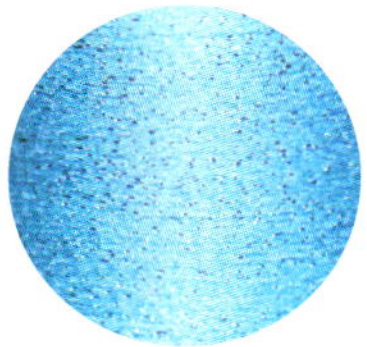

Beim Sparkling-Garn wird ein Polyesterfaden mit einem Metallfaden gezwirnt. Der Polyesteranteil macht den Faden strapazierfähiger und weicher.

Geeignete Nadeln: Topstitchnadeln in Stärke 80–90, Glamournadeln oder Metallic-Sticknadeln 130/705 MET in Stärke 80–90.

Hersteller/ Markenname	Produkt
Madeira	Metallic Sparkling
Sulky	Poly Sparkle

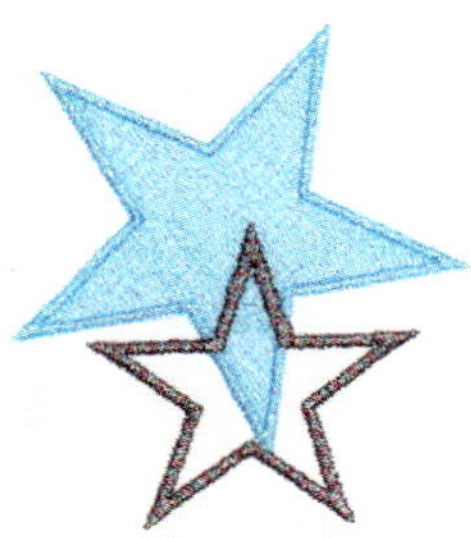

Stickdatei: Met_Sterne
Abmessungen: 83,1 mm x 74,0 mm
Anzahl Stiche: 5361
Stickrahmen: 10 cm x 10 cm oder größer

GARNE MIT NEON-EFFEKT

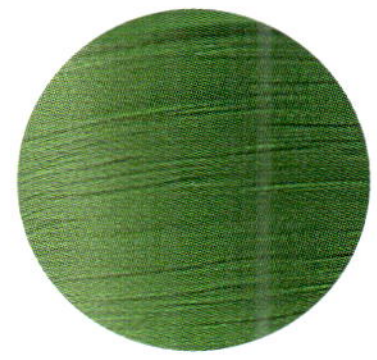

Diese Garne speichern das Licht und geben es bei Dunkelheit wieder ab. Sie sind daher ideal für Halloween- oder Kinderstickmotive. Der Effekt wird verstärkt, wenn Sie das Garn großflächig verarbeiten. Die Leuchtkraft des Stickmusters hängt von der Intensität der Lichteinwirkung ab. Je stärker diese ist, desto intensiver und länger leuchtet das Stickmuster anschließend im Dunkeln.

Geeignete Nadeln: Sticknadeln in Stärke 75–90 oder Topstitchnadeln in Stärke 80–90.

Hersteller/ Markenname	Produkt
Gütermann	Glowy 40
Madeira	Halloween
Mettler	Poly Glow
Sulky	Glowy

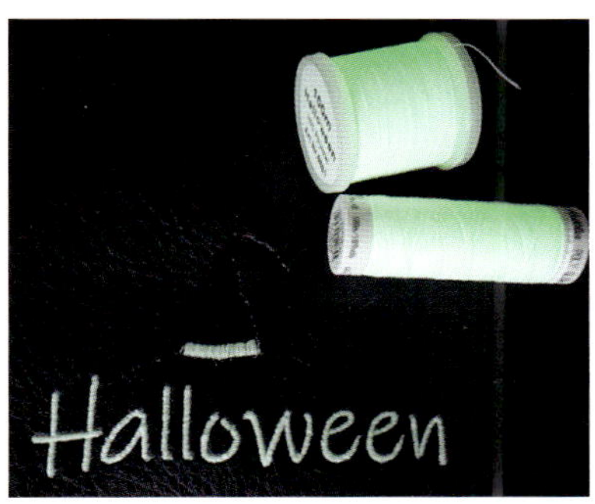

Stickdatei: Halloween
Abmessungen: 97,1 mm x 59,6 mm
Anzahl Stiche: 3686
Stickrahmen: 10 cm x 10 cm oder größer

REFLEKTIERENDE GARNE

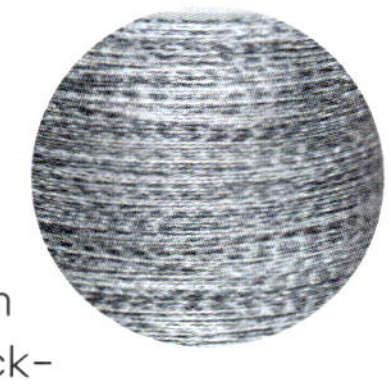

Mit diesen Garnen gearbeitete Stickmotive und Ziernähte reflektieren das Licht, wenn sie z. B. von Fahrzeugscheinwerfern angestrahlt werden. Sie eignen sich daher sehr gut für Stickereien, Ziernähte oder Kantenabschlüsse, die zur Sicherheit im Dunkeln reflektieren sollen. Sie können Sie z. B. für Patchs auf Kinderbekleidung, Sportbekleidung, Handschuhen, Stirnbändern, Taschen oder Hundewesten verwenden.

Geeignete Nadeln: Sticknadeln in Stärke 80–90 oder Topstitchnadeln in Stärke 80–90.

Hersteller/ Markenname	Produkt
Madeira	Reflect
Sulky	CRY 30

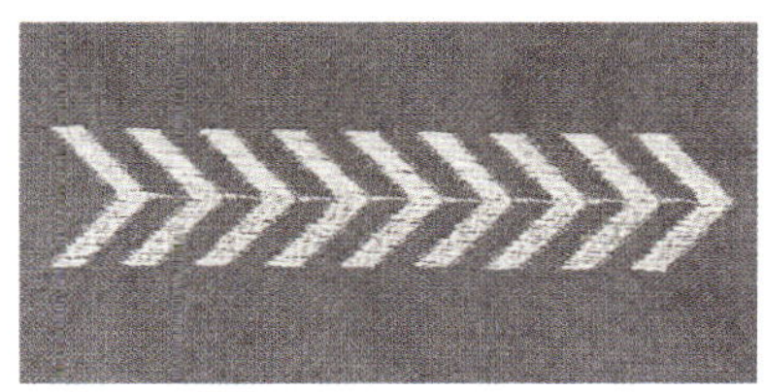

Stickdatei: Reflexionen
Abmessungen: 92,6 mm x 19,5 mm
Anzahl Stiche: 2071
Stickrahmen: 10 cm x 10 cm oder größer

WOLL-GARN

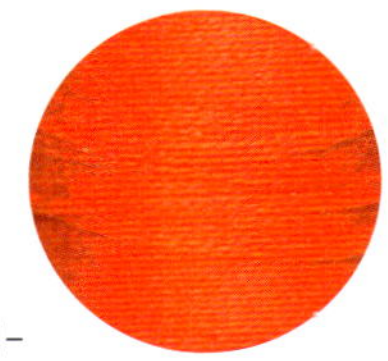

Wollfäden sind dicker und voluminöser als Standardfäden. Die flauschige und füllige Oberfläche des Wollfadens eignet sich hervorragend zum Besticken von Walk, Vlies und Flanell. Wollgarn muss mit einer speziellen Nadel mit großem Öhr gestickt werden. Das große Nadelöhr vermeidet Fehlstiche und verhindert, dass der Faden reißt.
Nicht alle Stickmuster sind für Wollfäden geeignet. Aufgrund des Garnvolumens muss die Stichlänge größer eingestellt werden und die Stichdichte darf nicht zu eng sein. Auch die Fadenspannung muss angepasst werden.
Nach dem Sticken wird das Muster mit der Spezialbürste aufgeraut. Die Stickerei erhält dadurch eine fellartige Oberfläche.

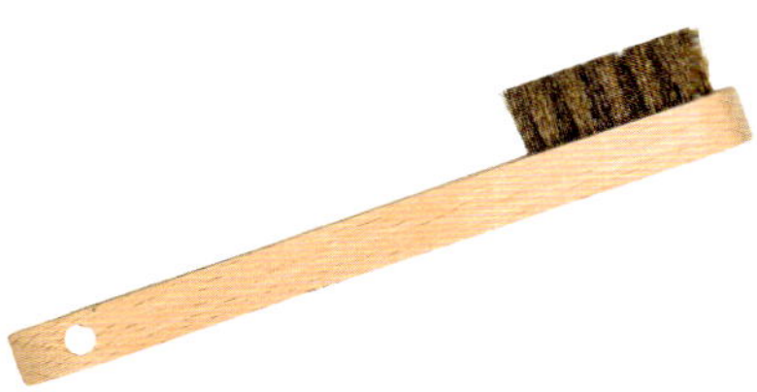

Geeignete Nadeln: Wool-Lana-Nadeln in Stärke 110 oder Topstitchnadeln in Stärke 90–100.

Hersteller/ Markenname	Produkt
Madeira	Lana
Sulky	Filane

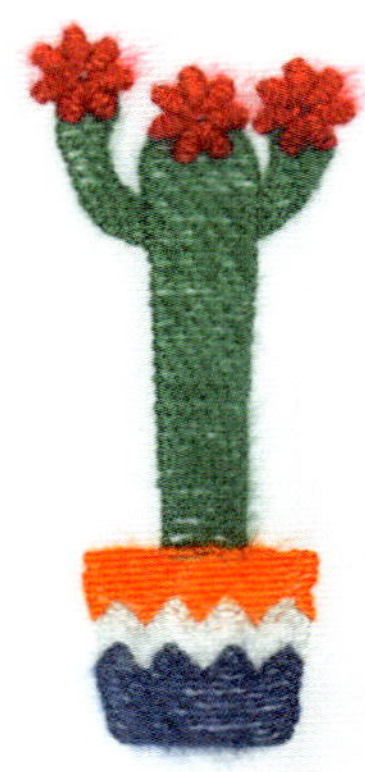

Flauschige Vorderseite nach dem Bürsten

Stickdatei: Kaktus_Wollfaden
Abmessungen: 41,5 mm x 98,4 mm
Anzahl Stiche: 2387
Stickrahmen: 10 cm x 10 cm oder größer

AERO-STITCH 60

Dieser Stickfaden ist sehr dünn und weich und eignet sich für kleine und feine Buchstaben, Schriftzüge und Monogramme.
Geeignete Nadeln: Sticknadeln in Stärke 75.

Hersteller/ Markenname	Produkt
Madeira	AeroStitch 60

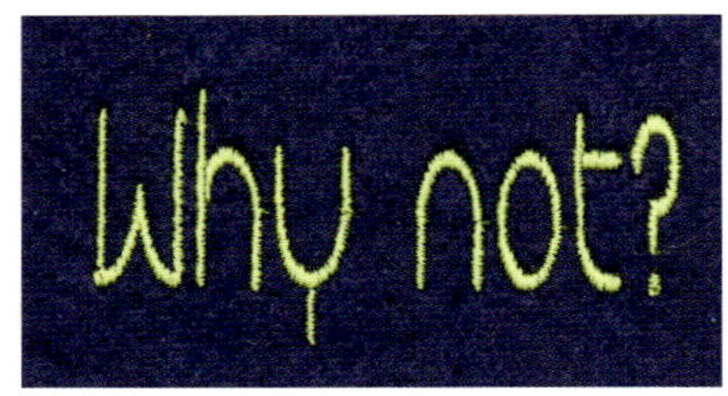

Stickdatei: Why not?
Abmessungen: 56,5 mm x 25,4 mm
Anzahl Stiche: 1352
Stickrahmen: 10 cm x 10 cm oder größer

PRAKTISCHE HELFER

Im Standardzubehör der Stickmaschine sind Garnrollenfeststeller und ein Netz für die Garnrollen zu finden. Der Garnrollenfeststeller wird auf den Garnrollenstift aufgesetzt, um die Garnrolle zu halten. Feststeller gibt es in mehreren Größen. Verwenden Sie immer den passenden Feststeller, damit sich der Faden frei abwickeln kann. Das Netz wird über die Garnrolle gezogen. Es ist nützlich bei Garnen, die sich sehr schnell und unkontrolliert abrollen, z. B. bei Metallic-Stickgarnen oder dünnen Polyesterfäden.

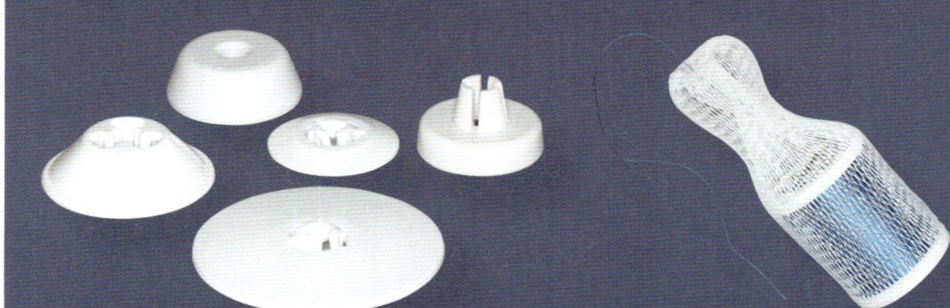

FÜR JEDES GARN DIE PASSENDE NADEL

Bei Haushaltsstickmaschinen werden je nach Stickarbeit unterschiedliche Nadelsysteme mit Flachkolben eingesetzt. Gute Stickergebnisse erzielen Sie nur mit Nadeln, die in einwandfreiem Zustand sind. Überprüfen Sie daher die Nadel am besten vor jedem neuen Projekt. Im Zweifel tauschen Sie die Nadel gegen eine neue aus.

Nadeln für Haushaltsmaschinen sind standardisiert. Die Nadel besteht aus dem Nadelkolben, dem Nadelschaft und der Nadelspitze mit dem Nadelöhr. Aufgrund der vielen Garnstärken und der unterschiedlichsten Effektfäden, Stoffarten und Materialien gibt es Nadeln, deren Spitze, Öhr und Schaft für jede Anwendung optimal angepasst sind.

Die Haushaltsnadeln des Systems 130/705 besitzen alle einen abgeflachten Kolben. Er ermöglicht die einwandfreie Positionierung der Nadel in der Nadelstange und den richtigen Abstand zur Greiferspitze.

Viele Hersteller liefern die Nadeln mit einer Farbcodierung. Damit können Sie das Nadelsystem sofort erkennen, auch wenn es schon in der Maschine eingesetzt ist.

Bei der Wahl der Nadelstärke gilt grundsätzlich: Für feine, dünne Garne und Stoffe verwenden Sie eine dünne Nadel. Für gröbere, dickere Garne und Stoffe setzen Sie eine dickere Nadel ein.

MASCHINEN-STICKNADELN

Das allgemein verwendete Nadelsystem zum Sticken mit Haushaltsmaschinen ist das System 130/705 Embroidery.

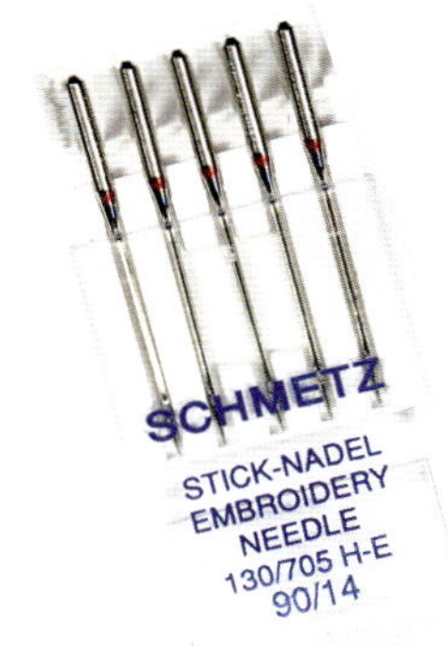

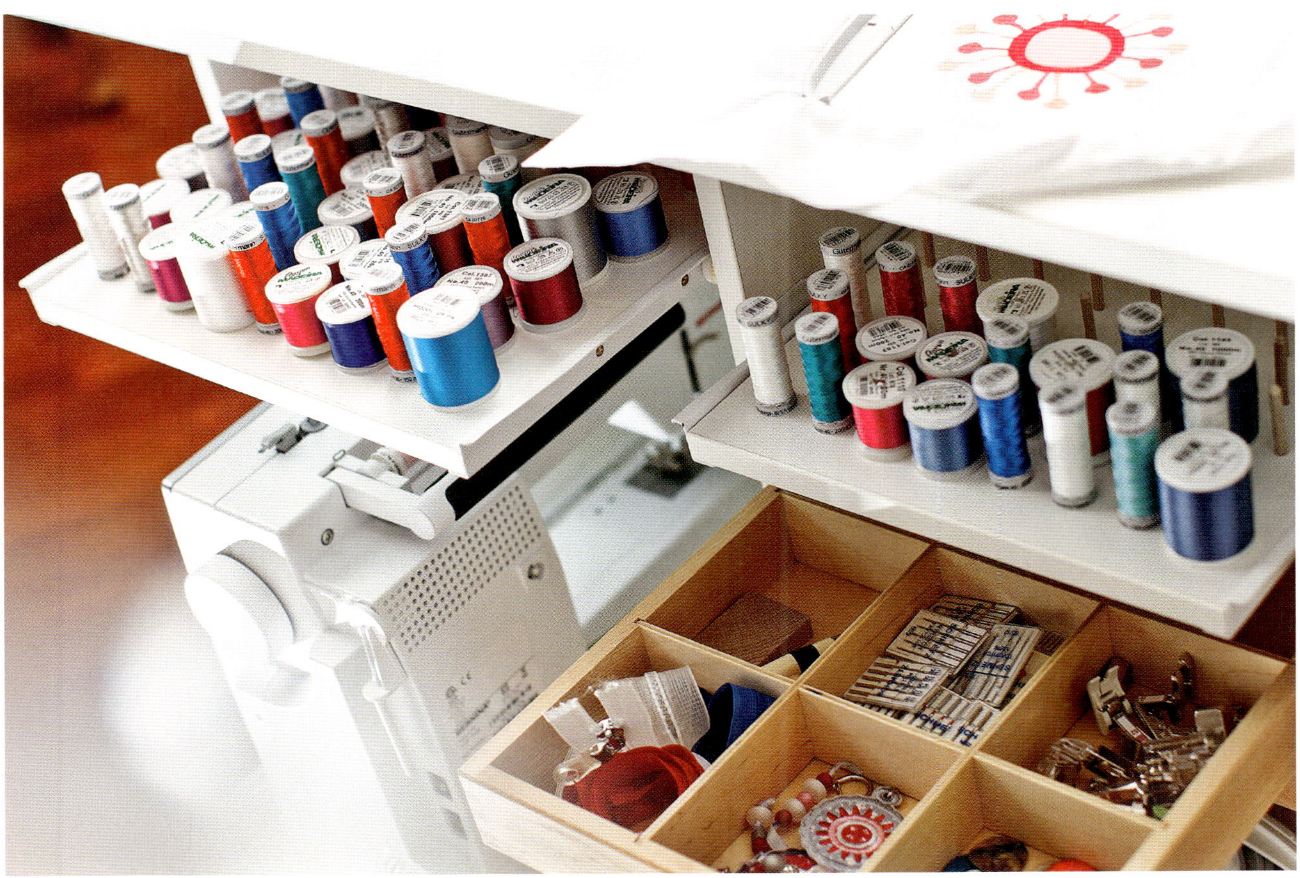

UNIVERSAL-STICKNADELN

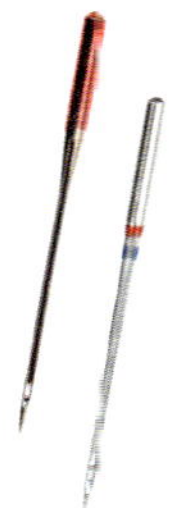

Die Sticknadel hat eine kleine Kugelspitze, um Materialbeschädigungen zu verhindern. Durch das besonders breite Nadelöhr und die breite Fadenrinne können unterschiedlichste Stickfäden und sehr dicke Fäden eingefädelt werden. Das Besondere an der Sticknadel ist, dass sie Stoff und Garn sowie das Stickmuster vor Beschädigungen schützt. Die Sticknadel eignet sich für die meisten Stickarbeiten und die unterschiedlichsten Stoffe.

Hersteller/ Markenname	Produkt	Nadelstärke
Bernina	130/705 H-E Embroidery	75–90
Madeira	Universal Sticknadeln	75
Organ	130/705 H-E Blue Tip	75
Organ	130/705 H-E Embroidery	75–90
Schmetz	130/705 H-E	75–90

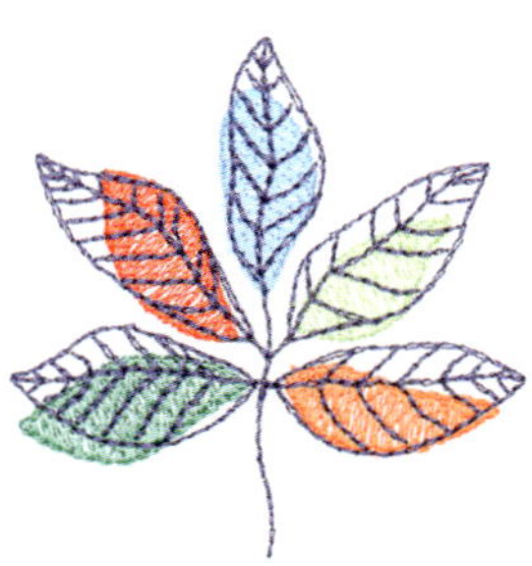

Stickdatei: Blaetter_Embroidery
Abmessungen: 57,9 mm x 60,0 mm
Anzahl Stiche: 2741
Stickrahmen: 10 cm x 10 cm oder größer

MASCHINEN-STICKNADELN MIT TITANNITRID-BESCHICHTUNG

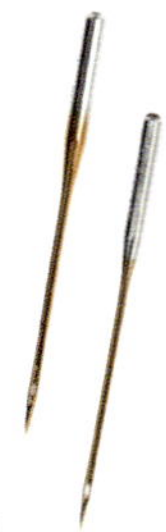

Beim Sticken bewegt sich die Nadel mit hoher Geschwindigkeit. Durch die Reibung zwischen Nadel, Nähgut und Faden entsteht Hitze. Die Titannitrid-Beschichtung reduziert die Reibung, macht die Nadel geschmeidiger und robuster und verbessert so die Lebensdauer. Diese Nadeln werden bevorzugt bei Mustern und Stickereien mit einer hohen Stichzahl sowie bei festen und dicht gewebten Materialien eingesetzt.

Hersteller/ Markenname	Produkt	Nadelstärke
Madeira	130/705 H-PD Titanum Embroidery	75–90
Organ	130/705 H-PD Titanum Embroidery	75–90
Schmetz	130/705 H-ET GOLD Sticknadeln	75–90

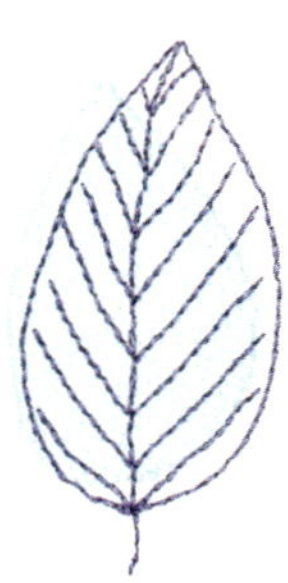

Stickdatei: Blaetter_Titan
Abmessungen: 30,6 mm x 60,0 mm
Anzahl Stiche: 1624
Stickrahmen: 10 cm x 10 cm oder größer

MASCHINEN-STICKNADELN MIT ANTIHAFT-BESCHICHTUNG

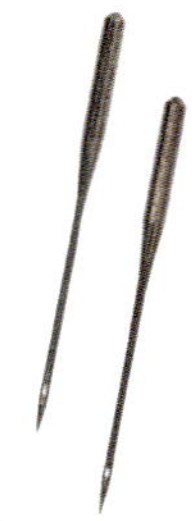

Bei den meisten Stickarbeiten werden der Stoff und das Stickvlies mit Sprühkleber oder einer Klebebeschichtung verbunden.
Auf gewöhnlichen Sticknadeln hinterlässt der Kleber Rückstände, die in der Fadenrinne bzw. im Nadelöhr haften bleiben und früher oder später zum Fadenriss führen. Antihaftbeschichtete Nadeln reduzieren das Reißen des Fadens erheblich. Diese Nadeln haben im Vergleich zu gewöhnlichen Sticknadeln eine höhere Lebensdauer.

Hersteller/ Markenname	Produkt	Nadelstärke
Organ	Embroidery Anti-Glue 130/705 H-ELP	75–100
Schmetz	Super Universal 130/705 H-SU	70–90

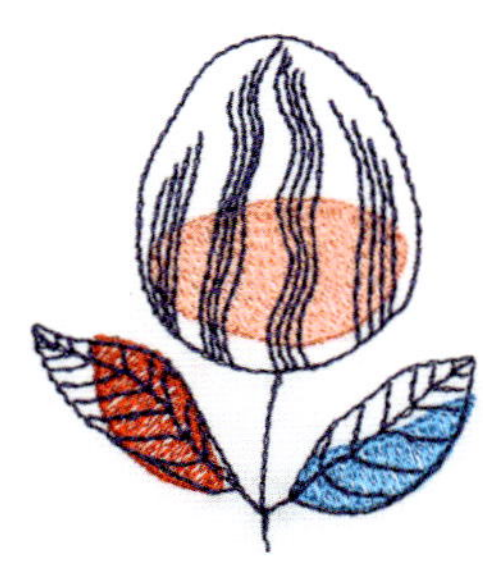

Stickdatei: Blaetter_Kleber
Abmessungen: 53,4 mm x 64,3 mm
Anzahl Stiche: 2429
Stickrahmen: 10 cm x 10 cm oder größer

SPEZIALNADELN FÜR EFFEKTGARNE

Für Metallic-Garne, dickere Stickfäden aus Baumwolle, Wollfäden, Effekt- und Glitzergarne verwenden Sie die speziell dafür entwickelten Sticknadeln.

GLAMOUR-NADELN

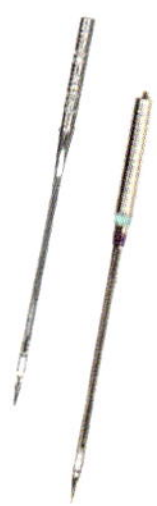

Glamour-Nadeln sind genau das Richtige, um voluminöse Metalleffektgarne wie zum Beispiel Glamour-Fäden zu verarbeiten. Die Titanlegierung macht die Nadel extrem langlebig.

Hersteller/ Markenname	Produkt	Nadelstärke
Madeira	Decora & Glamour Sticknadeln	100

Folgende Nadeln sind ebenfalls zum Sticken mit Metalleffektgarn geeignet:

Hersteller/ Markenname	Produkt	Nadelstärke
Organ	Top-Stitch 130N Titanium	90–100
Schmetz	Topstitch 130 N	90–100

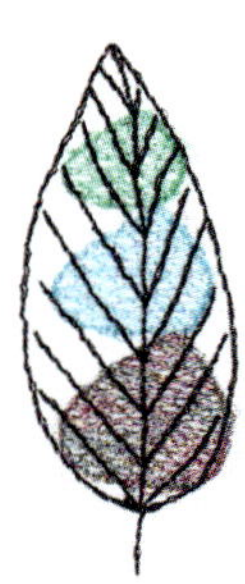

Stickdatei: Blaetter_Glamour
Abmessungen: 23,8 mm x 60,1 mm
Anzahl Stiche: 1376
Stickrahmen: 10 cm x 10 cm oder größer

NADELN FÜR METALLIC-FÄDEN

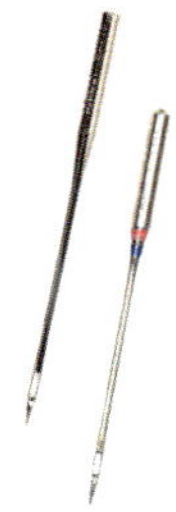

Spezialnadeln für Metallic-Fäden haben ein besonders langes Nadelöhr. Mit einer Länge von 2 mm eignet es sich auch gut zum Einfädeln anderer Spezialgarne.

Hersteller/ Markenname	Produkt	Nadelstärke
Schmetz	130 MET, Metallic	80–90
Madeira	Metallic Sticknadeln	90
Organ	130/705 H-MF Metal	90–100

Folgende Nadeln sind ebenfalls zum Sticken mit Metallic-Fäden geeignet.

Hersteller/ Markenname	Produkt	Nadelstärke
Bernina	130/705 H-N Topstitch	80–100
Organ	130/705H Top-Stitch 130N	90–100
Organ	Top-Stitch 130N Titanium	70–100
Schmetz	Topstitch 130 N	70–100

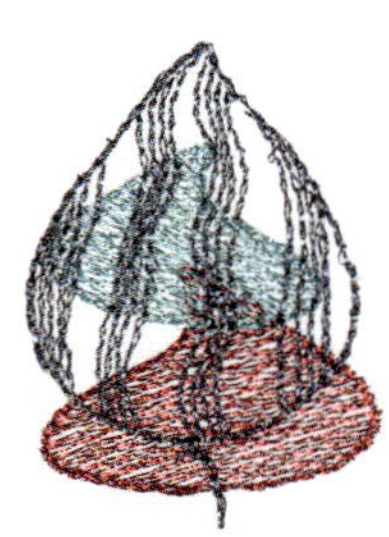

Stickdatei: Blaetter_Metallic
Abmessungen: 36,6 mm x 50,8 mm
Anzahl Stiche: 1737
Stickrahmen: 10 cm x 10 cm oder größer

NADELN FÜR WOLLFÄDEN

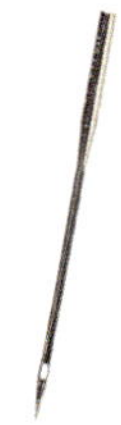

Die Nadeln für Wollfäden sind speziell geformt, um voluminöse Garne verarbeiten zu können. So eignen sie sich ideal für Wollstickgarn, das für plüschige Effekte in Wollstoffen oder zum Sticken von Tiermotiven verwendet wird. Die Stickdichte des Musters darf dabei nicht zu eng sein. Nach dem Sticken wird das Muster mit der Spezialbürste aufgeraut (siehe S. 50). Die Stickerei erhält durch das Bürsten eine fellartige Oberfläche.

Hersteller/ Markenname	Produkt	Nadelstärke
Madeira	Wool Lana Nadeln	110

Folgende Nadeln sind ebenfalls zum Sticken mit Wollfäden geeignet:

Hersteller/ Markenname	Produkt	Nadelstärke
Organ	Top-Stitch 130N Titanium	90–100
Schmetz	Topstitch 130 N	90–100

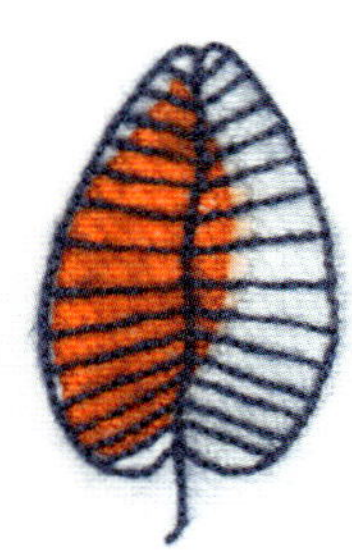

Stickdatei: Blaetter_Wool
Abmessungen: 36,1 mm x 60,1 mm
Anzahl Stiche: 1570
Stickrahmen: 10 cm x 10 cm oder größer

TIPPS ZUM EINSPANNEN

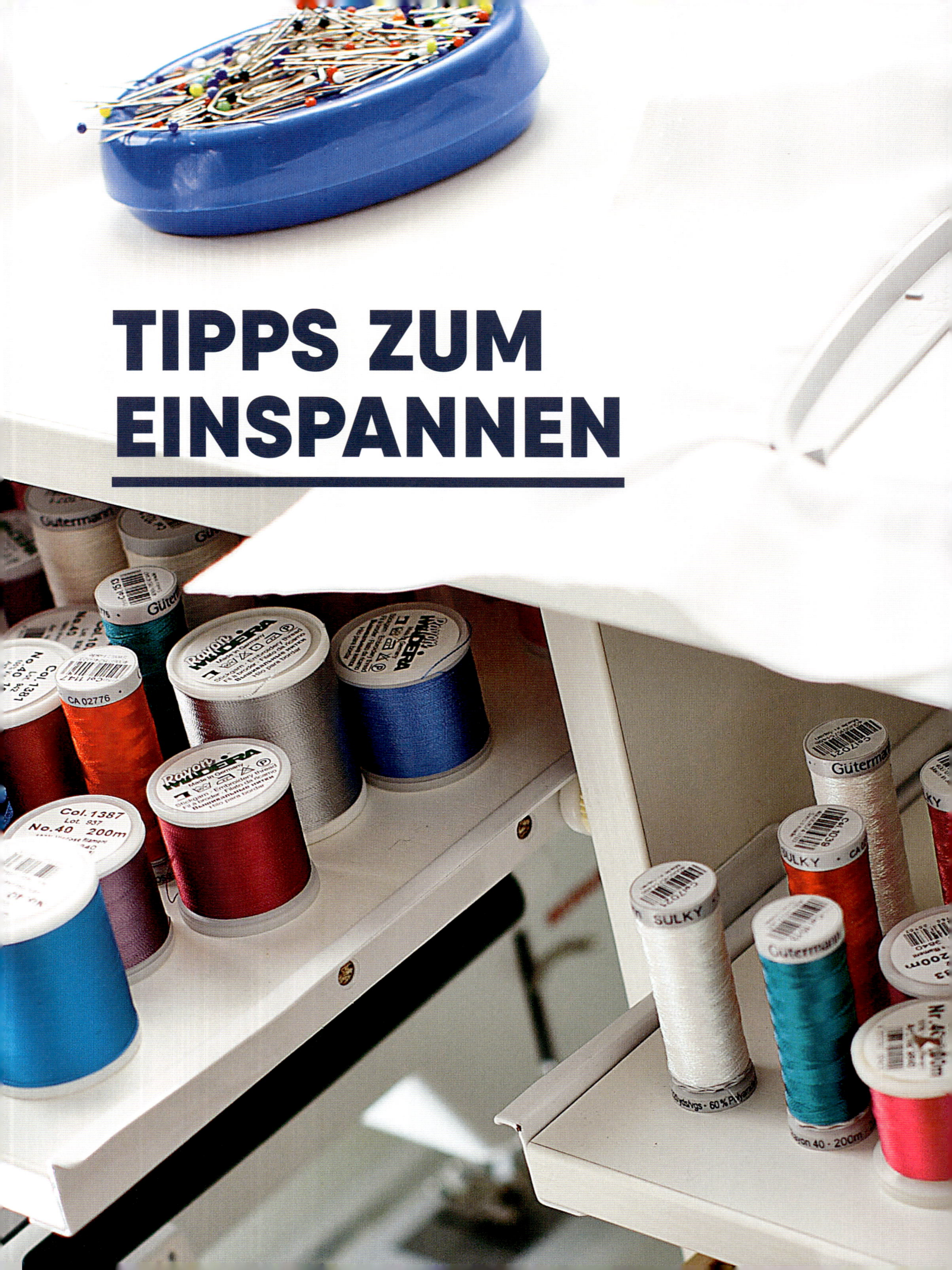

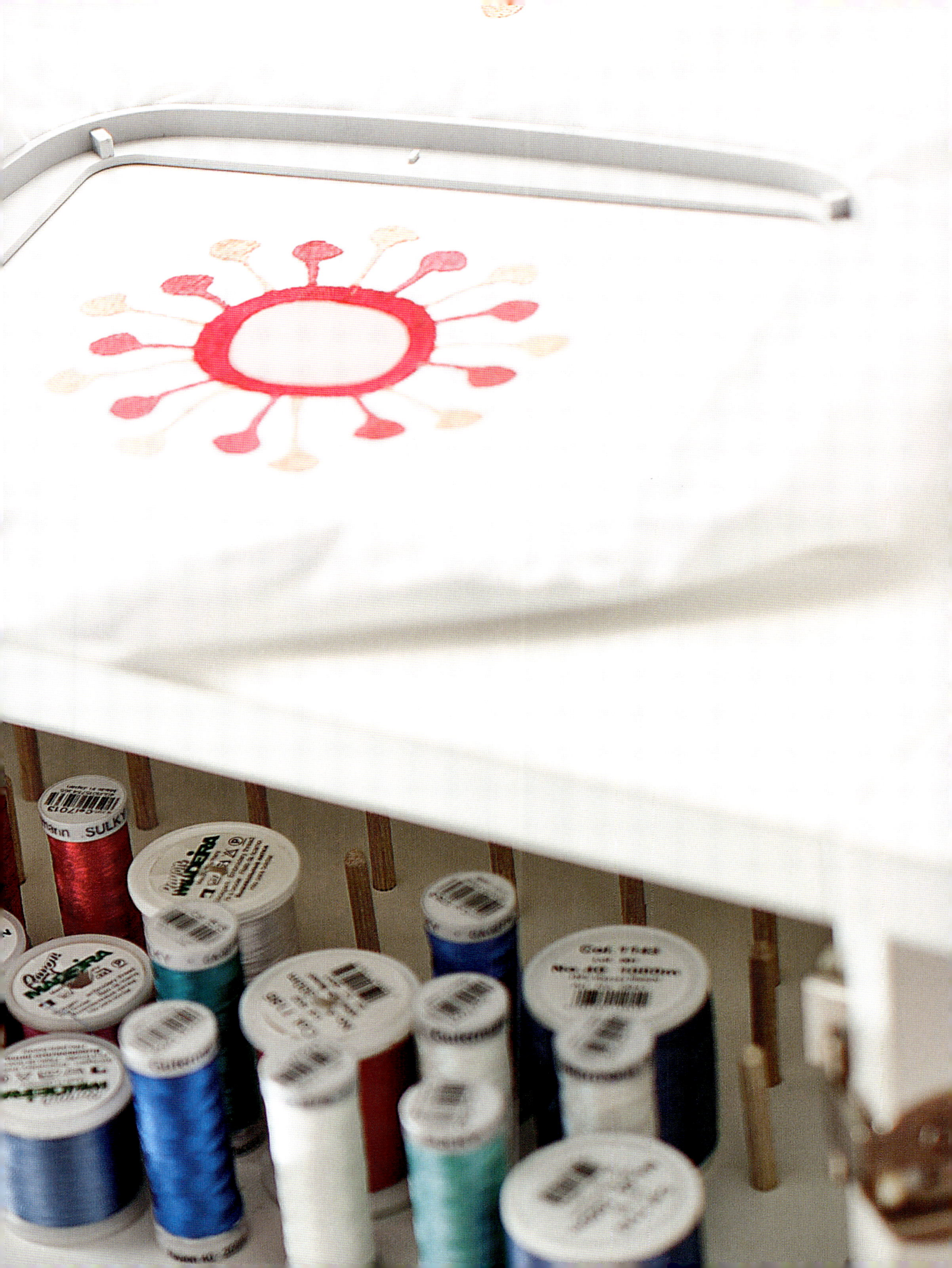
SULKY

STOFF IN DEN STICKRAHMEN EINSPANNEN

Um schöne Stickergebnisse zu erzielen, muss der Stoff im Stickrahmen glatt und trommelfest eingespannt sein. Es sollen keine Wellen und keine Kräuselungen entstehen und der Stoff soll sich innerhalb des Rahmens nicht verziehen. Trommelfest heißt, dass es sich annähernd so anhören sollte wie das Geräusch bei einer echten Trommel, wenn man mit den Fingern auf den eingespannten Stoff trommelt.

1 Den Stoff mit dem Stickvlies auf die Arbeitsfläche legen. Die zu bestickende Stoffseite zeigt nach oben.

2 Den Innenrahmen über die Stelle, die bestickt werden soll, legen.

3 Den Außenrahmen rechts oder links neben den Stoff legen.

4 Stoff und Stickvlies mit dem Innenrahmen an der Rahmenseite in beide Hände nehmen und alles zusammen in den Außenrahmen legen. Darauf achten, dass sich der Stoff nicht verschiebt.

5 Die Spannschraube am Außenrahmen etwas zudrehen. Wenn nötig den Stoff noch etwas glattziehen, anschließend die Spannschraube festdrehen.

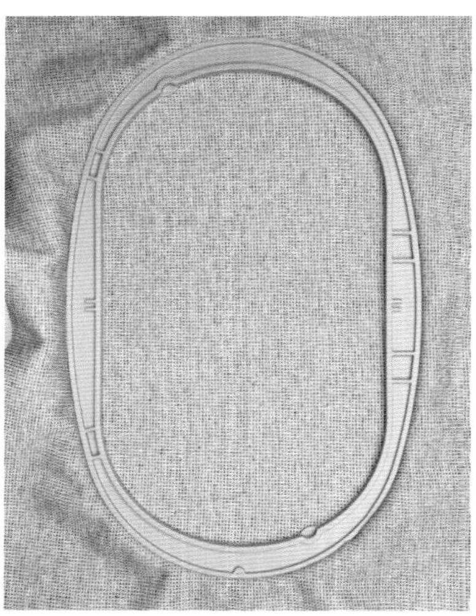

Richtig: Der Stoff ist glatt und fest im Rahmen eingespannt.

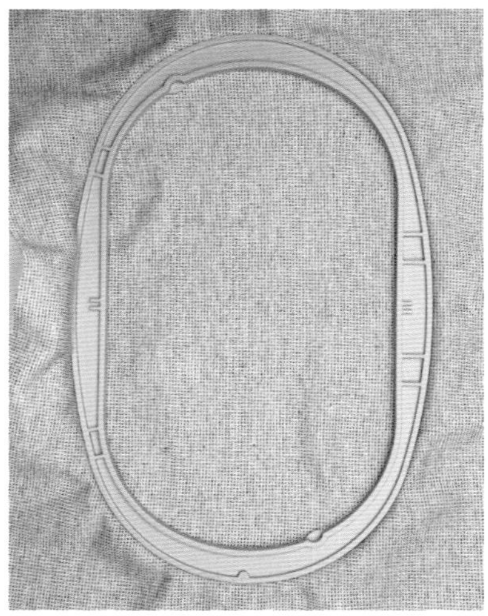

Falsch: Der Stoff ist nicht glatt im Rahmen eingespannt. Er zeigt deutliche Wellen.

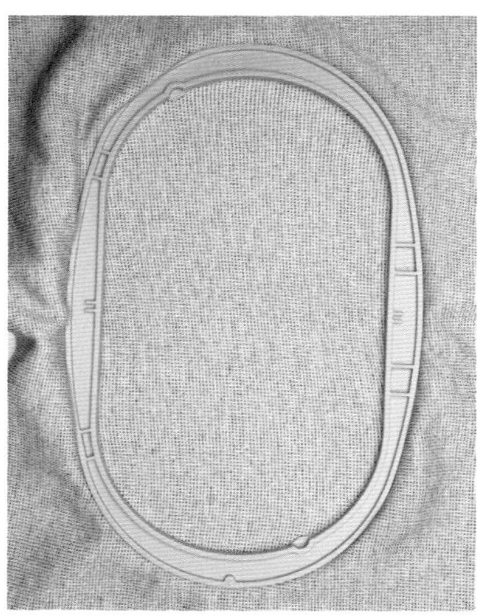

Falsch: Hier wurde der Stoff beim Einspannen zu sehr gestrafft und verzogen.

TIPPS

Das Stickvlies rutscht leicht unter dem Stoff weg, wenn der Stoff bewegt wird. Fixieren Sie das Stickvlies mit Sprühzeitkleber oder verwenden Sie aufbügelbares Stickvlies. Dies erleichtert das Einspannen. Der Stickrahmen besteht aus dem Außenrahmen und dem Innenrahmen.

Damit die Rahmen richtig ineinandergesetzt werden, gibt es die Pfeilsymbole an den Rahmen, die beim Einspannen aufeinandertreffen.

Öffnen Sie den Außenrahmen nur leicht und so weit, wie es für den Stoff passt. Wenn der Außenrahmen zu weit offen ist, zieht sich der Stoff beim Verschließen zusammen.

Arbeiten Sie beim Einspannen auf einer festen und glatten Unterlage, am besten auf einem Tisch an der Tischkante. So können Sie den Rahmen zum Festdrehen der Spannschraube an die Tischkante ziehen und müssen ihn nicht anheben.

Beim Einspannen den Stoff nicht zu straff ziehen und den Fadenlauf des Stoffes nicht verschieben. Der Fadenlauf soll gerade bleiben, egal in welcher Richtung der Verlauf geplant wird. Ist der Stoff im Rahmen zu stark gespannt, zieht er sich nach dem Abnehmen aus dem Rahmen wieder zusammen und das Stickmuster ist verzerrt.

Stoffe, die einlaufen könnten, sollten Sie vor der Verarbeitung vorsichtshalber waschen, trocknen und bügeln.

STICKRAHMENPOLSTER VERWENDEN

Ein Stickrahmenpolster, auch Stickrahmenpassepartout genannt, wird zum Auspolstern des Stickrahmens verwendet. Das ist z. B. bei druckempfindlichen Stoffen wie Jersey oder Nicki notwendig, um Rahmenabdrücke zu minimieren. Aber auch bei dünnen Stoffen wie Chiffon, Organza, Tüll, Batist und Stoffen, die kein Volumen haben, muss ein Stickrahmenpolster verwendet werden. Weil diese Stoffe kein Volumen haben, bleibt zwischen dem Innen- und Außenrahmen oft ein kleiner Spalt, sodass der Stoff nicht richtig fixiert werden kann und durchrutscht. Zum Herstellen des Stickrahmenpolsters eignet sich am besten das kompakte Volumenvlies 272 Thermolam von Vlieseline oder ein dünner Filz.

RAHMENPOLSTER HERSTELLEN

1 Das Volumenvlies ringsum ca. 4 cm größer als den Stickrahmen zuschneiden.

2 Den Rahmen mit der Schablone auf das Vlies legen. An der Rahmenschablone ist der Stickbereich zu sehen. Dieser Bereich wird ausgeschnitten.

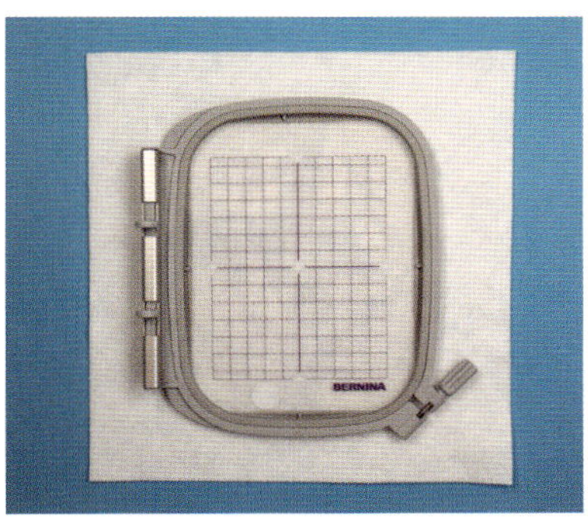

3 Mit einem Stift den Stickbereich aufzeichnen. Alternativ im Abstand von 1 cm zum Innenrahmen eine Linie markieren. Das Volumenvlies an der markierten Linie ausschneiden.

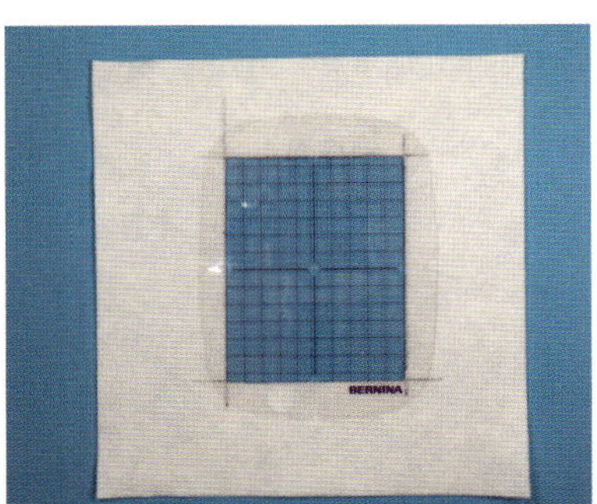

4 Zum Einspannen wird das entstandene Passepartout verwendet.

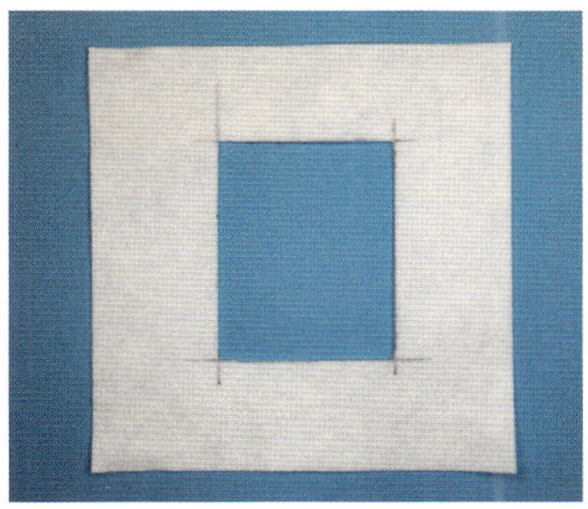

RAHMENPOLSTER FÜR DÜNNE STOFFE VERWENDEN

1 Stickvlies zum Kleben und Auswaschen etwas größer als den Stickrahmen zuschneiden.

2 Die Papierschicht abziehen und das Vlies auf der Rückseite des Stoffes aufkleben.

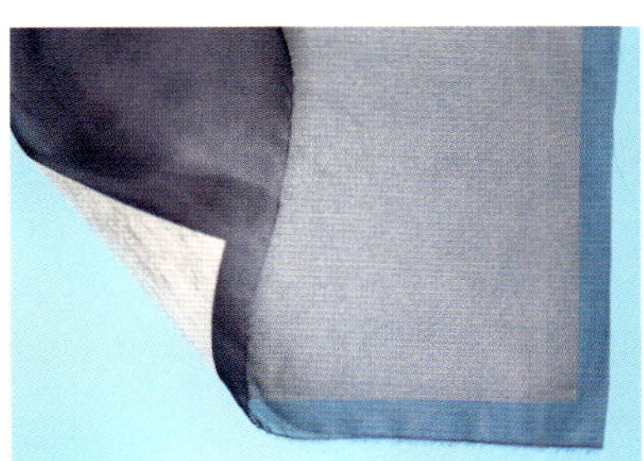

3 Das Stickrahmenpolster auf die rechte Seite legen und alles zusammen in den Stickrahmen einspannen.

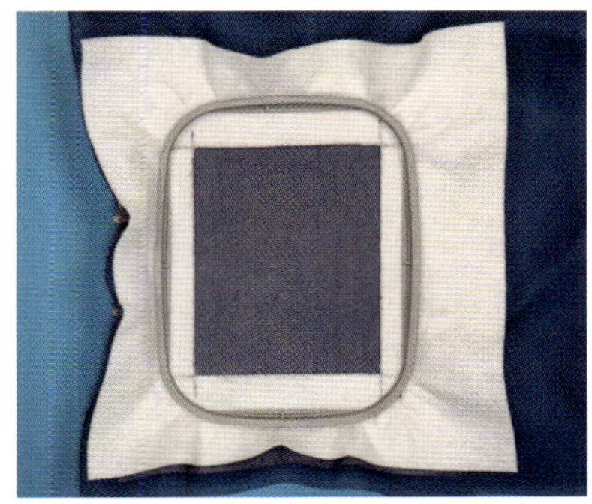

4 Das Muster sticken. Anschließend das Stickvlies vorsichtig abziehen und zurückschneiden, den Stoff waschen, um das Stickvlies aufzulösen.

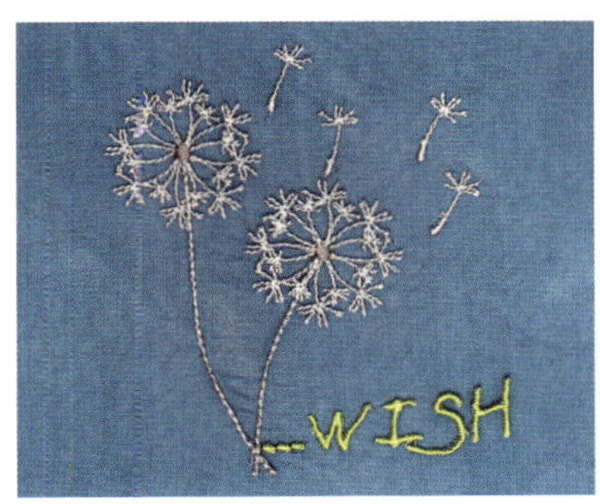

Stickdatei: Pusteblume_Wish
Abmessungen: 92,1 mm x 110,6 mm
Anzahl Stiche: 3792
Stickrahmen: 10 cm x 13 cm oder größer

MEIN TIPP
Ein Stickrahmenpolster können Sie mehrmals verwenden.

T-SHIRTS EINSPANNEN UND BESTICKEN

Ein T-Shirt für Erwachsene, z. B. aus Viskosejersey, lässt sich sehr gut in den Rahmen einspannen. Um das T-Shirt zu besticken, gibt es mehrere Möglichkeiten. Sie können es mit Rahmenpolster einspannen oder auf das Vlies aufkleben.

T-SHIRT MIT RAHMEN-POLSTER EINSPANNEN

Verwenden Sie zum Sticken ein Stickvlies zum Schneiden (z. B. Soft'n Sheer plus) als Unterlage. Über den Stoff legen Sie eine dünne wasserlösliche Folie (z. B. Solvy von Sulky).

1 Mit einem Kreuz auf der rechten Stoffseite die Stelle markieren, an der das Muster gestickt werden soll.

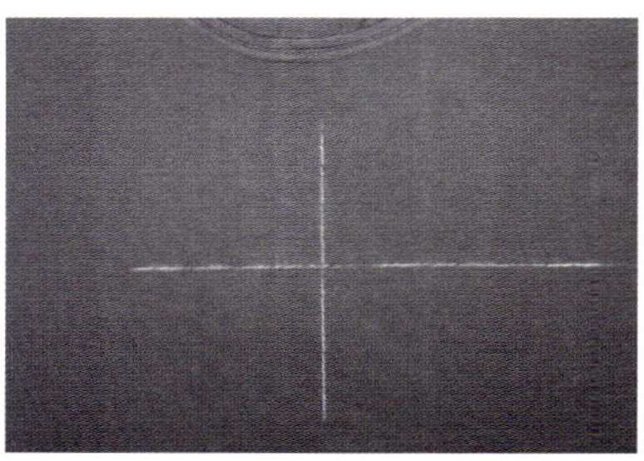

2 Das Stickvlies mit dem Sprühzeitkleber (z. B. von Sulky) besprühen und auf die linke Stoffseite kleben

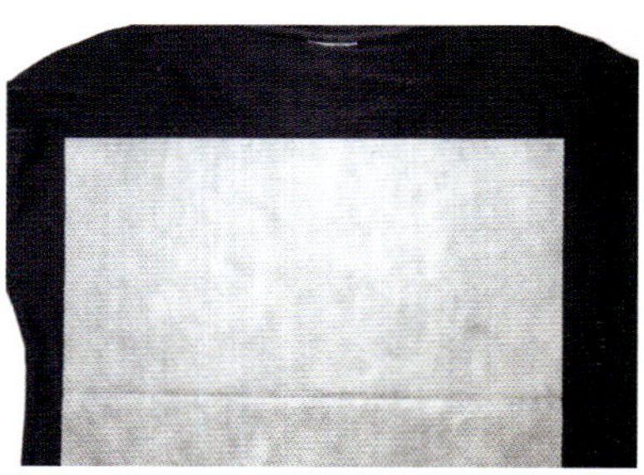

3 Zum Einspannen zuerst den Außenrahmen in das Shirt unter die Stelle, die bestickt werden soll, legen.

4 Auf die rechte Stoffseite das Rahmenpolster und den Innenrahmen legen und alles zusammen einspannen.

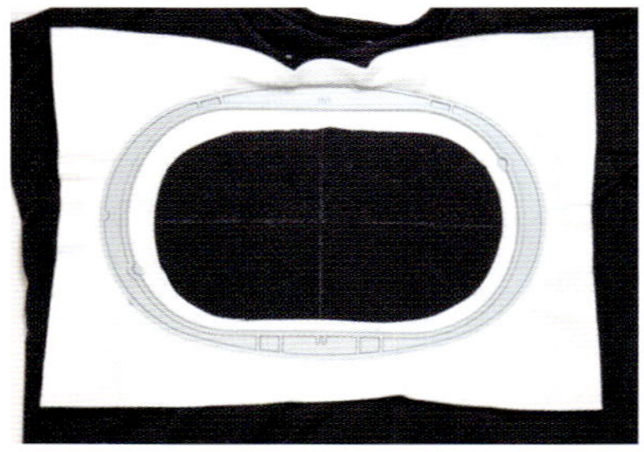

5 Ein Stück dünne wasserlösliche Folie etwas größer als das Muster ausschneiden und in dem Rahmen auf den Stoff legen. Mit dem Heftstich der Maschine fixieren. Das Muster sticken.

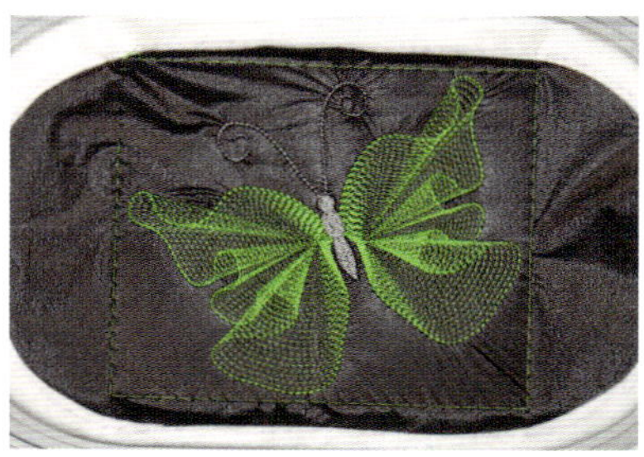

Stickdatei: Schmetterling_140
Abmessungen: 140,0 mm x 119,3 mm
Anzahl Stiche: 8153
Stickrahmen: 13 cm x 18 cm oder größer

6 Den Stoff aus dem Rahmen nehmen. Den Heftstich auftrennen, die dünne Folie wegreißen.

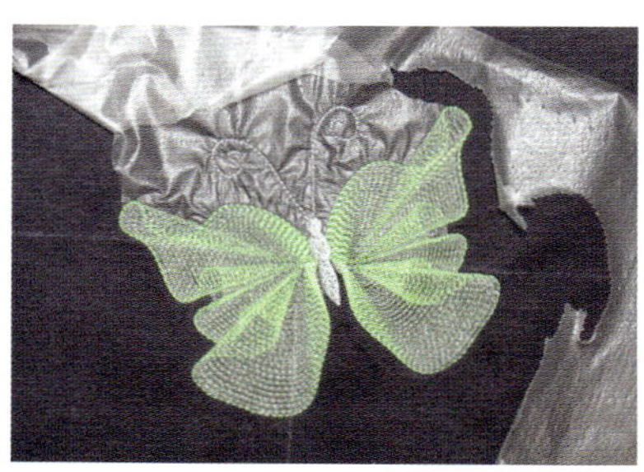

7 Ddas Stickvlies auf der linken Stoffseite zurückschneiden.

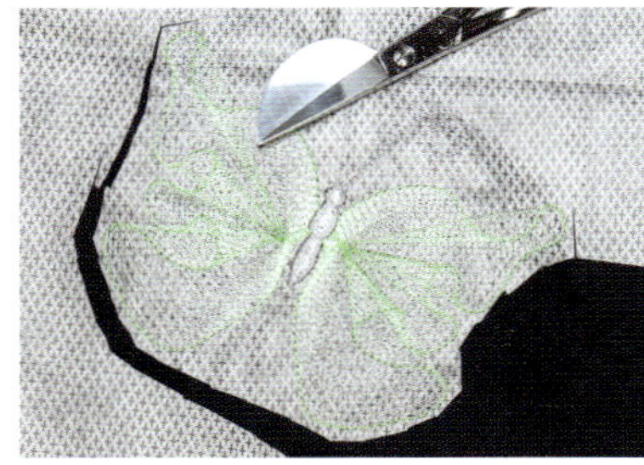

T-SHIRT AUF DAS STICKVLIES KLEBEN

Eine weitere Möglichkeit ist, das T-Shirt auf das Stickvlies aufzukleben. So können keine Druckstellen vom Rahmen auf dem Shirt entstehen. Verwenden Sie zum Sticken Stickvlies zum Schneiden (z. B. Weblon Plus von Madeira) und dünne wasserlösliche Folie (z. B. Avalon Film von Madeira).

1 Mit einem Kreuz die Stelle markieren, wo das Muster gestickt werden soll.

2 Das Stickvlies einspannen und mit dem Sprühzeitkleber (z. B. von Madeira) besprühen.

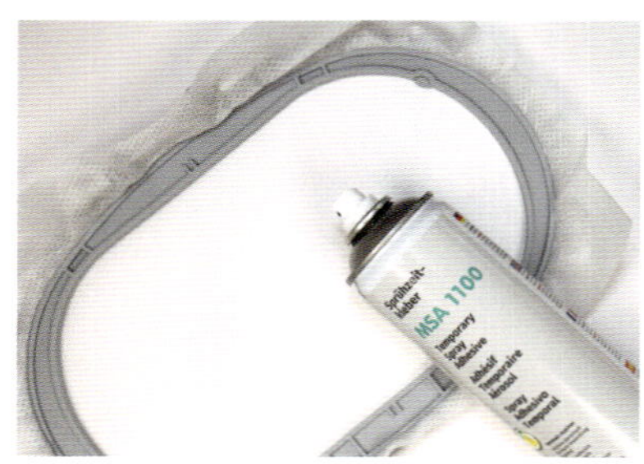

3 Das T-Shirt mit der markierten Stelle aufkleben.

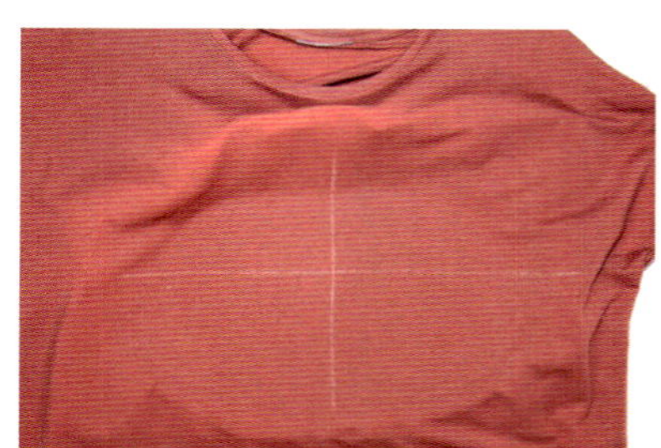

4 Ein Stück etwas größer als das Muster aus der dünnen wasserlöslichen Folie zuschneiden und in den Rahmen auf den Stoff legen. Mit dem Heftstich der Maschine fixieren.

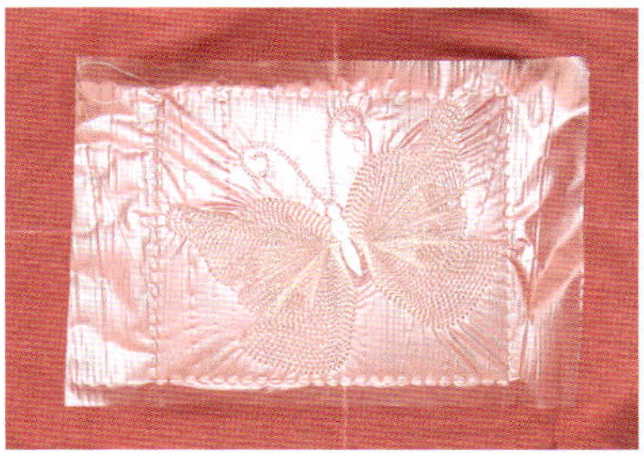

5 Das Muster sticken. Anschließend den Stoff aus dem Rahmen nehmen. Den Heftstich auftrennen, die dünne Folie wegreißen und das Stickvlies zurückschneiden.

MEIN TIPP

Falls das T-Shirt groß ist und sich viel Stoff um den Rahmen herum ansammelt, drehen Sie den Stoff zu einer Rolle, die Sie mit Klammern fixieren. Bleiben Sie bei der Maschine, bis das Muster fertig gestickt ist.

STICKEN MIT DEM FREIARM DER MASCHINE

Es gibt Maschinen mit einer Aussparung im Stickmodul. Dies erleichtert das Sticken von Oberbekleidung und T-Shirts. Beim Sticken liegt der Stoff unter dem Freiarm der Maschine. Das funktioniert sehr gut bei größeren Kleidungsstücken.

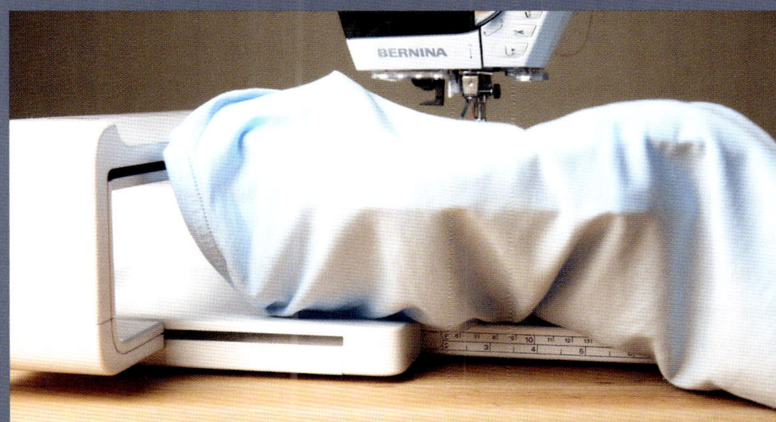

STICKEN MIT DEM FREIARM-STICKRAHMEN

Einkaufstaschen, T-Shirts und Oberbekleidung lassen sich sehr gut mit dem Freiarm-Stickrahmen besticken. Der Clou dabei ist die Konstruktion des Stickrahmens. Die Halterung ist nicht an den Außenrahmen, sondern am Innenrahmen angebracht. So kann sich der Stoff unter dem Freiarm der Maschine beim Sticken bewegen.

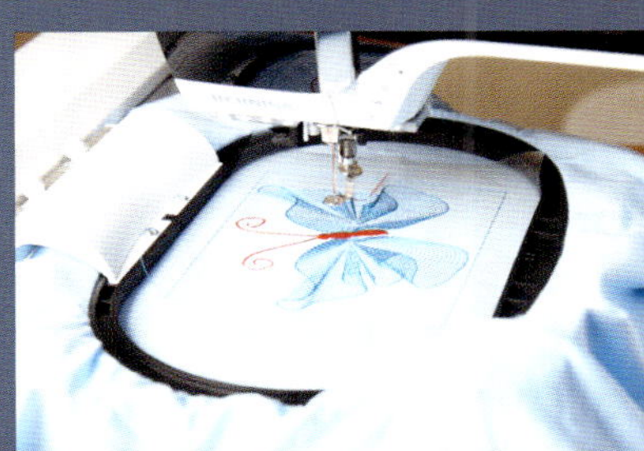

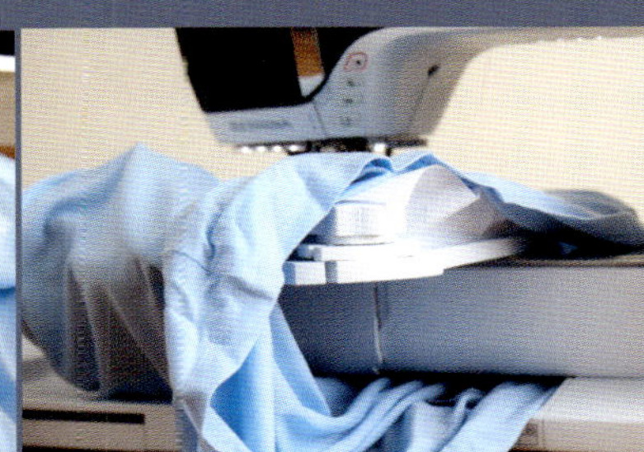

WENN DER STOFF NICHT EINGESPANNT WERDEN KANN

Nicht immer lassen sich die zu bestickenden Stoffe in den Stickrahmen einspannen. Das kann an den Eigenschaften der Stoffe liegen oder an der Form, Verarbeitung und Größe des Kleidungsstücks.

DICKE, FESTE ODER EMPFINDLICHE STOFFE

Stoffe, die etwas dicker und fester sind, lassen sich nicht im Rahmen einspannen. Auch druckempfindliche Stoffe möchte man nicht im Rahmen einspannen, um Abdrücke der Stickrahmenecken zu vermeiden. Abhängig vom Muster können Sie in diesen Fällen alternativ ein Stickvlies zum Kleben und Wegreißen oder ein Schneidevlies mit Sprühzeitkleber verwenden.

1 Eine Lage Stickvlies zum Kleben und Wegreißen im Rahmen einspannen (z. B. Filmoplast Strong von Sulky). Die Seite mit dem Abdeckpapier zeigt dabei nach oben.

2 Die Papieroberfläche des Stickvlieses mit einer Nadel anritzen, ohne die untere Vliesschicht zu verletzen.

3 Die angeritzte Fläche mit der Nadel vorsichtig anheben und abziehen.

4 Den Stoff über das Vlies kleben und das Muster sticken.

5 Nach dem Sticken den Rahmen öffnen und das Stickvlies wegreißen.

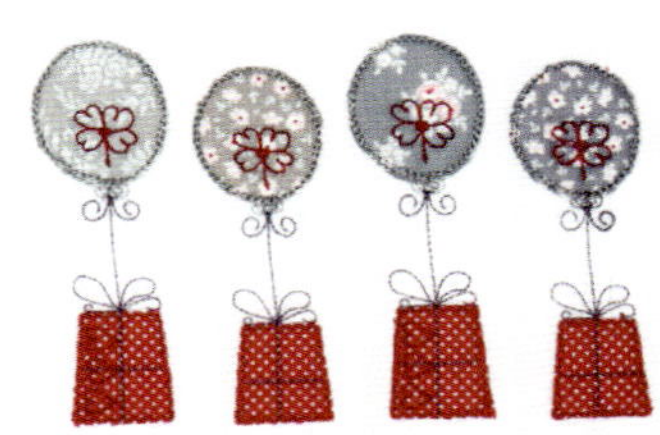

Hier wurde dicker Filz bestickt.

Stickdatei: Appl_Bordüre_Luftballon
Abmessungen: 153,2 x 99,8 mm
Anzahl Stiche: 5245
Stickrahmen: 13 cm x 18 cm oder größer

FLAUSCHIGE STOFFE

Um Rahmenabdrücke zu vermeiden, werden dicke und flauschige Stoffe zum Besticken auf dem Stickvlies aufgeklebt. Abhängig vom Muster verwenden Sie Stickvlies zum Kleben und Wegreißen, Folie zum Auswaschen oder ein Schneidevlies.

1 Stickvlies zum Kleben und Wegreißen (z. B. Filmoplast H 54 von Freudenberg) im Rahmen einspannen.

2 Papierschicht abziehen und Stoff über das Vlies kleben.

3 Bei flauschigen Stoffen zusätzlich ein Stück dünne wasserlösliche Folie über den Stoff legen und mit dem Heftstich der Maschine fixieren.

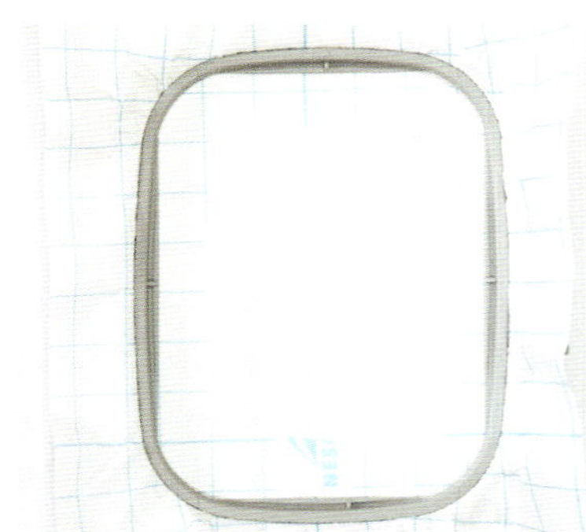

4 Das Motiv sticken. Nach dem Sticken den Rahmen öffnen, das Stickvlies wegreißen, den Heftstich auftrennen und die dünne Folie wegreißen.

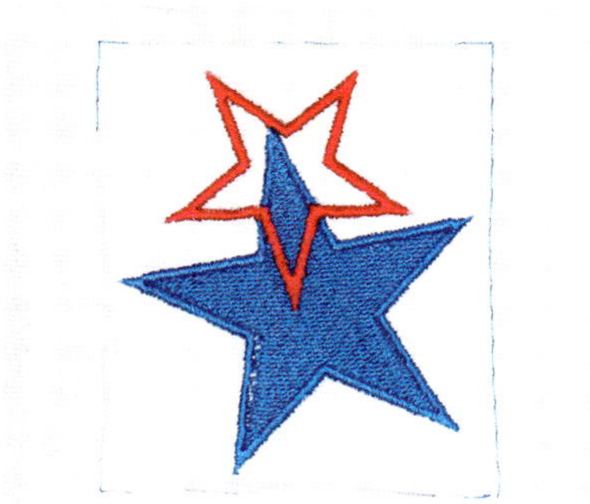

Stickdatei: Met_Sterne
Abmessungen: 83,1 mm x 74,0 mm
Anzahl Stiche: 5361
Stickrahmen: 10 cm x 10 cm oder größer

BLUSEN- UND HEMDTASCHEN, KRAGEN UND MANSCHETTEN

Solche Objekte lassen sich nicht in den Stickrahmen einspannen, sondern werden auf das Stickvlies geklebt. Abhängig vom Stoff und Muster verwenden Sie Stickvlies zum Kleben und Wegreißen oder zum Kleben und Auswaschen oder ein Stickvlies in Verbindung mit Sprühzeitkleber.

MIT STICKVLIES ZUM KLEBEN UND WEGREISSEN

1 Stickvlies zum Kleben (z. B. Filmoplast H 54 von Freudenberg) im Rahmen einspannen.

2 Das Schutzpapier entfernen.

3 Das Stoffstück auf das Vlies kleben. Zusätzlich mit dem Heftstich der Maschine den Stoff fixieren. Das Motiv sticken.

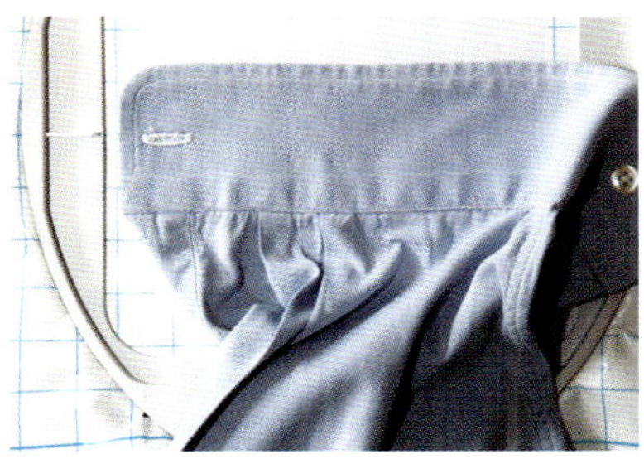

4 Nach dem Sticken den Rahmen öffnen, den Heftstich auftrennen und das Stickvlies wegreißen.

MIT STICKVLIES UND SPRÜHZEITKLEBER

1 Stickvlies zum Wegreissen (z. B. Cotton Soft von Madeira) im Rahmen einspannen.

2 Das Stickvlies mit Sprühzeitkleber besprühen.

3 Das Stoffstück auf das Vlies kleben. Zusätzlich mit dem Heftstich der Maschine den Stoff fixieren.

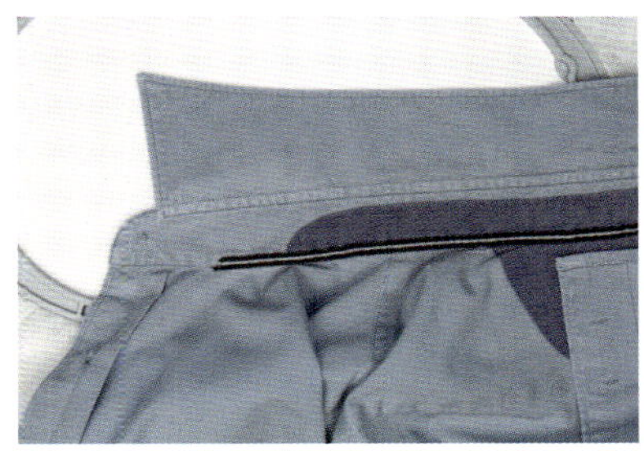

4 Nach dem Sticken den Rahmen öffnen, den Heftstich auftrennen und das Stickvlies wegreißen.

GROSSE STOFFSTÜCKE

Badetücher, Decken und andere große Stoffstücke brauchen viel Platz. Wenn die Stoffdicke es nicht erlaubt, das Badetuch oder die Decke zusammen mit dem Stickvlies in den Rahmen einzuspannen, verwenden Sie abhängig vom Muster Stickvlies zum Kleben und Wegreißen (z. B. Cotton Fix von Madeira), Stickvlies zum Auswaschen oder ein Schneidevlies. Legen Sie bei Frottiertüchern und Decken zusätzlich eine Lage dünne, auswaschbare Stickfolie (z. B. Avalon Film von Madeira) über den Stoff.

Platzieren Sie die Maschine beim Sticken am besten mittig auf dem Tisch, damit der Stoff nirgends hängen bleibt. Es muss genügend Platz vorhanden sein, damit sich der Stickarm der Maschine und der Rahmen mit dem Stoff bewegen können. Wenn sich eine große Stoffmenge zwischen Maschine und Nadelkopf befindet, den Stoff dort zu einer Rolle drehen und mit Klammern fixieren.

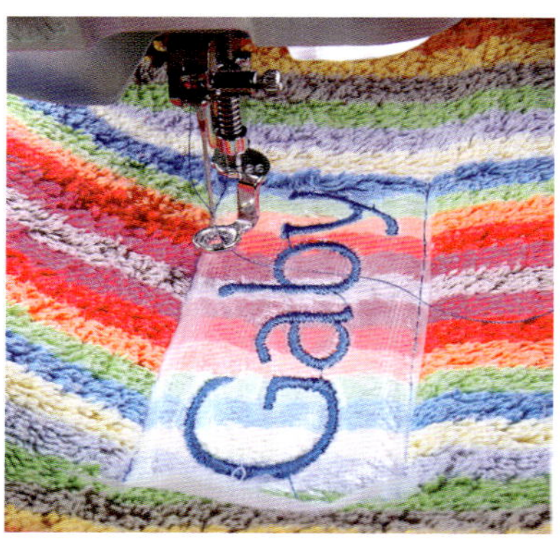

HOSENBEINE UND ÄRMEL

Mit dem Stickrahmen in ein Hosenbein oder in einen Ärmel hineinzukommen, ist meistens unmöglich. Um solch unzugängliche Stellen zu besticken, müssen Sie daher zuerst eine Naht auftrennen und später wieder zunähen. Je nach Art der Naht wird das Hosenbein entweder innen oder außen aufgetrennt. Trennen Sie wenn möglich keine Steppnähte auf, weil diese nicht mehr präzise nachgesteppt werden können. Verwenden Sie abhängig vom Muster ein Stickvlies zum Kleben und Wegreißen (z. B. Filmoplast Strong von Sulky) oder ein Schneidevlies.

1 Die Naht großzügig auftrennen, damit der Hosenstoff beim Einspannen glatt liegt.

2 Stickvlies zum Kleben in den Stickrahmen einspannen. Die Papierschicht abziehen.

3 Das Hosenbein auf das Stickvlies kleben und mit einem Heftstich gegen Verrutschen fixieren.

4 Das Muster sticken. Danach den Heftstich auftrennen und das Stickvlies vorsichtig wegreißen.

5 Die Naht am Hosenbein mit der Nähmaschine oder der Overlock schließen.

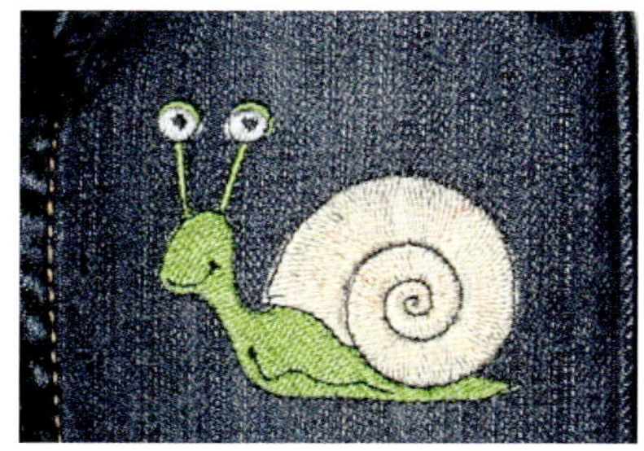

Stickdatei: Schnecke
Abmessungen: 60,9 mm x 50,1 mm
Anzahl Stiche: 4526
Stickrahmen: 10 cm x 10 cm oder größer

KINDER-T-SHIRTS

Kinder-T-Shirts können meist nicht im Rahmen eingespannt werden. Sie werden auf das Stickvlies aufgeklebt. Verwenden Sie Stickvlies zum Abschneiden (z. B. Weblon Plus von Madeira), dünne wasserlösliche Folie (z. B. Avalon Film) und Sprühzeitkleber (z. B. von Madeira).

1 Mit einem Kreuz die Stelle markieren, wo das Muster gestickt werden soll.

2 Stickvlies zum Abschneiden im Rahmen einspannen und mit Sprühzeitkleber besprühen.

3 Das T-Shirt aufkleben. Die Markierung ist dabei in der Mitte des Rahmens.

4 Ein Stück dünne wasserlösliche Folie etwas größer als das Muster zuschneiden und über den Stoff im Rahmen legen. Die Folie mit dem Heftstich der Maschine fixieren.

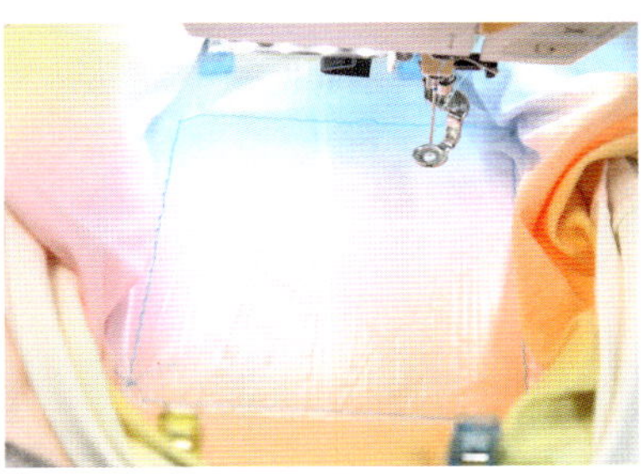

5 Das Muster sticken.

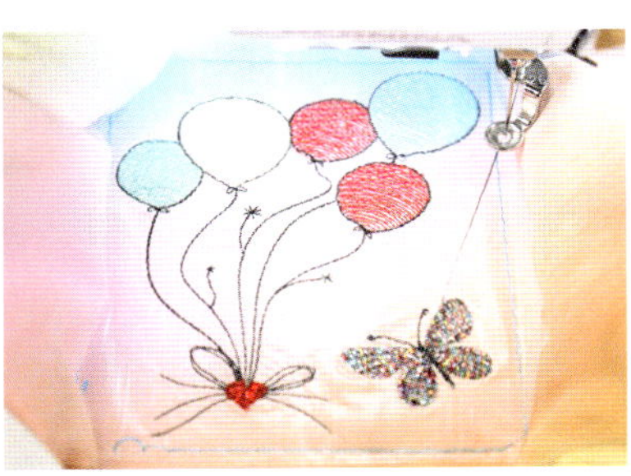

Stickdatei: Luftballons_120
Abmessungen: 93,0 mm x 120,0 mm
Anzahl Stiche: 7052
Stickrahmen: 10 cm x 13 cm oder größer

6 Nach dem Sticken den Stoff aus dem Rahmen nehmen. Den Heftstich auftrennen, die dünne Folie wegreißen und das Stickvlies zurückschneiden. Nach dem Waschen löst sich die Folie auf.

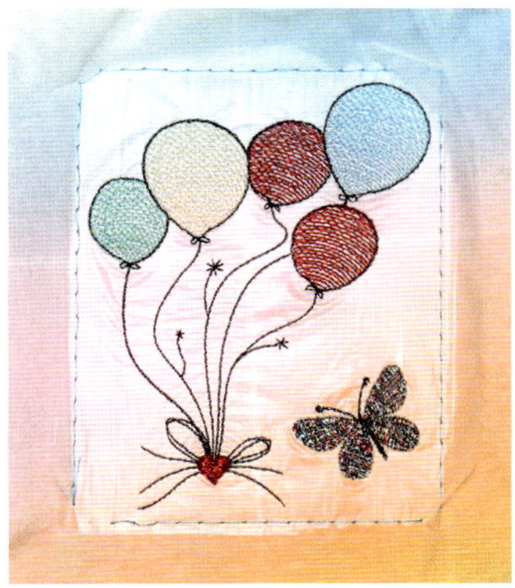

MEIN TIPP

Schneiden Sie das Stickvlies auch zwischen den Objekten im Muster weg. Im Beispiel oben z. B. zwischen dem Schmetterling und den Schnüren und wenn möglich auch zwischen den Schnüren.

SPEZIELLE STICK-TECHNIKEN

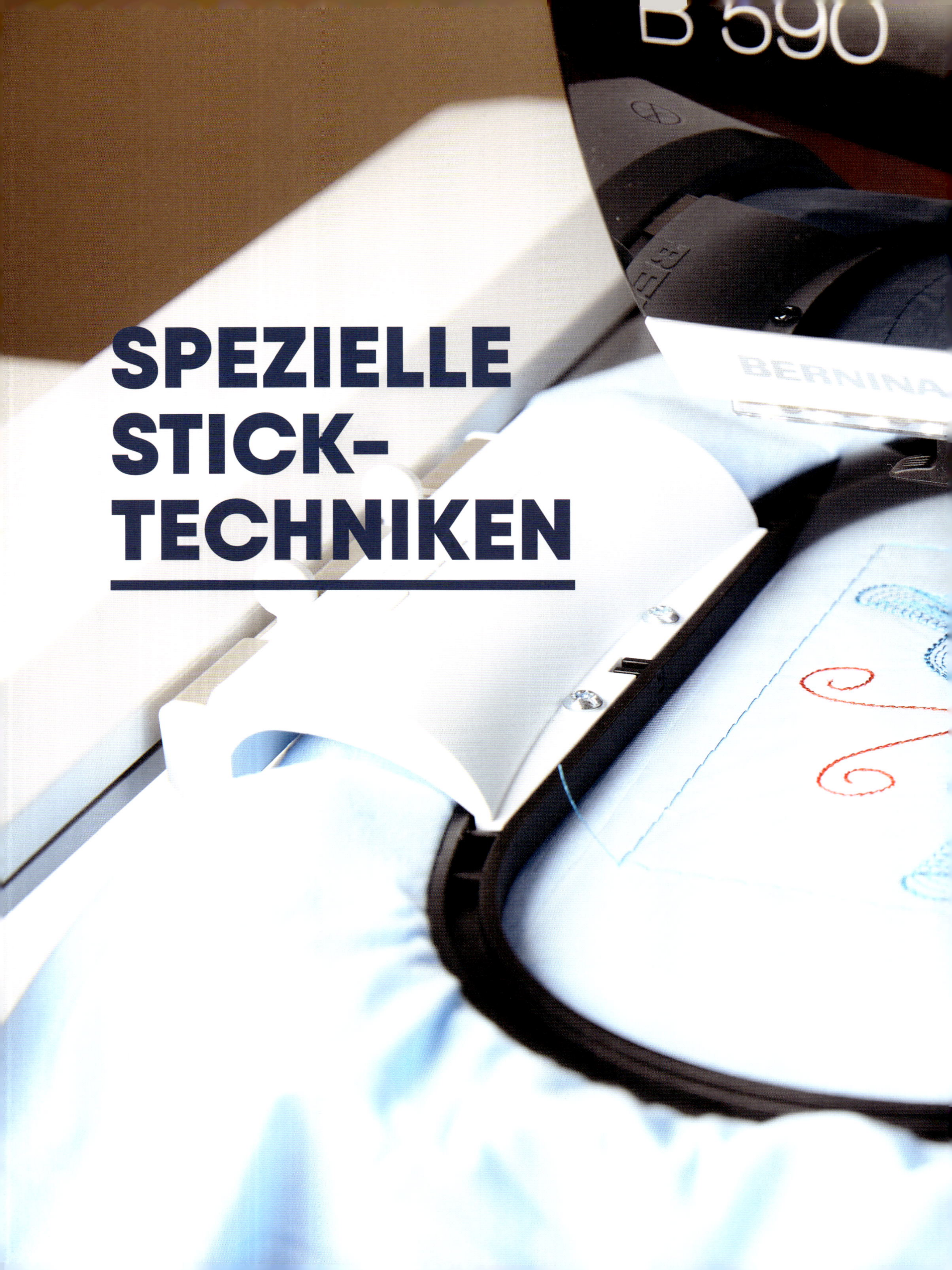

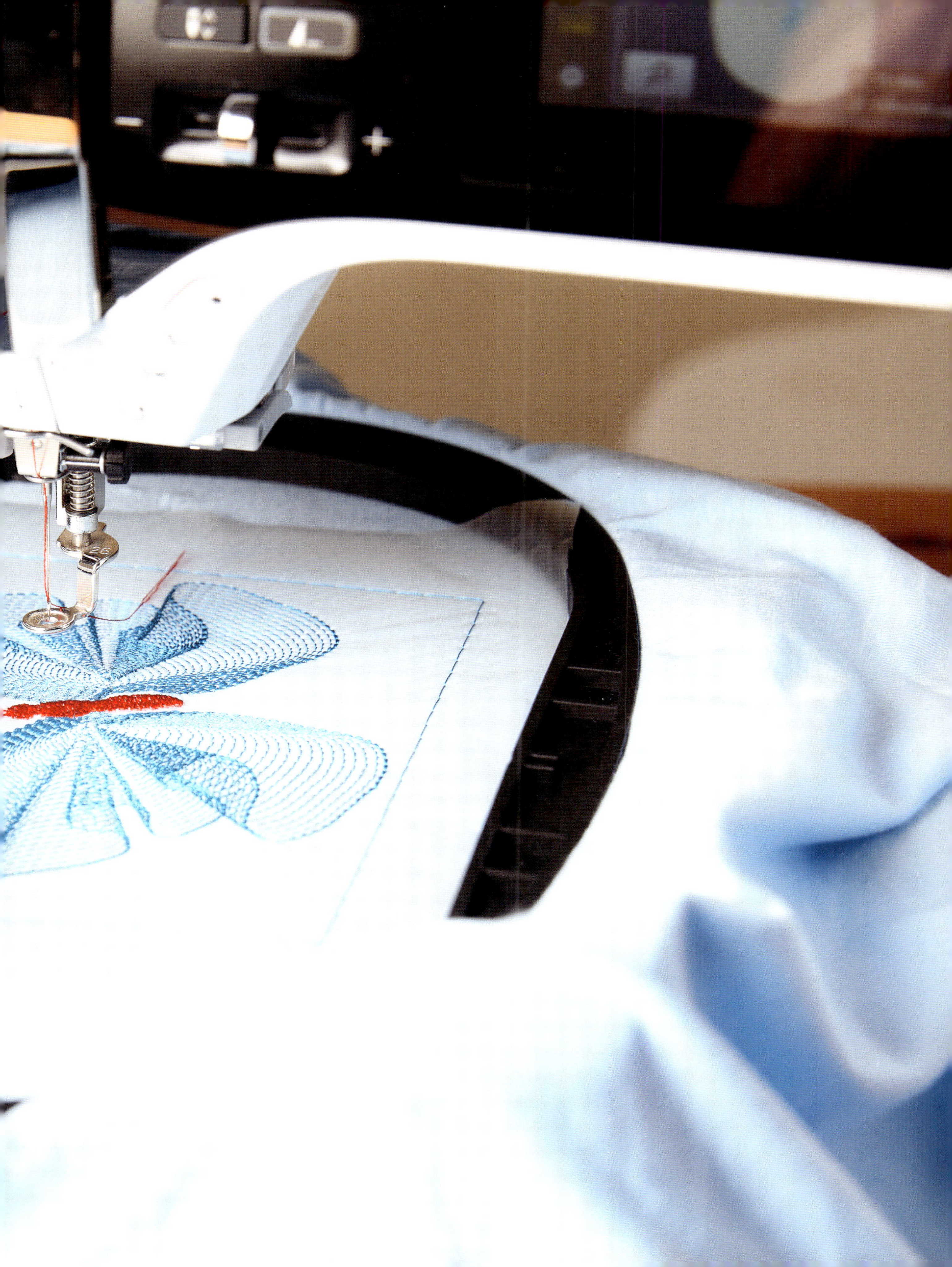

BORDÜREN

Die Maschinenhersteller bieten zum Sticken von Bordüren spezielle Stickrahmen an. Diese sind je nach Fabrikat unterschiedlich in der Anwendung und Handhabung. Ist der Stickrahmen länger als der Standardstickrahmen, können Sie gleich mehrere Muster nacheinander im Rahmen sticken. Bei anderen Herstellern ist der Stickrahmen ist so konstruiert, dass der Stoff einfach in einen Klemmrahmen eingeklemmt oder mit einem Magnetrahmen oder Magnetklammern gehalten wird. Das erleichtert das Einspannen des Stoffes. Falls Sie weder den einen noch den anderen Stickrahmen haben oder es für Ihre Maschine keine speziellen Rahmen gibt, verwenden Sie den Standardstickrahmen.

1 MUSTER ÖFFNEN

Beim Sticken von Bordüren ist die Vorarbeit wichtig. Öffnen Sie zuerst das Muster auf Ihrer Maschine und notieren Sie die Größe des Musters.

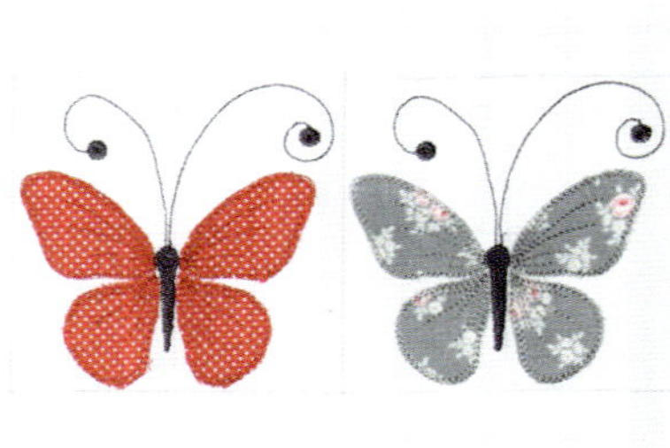

Stickdatei: Appl_Schmetterling
Abmessungen: 89,1 mm x 97,9 mm
Anzahl Stiche: 2683
Stickrahmen: 10 cm x 10 cm oder größer

MEIN TIPP

Arbeiten Sie sich am besten sowohl beim Markieren als auch beim Sticken von links nach rechts der Länge nach durch.

2 MARKIEREN

Den Stoff mit der rechten Seite nach oben auf den Tisch legen. Das Beispielmuster ist 9,8 cm hoch und 9 cm breit. Das erste Rechteck in der Größe des Musters auf dem Stoff mit Kreide markieren. Im Beispiel sind das 10,0 cm x 9,0 cm. Die weiteren Rahmen gleich in der Verlängerung daneben markieren, Rechteck an Rechteck über die gesamte Länge der Bordüre. Zehn Muster würden eine Länge von 90 cm und eine Höhe von 9,8 cm ergeben.
In die Mitte des markierten Rahmens je eine Mittellinie horizontal und vertikal ziehen. An den Schnittpunkten der beiden Linien wird nachher das Muster gestickt.

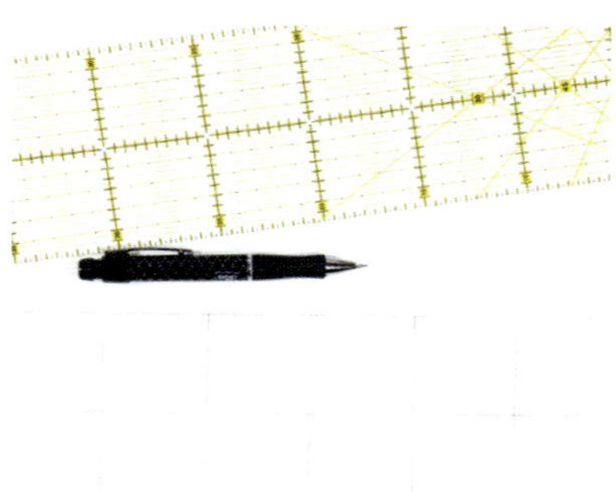

HINWEIS: Am Stickrahmen selbst finden Sie mittig an der Seite, oben und unten Markierungen in Form von Dreiecken oder geraden Linien. Diese zeigen Ihnen die Mitte des Rahmens.

3 IN DEN RAHMEN EINSPANNEN

Stickvlies zum Kleben und Wegreißen (z. B. Filmoplast) in den Rahmen einspannen.
Das Schutzpapier abziehen. Einen Faden auf das Vlies, quer über die Mitte des Stickrahmens kleben. Der Faden hilft, den Stoff zu positionieren.

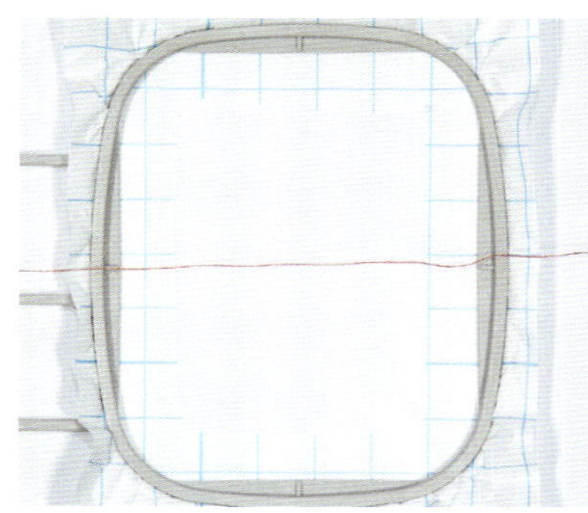

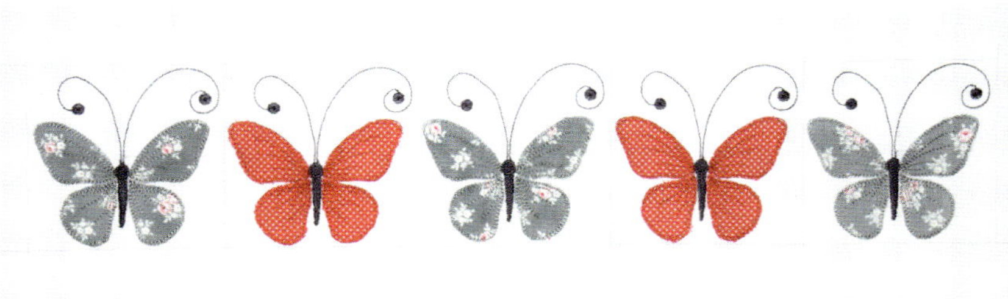

4 DEN STOFF AUFKLEBEN

Den Stoff mit dem markierten Rechteck für das erste Muster auf die Arbeitsfläche legen. Den Stoff über die kurze Seite der Bordüre entlang der Mittellinie des Rechtecks falten. Die rechten Stoffseiten liegen aufeinander. Die andere Mittellinie liegt nach dem Falten aufeinander. Fixieren Sie genau auf dieser Linie den Stoff mit einer Stecknadel.

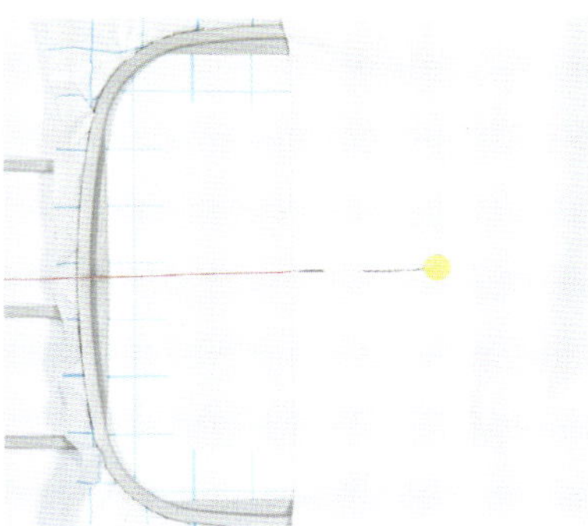

Den Stoff jetzt auf das Vlies kleben. Der Bruch wird auf die Markierungen oben und unten vom Stickrahmen gelegt, die Stecknadel markiert die Mitte und liegt über dem Faden.
Die Stecknadel herausziehen, den Stoff aufklappen und über dem Vlies glattstreichen. Den Faden jetzt vorsichtig herausziehen.

5 POSITIONIEREN UND STICKEN

Wenn ein Muster auf der Maschine geöffnet wird, ist es in der Mitte des Rahmens positioniert. Um dies zu testen, kann in der Maschine die Funktion „Abfahren Check" angewählt werden. Die Funktion anwählen: Beim Abfahren bewegt sich der Stickfuß über der markierten Linie. Falls das Muster nicht ganz in die Mitte positioniert ist, kann dies mit Hilfe der Funktion zum Positionieren korrigiert werden.
Wenn die Position des Musters stimmt, starten Sie die Maschine und das erste Muster wird gestickt. Nach dem Sticken den Stoff aus dem Stickrahmen nehmen und das Stickvlies vorsichtig wegreißen. Danach den Stoff glatt bügeln.

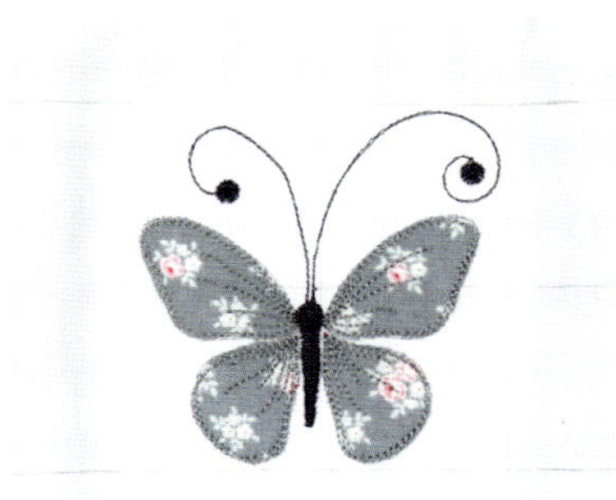

6 DIE WEITEREN MUSTER STICKEN

Das zweite und jedes weitere Muster werden genauso im Stickrahmen positioniert wie das erste Stickmuster. Wiederholen Sie dazu Schritt 3–5. Die Muster nacheinander sticken – jeweils ein Muster in dem markierten Rahmen.

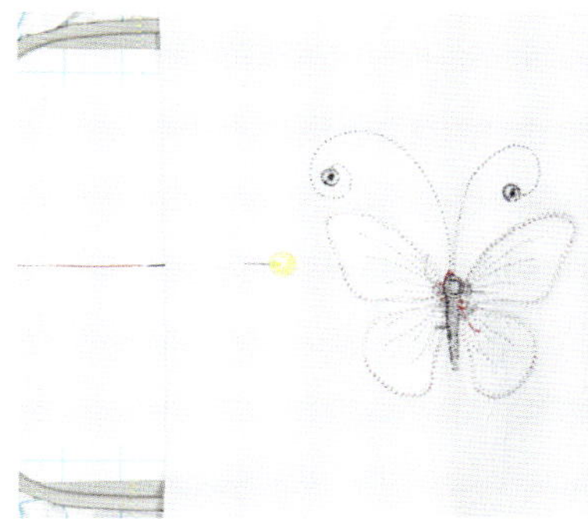

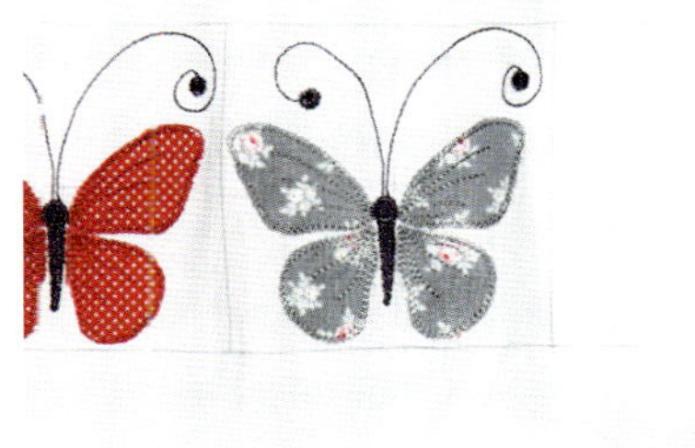

MEIN TIPP

Wenn Sie zwischen den Mustern einen größeren Abstand haben möchten, lassen Sie zwischen den Rechtecken einen Freiraum in der Breite des gewünschten Abstands.

Möchten Sie die Muster enger beieinander haben, markieren Sie die Rechtecke mit einer kleinen Überlappung.

APPLIKATIONEN

Wenn ein dekorativer Stoff auf ein Grundmaterial aufgebracht wird, spricht man von Applikation. Eine gestickte, klassische Applikation wird meistens in vier Schritten aufgebracht.

1 Zuerst die Platzierungslinie für den Applikationsstoff auf den Grundstoff sticken.

2 Den Applikationsstoff über die Platzierungslinie legen. Nach dem Start näht die Maschine den Stoff an. Danach den Applikationsstoff bis zur Naht zurückschneiden.

3 Die Stoffkante mit dem Zickzackstich heften.

4 Die Applikation mit dem Deckstich übernähen.

Die Maschine zeigt im Programm vier Fadenwechsel an, also vier Schritte. Für jeden Schritt eine andere Farbe. Fädeln Sie schon für Schritt 1, die Platzierungslinie, den Faden ein, den Sie auch später für den Deckstich (Farbe 4) beim letzten Schritt verwenden wollen.

APPLIKATIONEN IN DIESEM BUCH

Viele Stickmuster in diesem Buch sind so entworfen, dass ein Stoff appliziert wird. Die Schritte für die Applikation sind beschrieben. Diese können Sie an dem Kürzel A am Anfang der Farbwechsel erkennen. Applikationen können ganz am Anfang von Mustern vorkommen, aber auch mitten im Muster auftauchen. Die meisten davon werden klassisch in vier Schritten aufgenäht, so wie die Flipflops. Ausnahmen gibt es natürlich auch. Bei den Turnschuhen auf dem Matchsack (siehe S. 102) wird die Stoffkante nicht mit einem engen Zickzackstich umnäht, sondern mit einem Geradstich, damit der Stoff mit der Zeit leicht ausfransen kann.

GEKAUFTE APPLIKATIONSMUSTER UND FREEBIES

Viele Applikationsmuster, die auf dem freien Markt gekauft oder heruntergeladen werden, sind so programmiert, dass der Stoff in nur drei Schritten aufgenäht wird. Die Platzierungslinie wird meistens ausgelassen. Es gibt Applikationsmuster, bei denen deutlich zu sehen ist, wo der Stoff für die Applikation platziert werden soll. Hier wird dieser Schritt auch nicht zwingend benötigt. Wenn bei einer Applikation nicht klar ist, wo der Stoff platziert werden soll, lassen Sie die Linie zweimal nähen. Sticken Sie sie zuerst, und zwar als Platzierungslinie. Wählen Sie anschließend in Ihrer Maschine die Farbe noch einmal an. Legen Sie den Stoff über die Platzierungslinie und starten Sie die Maschine für den nächsten Durchgang. Jetzt wird mit dem gleichen Ablauf der Stoff angenäht. Schneiden Sie den Stoff bis zu der Naht zurück und sticken Sie die nächsten Schritte wie gewohnt.

MEIN TIPP

Unterbügeln Sie den Applikationsstoff, den Sie aufbringen wollen, mit einer doppelseitigen Einlage. Gerade wenn die Applikation etwas größer ist, verhindert die Einlage das Verziehen des Stoffes und die Stoffkante franst weniger aus. Auch lässt sich der Applikationsstoff besser zurückschneiden und bleibt nach dem Waschen in Form. Die doppelseitige Klebeeinlage gibt es für Webware (z. B. Vliesofix), wenn auf dem Grundstoff ein Baumwollstoff appliziert wird. Wenn Jersey auf Jersey appliziert wird, verwenden Sie die elastische doppelseitige Klebeeinlage (z. B. Stretchfix). Fixieren Sie die Applikation mit dem Minibügeleisen; mit seiner kleinen Sohle lässt sich der Stoff im Stickrahmen bügeln.

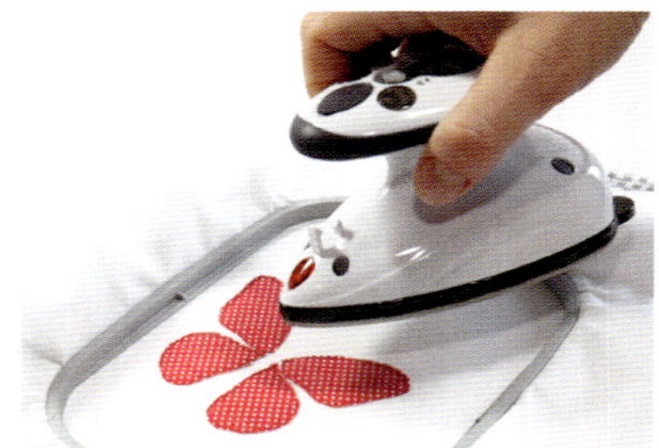

APPLIKATION STICKEN

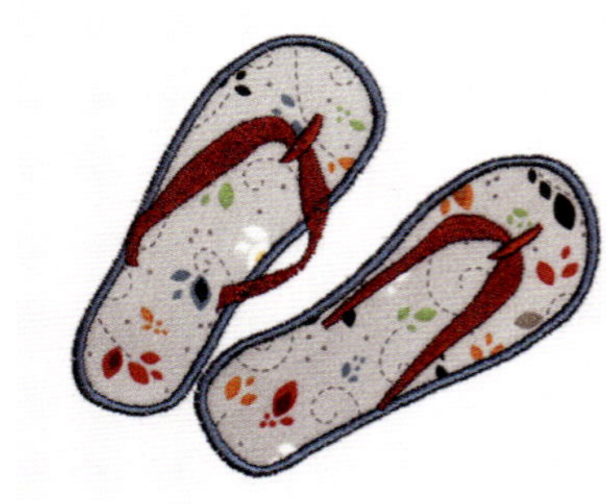

Stickdatei: FlipFlops
Abmessungen: 115,8 mm x 129,5 mm
Anzahl Stiche: 8642
Stickrahmen: 13 cm x 18 cm oder größer

MATERIAL

- Grundstoff: Baumwollstoff, Größe passend zum Stickrahmen
- Applikation: Baumwollstoff, 13 cm x 15 cm
- Stickvlies: Stickvlies zum Wegreißen, Größe passend zum Stickrahmen
- doppelseitige Klebeeinlage (z. B. Vliesofix)
- Oberfaden: Maschinenstickgarn in Dunkelblau und Rot
- Unterfaden: Stickunterfaden

VORBEREITUNG

1 Den Applikationsstoff auf der Rückseite mit der doppelseitigen Klebeeinlage unterbügeln. Auskühlen lassen und das Trägerpapier von der Stoffrückseite abziehen.

2 An der Maschine das Muster öffnen.

3 Grundstoff mit Stickvlies im Stickrahmen einspannen.

STICKEN

1 **A_FARBE 1, DUNKELBLAU**
Die Maschine stickt eine Platzierungslinie auf den Stoff. Den Stoff über die Platzierungslinie mit der rechten Stoffseite nach oben legen und mit Klebestreifen an den Ecken festkleben.

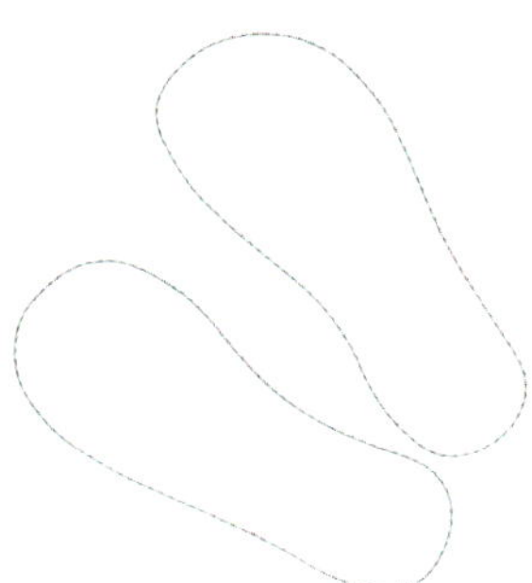

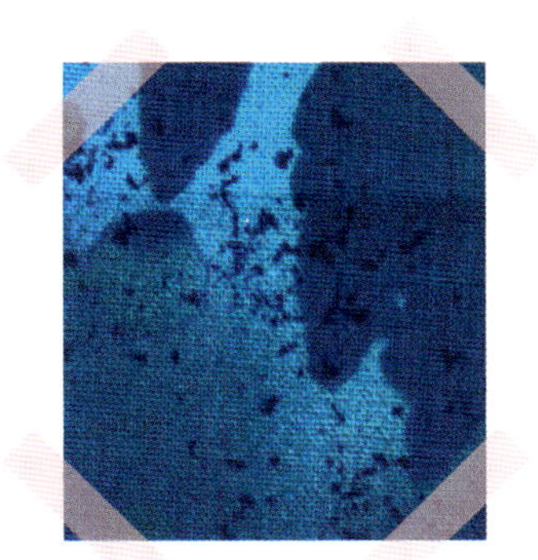

2 **A_FARBE 1, DUNKELBLAU**
Nach dem Start näht die Maschine den Stoff an. Nach dem Nähen den Rahmen aus der Maschine nehmen.

Die Klebestreifen abziehen und den Stoff bis zu der Linie zurückschneiden. Die Applikation mit dem Bügeleisen fixieren. Nach dem Auskühlen den Stickrahmen wieder in die Maschine einsetzen.

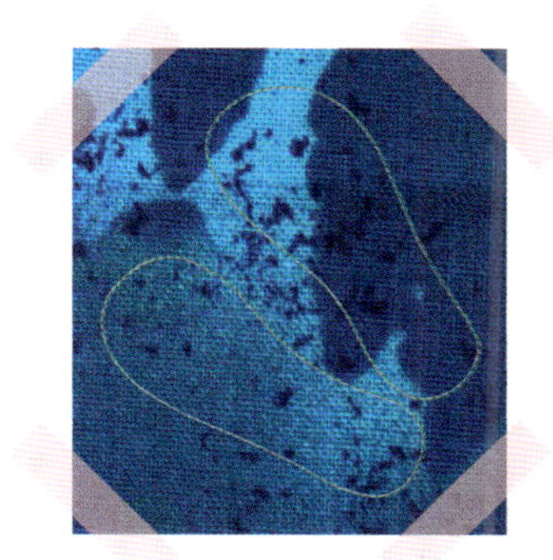

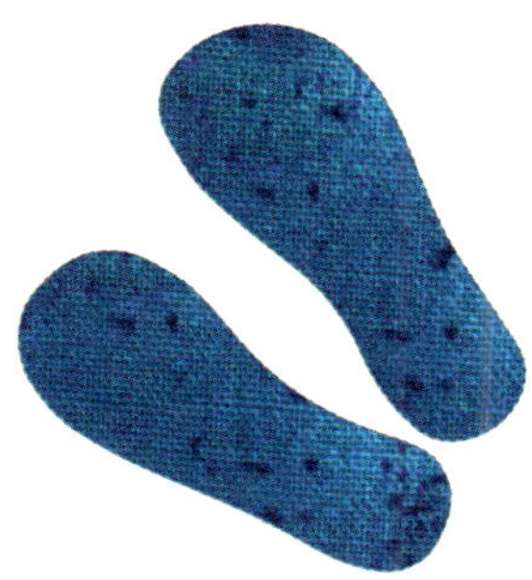

MEIN TIPP

Um den Stoff einfacher zurückzuschneiden, können Sie den Stickrahmen, aber keinesfalls den Stoff, kurzfristig aus der Arretierung nehmen. Mit der Applikationsschere oder der Stickschere lässt sich der Stoff sehr gut zurückschneiden. Sie ist so spitz, dass Sie auch in den Ecken problemlos schneiden können.

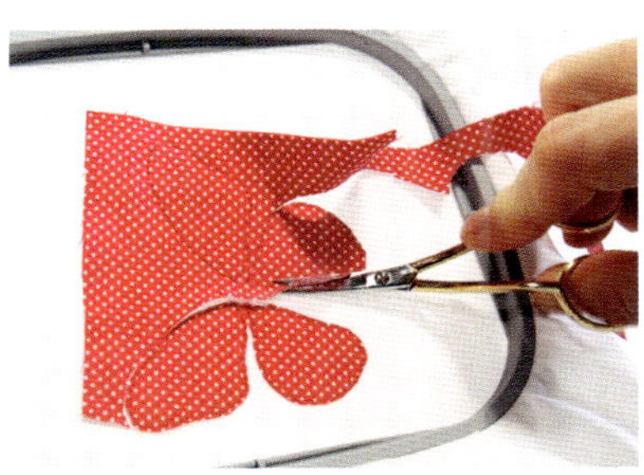

3 **A_FARBE 1, DUNKELBLAU**
Die Maschine heftet die Stoffkante mit einem großen Zickzackstich.

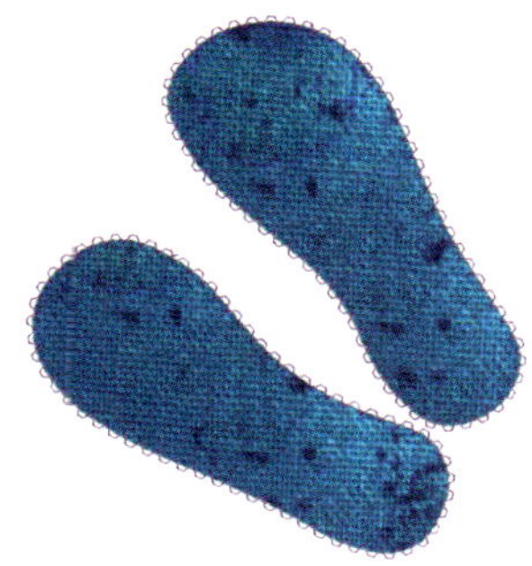

4 **A_FARBE 1, DUNKELBLAU**
Der letzte Schritt ist der Deckstich. Die Maschine stickt einen eng genähten Zickzackstich um die Stoffkante herum. Die Applikation ist jetzt fertig gestickt.

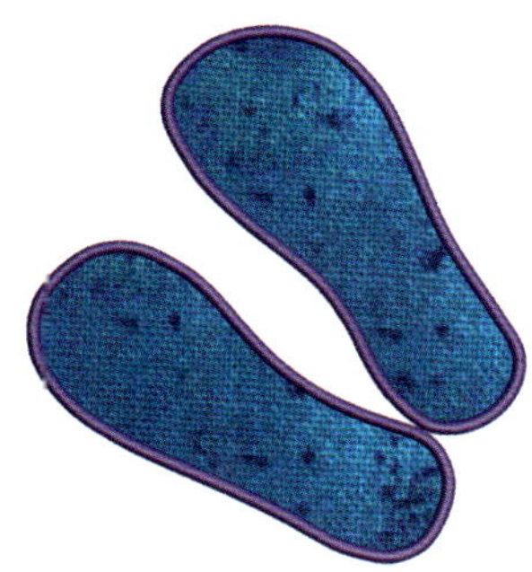

5 **S_FARBE 2 ROT**
Mit einem weiteren Farbwechsel werden die Riemen gestickt.

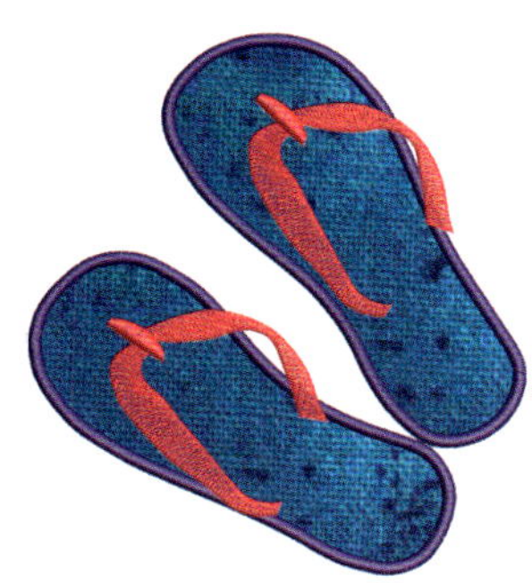

LANGE SCHRIFTZÜGE

Lange Namen oder Texte, die nicht in den Stickrahmen passen, können zum Sticken geteilt werden. Das Wort „Butterfly“ können Sie in zwei Teilen sticken. Der Schriftzug hat große und kleine Buchstaben. Durch die Ober- und Unterlängen bei „f“, „l“ und „y“ sind diese Zeichen größer als die anderen.

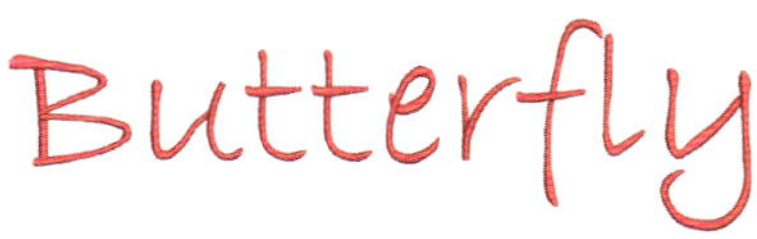

Stickdatei: Butterfly
Abmessungen: 285,6 mm x 80,4 mm
Anzahl Stiche: 6529
Stickrahmen: 18 cm x 300 cm
oder größer

Um das Motiv später genau im Rahmen zu positionieren, gehen Sie folgendermaßen vor:

1 Auf der Maschine den gewünschten Zeichensatz öffnen. Die ersten Buchstaben am Display eingeben und die Schriftgröße festlegen. Die Anzahl der Zeichen für den ersten Teil je nach Größe des Stickrahmens wählen. Für das Wort Butterfly also z. B. „Butte“.

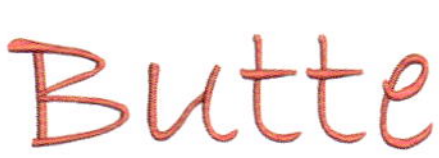

Stickdatei: Butte-
Abmessungen: 165,9 mm x 45,0 mm
Anzahl Stiche: 3665
Stickrahmen: 13 cm x 18 cm
oder größer

2 Eine Linie für die Ausrichtung des Schriftzuges auf den Stoff zeichnen.

3 Den Stoff mit dem passenden Stickvlies in den Rahmen einspannen. Die markierte Linie verläuft dabei durch die Mitte des Rahmens.

4 Den Schriftzug so weit sticken, bis der letzte Buchstabe angefangen wird. Beim letzten Buchstaben, hier „e“, ca. 10 Stiche sticken und die Maschine anhalten.

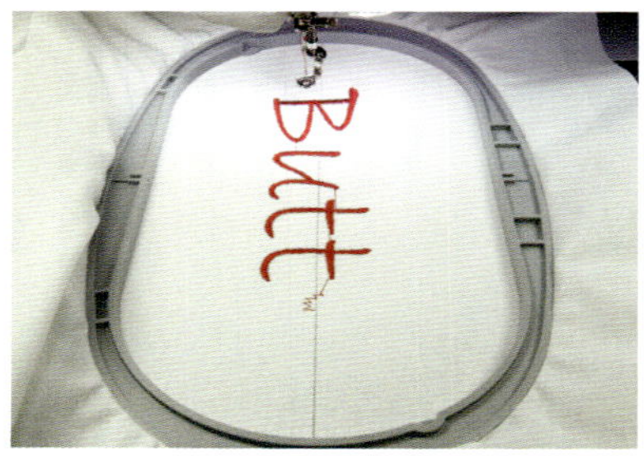

5 Den Stoff aus dem Rahmen nehmen, das Stickvlies entfernen und den Stoff glattbügeln.

6 Den nächsten Teil des Schriftzugs in der Maschine eingeben. Dabei muss der letzte Buchstabe des ersten Teils – im Beispiel „e“ – der erste Buchstabe des zweiten Teils sein: „erfly“.

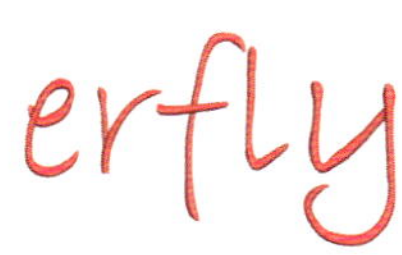

Stickdatei: B-erfly
Abmessungen: 140,9 mm x 80,4 mm
Anzahl Stiche: 3462
Stickrahmen: 13 cm x 18 cm
oder größer

7 Stickvlies mit dem Stoff erneut in den Rahmen einspannen. Die markierte Linie verläuft wieder durch die Mitte des Stickrahmens.

8 Auf der Maschine ist es möglich, den ersten Stich aus der Zeichenfolge anzuwählen. Das geht über die Funktion „Musteranfang“. Danach die Funktion „Stickablaufkontrolle“ öffnen.

MEIN TIPP

Die Stickablaufkontrolle wird auch verwendet, wenn der Faden beim Sticken reißt. Ist das der Fall, sticht die Maschine ohne Faden einige Stiche vorwärts, bis der Sensor der Maschine reagiert. Das Fenster mit der Stickablaufkontrolle öffnet sich automatisch und Sie können ein paar Stiche zurück wählen. So werden alle Stiche gestickt und es entsteht keine Lücke im Muster.

9 Mit dem Bedienknopf einige Stiche vorwärts gehen. Weil die ersten Stiche des ersten Buchstabens vorher schon gestickt worden sind, können Sie kontrollieren, ob die Nadel genau an der Stelle ankommt, wo sie einstechen muss.

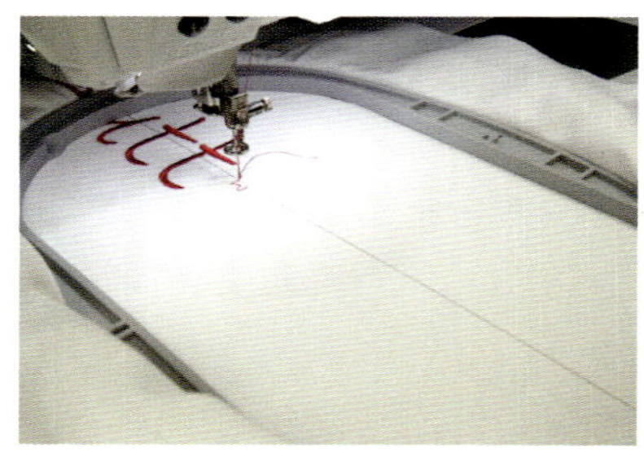

10 Wenn die Nadel nicht an der richtigen Stelle ankommt, passen Sie die Position der Nadel über die Funktion „Muster verschieben“ an. Die Funktion anwählen und mit den Bedienknöpfen die Position anpassen. Wenn die Platzierung stimmt, die nächsten Zeichen fertigsticken.

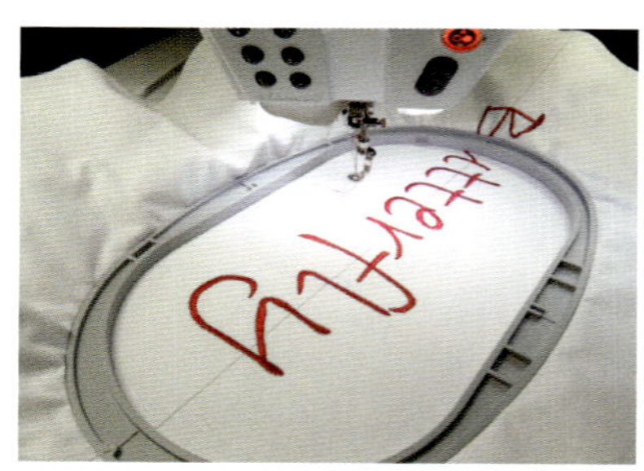

MEIN TIPP

Die Stickmuster sind in der Maschine so vorprogrammiert, dass die Fäden automatisch vernäht werden. Ein weiteres Sichern des Stickmusters ist daher meist nicht erforderlich. Wenn dennoch ein weiteres Verwahren der Fäden notwendig ist, verwenden Sie Fransenstoppkleber oder Gewebeeinlage zum Bügeln auf der Rückseite der Stickerei.

Mit einem winzigen Tropfen Fransenstoppkleber das Ende der Stickerei fixieren. Platzieren Sie den Kleber genau über der Stelle, die fixiert werden soll.

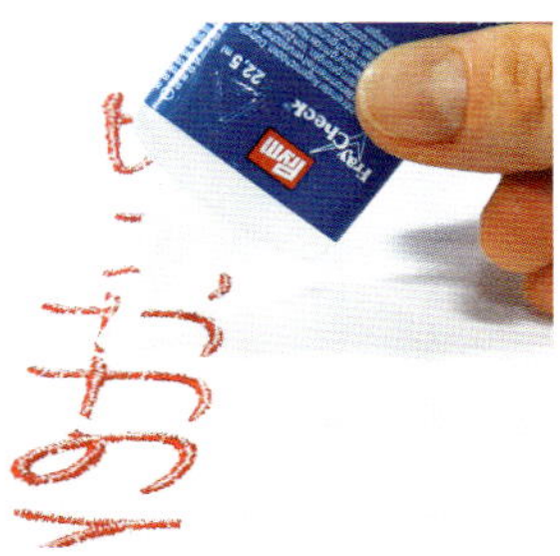

Mit der Gewebeeinlage wird die gesamte Rückseite der Stickerei überklebt. Die Einlage ist sehr angenehm auf der Haut und der Stoff bleibt auch nach dem Bügeln weich und fließend.

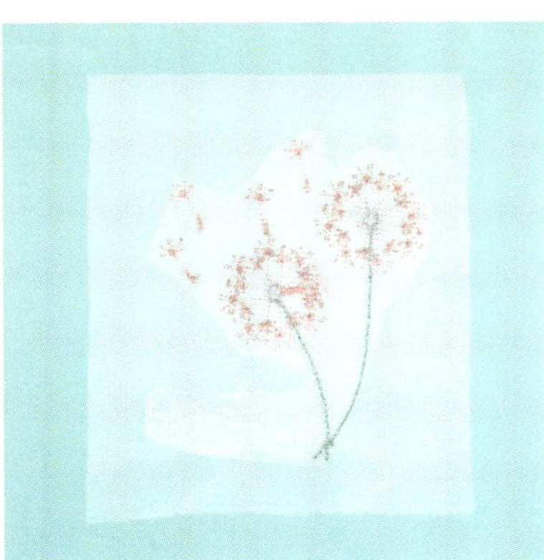

3-D-EFFEKTE MIT STICKSCHAUM

Stickschaum erinnert an Moosgummi, ist jedoch etwas dichter und kann gewaschen werden. Er ist in 3 mm Stärke (Gunold) in Schwarz und Weiß und in 2 mm Stärke (Mäde) in verschiedenen Farben erhältlich.

KANN JEDES MUSTER MIT STICKSCHAUM GESTICKT WERDEN?

Nicht jede Stickdatei kann mit Stickschaum verwendet werden. Die Stickerei muss dazu entsprechend vorbereitet werden. Stickschaum-Hersteller bieten Stickdateien an, die unmittelbar eingesetzt werden können, z. B. Sprüche, Wörter, Teile aus einem Design oder Stickdateien für die Trapunto-Technik.

HINWEISE: Die Stickbeispiele in diesem Abschnitt sind so digitalisiert, dass sie mit Stickschaum verwendet werden können. Für 3-D-Effekte wird der Stickschaum mit einem dichten Satinstich übernäht. Beim Stickbeispiel für die Trapunto-Technik ist der erste Geradstich sehr kurz eingestellt, damit der Schaum perforiert wird. Die Einstellung dazu wurde beim Digitalisieren in der Sticksoftware berücksichtigt.

3-D-MUSTER ODER SCHRIFTZUG

Bei dieser Technik wird der Stickschaum über den Stoff gelegt und fixiert. Die Maschine stickt einen engen Satinstich über das Material. Beim Sticken perforiert die Nadel den Stickschaum. Die Reste werden vorsichtig abgezogen.

MEINE TIPPS

In engen Ecken und an schmalen Stellen kann der Stickschaum beim Abziehen reißen. Dort arbeiten Sie am besten mit einer spitzen angewinkelten Pinzette.

Kleine sichtbare Spuren vom Stickschaum am Rand können Sie mit dem Dampfbügeleisen entfernen. Lassen Sie das Bügeleisen mit viel Dampf und ein wenig Abstand über die Stickerei schweben. Der heiße Dampf lässt die Spuren unter der Stickerei verschwinden.

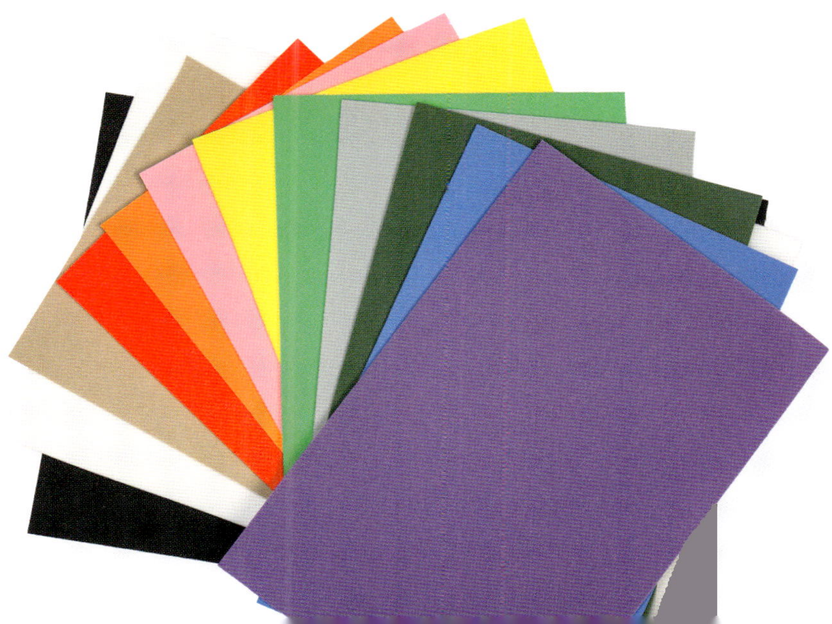

3-D-SCHRIFTZUG

Der Schriftzug „Summer" wird mit einer Umrandung im 3-D-Effekt mit Stickschaum gearbeitet. Der Stickschaum wird nur für einen Teil des Musters verwendet. Deshalb wird er nicht von Anfang an auf den Stoff gelegt.

MATERIAL

- Stickschaum in Blau, 2 mm stark
- Oberfaden: Stickgarn in Hellgrün und Türkisblau
- Unterfaden: Stickunterfaden

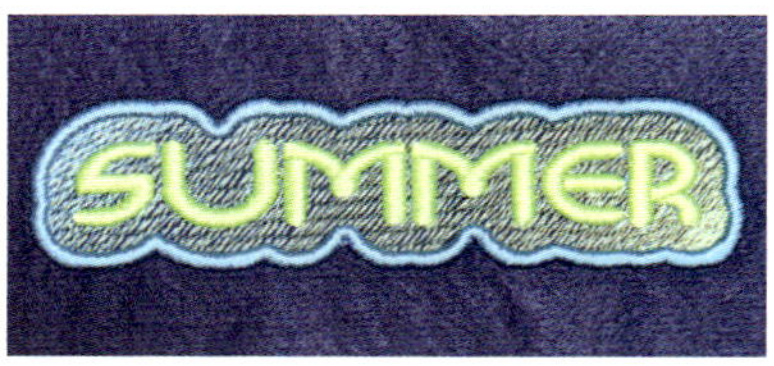

Stickdatei: 3D Summer
Abmessungen inkl. Platzierungslinien: 124,6 mm x 37,4 mm
Abmessungen Stickdatei: 118,8 mm x 29,2 mm
Anzahl Stiche: 8334
Stickrahmen: 13 cm x 18 cm oder größer

HINWEIS: Der Schriftzug wird auf ein Stoffstück gestickt, das kleiner als der Rahmen ist. Dazu wird der Stoff mit einem Stickvlies fixiert. Größere Stoffstücke oder Kleidungsstücke direkt im Rahmen einspannen.

1 Stickvlies zum Schneiden im Stickrahmen einspannen. Stoffstück mit Sprühzeitkleber auf das Stickvlies kleben und mit dem Heftstich aus der Maschine fixieren.

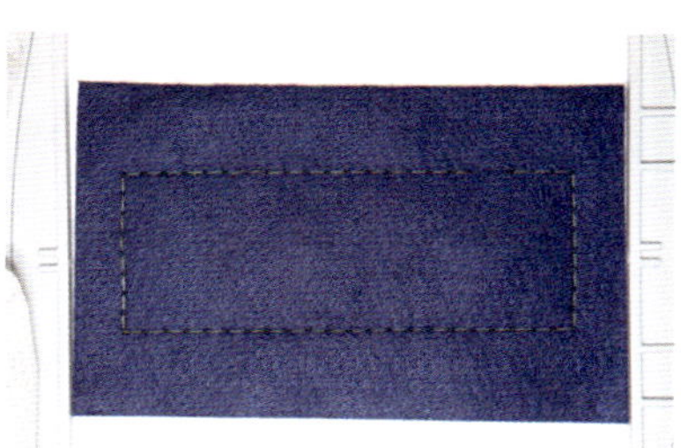

2 Die Stickdatei an der Maschine öffnen.

3 Mit Farbe 1 (Hellgrün) und Farbe 2 (Türkisblau) wird der Farbverlauf in der Fläche gestickt.

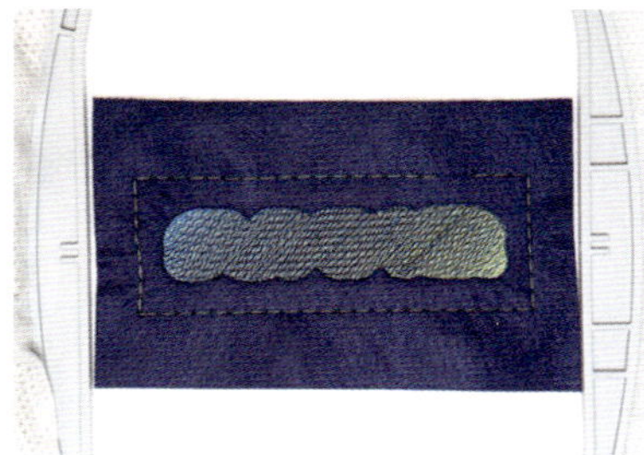

4 Den Stickschaum mittig über die Fläche legen und mit Klebeband fixieren.

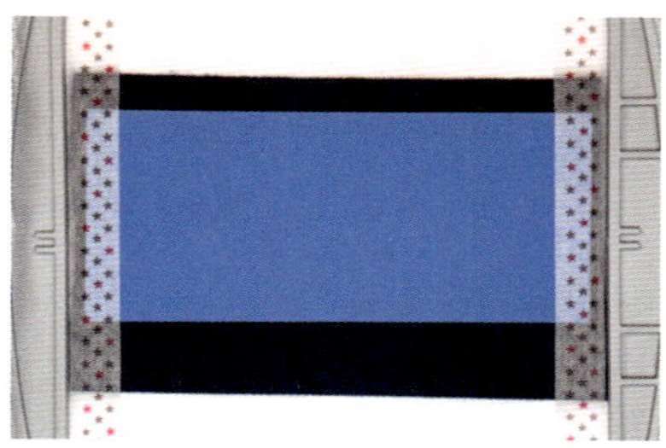

5 Eine reduzierte Geschwindigkeit an der Maschine einstellen und die Maschine starten. Die Maschine fixiert mit langen Stichen den Stickschaum.

6 Nun wird das Wort Summer gestickt, anschließend die Umrandung. Fertig ist das Stickmuster.

7 Den Stoff aus dem Stickrahmen nehmen und den Heftstich auftrennen.

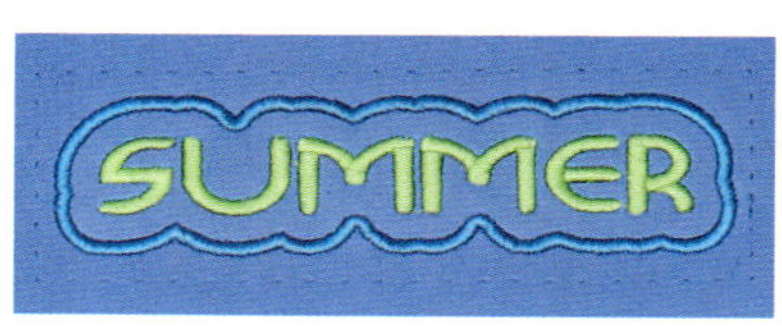

8 Den überstehenden Stickschaum vorsichtig abziehen. Beim Abziehen den Stoff mit dem Muster festhalten. Reste von Stickschaum an engen Stellen mit Hilfe einer spitzen Pinzette herauslösen. Kleine sichtbare Stellen des Stickschaums können mit heißem Dampf aus dem Dampfbügeleisen in Abstand von 3–5 cm weggedämpft werden.

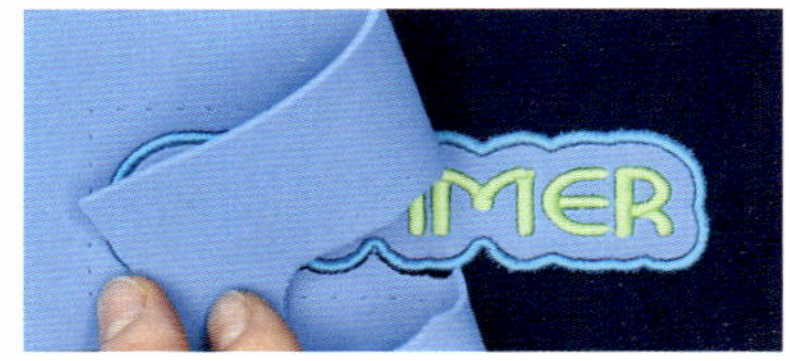

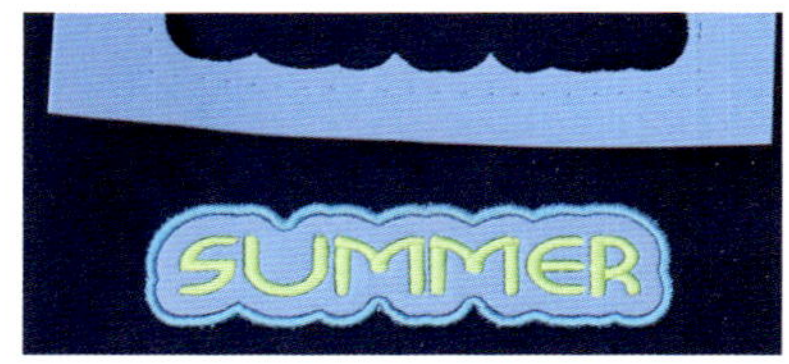

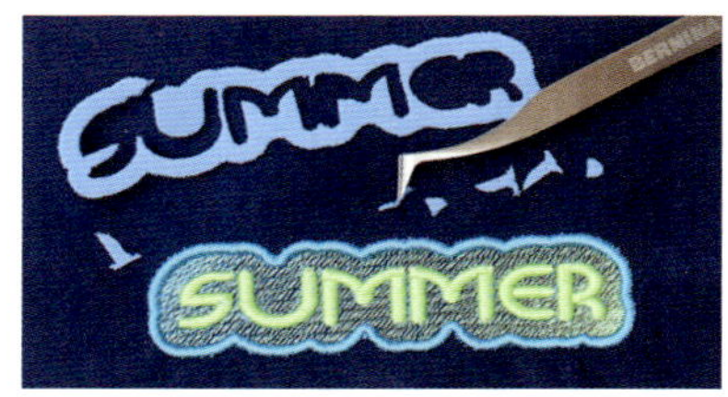

TRAPUNTO MIT STICKSCHAUM

Trapunto-Technik wird verwendet, um eine größere Fläche im Stoff erhaben zu gestalten. Dafür wird mit zwei Lagen gearbeitet: Die obere Lage ist der sichtbare Stoff; auf der Stoffrückseite wird ein Trägermaterial benötigt. Dazwischen wird das Füllmaterial eingearbeitet. Bei einem Quilt beispielsweise wird die Stofflage unter dem gequilteten Muster aufgeschnitten, mit Füllwatte gefüllt und wieder zugenäht. Beim Sticken entsteht der 3-D-Effekt durch den Stickschaum. Dieser liegt bei der Trapunto-Technik direkt unter dem Stoff und wird mit dem Schneidevlies dauerhaft gehalten. Sehr gut kommt diese Technik auf Jerseystoffen zur Geltung, weil der Jersey elastisch ist und der Stickschaum das Material besonders gut ausfüllt.

TRAPUNTO-STICKEREI

MATERIAL

- Stickschaum, 3 mm stark, 12 cm x 16 cm
- Oberfaden: Stickgarn in Dunkelgrau und Rot
- Unterfaden: Stickunterfaden
- Stickvlies: Schneidevlies (z. B. Weblon Plus von Madeira)
- dünne wasserlösliche Folie
- Sprühzeitkleber

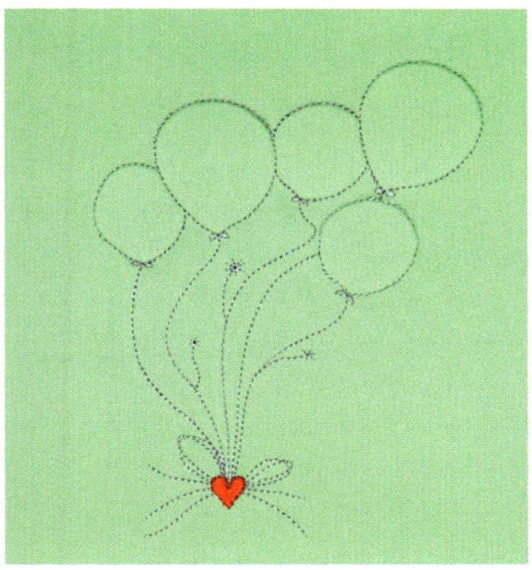

Stickdatei: Trapunto_Luftballons
Abmessungen inkl. Platzierungslinien: 129,2 mm x 178,5 mm
Abmessungen Stickdatei: 127,0 mm x 163,8 mm
Anzahl Stiche: 3074
Stickrahmen: 13 cm x 18 cm oder größer

1 Schneidevlies im Rahmen einspannen.

2 Stickdatei an der Maschine öffnen und Dunkelgrau einfädeln.

3 Die Platzierungslinie für den Stickschaum auf das Stickvlies sticken.

4 Den Stickschaum mit Sprühzeitkleber besprühen und auf die Platzierungslinie kleben.

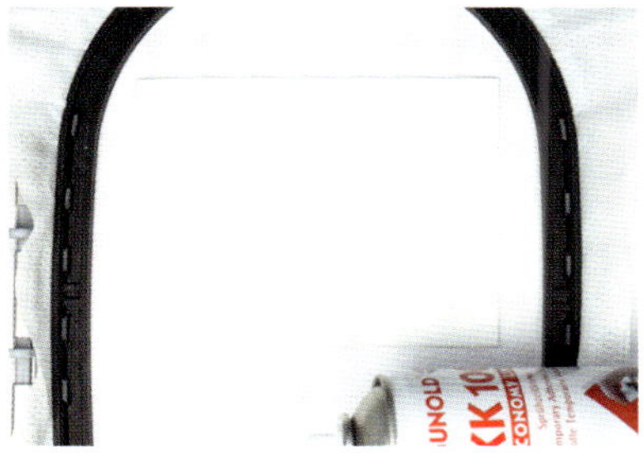

5 Nach dem Start wird der Stickschaum mit kurzen Stichen auf das Vlies aufgestickt. Durch diese Sticheinstellung wird der Stickschaum perforiert und kann dadurch später leicht abgezogen werden.

6 Den Stickrahmen aus der Maschine nehmen, auf die Arbeitsfläche legen und den Stickschaum am Muster entlang vorsichtig abziehen. Das Muster dabei mit dem Finger auf die Arbeitsfläche drücken. Aus den Ecken kann der Stickschaum mit einer Pinzette abgelöst werden.

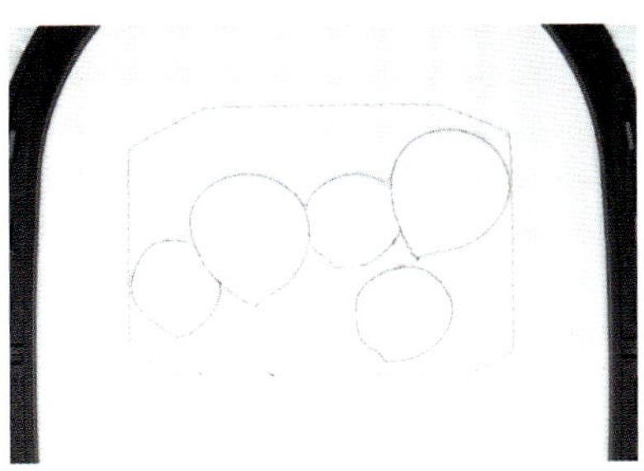

7 Den Stoff über den Stickschaum legen. Ein Stück dünne wasserlösliche Folie passend zuschneiden, über den Stoff legen und mit Klebeband fixieren. Den Stickrahmen an der Maschine anbringen. Im nächsten Schritt wird ein Heftstich gestickt, der Stoff und Folie auf das Stickvlies heftet. Anschließend das Klebeband abziehen.

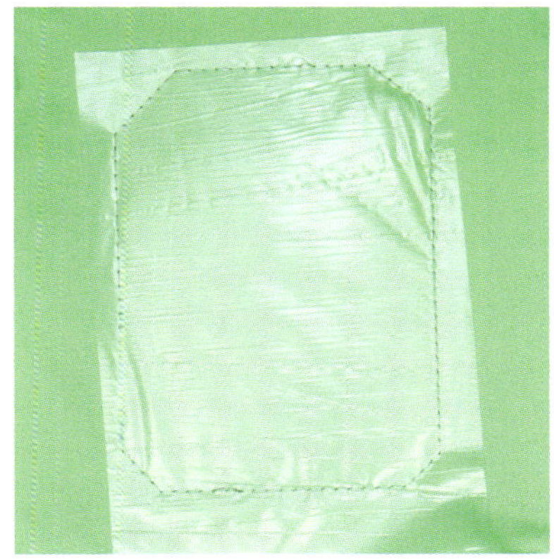

8 Das Stickmuster fertigsticken.

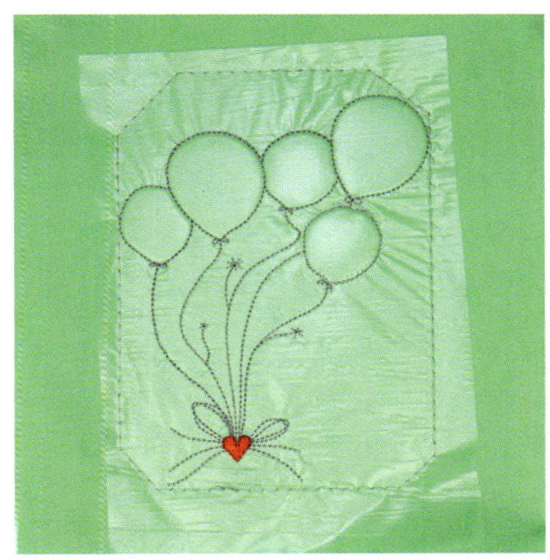

9 Den Stoff aus dem Stickrahmen nehmen und den Heftstich auftrennen. Die dünne wasserlösliche Folie vorsichtig wegreißen. Nach dem Waschen verschwinden die Reste spurlos. Das Stickvlies auf der Rückseite bis knapp zum Muster zurückschneiden.

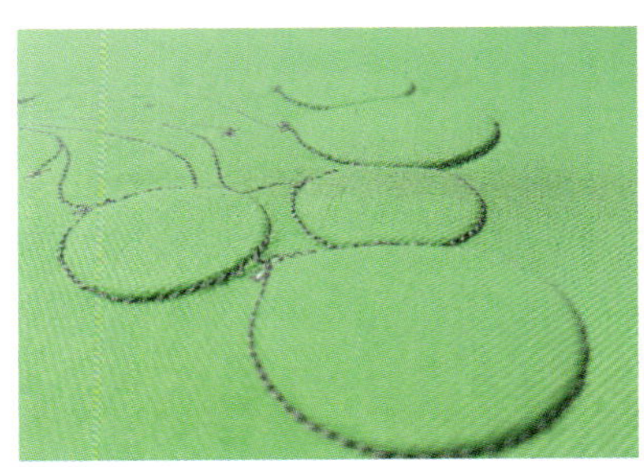

GLITZER-EFFEKTE

Funkeln, Leuchten, Glänzen, Schillern: Glitzergarne und irisierende Glitzerfolien sind eine weitere großartige Möglichkeit, eine Stickerei zum Funkeln zu bringen und lebendig werden zu lassen. Die Spezialeffekt-Stickfolien sorgen für einzigartige Resultate. Die Folien werden unter dem Muster platziert. Nach dem Sticken lässt sich die überstehende Folie bis zum Musterrand wegreißen.
Stickdateien mit „Glitzer" können Sie für Kleider, Accessoires, Heimtextilien und viele andere Projekte verwenden. Die fertig gestickten Muster sehen viel schöner aus als in den Abbildungen.

SPEZIALEFFEKT-STICKFOLIEN

Irisierende Folien (z. B. von Mäde) sind dünn, stabil und schimmern in unterschiedlichen Nuancen. Zum Sticken werden Stickfäden passend zum Stoff und Muster verwendet. Die Glitzerfolie kommt zur Geltung, wenn der Stichabstand in der Stickdatei größer ist. Das Muster ist dann nicht so dicht. In diesem Buch finden Sie zwei Stickdateien, die für die Arbeit mit Glitzerfolie geeignet sind: die Weihnachtskarte und der Fisch. Auch der Hersteller der Folie bietet geeignete Stickdateien an.

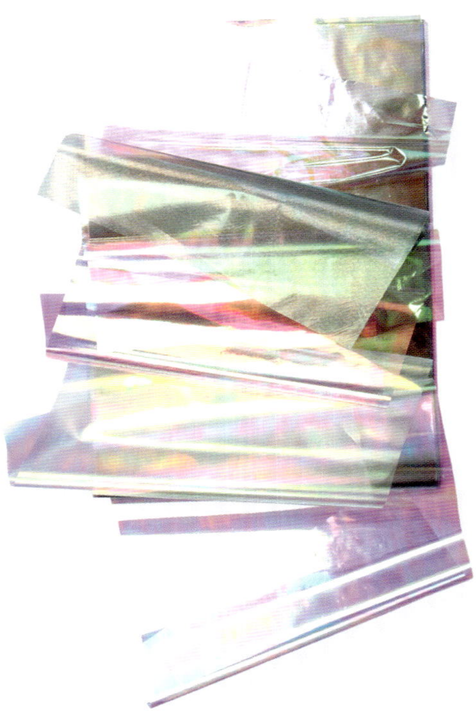

STICKEREI MIT IRISIERENDER FOLIE

MATERIAL

- Oberfaden: Stickgarn in Grün, Blau, Dunkelblau, Gelb, Orange und Anthrazit
- Unterfaden: Stickunterfaden
- Stickvlies: Schneidevlies (z. B. Poly Mesh von OESD)
- Sprühzeitkleber

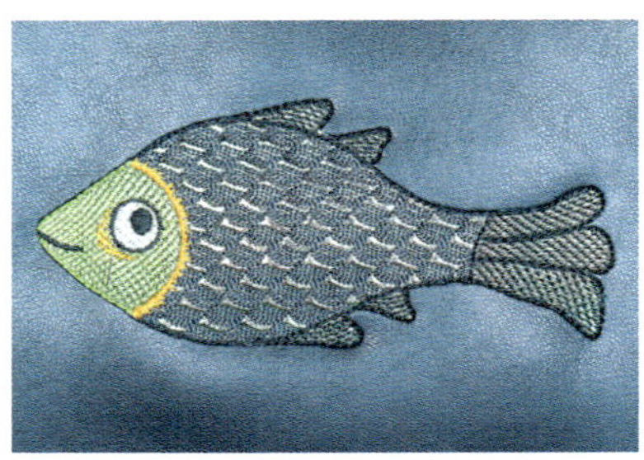

Stickdatei: Fisch Glitzerfolie
Abmessungen: 138,2 mm x 60,5 mm
Anzahl Stiche: 7922
Stickrahmen: 13 cm x 18 cm oder größer

1 Den Stoff mit dem Stickvlies im Rahmen einspannen oder den Stoff auf das Stickvlies aufkleben.

2 Die irisierende Folie über den Stoff legen und mit Klebeband fixieren. Abhängig vom Stoff kann die Folie auch mit dem Heftstich der Maschine fixiert werden.

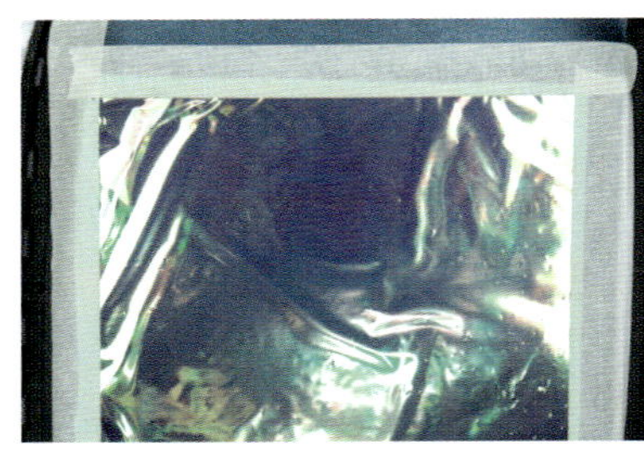

3 Das Muster sticken.

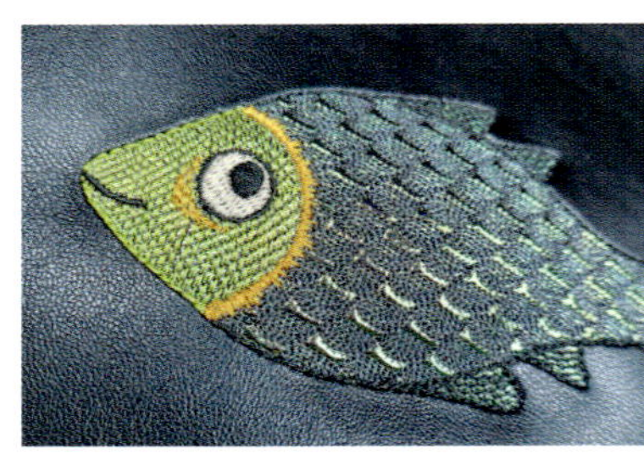

4 Die irisierende Folie bis zum Musterrand zurückreißen. Mit einer Pinzette die Folie in den Ecken und Rundungen entfernen.

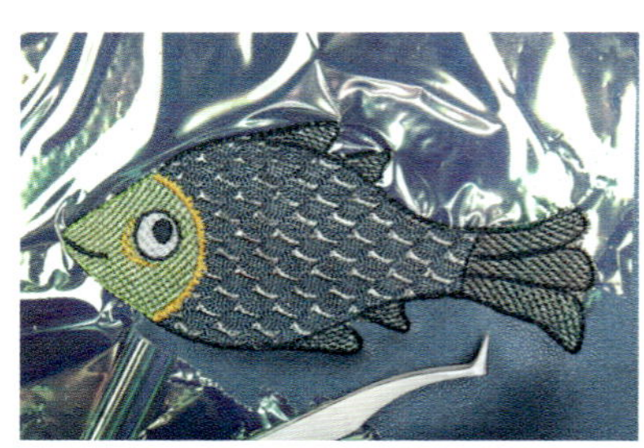

FÄDEN MIT GLITZEREFFEKT

Glitzerfäden sehen aus wie ein Folienfaden, glitzern metallisch oder sind irisierend (siehe S. 48). Bei den Stickdateien gibt es keine Einschränkung, wenn Sie mit Glitzerfäden arbeiten. Es sollte in jedem Fall zum Stoff und zum Projekt passen. Sie können ganze Muster oder auch nur Musterteile mit Glitzerfäden sticken. Wenn Sie Glitzerfäden verwenden, müssen Sie die Maschine vorbereiten:

1 Setzen Sie eine Metallic-Nadel oder eine Topstitch-Nadel mit Nadelstärke 90 ein.

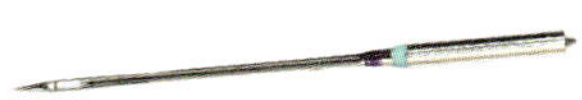

2 Überprüfen Sie die Fadenspannung. Bei voluminöseren und rauen Fäden wie z. B. dem Sparkling-Faden – einem Polyesterfaden, der mit einem Metallfaden gezwirnt ist – sollte die Fadenspannung gelockert werden.

3 Reduzieren Sie die Geschwindigkeit der Maschine, damit der Faden nicht reißt.

MEIN TIPP

Sticken Sie Proben mit den unterschiedlichen Fäden, um die optimale Fadenspannung für die eigene Maschine zu ermitteln. Dann können Sie diese bei Bedarf sehr schnell passend zum Faden einstellen.

GLITZERBUNTE ZEBRASTREIFEN

MATERIAL

- Oberfaden: verschiedene Metallic-Effektstickgarne uni und Multicolor in Graugrün, Mint, Blau, Dunkelgrau, Dunkelrot, Grün, Gold, Lila und Rot
- Unterfaden: Stickunterfaden
- Stickvlies: Schneidevlies (z. B. Soft'n Sheer plus von Sulky)
- Sprühzeitkleber

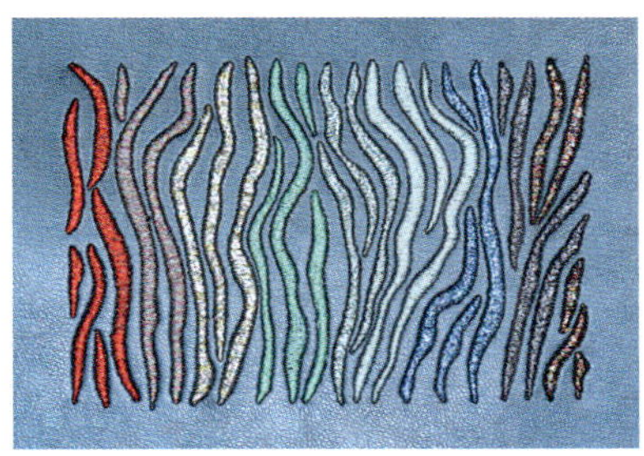

Stickdatei: Zebrastreifen bunt Glitzerfaden
Abmessungen: 126,6 mm x 86,9 mm
Anzahl Stiche: 14028
Stickrahmen: 10 cm x 13 cm oder größer

1 Den Stoff mit dem Stickvlies im Rahmen einspannen oder auf das Stickvlies aufkleben.

2 Das Muster sticken.

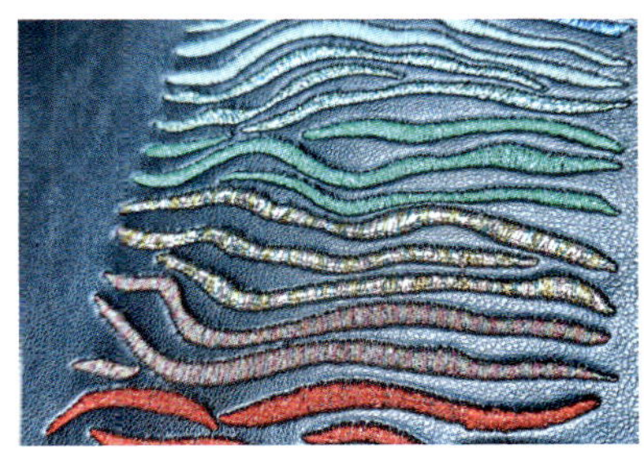

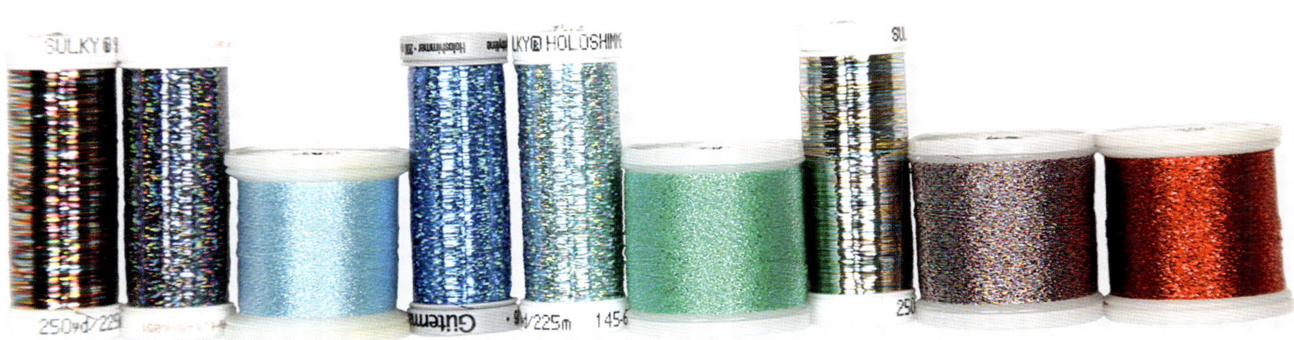

STICKMUSTER SUBLIMIEREN

Sublimieren ist eine Drucktechnik, bei der das Muster mit einer Spezialtinte auf Sublimationspapier aufgedruckt wird. Durch Erhitzen des Sublimationspapiers verdampft die Farbe und wird auf einen Stoff oder eine Stickerei übertragen. Um selbst solche bedruckten Muster herstellen zu können, benötigen Sie einen Sublimationsdrucker, die Spezialtinte und das Spezialpapier zum Sublimieren. Fertig bedruckte Muster auf Sublimationspapier sind im (Online-)Handel erhältlich.

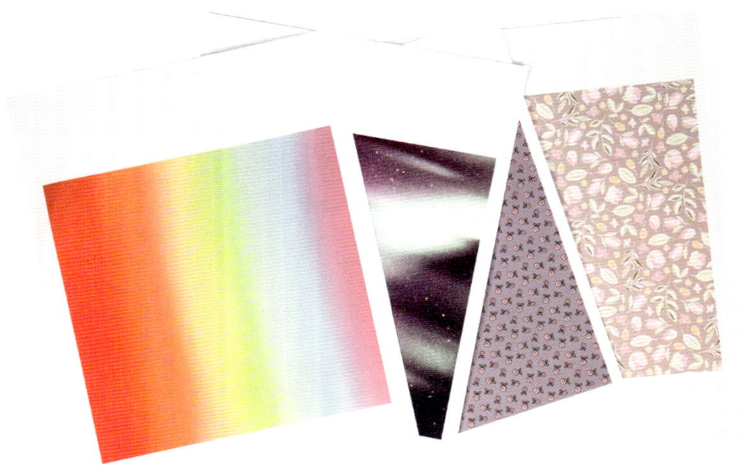

MUSTER ÜBERTRAGEN

Zum Übertragen des Musters auf die Stickerei wird eine Bügelpresse oder ein Bügeleisen ohne Dampf benötigt. Dazu das Gerät auf 190 °C vorheizen. Vor dem Pressen eine Lage Backpapier über das Muster legen. Die Presszeit dauert 50 Sekunden. Nach dem Pressvorgang den Stoff auskühlen lassen.

MEIN TIPP

Bevor Sie Sublimieren, schauen Sie in der Herstelleranleitung nach, welche Temperatur und welche Presszeit empfohlen sind. Testen Sie auch vorher, ob der Grundstoff die Temperatur aushält.

STICKEN UND SUBLIMIEREN

MATERIAL

- Grundstoff: Viskosejersey
- Stickvlies: Schneidevlies (z. B. Poly Mesh von OESD)
- Stickfäden: Polyesterfaden in Weiß und Viskosefaden in Orange, Silbergrau, Schwarz und Rot
- Unterfaden: Stickunterfaden
- wasserlösliche Folie: Avalon Ultra von Madeira
- Sublimationspapier
- Backpapier

HINWEIS: Zum Sticken wird ein Polyesterfaden in Weiß benötigt. Viskosefäden nehmen die Farbe nicht an. Der Grundstoff muss abgedeckt werden, damit er die Farbe nicht annimmt. Hierfür eignet sich wasserlösliche Folie (z. B. Avalon Ultra von Madeira).

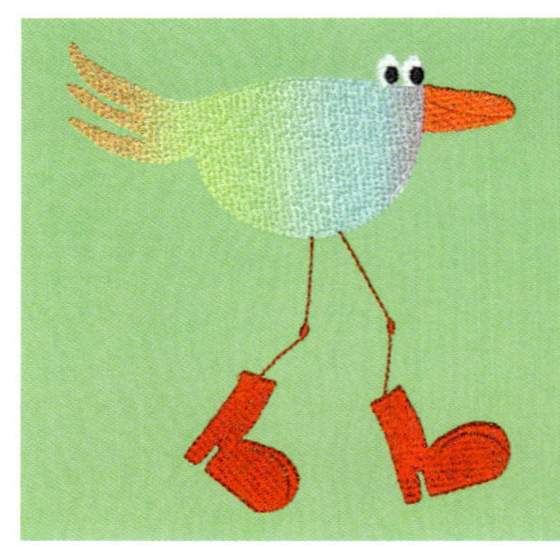

Stickdatei: Vogel_Sublimieren
Abmessungen: 125,0 mm x 136,8 mm
Anzahl Stiche: 9216
Stickrahmen: 13 cm x 18 cm oder größer

HINWEIS: Bei diesem Muster soll nur der Körper sublimiert werden. Für den Körper weißen Polyesterfaden einfädeln, für alle anderen Objekte Viskosefaden verwenden.

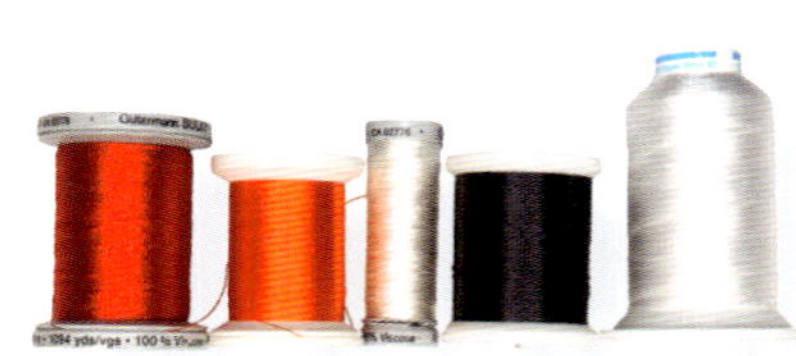

1 Das Stickvlies mit Sprühzeitkleber besprühen, den Stoff aufkleben und im Rahmen einspannen.

2 Die wasserlösliche Folie über den Stoff legen und mit dem Heftstich der Maschine und einem Viskosefaden fixieren. Der Heftstich soll so weit wie möglich vom Muster entfernt sein.

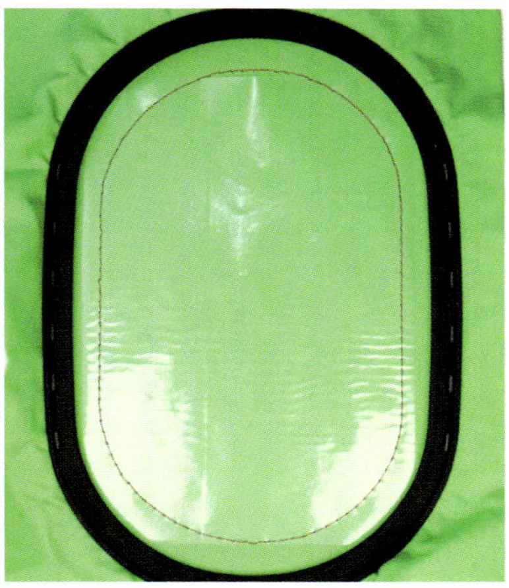

3 Farbe 1 (Polyesterfaden in Weiß) einfädeln. Der Körper wird gestickt.

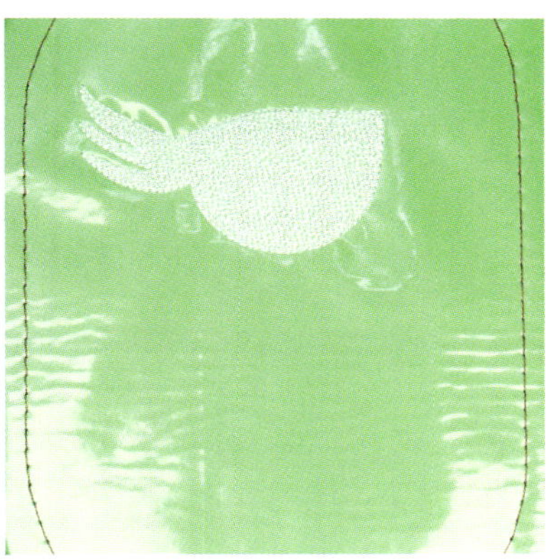

4 Das Muster mit den Viskosefäden fertigsticken.

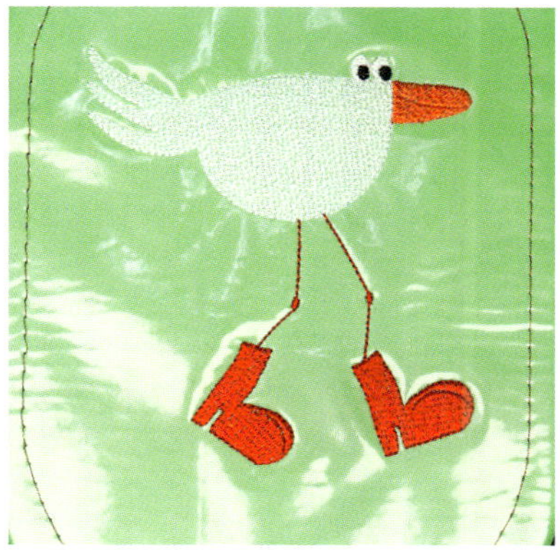

5 Den Stoff aus dem Stickrahmen nehmen und den Heftstich auftrennen.

6 Die Presse vorheizen. Ein Stück Sublimationspapier etwas größer als den Körper zuschneiden und mit der rechten Seite auf den gestickten Körper legen. Eine Lage Backpapier über den Stoff legen und mit der Presse 50 Sekunden pressen.

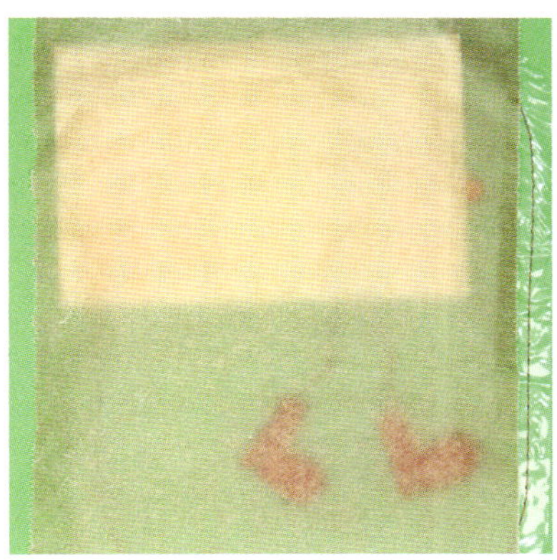

7 Den Stoff auskühlen lassen. Das Backpapier abziehen.

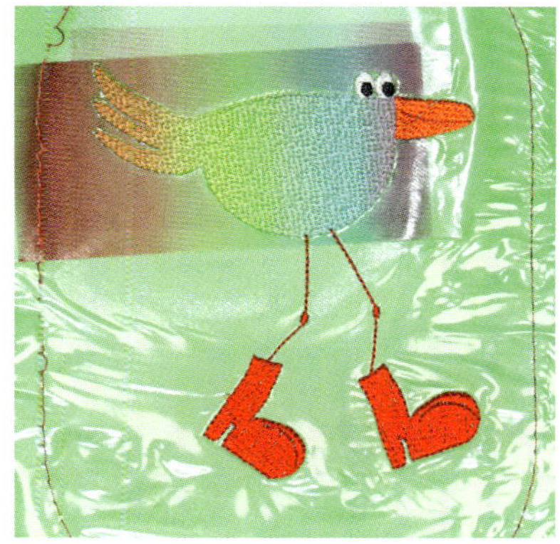

8 Die wasserlösliche Folie zurückschneiden. Nach dem Waschen verschwindet das Stickvlies spurlos.

PATCHS

Patchs sind Flicken mit einem Muster, die auf Kleidungstücke, Kappen, Schulranzen, Taschen, Hosen oder Shirts aufgebügelt oder aufgenäht werden. Sie werden auch Abzeichen, Aufnäher, Sticker, Bügelflicken oder Motivflicken genannt. Neben der dekorativen Funktion sind sie hilfreich, um eine beschädigte Stelle abzudecken.
Grundsätzlich ist es möglich, aus einem Stickmotiv ein Patch herzustellen. Sie benötigen dazu neben dem Stickmuster einen Trägerstoff und eine Bügelfolie. Das Stickmuster wird zuerst auf den Trägerstoff gestickt. Anschließend wird die Bügelfolie auf der Rückseite aufgebügelt und das Patch in Form geschnitten.

GEEIGNETE MATERIALIEN

Der Trägerstoff des Patchs soll zu dem Projektstoff passen. Am besten eignen sich gewebte Materialien oder Stickfilz. Zu einem T-Shirt passt als Trägerstoff ein leichter Baumwollstoff. Für einen Hoodie kann ein gröberer Baumwollstoff verwendet werden. Je dicker und fester das Material ist, auf das das Patch aufgebracht wird, desto dicker darf der Trägerstoff sein.

STICKFILZ

Stickfilz eignet sich sehr gut für Patchs, weil er strapazierbar ist. Er ist 1–1,5 mm stark, waschbar und franst an den Kanten nicht aus. Stickfilz ist nicht zu verwechseln mit Bastelfilz. Bastelfilz ist als Trägerstoff für Patchs nicht geeignet. Stickfilz ist im Handel auf Rollen oder in Bögen erhältlich (z. B. von Gunold).

BAUMWOLLSTOFF

Baumwollstoffe sind dünner als Stickfilz und eignen sich ebenfalls sehr gut für Patchs. Sie werden mit engem Zickzackstich auf das Kleidungsstück genäht. Bei Patchs aus Baumwollstoff kann die Kante nach dem Waschen etwas ausfransen. Wenn das Patch stabiler und strapazierbarer sein soll, wird eine Lage Trägervlies zum Schneiden (z. B. Ultra Stable von Sulky) unter den Stoff gebügelt. Das Trägervlies wird nicht entfernt.

KLEBEFOLIE

Zum Unterbügeln wird doppelseitige Klebefolie verwendet (z. B. Heat Seal von Madeira oder BSN von Sulky). Nach dem Aufbügeln auf das Patch wird das Trägerpapier abgezogen. Die Klebekraft der Folie entwickelt sich am besten, wenn die Zeiten zum Bügeln und Auskühlen eingehalten werden. Wenn Sie häufig Patchs herstellen, loht sich die Anschaffung einer Bügelpresse.

MEIN TIPP

Ist der Untergrundstoff grob gewebt, bügeln Sie eine zweite Lage der Bügelfolie auf. Dadurch ist mehr Klebemasse da, die sich mit dem Stoff besser verbindet.

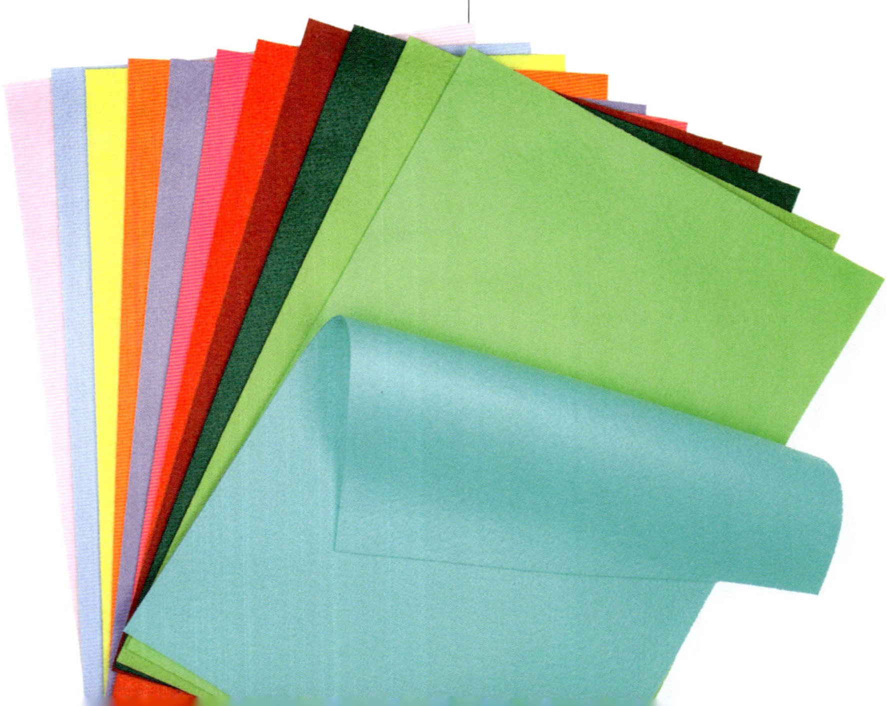

PATCH MIT KLEBEFOLIE

MATERIAL

- Stickfilz in Grün, 12 cm x 12 cm
- Stickvlies: Stickvlies zum Wegreißen
- Klebefolie: 11 cm x 11 cm (z. B. Fuse and Seal von OESD)
- Stickfäden: Maschinengarn in Beige, Weiß, Schwarz und Orange
- Unterfaden: Stickunterfaden
- Sprühzeitkleber

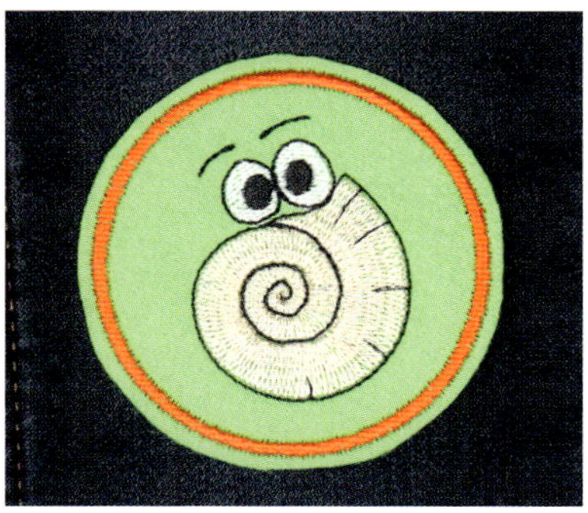

Stickdatei: Patch_Muschel
Abmessungen: 64,94 mm x 64,94 mm
Anzahl Stiche: 5440
Stickrahmen: 10 cm x 10 cm oder größer

1 Das Stickmuster an der Maschine öffnen.

2 Stickvlies zum Wegreißen in den Stickrahmen einspannen.

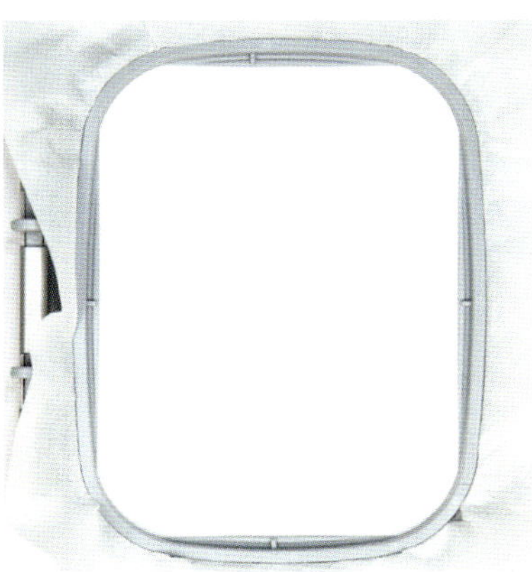

3 Stickfilz mit Sprühzeitkleber besprühen und auf das Stickvlies kleben. Zusätzlich mit dem Heftstich der Maschine fixieren.

4 Das Stickmuster sticken.

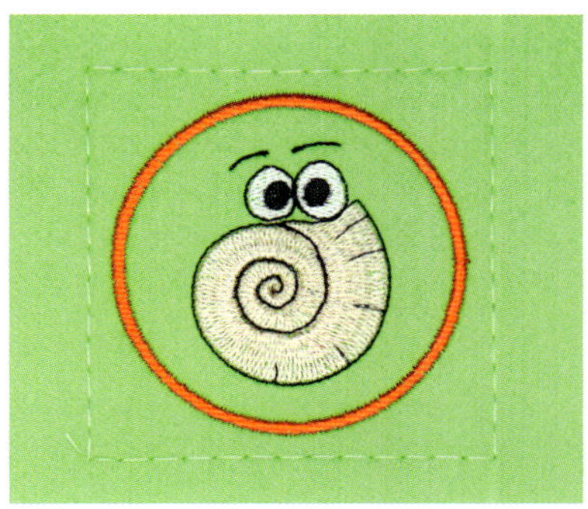

5 Das Stickvlies rückstandslos entfernen.

6 Die Klebefolie 1 cm kleiner als das Patch (11 cm x 11 cm) zuschneiden und auf der Rückseite aufbügeln. Auskühlen lassen.

7 Stickfilz auf 1,5–3 mm rund um das Motiv zurückschneiden. Das Trägerpapier von der Rückseite abziehen.

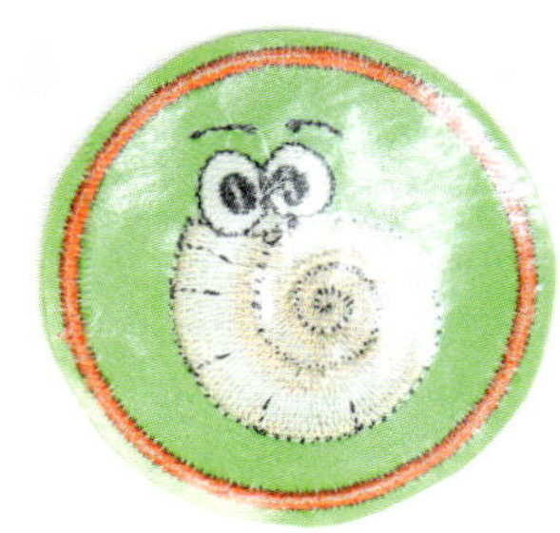

8 Das Patch auf das vorgesehene Projekt aufbügeln.

BAUMWOLL-PATCH MIT TRÄGERVLIES

MATERIAL

- Baumwollstoff, Rest
- Trägervlies zum Schneiden (z. B. Ultra Stable von Sulky), 11 cm x 11 cm
- Stickvlies zum Wegreißen
- Bügelfolie, 10 cm x 10 cm (z. B. BSN von Sulky)
- Stickfäden: Maschinenstickgarn in Rot, Mint und Anthrazit
- Unterfaden: Stickunterfaden
- Sprühzeitkleber

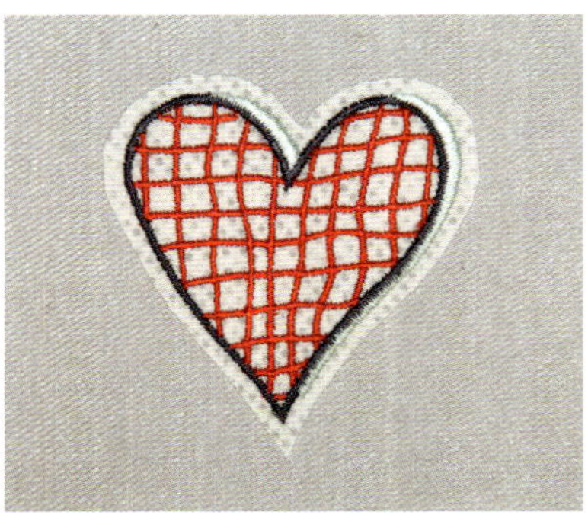

Stickdatei: Herz
Abmessungen: 57,5 mm x 59,2 mm
Anzahl Stiche: 5409
Stickrahmen: 10 cm x 10 cm oder größer

1 Den Baumwollstoff auf 12 cm x 12 cm zuschneiden.

2 Das Trägervlies zum Schneiden 1 cm kleiner als den Baumwollstoff (11 cm x 11 cm) zurechtschneiden.

3 Das Trägervlies auf die Stoffrückseite aufbügeln und auskühlen lassen.

4 Das Stickmuster an der Maschine öffnen.

5 Stickvlies zum Wegreißen in den Stickrahmen einspannen. Den Stoff mit Sprühzeitkleber besprühen und auf das Stickvlies kleben. Zusätzlich mit dem Heftstich der Maschine fixieren.

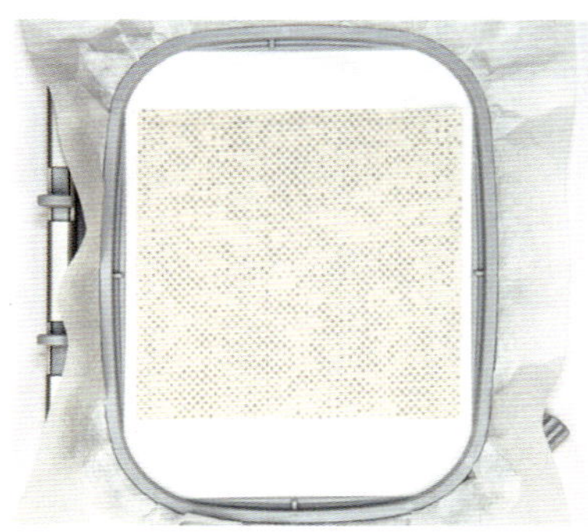

6 Das Stickmuster sticken.

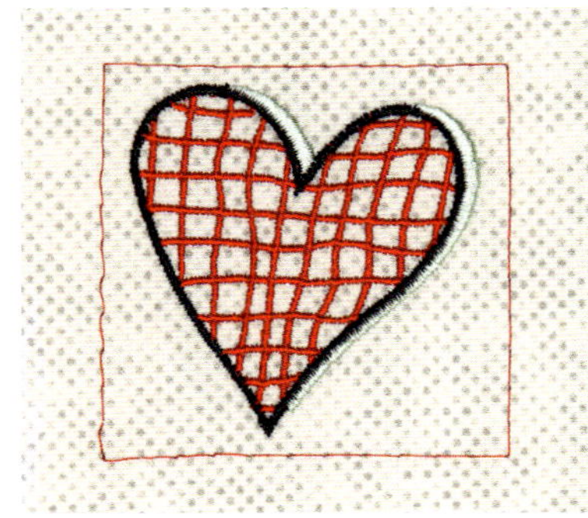

7 Das Stickvlies rückstandslos entfernen.

8 Die Bügelfolie auf 10 cm x 10 cm zuschneiden und auf der Rückseite aufbügeln. Auskühlen lassen.

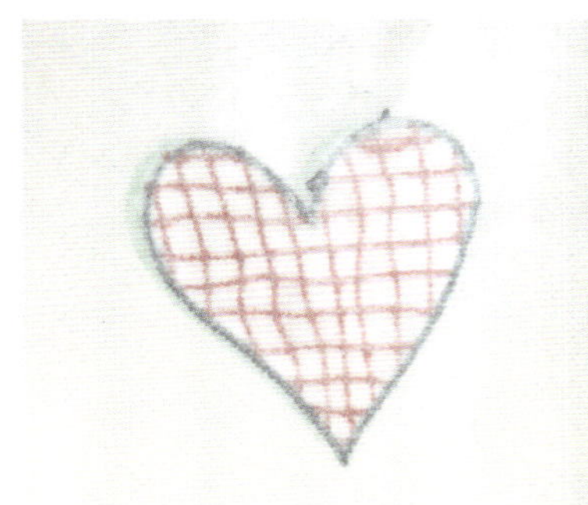

9 Das Trägervlies auf 1,5–3 mm rund um das Motiv zurückschneiden.

10 Das Trägerpapier abziehen und das Patch auf das vorgesehene Projekt aufbügeln.

BAUMWOLL-PATCH OHNE TRÄGERVLIES

MATERIAL

- Baumwollstoff, 10 cm x 10 cm
- Stickvlies zum Kleben und Wegreißen (z. B. Filmoplast Strong von Sulky)
- Bügelfolie, 9 cm x 9 cm (z. B. BSN von Sulky)
- Stickfäden: Maschinenstickgarn in Beige, Weiß, Rot und Grün
- Unterfaden: Stickunterfaden

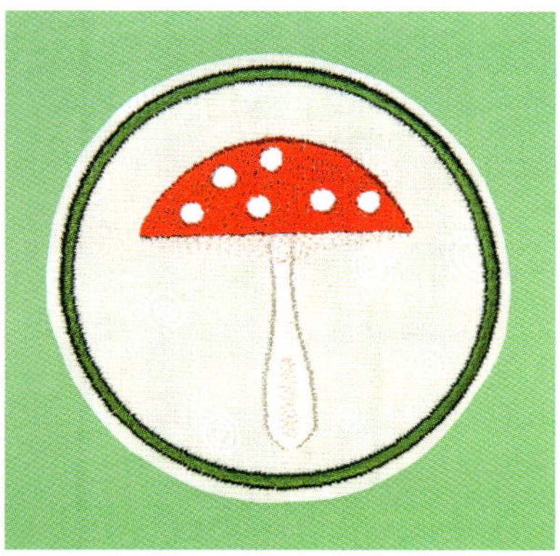

Stickdatei: Patch_Pilz
Abmessungen: 79,9 mm x 79,9 mm
Anzahl Stiche: 4405
Stickrahmen: 10 cm x 10 cm oder größer

1 Das Stickmuster an der Maschine öffnen.

2 Stickvlies in den Stickrahmen einspannen.

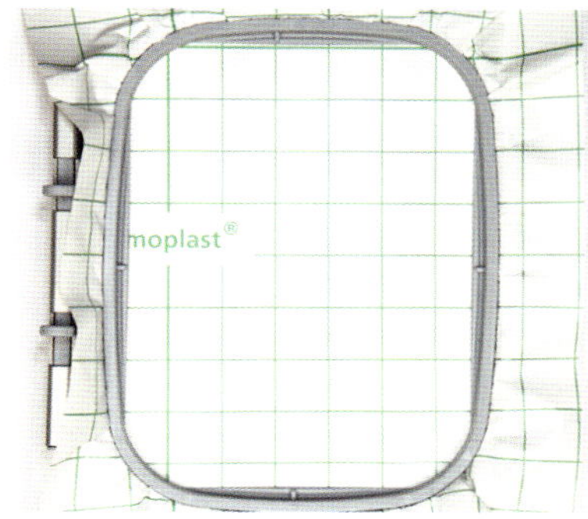

3 Das Trägerpapier abziehen und den Baumwollstoff auf das Stickvlies kleben.

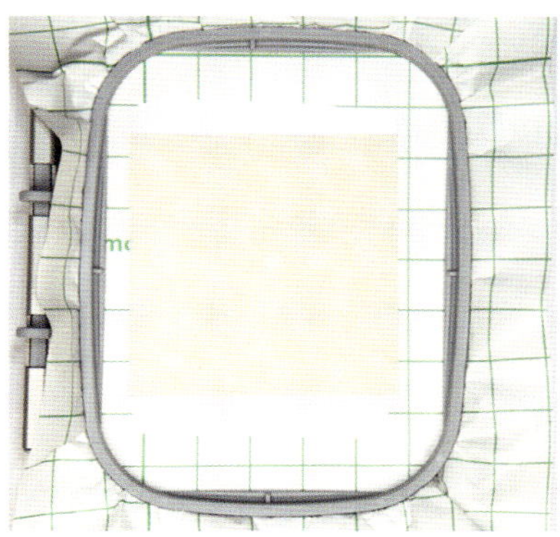

4 Den Stoff zusätzlich mit dem Heftstich der Maschine fixieren und das Stickmuster sticken.

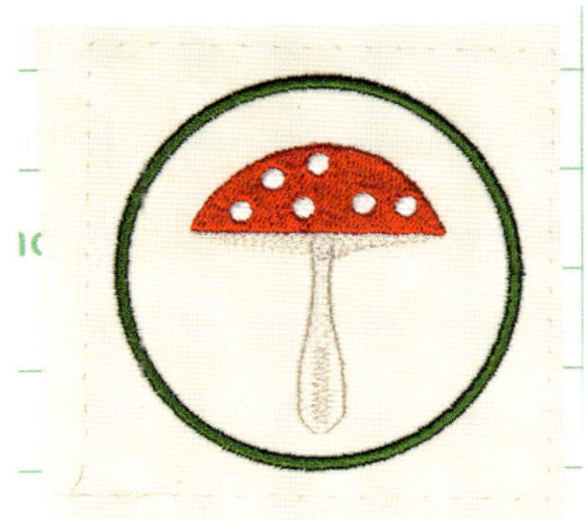

5 Das Stickvlies rückstandslos entfernen.

6 Bügelfolie auf die Stoffrückseite aufbügeln. Auskühlen lassen.

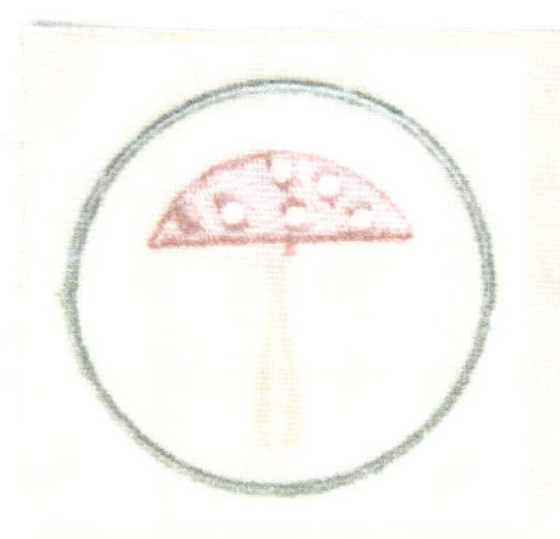

7 Den Stoff bis auf 1,5–3 mm rund um das Motiv zurückschneiden.

8 Das Trägerpapier von der Rückseite abziehen und das Patch auf das vorgesehene Projekt aufbügeln.

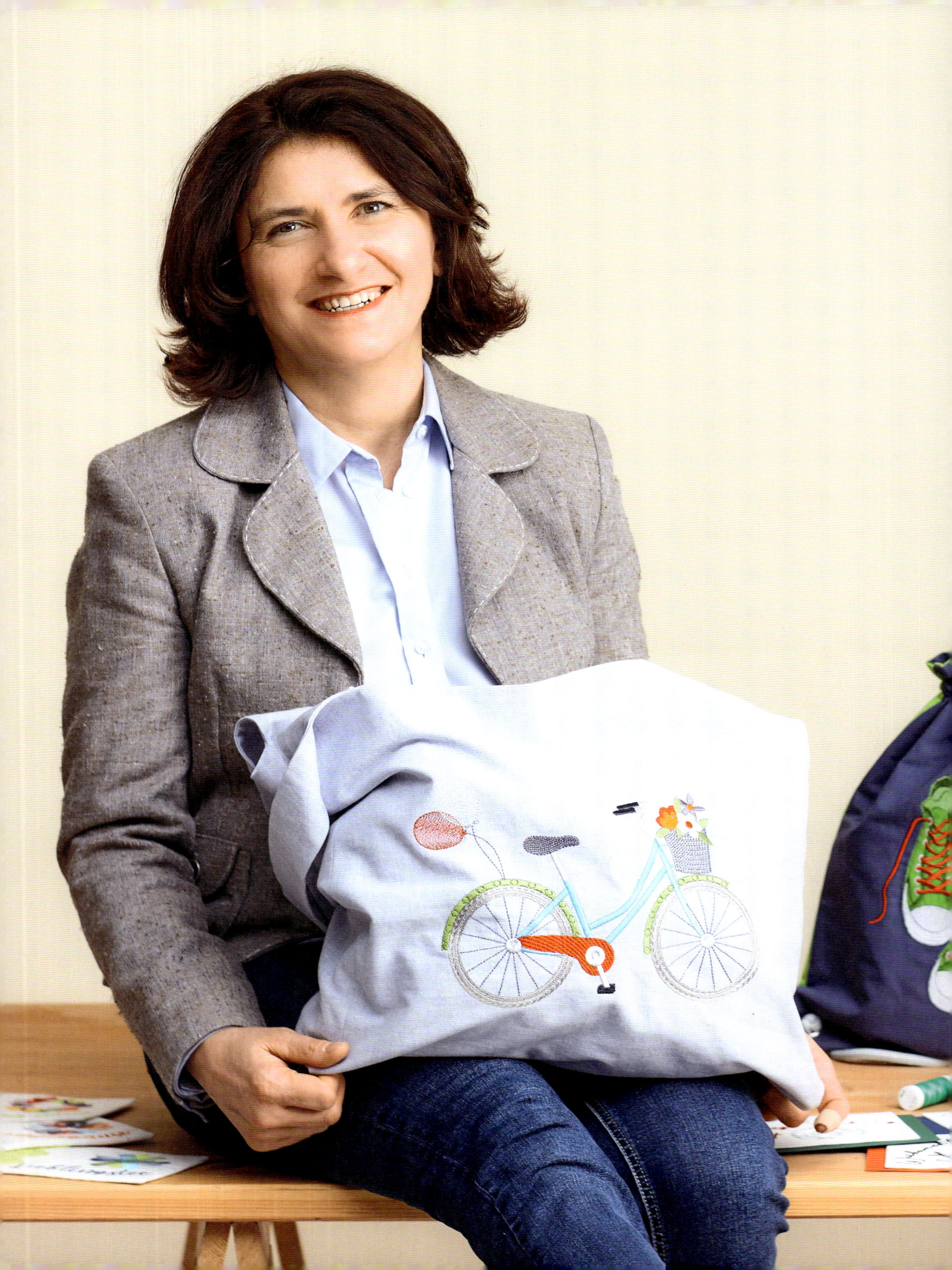

MODELLE

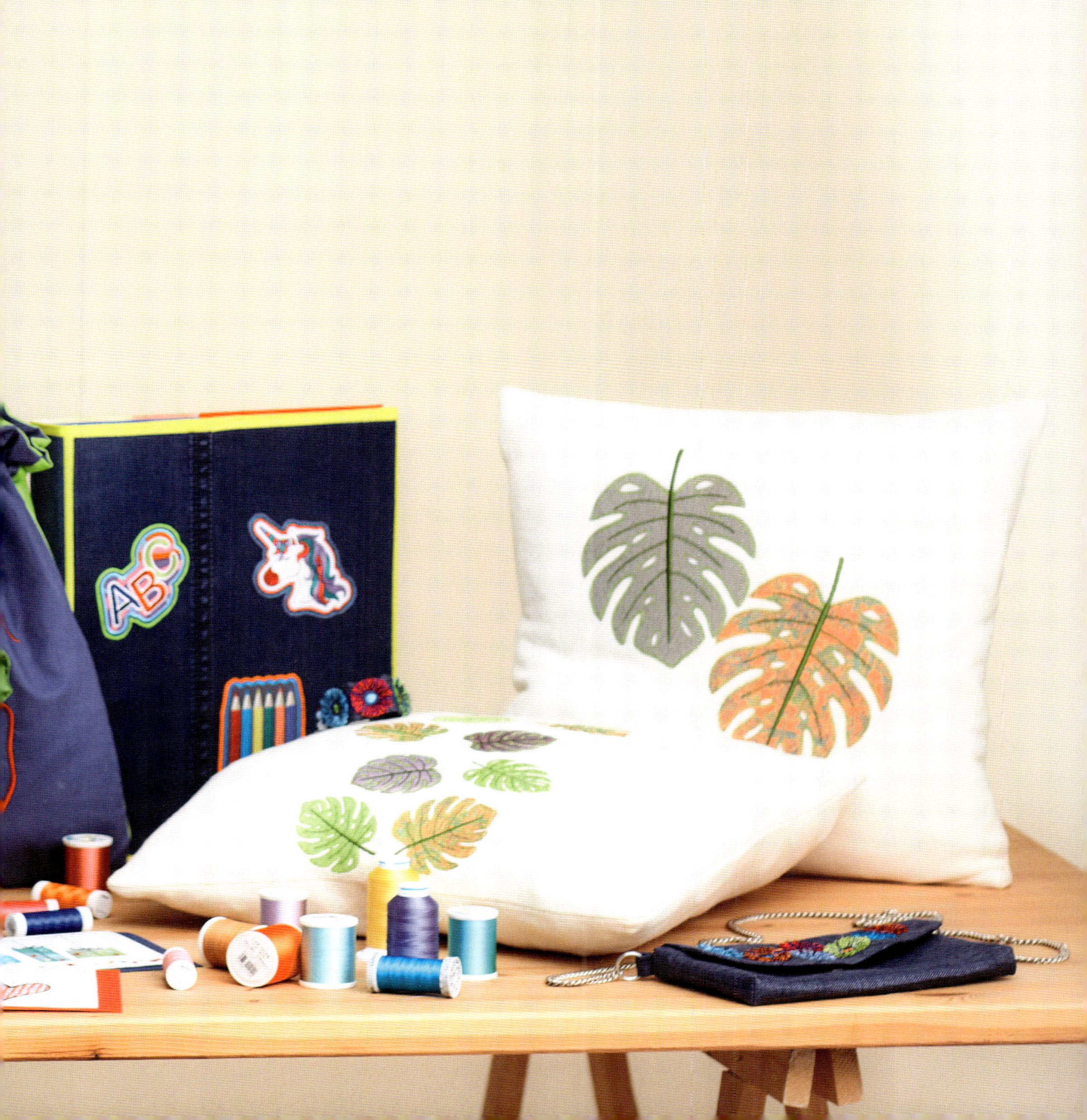

VORBEREITUNGEN

Die Modelle werden nicht nur gestickt, sondern zum Teil auch zugeschnitten und genäht. Dazu ist es wichtig zu wissen, was Fadenlauf, Stoffbruch sowie Nahtzugabe bedeuten und wie Sie die Vorlagen downloaden sowie Markierungen übertragen.

VORLAGEN

Die Schnittmuster für die Modelle stehen in der Digitalen Bibliothek unter www.topp-kreativ.de/digibib nach erfolgter Registrierung zum Download bereit. Den Freischaltcode finden Sie im Impressum.

Die Schnittmuster werden auf A4-Papier ausgedruckt und bei Bedarf zusammengeklebt. Stellen Sie zum Ausdrucken die Druckereinstellungen auf die tatsächliche Größe ein. Sie können die korrekte Größe am Kontrollkästchen im Schnittmuster nach dem Ausdrucken prüfen.

STOFFVERBRAUCH

Der Stoffverbrauch ist bei jedem Projekt angegeben. Häufig werden viele kleine Stoffstücke benötigt. Sie können dazu Stoffreste verwenden. Stoffe, die eingekauft werden, liegen unterschiedlich breit. Es gibt sie mit 90 cm oder 110 cm Breite bis hin zu 150 cm Breite. Verwenden Sie einen Stoff, der mehr oder weniger breit liegt, ändert sich der Verbrauch. Damit Sie nicht zu viel oder zu wenig Stoff kaufen, nehmen Sie die Schnittmuster zum Stoffkauf mit oder legen Sie sie vor dem Stoffkauf in der entsprechenden Stoffbreite auf der Arbeitsfläche aus, um den tatsächlichen Verbrauch zu ermitteln.

Beachten Sie schon beim Kauf eines Stoffes, dass der Stoffverbrauch für Stoffe mit Musterrapport, größerem Karomuster oder mit breiten Streifen größer sein wird.

STOFF BÜGELN

Ich empfehle Ihnen, die Stoffe vor dem Zuschneiden glatt zu bügeln. Auch bevor Sie den Stoff zum Sticken in den Rahmen einspannen, bügeln Sie ihn glatt. Die Markierung der Stickmusterposition auf der Schnittvorlage wird dadurch auch vereinfacht.

STRICHRICHTUNG BEACHTEN

Beachten Sie bei Stoffen mit einer samtigen Oberfläche, z. B. Samt, Cord, Velours, Pannesamt, Nicki oder Frottee, die Strichrichtung. Legen Sie alle Schnittteile in eine Längsrichtung, sodass beim fertigen Projekt die Strichrichtung stets von oben nach unten verläuft.

KARO- UND STREIFENSTOFFE

Achten Sie beim Zuschneiden von Karostoffen darauf, dass beim Falten und beim Zuschneiden des Stoffes die Karolinien genau aufeinanderliegen. Sowohl die Querlinien als auch die Längslinien müssen parallel verlaufen. Achten Sie auch bei gestreiften Stoffen darauf, dass die Streifen beim Zuschneiden exakt übereinanderliegen. Fixieren Sie die Stofflagen vor dem Zuschneiden gegebenenfalls mit Stecknadeln, damit nichts verrutscht.

FADENLAUF/MASCHENLAUF

Beachten Sie beim Zuschneiden stets den Fadenlauf (bei Webware) bzw. Maschenlauf (bei Wirkware) des Stoffes. Bei Webware verläuft er parallel zur Webkante, bei Wirkware entsprechend. Auf allen Schnittteilen ist der Fadenlauf mit einem langen Pfeil gekennzeichnet. Die Schnittteile müssen immer in Richtung des Fadenlaufs auf den Stoff gelegt und zugeschnitten werden. So vermeiden Sie, dass sich die fertigen Teile verziehen.

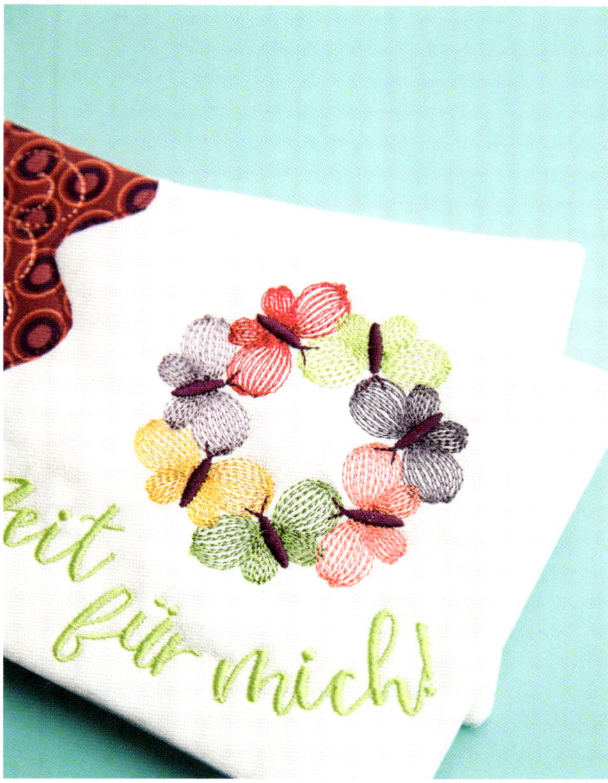

WEBKANTE UND STOFFBRUCH

Mit der Webkante ist die jeweils seitliche äußere Abschlusskante des Stoffes gemeint. Liegt der Stoff doppelt, liegen die Webkanten des Stoffes übereinander. Die gegenüberliegende, gefaltete Kante ist der Stoffbruch.

MARKIERUNGEN ÜBERTRAGEN

Sie finden in den Schnittmustern Passzeichen, Ansatzlinien oder andere wichtige Markierungen und Platzierungspunkte. Übertragen Sie diese Markierungen mit Schneiderkreide oder Markierstift möglichst auf die linke Stoffseite der Schnittteile.

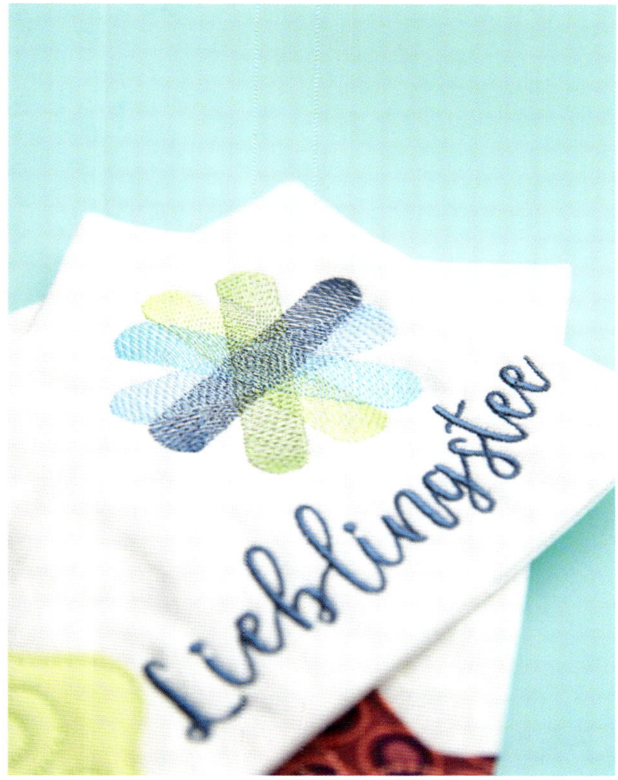

NAHTZUGABE

Die Nahtzugabe sehen Sie nach dem Nähen auf der linken Stoffseite. Das ist der Stoffstreifen, der sich neben der Naht befindet. Die Nahtzugabe verhindert, dass die Naht später wieder aufgeht.

Die Schnittmuster enthalten keine Nahtzugabe. Wenn nichts anderes vermerkt ist, schneiden Sie die Schnittteile mit 1 cm Nahtzugabe zu. Zeichnen Sie die Nahtzugabe zuvor mit Hilfe eines Lineals und Schneiderkreide auf den Stoff.

SHOPPER

Mit dem Fahrrad auf den Markt, ins Dorf oder in die Stadt zu fahren und dabei lässig den selbstgenähten Shopper in den Korb zu legen – das hat was. Nicht nur die Umwelt freut sich, wenn wir auf Einwegtaschen verzichten. Auch wir freuen uns, wenn die Stickmaschine dieses fröhliche Fahrradmotiv Stich für Stich auf den Stoff zaubert.

SCHWIERIGKEIT 1

GRÖSSE

48 cm x 40 cm (mit Träger 65 cm hoch)

MATERIAL

STOFF UND BÄNDER

- Baumwollstoff, 140 cm breit, 1,30 m
- farblich passendes Ripsband, 15 mm breit, 40 cm
- farblich passendes Baumwollschrägband (vorgefaltet), 20 mm breit, 45 cm

EINLAGE

- Bügeleinlage: Vlieseline G700, 90 cm breit, 50 cm

STICKVLIES UND GARN

- Stickvlies: Stickvlies zum Kleben und Wegreißen (Cotton Fix von Madeira oder Filmoplast Strong von Sulky), 50 cm breit, 55 cm
- Oberfaden: Maschinenstickgarn in Grau, Sand, Grün, Türkis, Rot, Anthrazit, Hellgrau, Orange und Mint
- Unterfaden: Stickunterfaden
- farblich passendes Nähgarn

STICKDATEI

Die Stickdatei ist in drei Größen gespeichert. Alle drei passen auf die Tasche. Auf dem abgebildeten Shopper ist die größte Größe Fahrrad_255 gestickt.

- Fahrrad_255
  Abmessungen: 255,1 mm x 174,7 mm
- Stickrahmen: 18 cm x 30 cm oder größer

ZUSCHNITT

Die Schnittmuster enthalten keine Nahtzugabe. Alle Schnittteile mit 1 cm Nahtzugabe zuschneiden. Das Taschenteil für die Vorderseite wird zunächst mit einer breiten Umrandung (in Blau im Schnittmuster) zugeschnitten, damit genügend Stoff zum Einspannen des Stickrahmens vorhanden ist. Nach dem Sticken wird das Taschenteil auf das Maß zugeschnitten. Alle Markierungen auf den Stoff übertragen.

- Baumwollstoff
  4x Seitenstreifen
  3x Taschenteil
  1x Taschenteil mit Rand zum Einspannen
  (im Schnittmuster in Blau)
- Bügeleinlage
  4x Träger (im Schnittmuster in Grau)
  4x Rechteck für Seitenstreifen (im Schnittmuster in Grau)

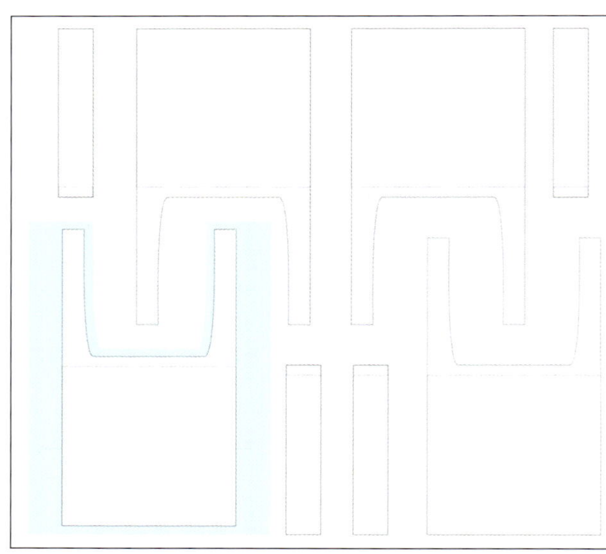

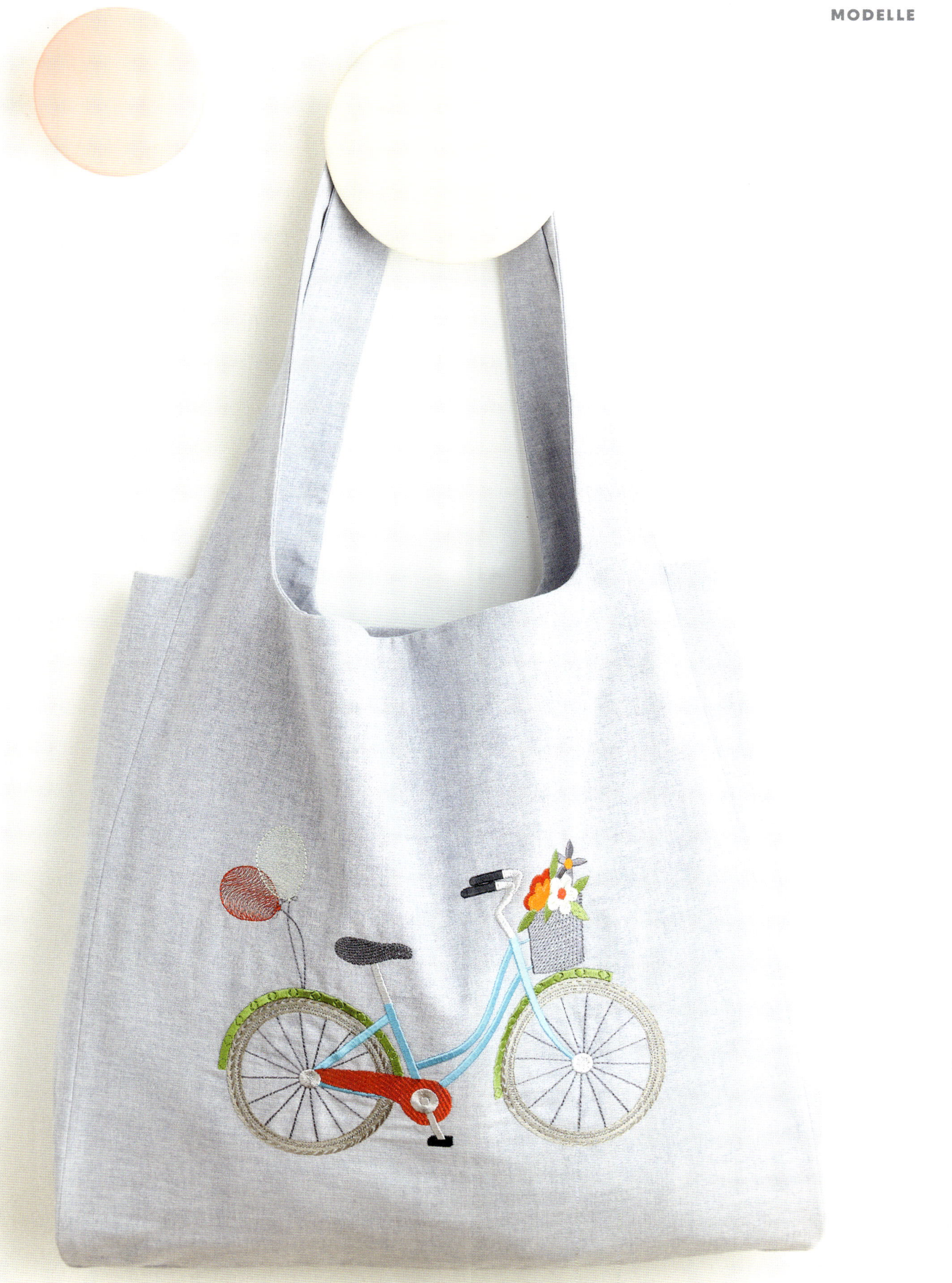

VORBEREITUNG

1 Auf das vordere (größer zugeschnittene) Taschenteil die Markierungslinien für die Stickerei übertragen.

2 Das Stickvlies zum Kleben und Wegreißen etwas größer als die Abmessungen des Stickrahmens zuschneiden. Trägerpapier abziehen und das Vlies mittig auf linke Stoffseite unter die Markierung kleben.

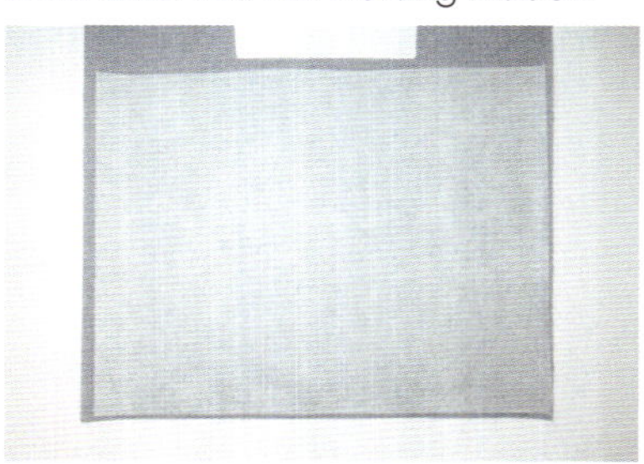

3 Den Stoff im Stickrahmen einspannen. Dabei darauf achten, dass sich die Markierung in der Mitte des Rahmens befindet.

4 Die Stickdatei Fahrrad_255 an der Maschine öffnen.

STICKEN

1 **FARBE 1, GRAU**
Die Maschine stickt die Schnüre des Luftballons und die Radspeichen.

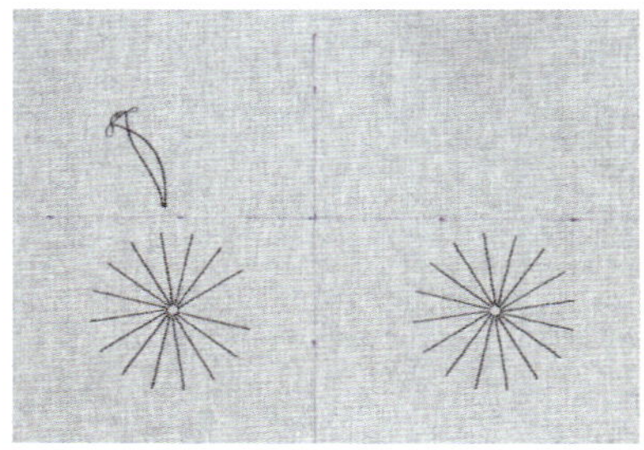

2 **FARBE 2, SAND**
Die Räder werden gestickt.

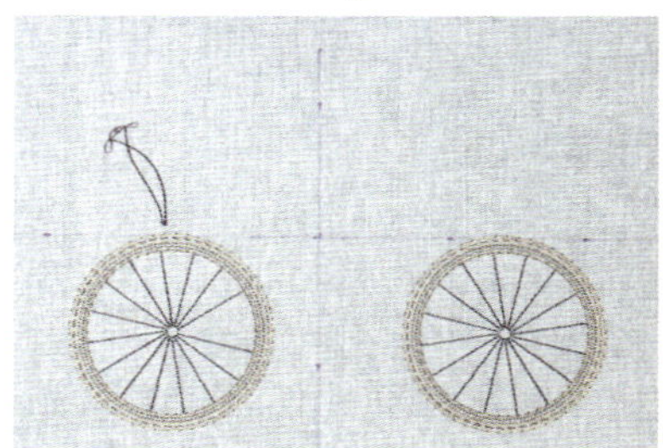

3 **FARBE 3, GRÜN**
Die Schutzbleche werden gestickt.

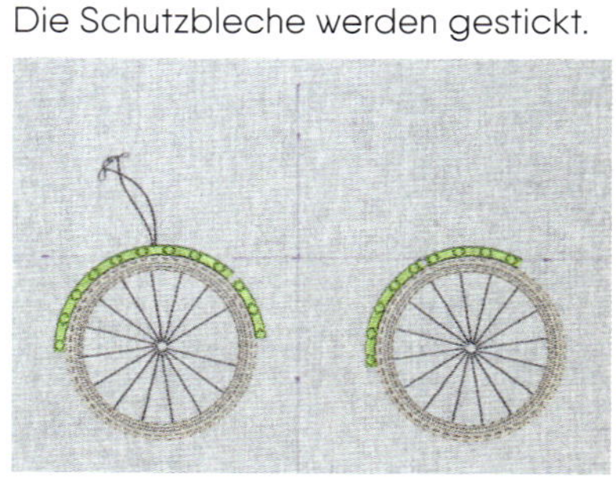

4 **FARBE 4, TÜRKIS**
Der Fahrradrahmen wird gestickt.

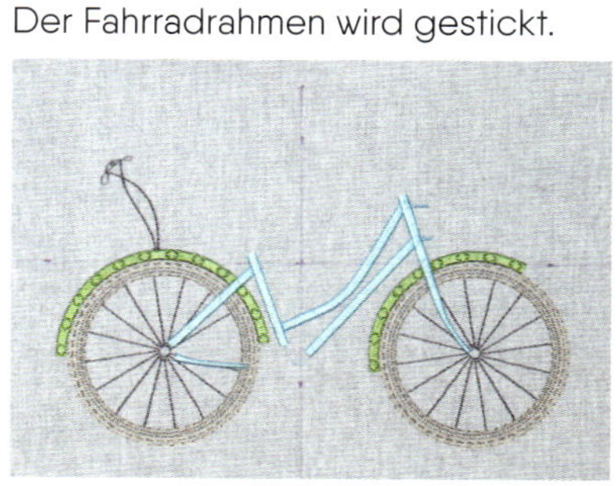

5 **FARBE 5, ROT**
Das Kettenschutzblech wird gestickt.

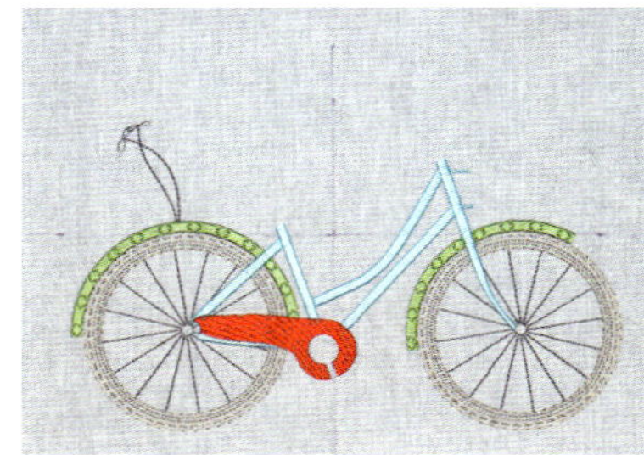

6 **FARBE 6, ANTHRAZIT**
Die Pedale und die Griffe am Lenker werden gestickt.

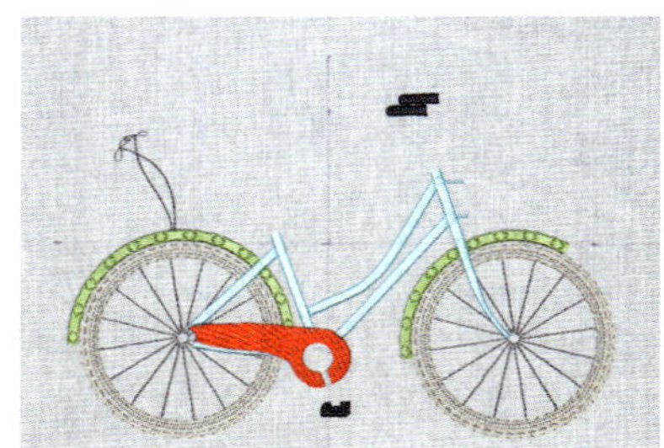

7 **FARBE 7, HELLGRAU**
Die Naben, das Sattelrohr, der Kurbelarm und der Lenker werden gestickt.

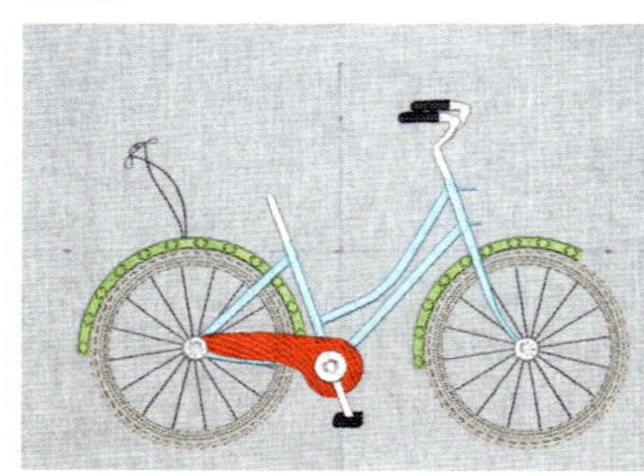

8 **FARBE 1, GRAU**
Der Sattel, der Korb und eine Blume werden gestickt.

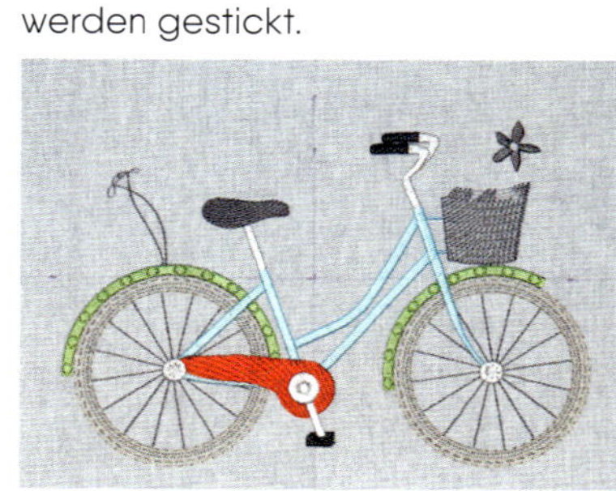

9 **FARBE 5, ROT**
Ein Luftballon und ein Teil der Blume werden gestickt.

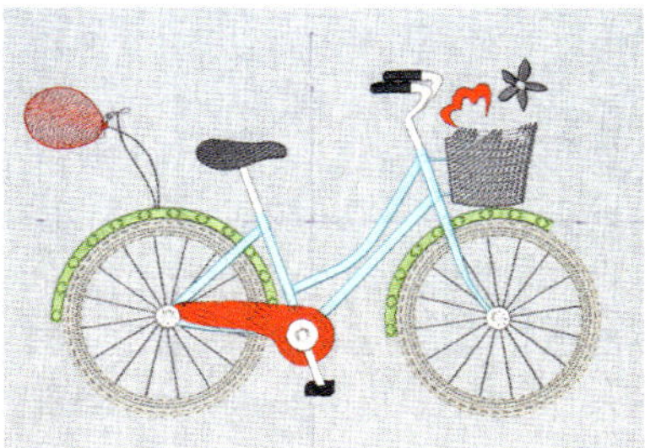

10 **FARBE 8, ORANGE**
Die eine Blume wird fertiggestickt und das Innere der anderen Blume wird gestickt.

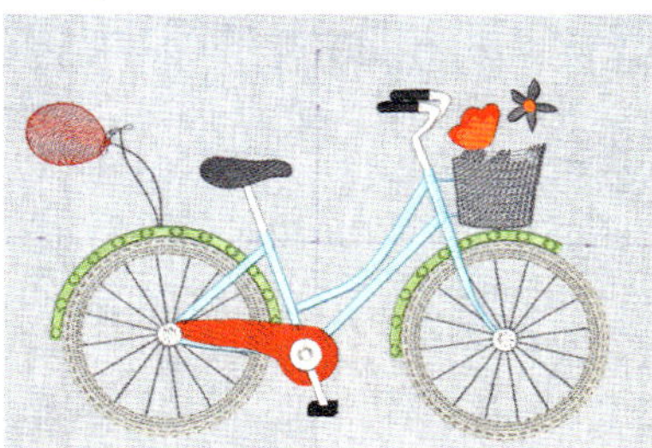

11 **FARBE 3, GRÜN**
Die Blätter werden gestickt.

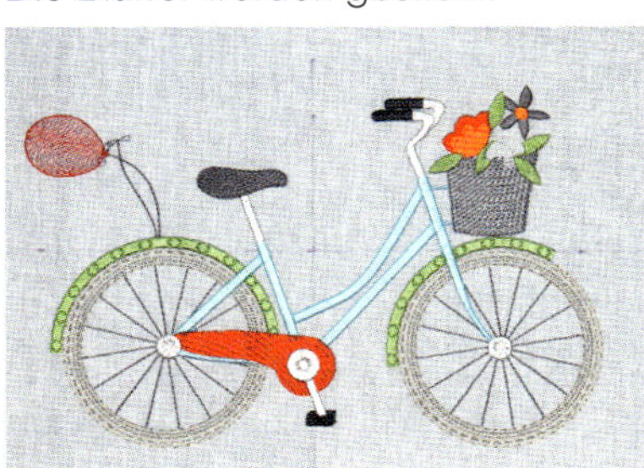

12 **FARBE 9, MINT**
Die dritte Blume und der zweite Luftballon werden gestickt.

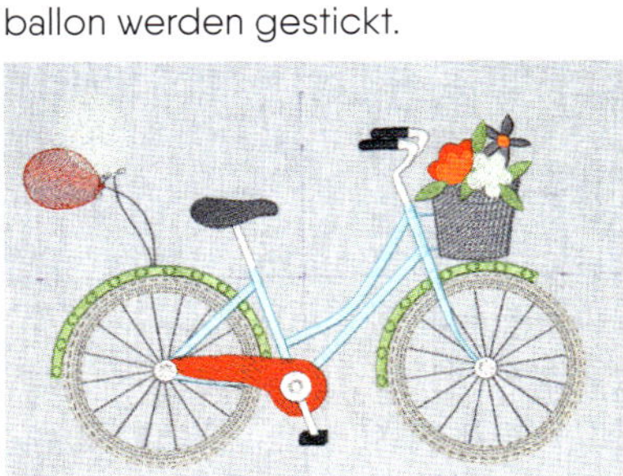

13 **FARBE 5, ROT**
Das Innere der Blume wird gestickt.

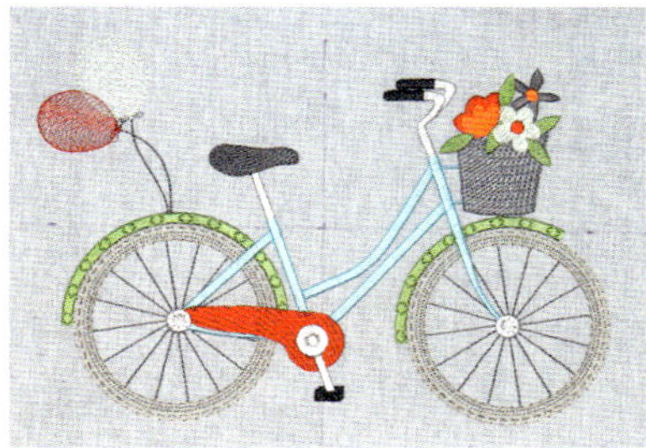

14 Den Stoff aus dem Rahmen nehmen. Das Stickvlies von der Rückseite vorsichtig abziehen und wegreißen.

NÄHEN

1 Das Schnittmuster auf das gestickte vordere Taschenteil legen und das Taschenteil zuschneiden.

2 Die Zuschnitte aus Bügeleinlage jeweils auf die linke Stoffseite der Taschenteile bügeln.

3 Für die Außentasche einen Seitenstreifen rechts auf rechts an das vordere Taschenteil stecken und annähen; die Naht endet genau 1 cm vor der oberen Schnittkante des Seitenstreifens, nicht in die Nahtzugabe nähen. Die Naht ausbügeln.

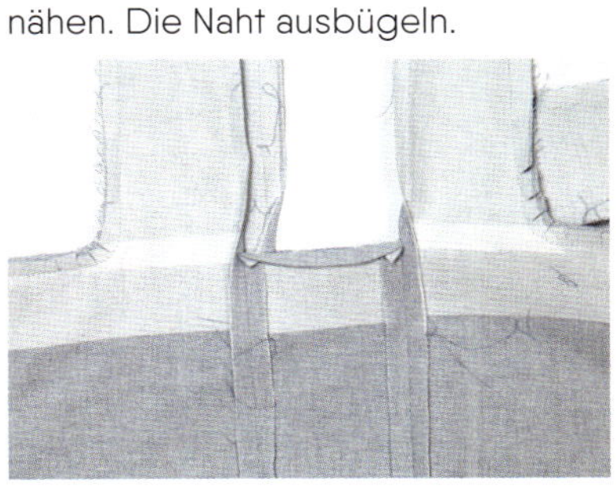

4 Den Seitenstreifen genauso an das zweite Taschenteil nähen. Anschließend den zweiten Seitenstreifen an die beiden Taschenteile nähen. Die Außentasche auf rechts wenden. Das Taschenfutter genauso nähen.

5 Taschenfutter und Außentasche rechts auf rechts ineinanderschieben. Darauf achten, dass die Nahtzugaben übereinanderliegen. Die Träger an den Innenkanten stecken und zusammennähen. Die Nahtzugaben ausbügeln und bis kurz vor die Naht einschneiden.

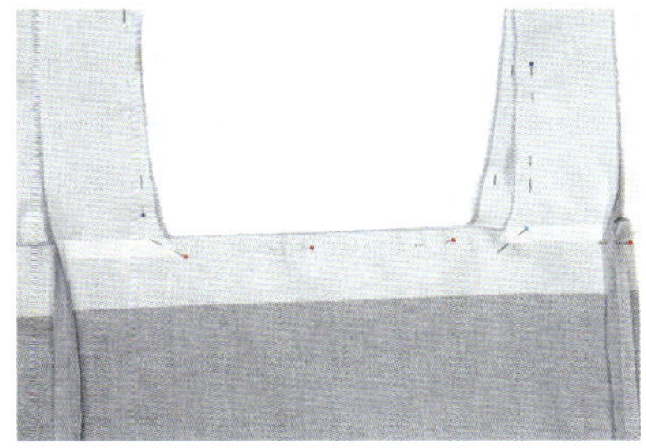

6 Die Seitenstreifen an der oberen Kante aufeinanderstecken und zusammennähen, dabei die Naht punktgenau an der Nahtzugabe beginnen und enden lassen; nicht über oder in die Zugabe nähen.

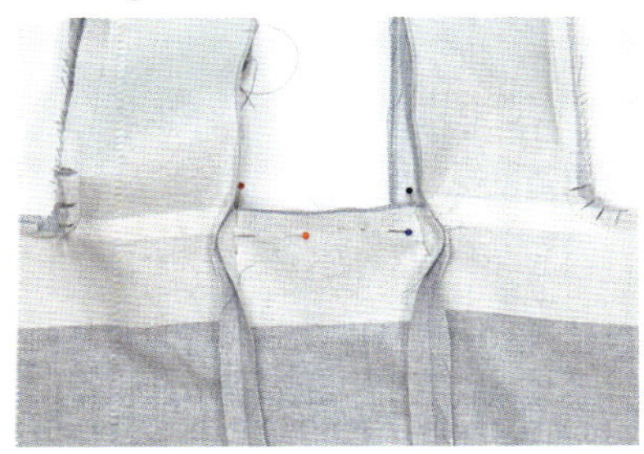

7 Den Träger an die Außenkante nähen, dabei reicht die Naht punktgenau bis zum Seitenteil. Die übrigen Trägerkanten genauso nähen. Die Nahtzugaben ausbügeln.

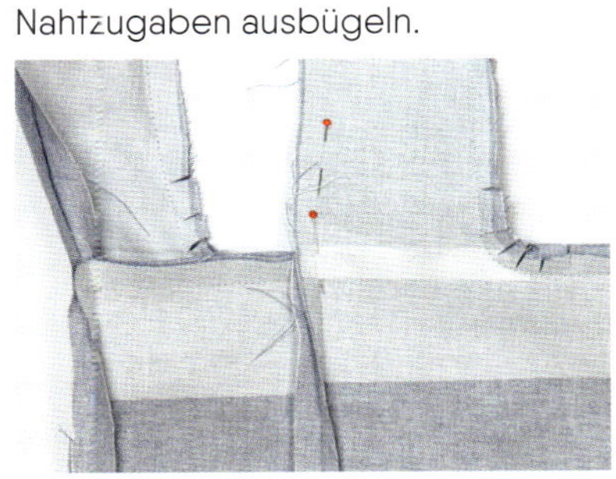

8 Die Tasche wenden, so dass das Futter außen ist. An der unteren Kante die Nahtzugaben bündig aufeinanderstecken, dabei liegen die Nahtzugaben der Seitenteile übereinander. Im Abstand von 0,5 cm zur Kante abnähen.

9 An der Seite die Kante umschlagen, so dass die Naht des Seitenteils an der Kante liegt. Die Kante feststecken und an der unteren Kante annähen. Die andere Seite genauso nähen.

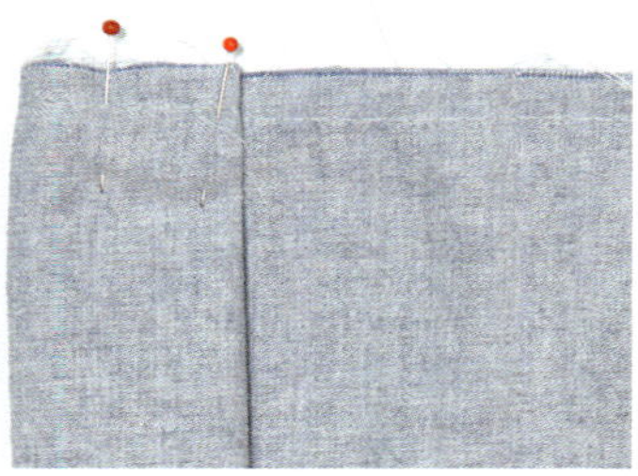

10 Das Schrägband aufklappen und rechts auf rechts auf die Kante stecken. Die Überlänge an den Ecken auf 2 cm zurückschneiden. Das Schrägband im Bruch annähen.

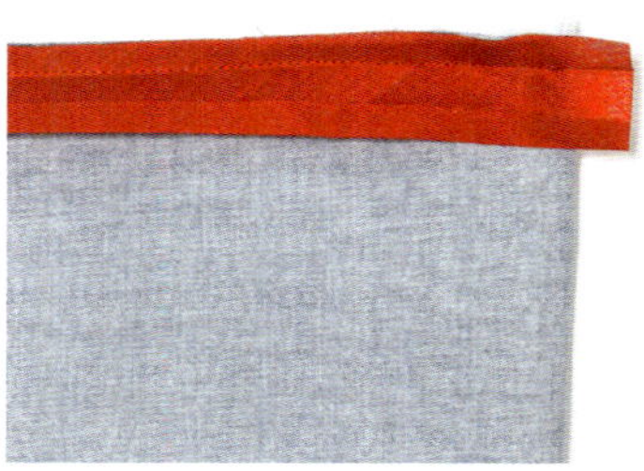

11 Das Schrägband zurückklappen und an den Ecken einschlagen. Die Nahtzugabe etwas zurückschneiden. Das Schrägband 1 cm über der Kante umschlagen, feststecken und annähen.

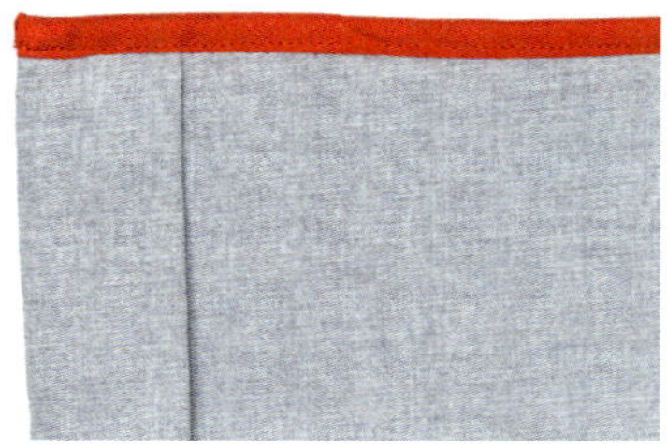

12 Die Träger mit 2 cm Überlappung aufeinanderlegen, feststecken und zusammennähen. Die Nahtzugaben zurückschneiden, so dass die Breite des Ripsbands die Nahtzugabe abdeckt.

13 Zwei 14 cm lange Stücke Ripsband zuschneiden. Die Enden vorsichtig mit dem Feuerzeug erhitzen, damit sie nicht ausfransen. Das Ripsband rundherum über der Naht feststecken und annähen.

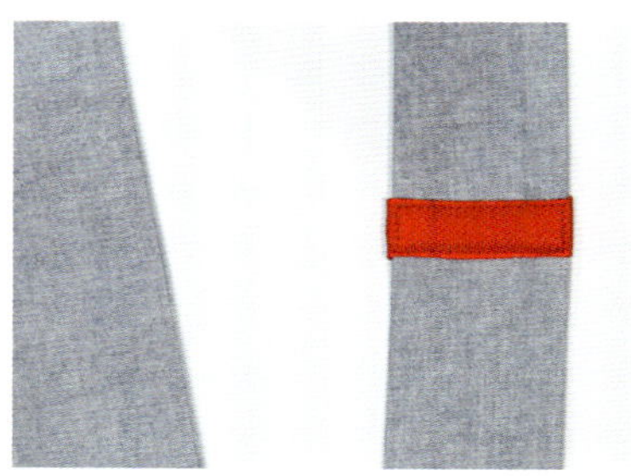

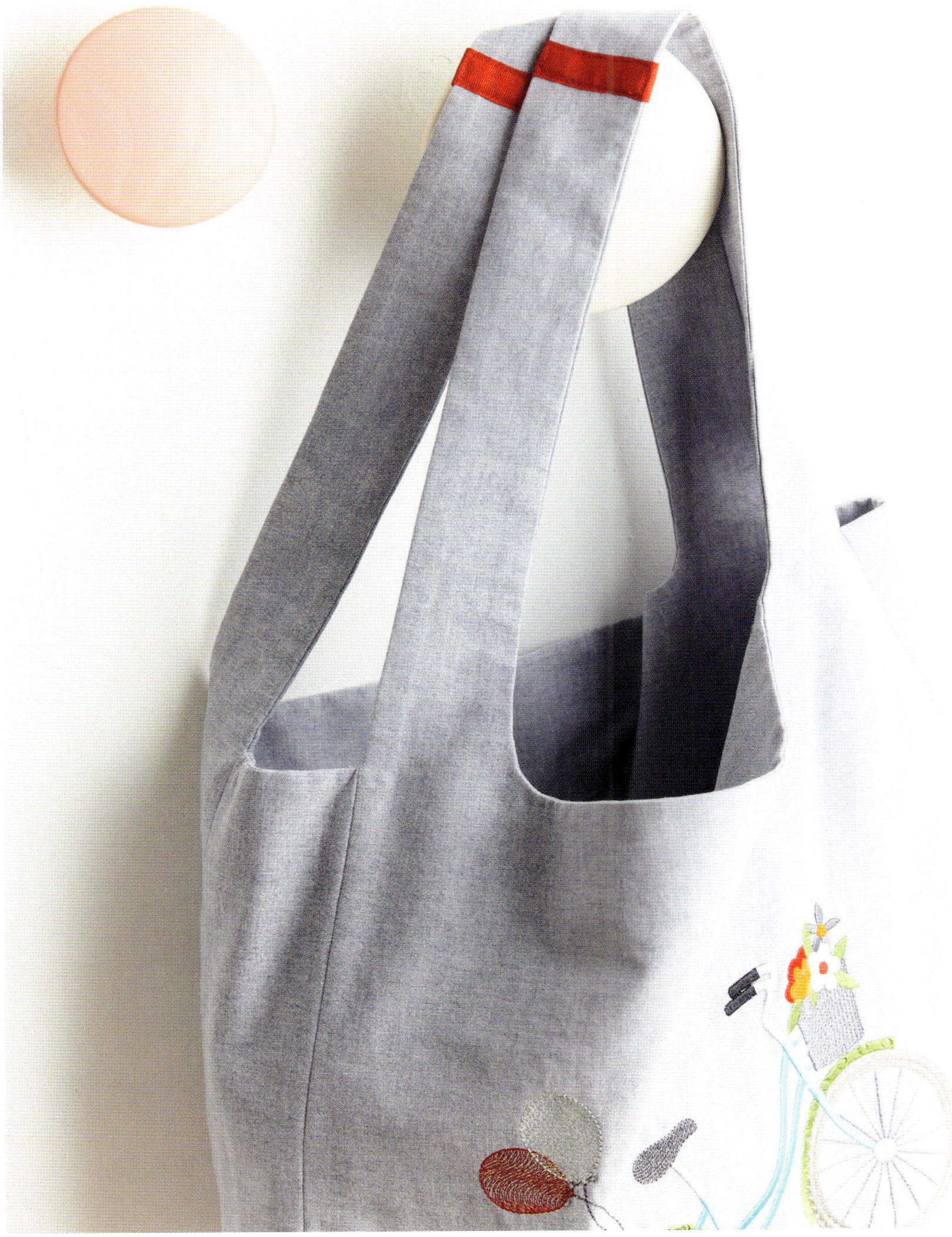

ORDNERHÜLLE MIT PATCHS

Diese Ordnerhülle ist ganz einfach und sorgt für strahlende Augen. Die Patchs können frei platziert werden und machen sich auch großartig auf anderen Projekten aus diesem Buch.

SCHWIERIGKEIT 2

GRÖSSE

Ordnerhülle: 30 cm x 31 cm
Passt für einen A4-Standardordner, 4 cm Rückenbreite

Patchs: jeweils ca. 10 cm x 6 cm

PATCHS MATERIAL

STOFF

- Stickfilz, 6x 12 cm x 12 cm (2x in Grün, 2x in Rot, 1x in Blau, 1x in Orange)
- Baumwollstoff: 6x 12 cm x 12 cm (2x in Grau, 1x in Weiß, 2x in Hellblau, 1x gemustert)

EINLAGE

- doppelseitige Bügeleinlage: Vliesofix, 90 cm breit, 15 cm

STICKVLIES, KLEBEFOLIE UND GARN

- Klebefolie für Patchs (BSN oder Heat Seal Iron), 20 cm breit, 35 cm
- Stickvlies: Stickvlies zum Wegreißen, Zuschnitte passend für den Stickrahmen
- Oberfaden: Maschinenstickgarn
  ABC: in Türkis, Dunkelblau, Grün, Rot und Weiß
  Einhorn: in Weiß, Pink, Petrol, Lila und Schwarz
  Rakete: in Hellblau, Silbergrau, Dunkelrot, Türkisblau, Blau, Feuerrot, Orange und Schwarz
  Regenbogen: in Violett, Blau, Türkis, Grün, Gelb, Orange, Rot und Weiß
  Sterne: in Pink, Violett, Grün, Türkis und Gelb
  Stifte: in Beige, Pink, Blau, Gelb, Grün, Lila, und Dunkelblau
- Unterfaden: Stickunterfaden

STICKDATEIEN

Alle Muster haben eine Größe von 98 mm x 98 mm. Nach dem Sticken werden sie auf die Form zurückgeschnitten.

- Patch_ABC
  Abmessungen inkl. Platzierungslinien: 98,0 mm x 98,0 mm
  Abmessungen Stickdatei: 86,8 mm x 59,6 mm
- Patch_Einhorn
  Abmessungen inkl. Platzierungslinien: 98,0 mm x 98,0 mm
  Abmessungen Stickdatei: 89,4 mm x 81,2 mm
- Patch_Rakete
  Abmessungen inkl. Platzierungslinien: 98,0 mm x 98,0 mm
  Abmessungen Stickdatei: 55,4 mm x 90,7mm
- Patch_Regenbogen
  Abmessungen inkl. Platzierungslinien: 98,0 mm x 98,0 mm
  Abmessungen Stickdatei: 90,4 mm x 65,5 mm
- Patch_Sterne
  Abmessungen inkl. Platzierungslinien: 98,0 mm x 98,0 mm
  Abmessungen Stickdatei: 89,4 mm x 75,0 mm
- Patch_Stifte
  Abmessungen inkl. Platzierungslinien: 98,0 mm x 98,0 mm
  Abmessungen Stickdatei: 71,3 mm x 79,0 mm
- Stickrahmen: 10 cm x 10 cm oder größer

ZUSCHNITT

- Stickfilz
  1x Quadrat, 12 cm x 12 cm
- Baumwollstoff
  1x Rechteck, 11 cm x 8 cm
- doppelseitige Bügeleinlage: Vliesofix
  1x Rechteck, 11 cm x 8 cm
- Klebefolie für Patchs (BSN oder Heat Seal Iron)
  1x Rechteck, 11 cm x 8 cm

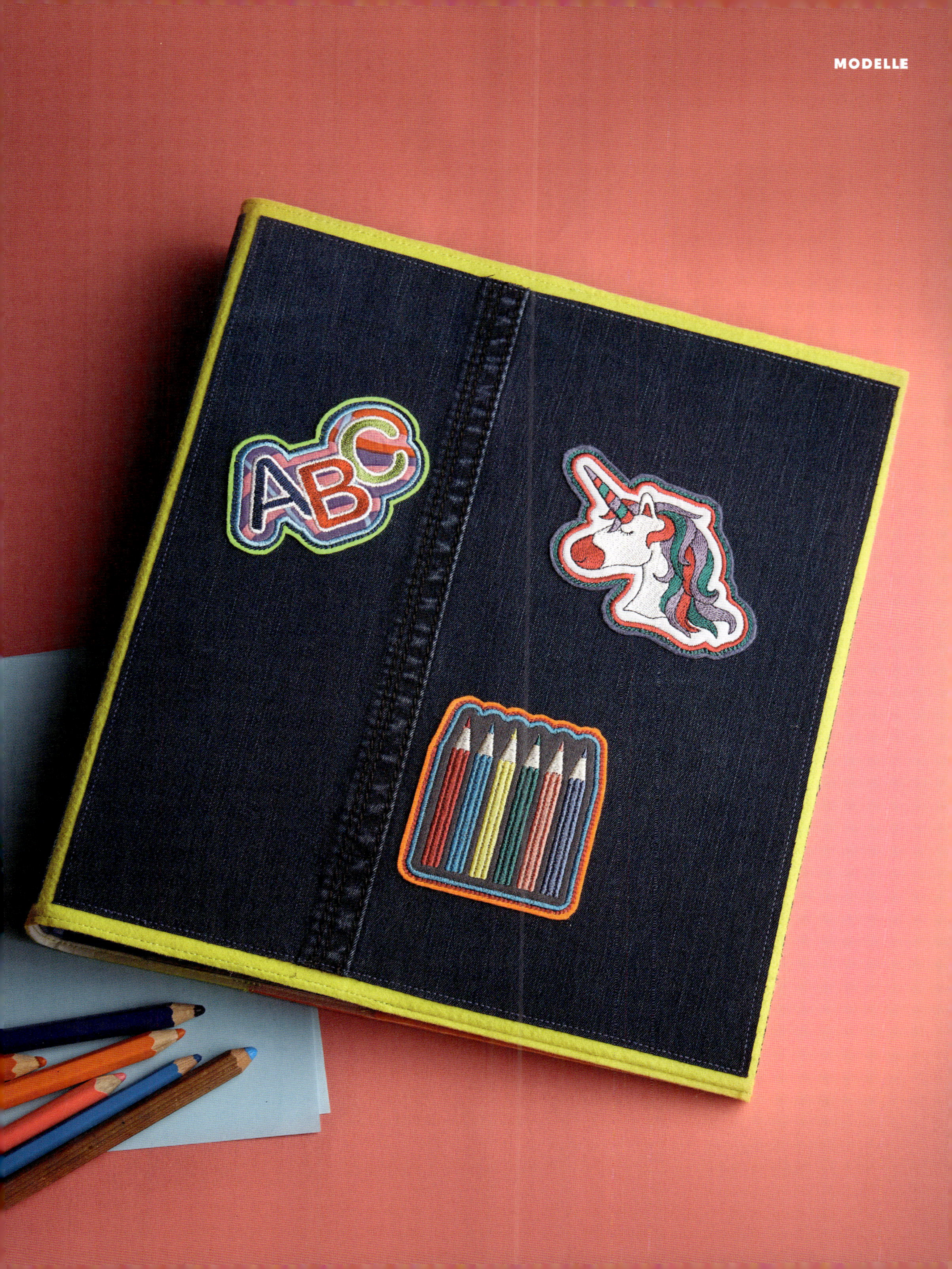
ABC

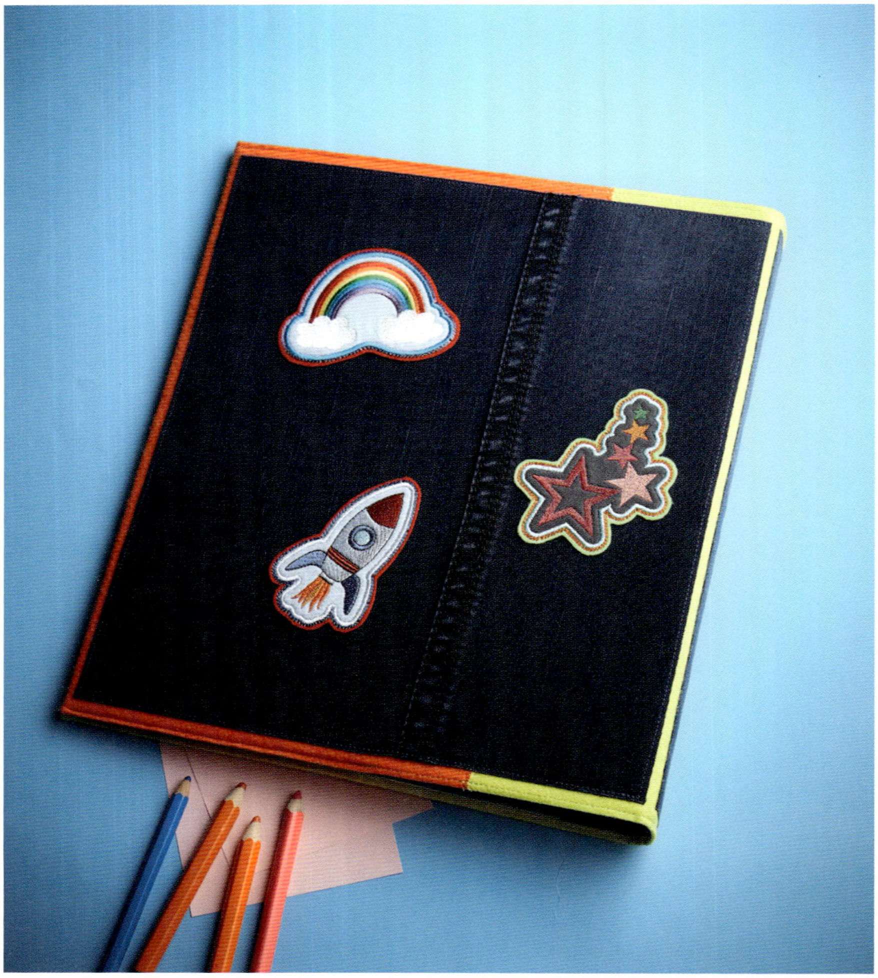

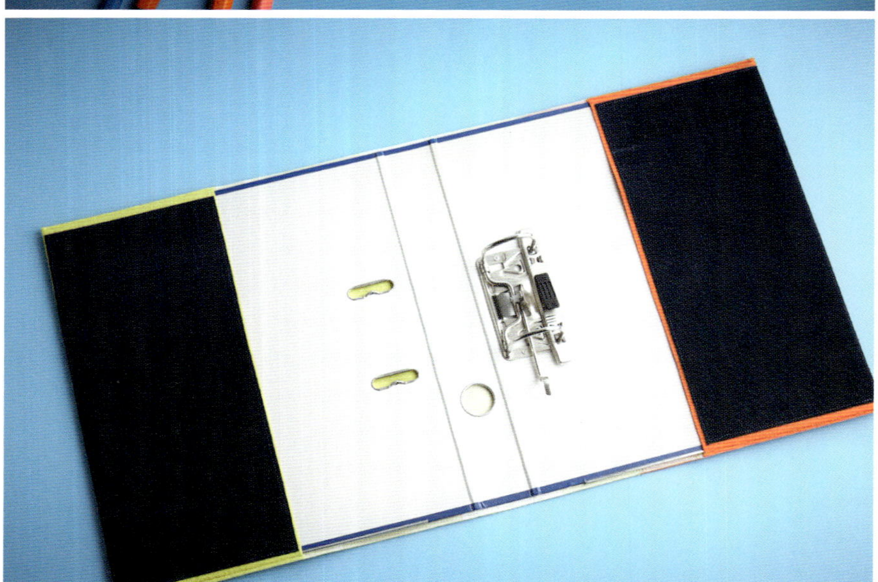

ORDNERHÜLLE MATERIAL

STOFF

- Bastelfilz in Gelb, 34, cm x 57 cm, und Orange, 34 cm x 35 cm
- Jeansstoff, 2x 34 cm x 30 cm, 2x 34 cm x 17 cm, 1x 34 cm x 7 cm

HINWEIS: Die Jeansteile können auch aus den Hosenbeinen einer alten Jeans zugeschnitten werden, die Seitennaht darf sichtbar sein.

STICKVLIES UND GARN

- doppelseitige Klebefolie (BSN oder Heat Seal Iron), 2x 33 cm x 29 cm, 2x 33 cm x 16 cm, 1x 33 cm x 6 cm
- farblich passendes Nähgarn

EINLAGE

- Bügeleinlage: Vlieseline G 700 zum Aufbügeln, 90 cm breit, 15 cm

PATCHS STICKEN

HINWEIS: Die Stickdateien für die Patchs sind identisch aufgebaut und bestehen aus jeweils drei Teilen.

1 Arbeitsschritte im ersten Teil sind der Aufbau aus Filz, die Platzierungslinie und die Schnittlinie für die Applikation. Dies sind immer die Schritte 1 bis 4 beim Sticken.

2 Jetzt wird die Umrandung mit dem Design fertiggestickt.

3 Zum Schluss wird das Patch fertiggestellt, das Stickvlies entfernt, das Klebevlies auf der Rückseite aufgebügelt und das Patch in Form geschnitten. Das Trägerpapier bleibt zunächst auf der Rückseite und wird erst vor dem Aufbügeln des Patchs abgezogen.

HINWEIS: Die Schritt-für-Schritt-Anleitung für das ABC-Patch ist eine Musteranleitung. Im Download finden Sie Anleitungen für alle sechs Patchs.

ABC-PATCH VORBEREITUNG

1 Vliesofix auf die Rückseite des Applikationsstoffs (Baumwollstoff) bügeln. Auskühlen lassen. Trägerpapier abziehen.

2 Eine Lage Stickvlies im Rahmen einspannen.

3 Die Stickdatei Patch_ABC im Bedienfeld der Maschine öffnen.

STICKEN

1 **P_FARBE 1, TÜRKIS**
Die Maschine stickt eine Platzierungslinie auf das Stickvlies.

2 **P_FARBE 1, TÜRKIS**
Den Stickfilz über die Platzierungslinie legen und an den Ecken mit Klebeband fixieren. Nach dem Starten der Maschine wird der Stickfilz aufgenäht.

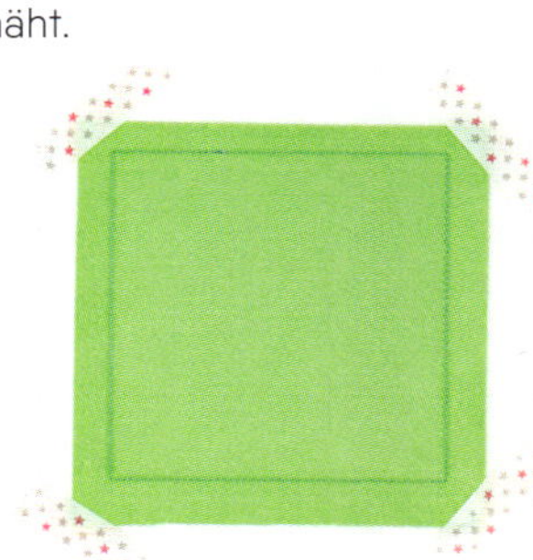

3 **A_FARBE 1, TÜRKIS**
Die Platzierungslinie für den Applikationsstoff wird gestickt. Anschließend den vorbereiteten Stoff für die Applikation über die Linie legen und mit Klebeband fixieren.

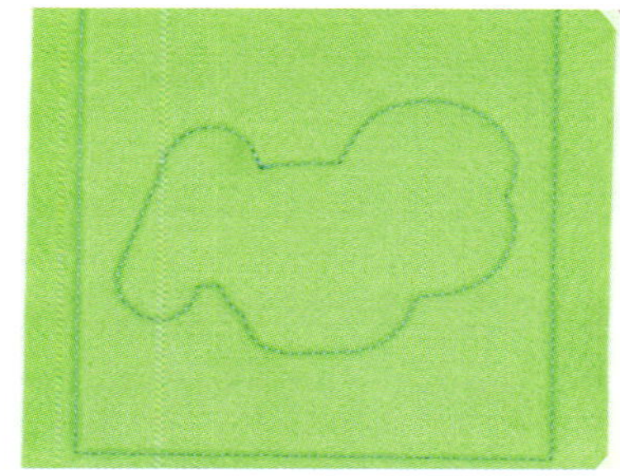

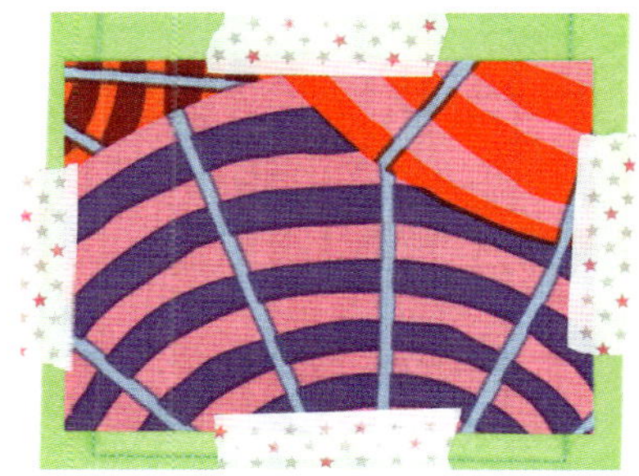

4 **A_FARBE 1, TÜRKIS**
Die Maschine näht den Stoff an.

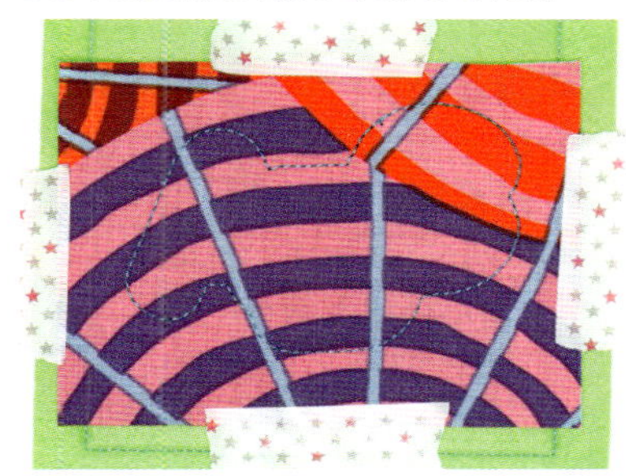

Den Stickrahmen aus der Maschine entnehmen und den Stoff bis auf ca. 1 mm vor der Linie zurückschneiden. Den Stoff zum Fixieren bügeln.

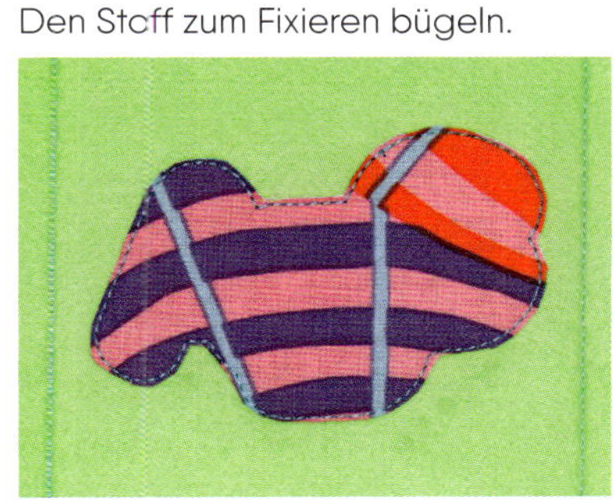

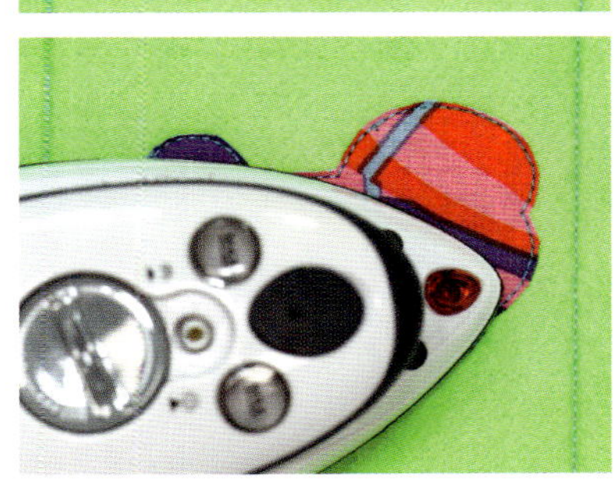

5 **A_FARBE 1, TÜRKIS**
Den Stickrahmen an der Maschine wieder anbringen und die Maschine starten. Die Satinkontur wird an dem Stoff entlang gestickt.

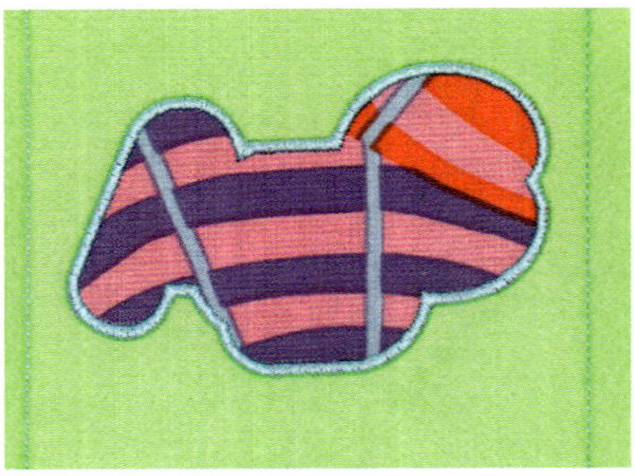

6 **S_FARBE 2, DUNKELBLAU**
Die zweite Kontur und der Buchstabe A werden gestickt.

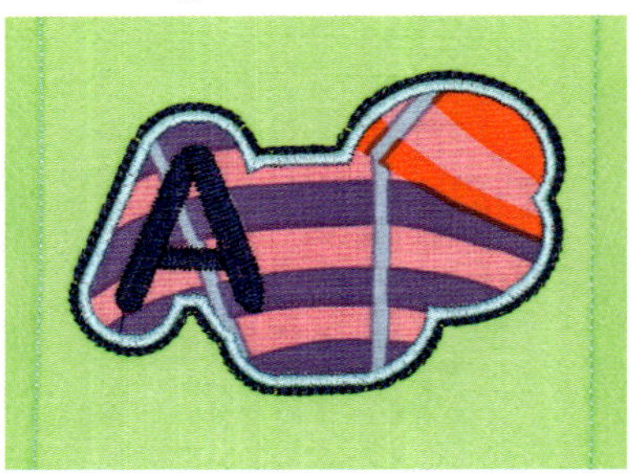

7 **S_FARBE 3, GRÜN**
Der Buchstabe C wird gestickt.

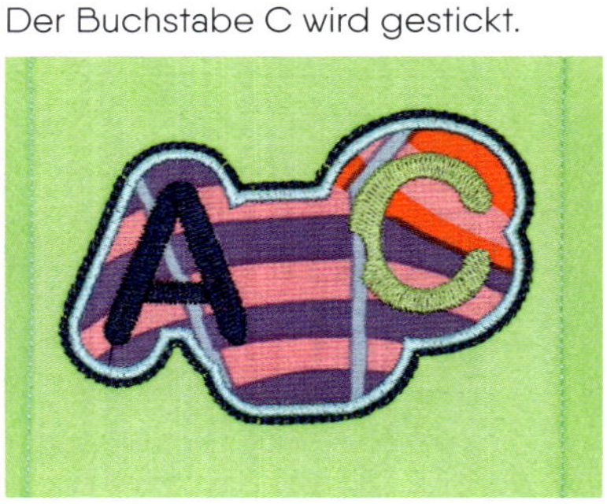

8 **S_FARBE 4, ROT**
Der Buchstabe B wird gestickt.

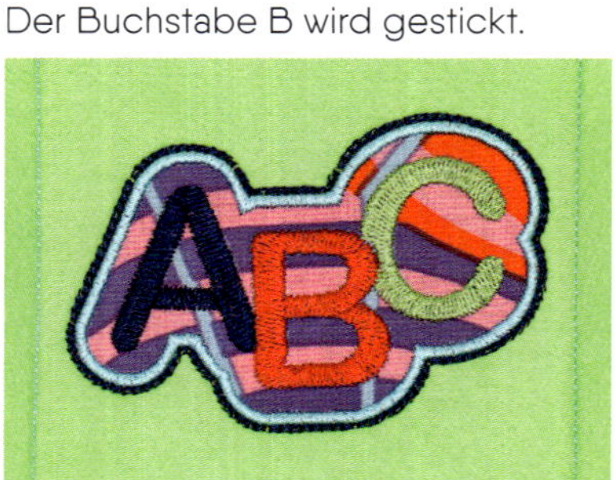

9 **S_FARBE 5, WEISS**
Um die Buchstaben herum wird eine Kontur gestickt.

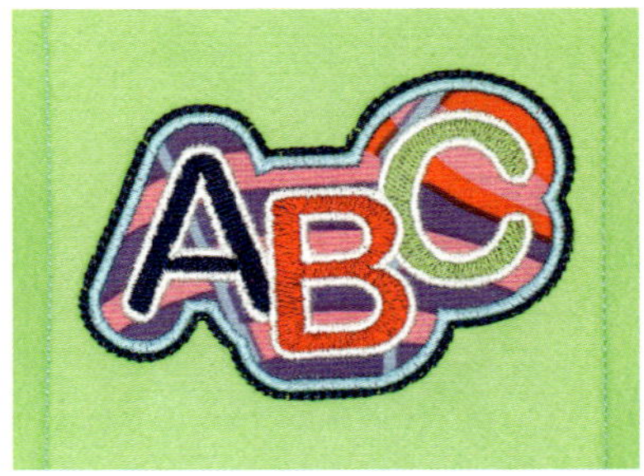

FERTIGSTELLEN

1 Den Stickrahmen aus der Maschine entnehmen und das Stickvlies wegreißen.

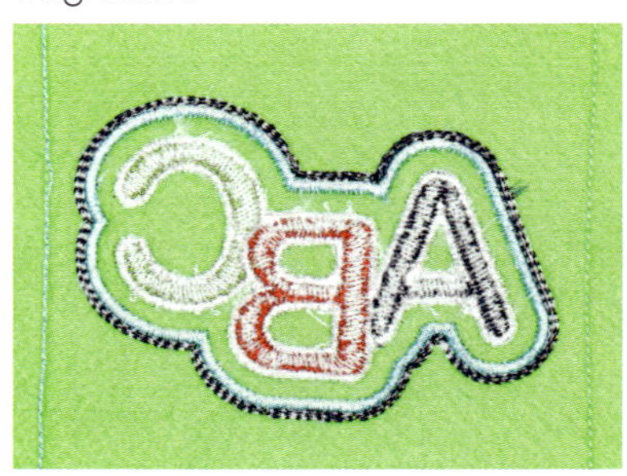

2 Die Klebefolie auf die Rückseite bügeln.

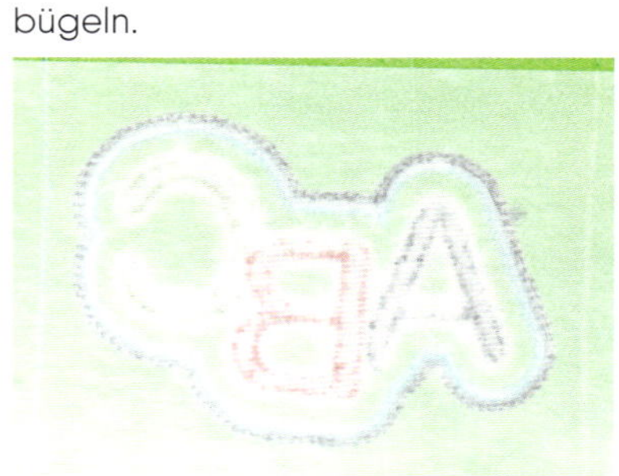

3 Den Filz bis auf ca. 2 mm vor dem Muster zurückschneiden.

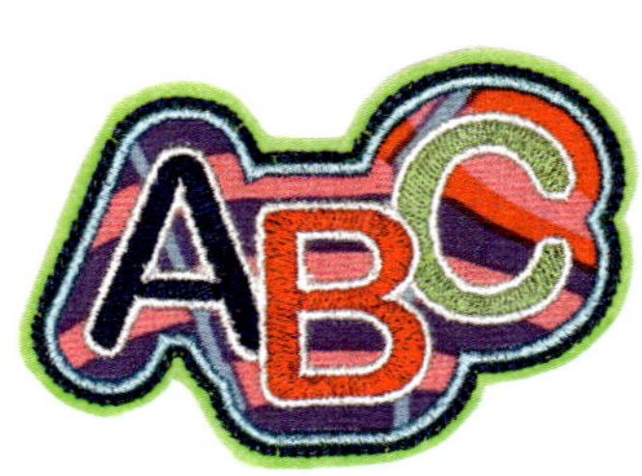

ORDNERHÜLLE NÄHEN

1 Die Filzstücke an der 34 cm langen Kante mit einem Verbindungstich aus der Nähmaschine zusammennähen; die Kanten stoßen beim Nähen aneinander.

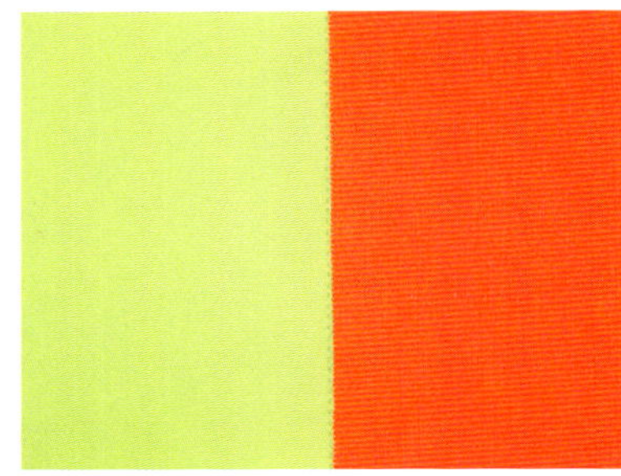

2 Einen 8 cm breiten und 34 cm langen Streifen Vlieseline zuschneiden. Drei 3 cm breite und 90 cm lange Streifen Vlieseline zuschneiden. Den breiten Streifen in der Mitte auf der Filzrückseite aufbügeln, um den Ordnerrücken zu verstärken. Die langen Streifen zur Stabilisierung ringsum auf die Kante bügeln.

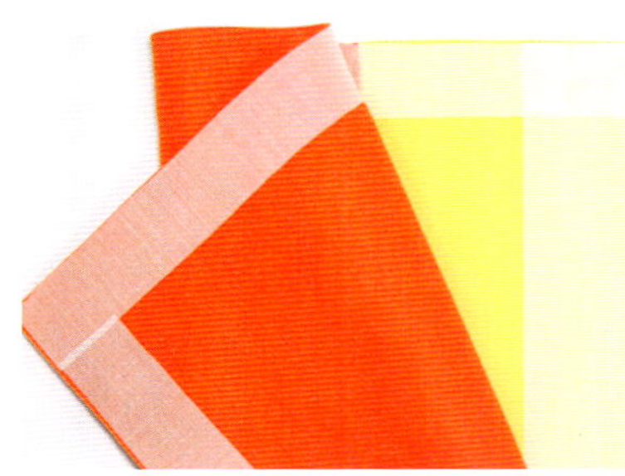

3 Die passenden Zuschnitte aus doppelseitiger Klebefolie jeweils nach Herstelleranleitung mittig auf die linke Stoffseite der Jeansstücke bügeln. Auskühlen lassen.

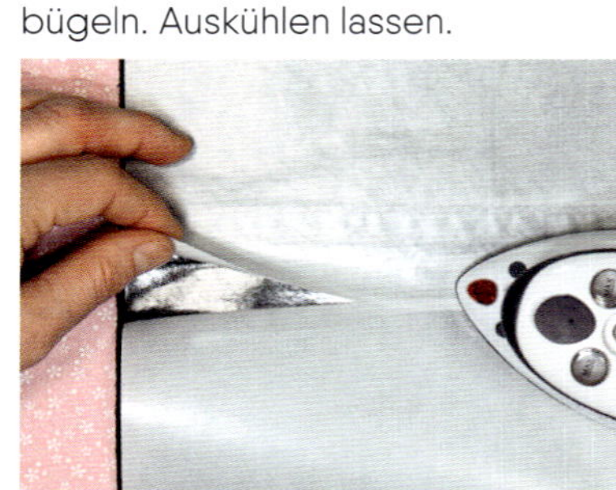

MEIN TIPP

Ist die Folie schmaler als benötigt, können Sie mehrere Stücke zusammensetzen. Dazu ein Stück an der Kante auflegen und bügeln. Auskühlen lassen. An der Ansatzkante das Trägerpapier ca. 2 cm ablösen, aber nicht wegreißen. Das nächste Stück 3 mm überlappend unter das abgelöste Papier legen. Die Folie aufbügeln.

4 Die Jeanszuschnitte sind etwas größer vorbereitet und werden nun auf folgende Maße zugeschnitten.
2x 31,5 cm x 27,5 cm (Vorder- und Rückseite)
2x 31,5 cm x 15 cm (Innenseiten)
1x 31,5 cm x 4 cm (Ordnerrücken)
Dadurch ist sichergestellt, dass die Folie bis an die Schnittkante klebt.

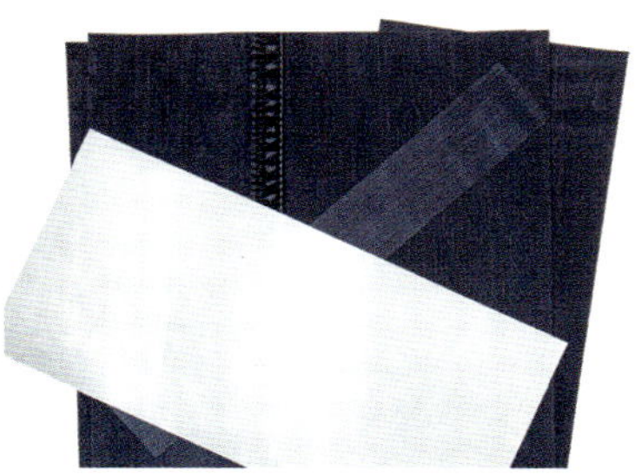

5 Das Trägerpapier von der Rückseite abziehen. Damit es sich leichter abziehen lässt, können Sie es mit einer Stecknadel einritzen.

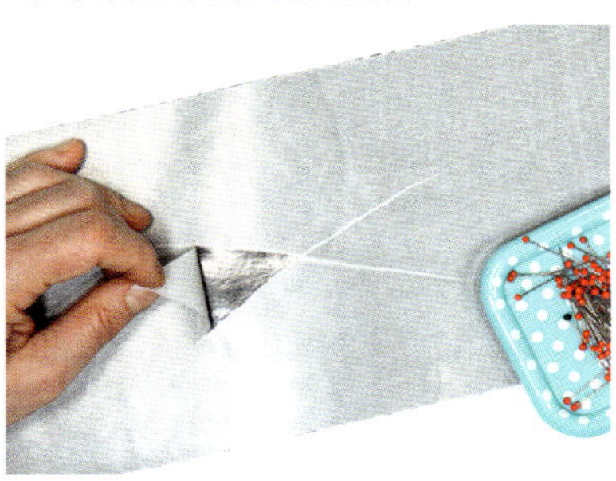

6 Die Mitte des Filzstücks ermitteln und eine Markierung einzeichnen. Den 4 cm breiten Jeansstreifen auf der rechten Seite des Filzstücks an der Markierung mittig und gerade aufbügeln.

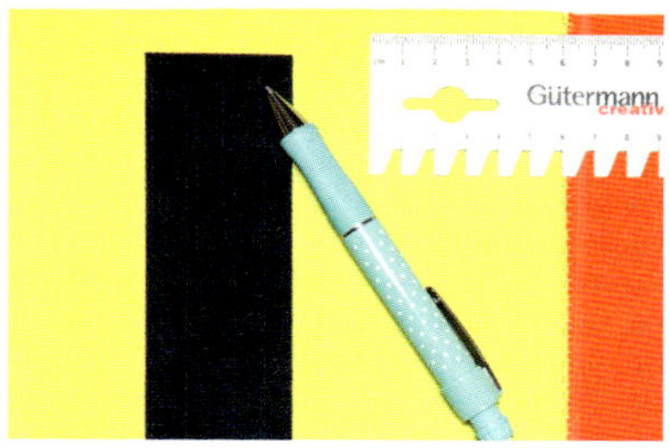

7 Auf einer Seite neben dem aufgebügelten Jeansstreifen im Abstand von 7,5 mm ein 31,5 cm x 27,5 cm großes Jeansstück auflegen. Darauf achten, dass der Stoff an den Kanten oben und unten gerade ist. Aufbügeln.

8 Das zweite 31,5 cm x 27,5 cm große Jeansstück auf der anderen Seite im Abstand von 7,5 mm auflegen und bügeln.

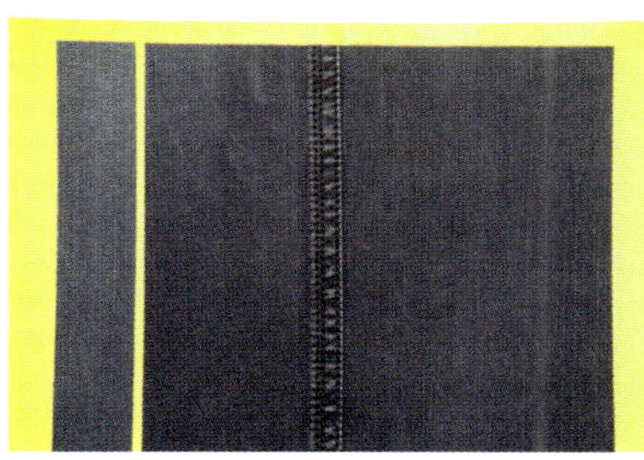

9 Die 31,5 cm x 15 cm großen Jeansstücke jeweils ebenfalls im Abstand von 7,5 mm auf beiden Seiten aufbügeln. Beim Auflegen trifft die Filzkante auf die Jeansstoffkante. Dies wird der Einschlag für die Innenseite.

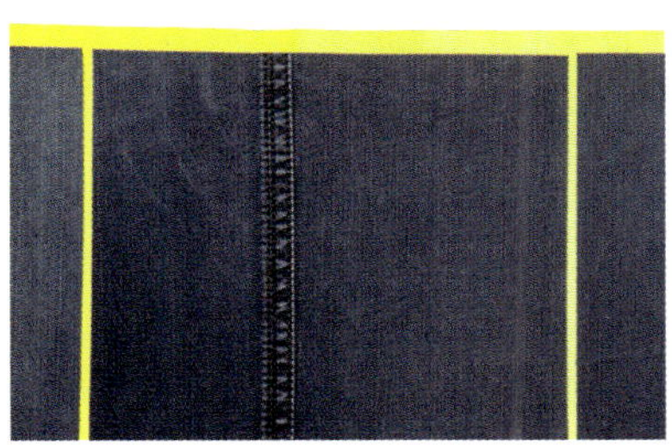

10 Alle Stoffstücke ringsum knappkantig absteppen.

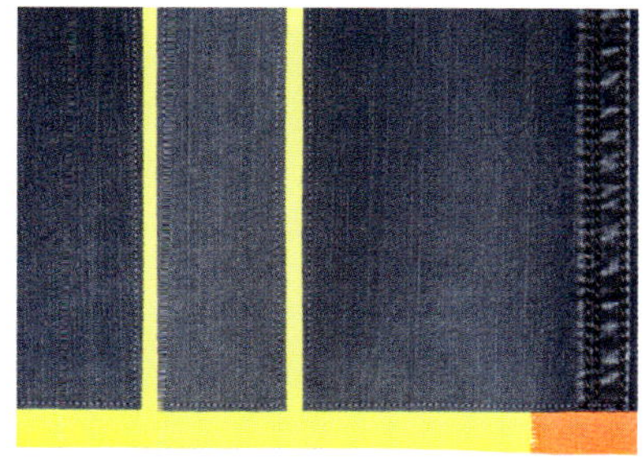

11 Das Trägerpapier an den Patchs abziehen und die Patchs auf der Vorder- und Rückseite der Ordnerhülle aufbügeln.

12 Die Innenseiten der Hülle umklappen und an der oberen und an der unteren Kante mit 5 mm Abstand zum Jeansstoff mit einer Steppnaht annähen. Die Naht beginnt und endet jeweils an der Kante der Hülle.

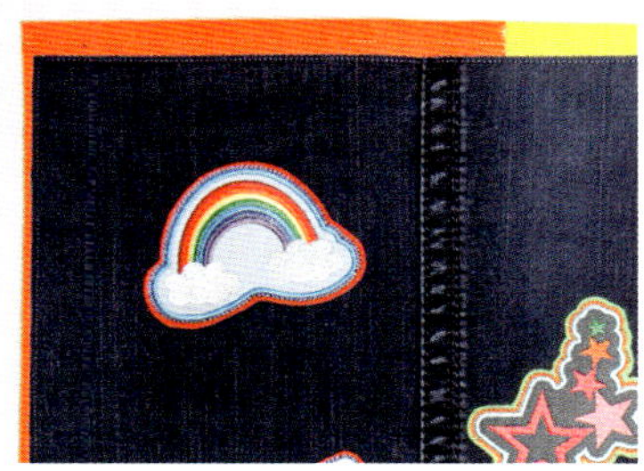

13 Mit Rollschneider und Lineal die obere und untere Kante der Hülle gerade schneiden.

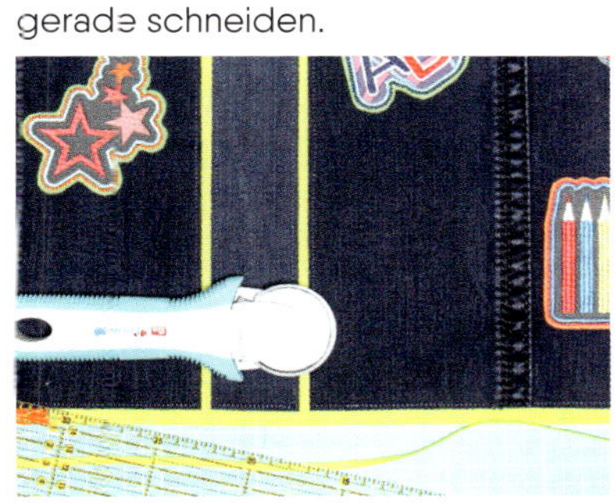

GESCHIRRTÜCHER MIT TASSENSTICKEREI

Wohnaccessoires von der Stange können mit einer individuellen Stickerei im Handumdrehen zum einzigartigen Blickfang werden. Handtücher oder Geschirrtücher aus Waffelstoff oder Frottee lassen sich gut besticken. Ein ideales Projekt für Einsteiger:innen, aber auch geübte Kreative finden sicherlich Gefallen an den bepflanzten Tassen.

SCHWIERIGKEIT 1

MATERIAL

STOFF

- 3 Geschirrtücher aus Waffelpiqué

STICKVLIES, EINLAGE UND GARN

- Stickvlies: Stickvlies zum Kleben und Auswaschen (Solufix von Vlieseline), 3x Größe passend zum Stickrahmen
- dicke Stickfolie zum Auswaschen (Avalon Plus oder Ultra Solvy), 3x 11 cm x 11 cm
- Oberfaden: Maschinenstickgarn in Grün, Sand, Dunkelblau, Rot und Dunkelgrün
- Unterfaden: Stickunterfaden

STICKDATEIEN

- Tasse_Kaktus
  Abmessungen: 59,6 mm x 71,7 mm
- Tasse_Tornado
  Abmessungen: 63,4 mm x 63,1 mm
- Tasse_Aloe
  Abmessungen: 73,3 mm x 69,5 mm
- Stickrahmen: 10 cm x 10 cm oder größer

VORBEREITUNG

HINWEIS: Das Markieren, Einspannen und Heften ist für alle drei Geschirrtücher identisch.

1 Auf dem Geschirrtuch die Stelle für die Stickerei ermitteln und die Position mit einem Kreuz markieren.

2 Stickvlies zum Kleben und Auswaschen im Rahmen einspannen. Das Schutzpapier einritzen und abziehen.

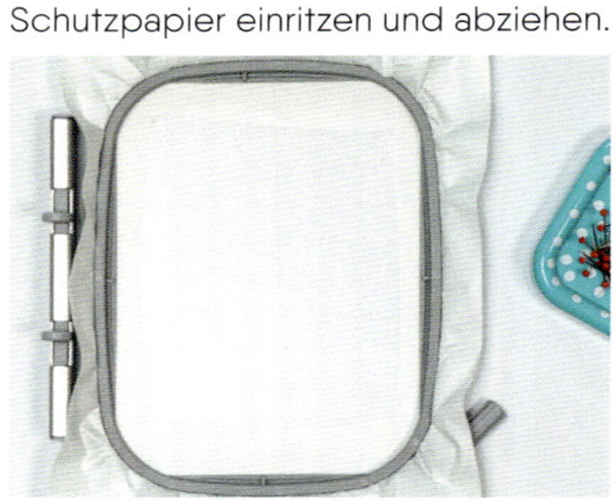

3 Das Geschirrtuch auf das Stickvlies kleben. Mit Hilfe der Rahmenschablone aus dem Maschinenzubehör können Sie das markierte Kreuz genau in die Mitte positionieren.

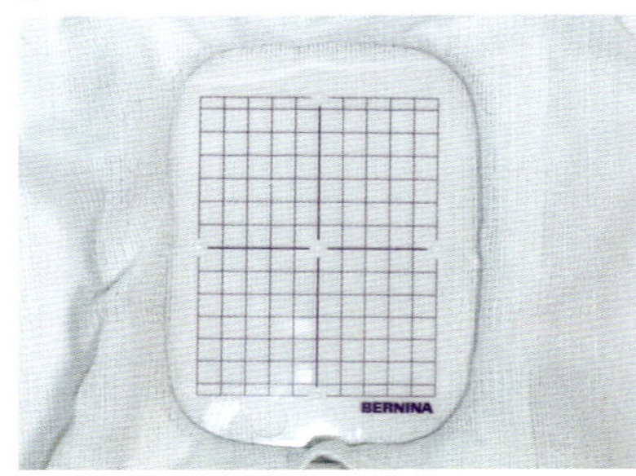

4 Eine Lage Stickfolie mittig im Rahmen über den Stoff legen und mit Klebestreifen fixieren.

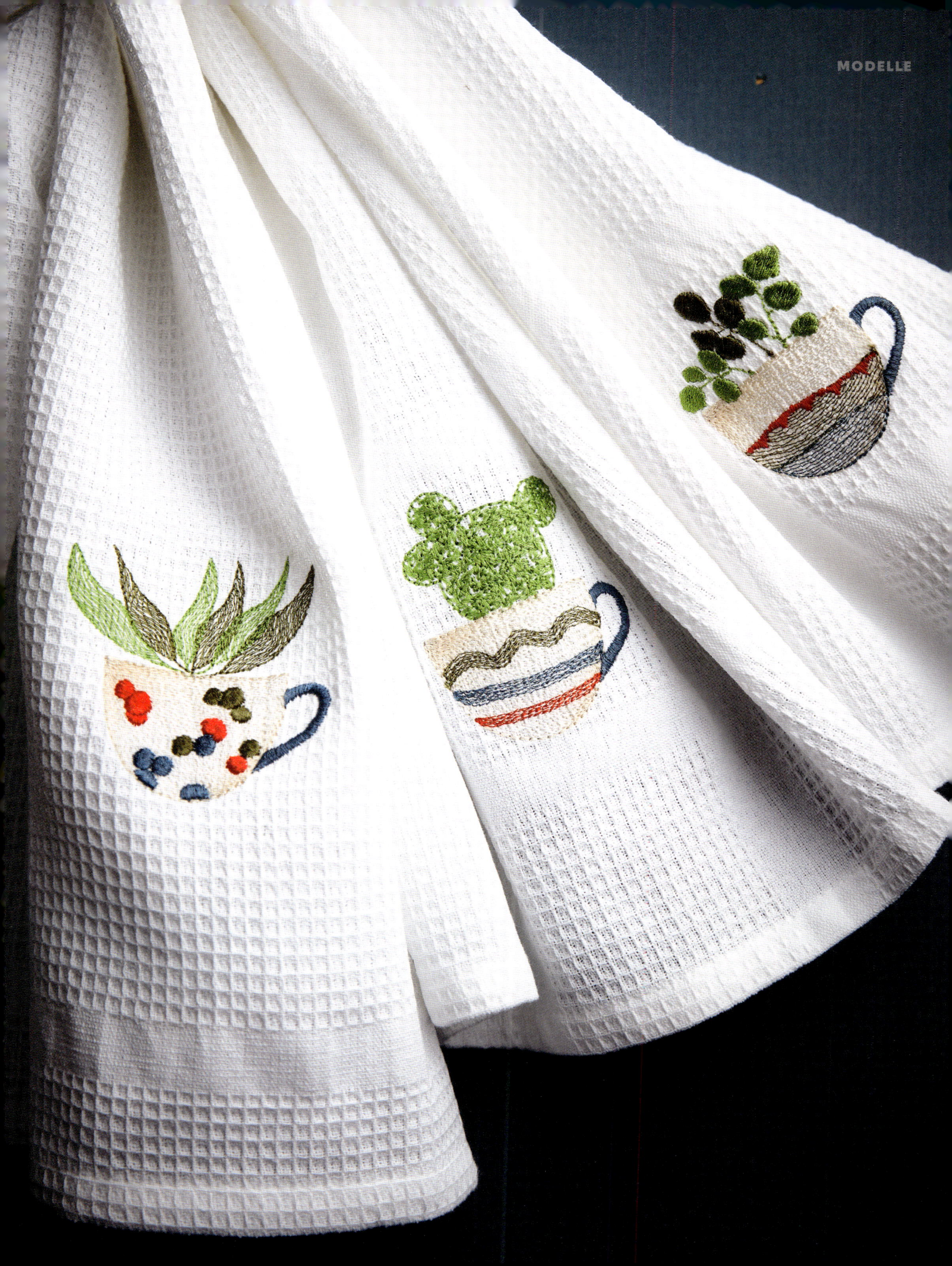

STICKEN KAKTUS-STICKEREI

1 **FARBE 1, GRÜN**
Die Stickdatei Tasse_Kaktus an der Maschine öffnen. Im Bedienfeld der Maschine den Heftrahmen wählen. Nach dem Start heftet die Maschine die Folie auf das Geschirrtuch. Die Klebestreifen anschließend abziehen.

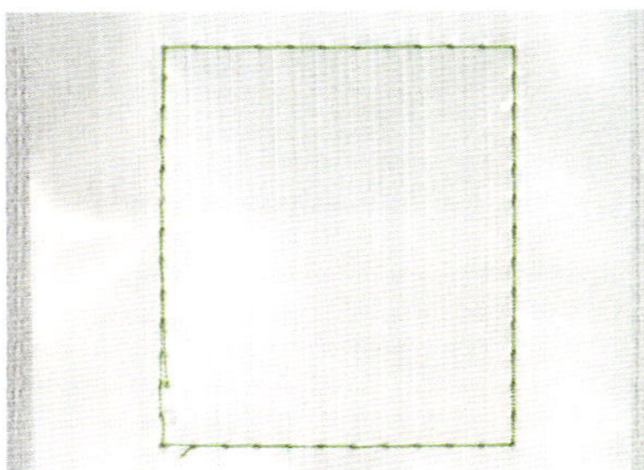

2 **FARBE 1, GRÜN**
Die Maschine stickt den Kaktus.

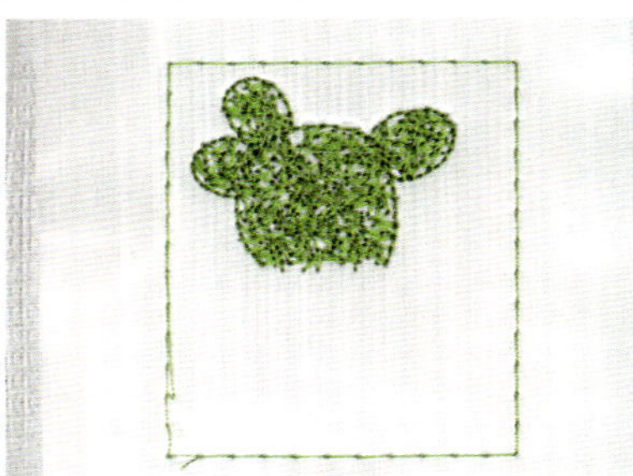

3 **FARBE 2, SAND**
Die Tasse wird gestickt.

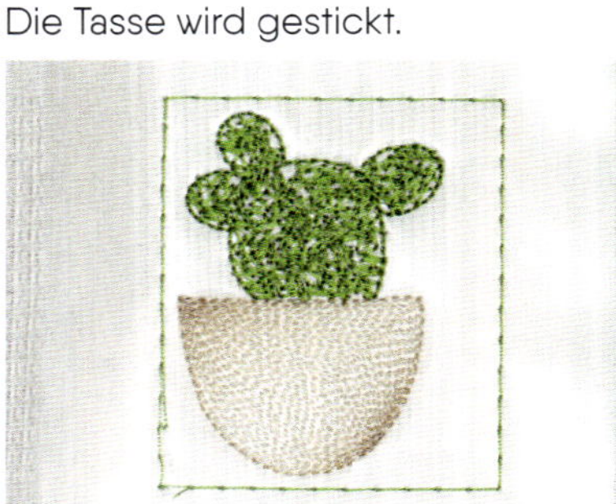

4 **FARBE 3, DUNKELBLAU**
Der Griff und der Zierstreifen werden gestickt.

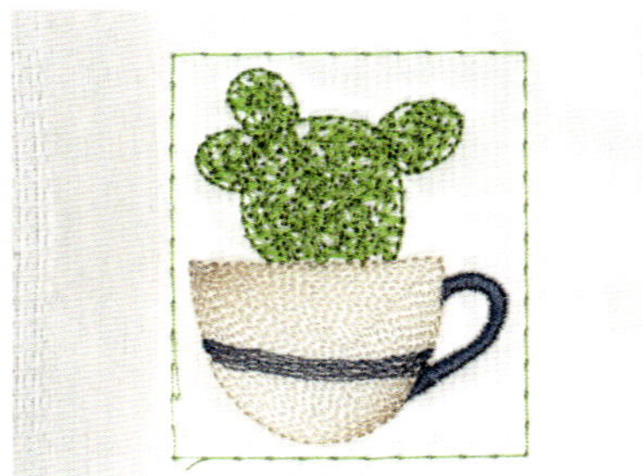

5 **FARBE 4, ROT**
Der zweite Zierstreifen wird gestickt.

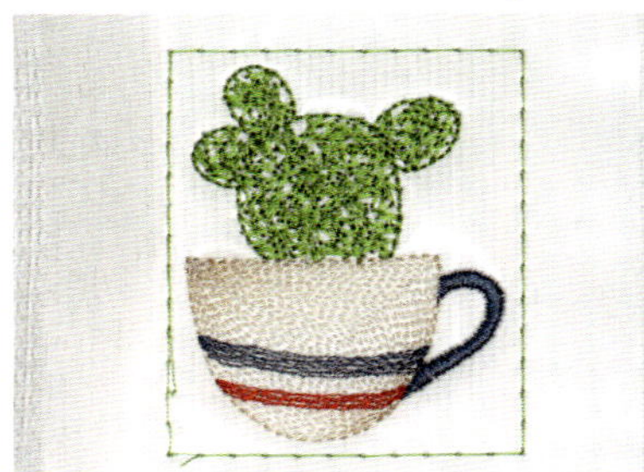

6 **FARBE 5, DUNKELGRÜN**
Der gewellte Zierstreifen wird gestickt.

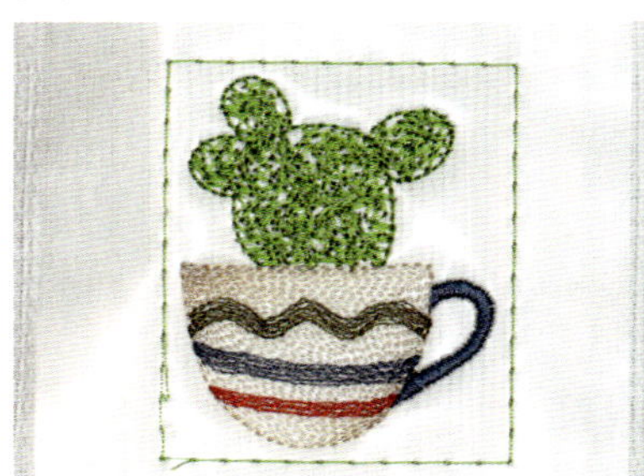

TORNADO-STICKEREI

1 **FARBE 1, SAND**
Die Stickdatei Tasse_Tornado an der Maschine öffnen. Im Bedienfeld der Maschine den Heftrahmen wählen. Nach dem Start heftet die Maschine die Folie auf das Geschirrtuch. Die Klebestreifen anschließend abziehen.

2 **FARBE 1, SAND**
Die Maschine stickt die Tasse.

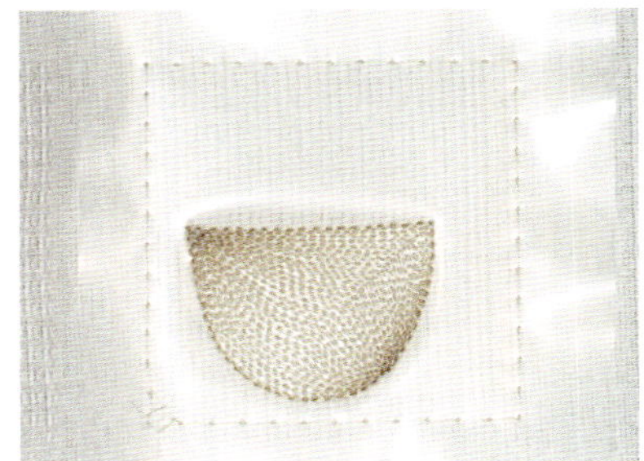

3 **FARBE 2, DUNKELGRÜN**
Ein Teil der Pflanze und ein Streifen auf der Tasse werden gestickt.

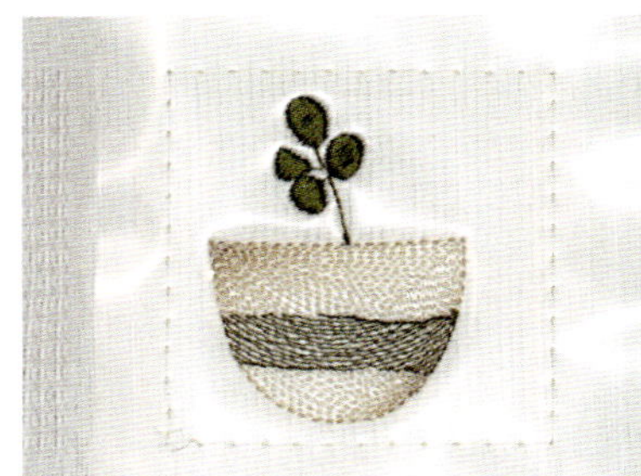

4 **FARBE 3, DUNKELBLAU**
Der Griff und der untere Streifen auf der Tasse werden gestickt.

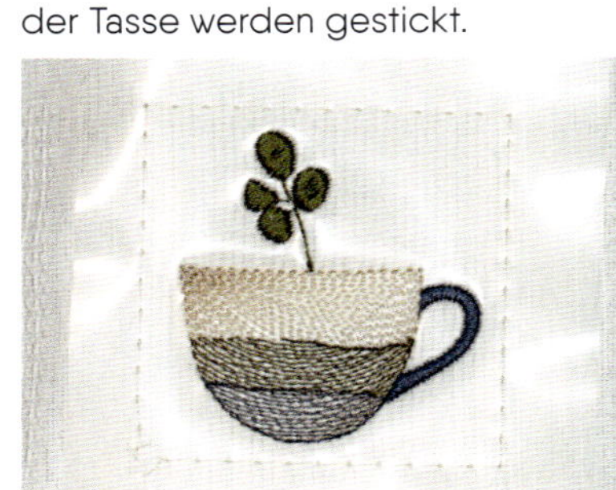

5 **FARBE 4, ROT**
Die Maschine stickt den Zierstreifen auf der Tasse.

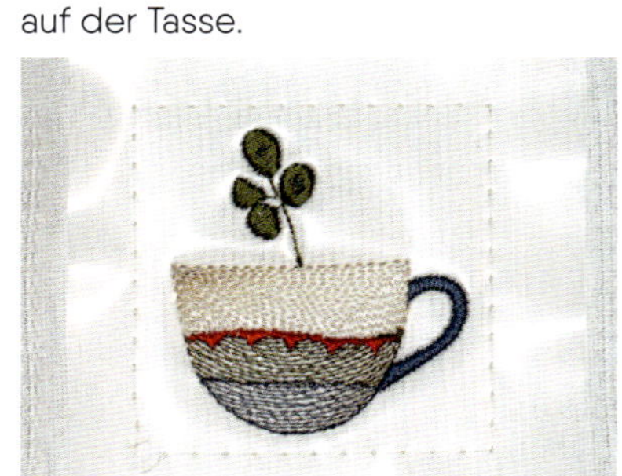

6 FARBE 5, GRÜN

Die Blätter werden gestickt.

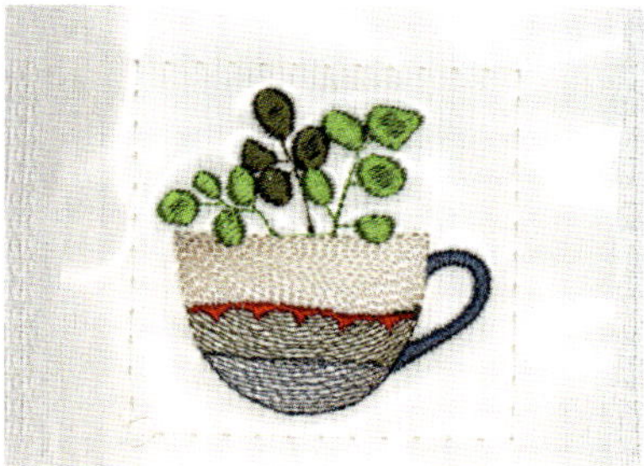

ALOE-STICKEREI

1 FARBE 1, DUNKELGRÜN

Die Stickdatei Tasse_Aloe an der Maschine öffnen. Im Bedienfeld der Maschine den Heftrahmen wählen. Nach dem Start heftet die Maschine die Folie auf das Geschirrtuch. Die Klebestreifen anschließend abziehen.

2 FARBE 1, DUNKELGRÜN

Ein Teil der Blätter wird gestickt.

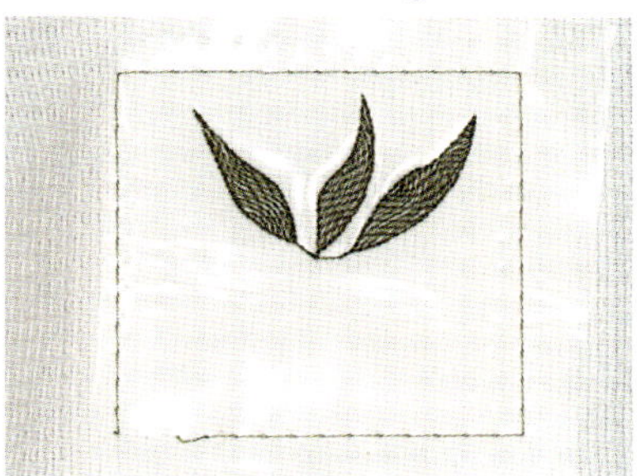

3 FARBE 2, GRÜN

Die restlichen Blätter werden gestickt.

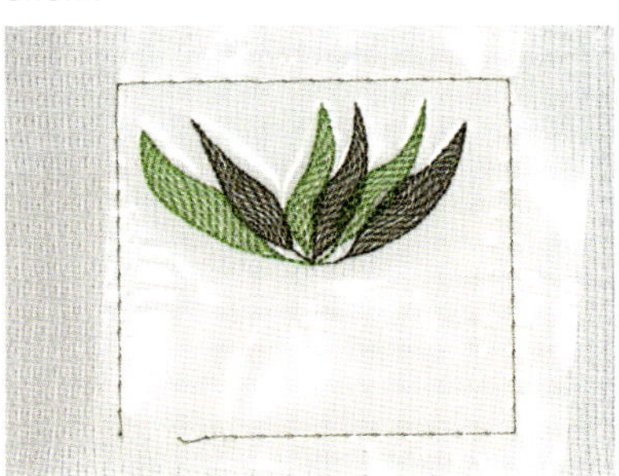

4 FARBE 3, SAND

Die Tasse wird gestickt.

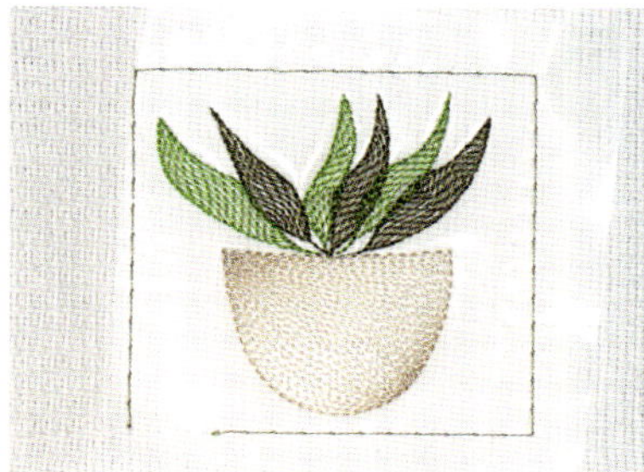

5 FARBE 4, ROT

Die ersten Punkte werden gestickt.

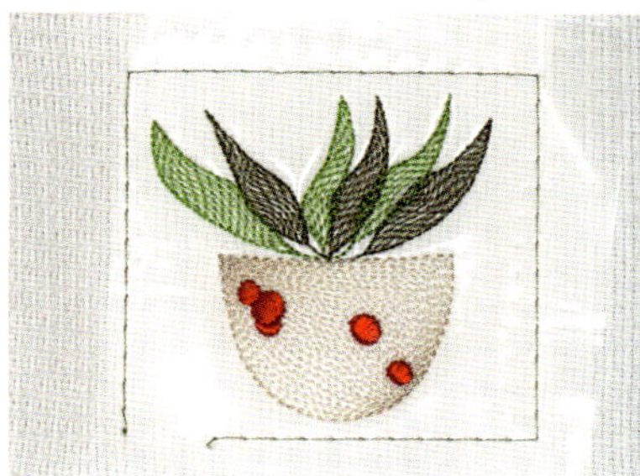

6 FARBE 5, DUNKELBLAU

Der Griff und weitere Punkte werden gestickt.

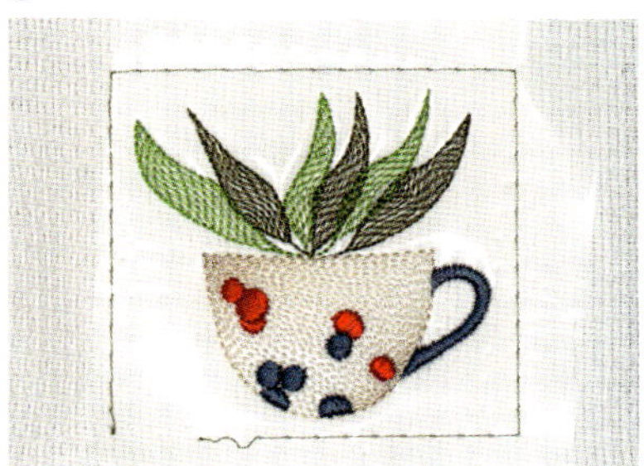

7 FARBE 6, DUNKELGRÜN

Die letzten Punkte werden gestickt.

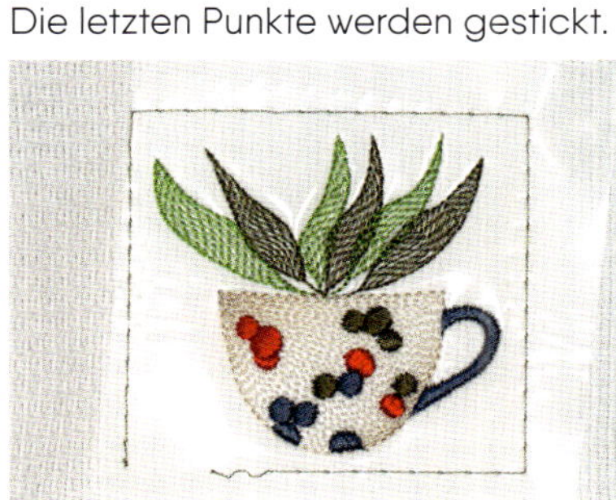

FERTIGSTELLEN

Den Stoff aus dem Rahmen nehmen. Den Hef-stich auftrennen. Das Stickvlies und die Folie zurückschneiden. Das Stickvlies mit kaltem oder warmem Wasser auswaschen.

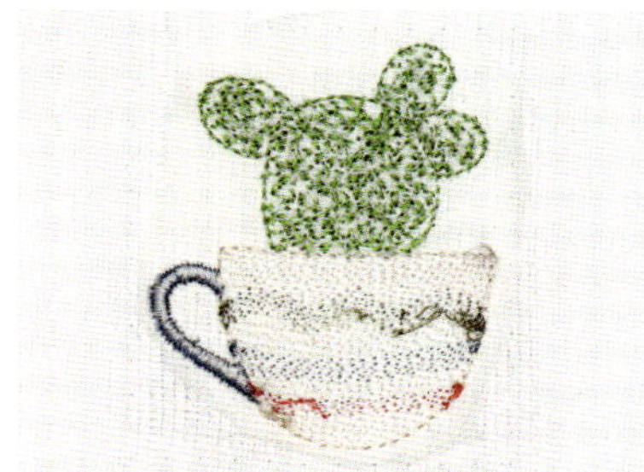

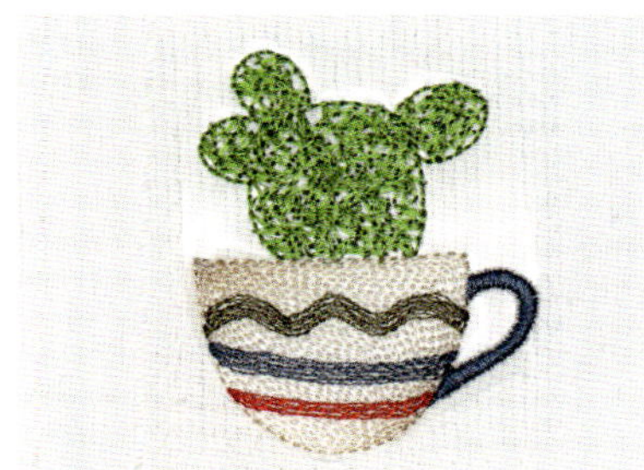

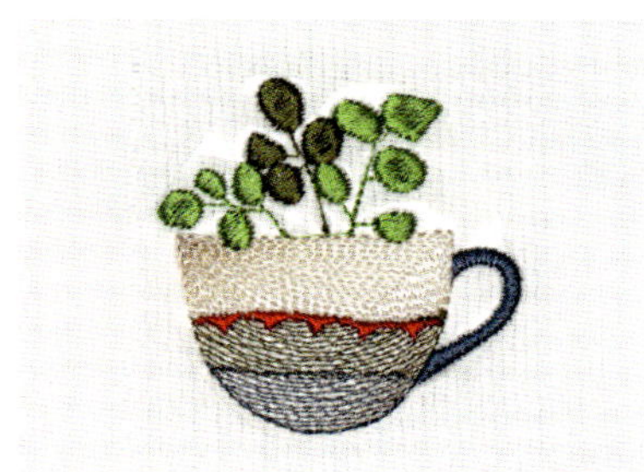

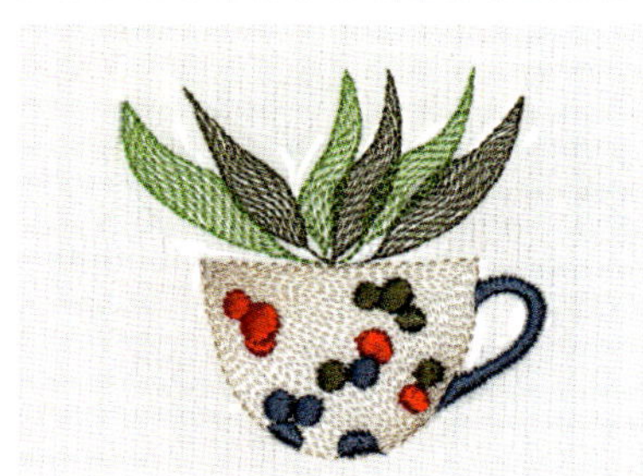

MATCHSACK MIT TURNSCHUH-APPLIKATION

Ob als Sportbeutel, Matchsack oder für den Alltag: In diesen praktischen Beutel passt alles hinein, was man unterwegs oder beim Sport braucht. Das coole Turnschuh-Motiv wird als Applikation aufgebracht.

SCHWIERIGKEIT 1

GRÖSSE

30 cm x 40 cm

MATERIAL

STOFF

- Stoff 1: Baumwollstoff oder Patchworkstoff in Dunkelblau, 110 cm breit, 45 cm
- Stoff 2: Baumwollstoff oder Patchworkstoff in Hellgrün, 110 cm breit, 45 cm
- Applikationsstoff: Baumwollstoff oder Patchworkstoff in Grün, 25 cm x 35 cm
- Kordel, ⌀ 5 mm, 1,80 m
- 4 Ösen mit Scheiben, ⌀ 8 mm

STICKVLIES UND GARN

- Stickvlies: Stickvlies zum Kleben und Wegreißen (Filmoplast Strong), 60 cm breit, 50 cm
- Oberfaden: Maschinenstickgarn in Grün (farblich passend zum Stoff), Hellgrün, Weiß, Schwarz, Grau und Rot
- Unterfaden: Stickunterfaden
- farblich passendes Nähgarn

EEINLAGE

- doppelseitige Bügeleinlage: Vliesofix, 2x 6 cm x 13 cm
- Volumenvlies zum Aufbügeln: Vlieseline H630, 2x 32 cm x 42 cm

STICKDATEI

Die Stickdatei ist in drei Größen gespeichert, die alle auf den Beutel passen. Auf den Beutel im Foto wurde die mittlere Größe gestickt.

- Turnschuhe_195
  Abmessungen: 135,2 mm x 195,1 mm
- Stickrahmen: 14 cm x 22 cm oder größer

ZUSCHNITT

Die Schnittmuster enthalten 1 cm Nahtzugabe. Die Vorderseite wird mit der Applikation bestickt und daher zunächst etwas größer zugeschnitten, damit sie einfacher in den Stickrahmen eingespannt werden kann.

- Stoff 1
  1x Vorderseite, 35 cm x 45 cm
  1x Futter hinten, 32 cm x 42 cm
- Stoff 2
  1x Rückseite, 32 cm x 42 cm
  1x Futter vorn, 32 cm x 42 cm
- Applikationsstoff
  2x Rechteck, 6 cm x 13 cm

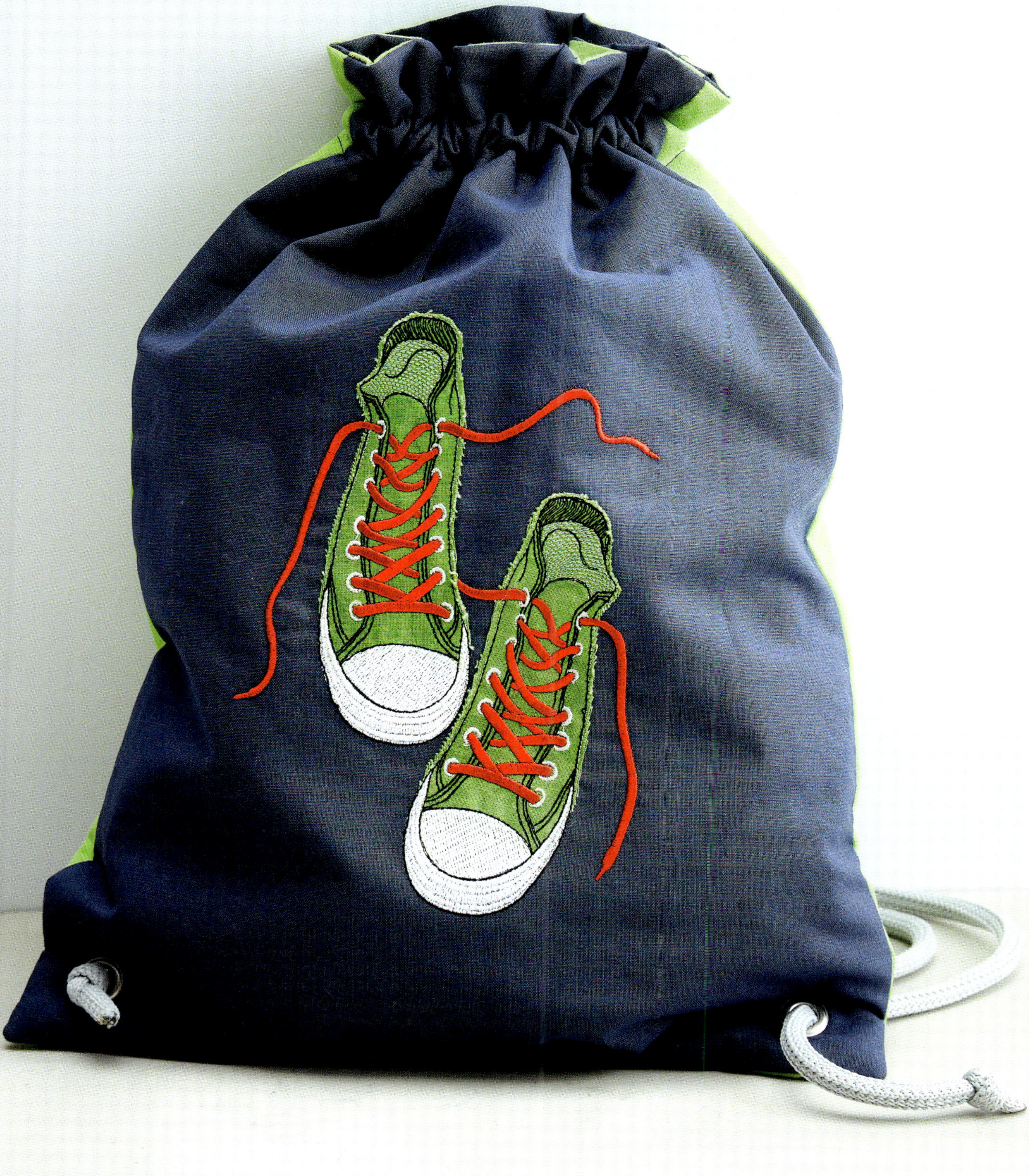

VORBEREITUNG

1 Das Schnittteil für die Vorderseite glatt bügeln. Im Abstand von 18 cm zur unteren Stoffkante eine Linie einzeichnen. Eine zweite Linie senkrecht dazu durch die Mitte der ersten Linie einzeichnen.

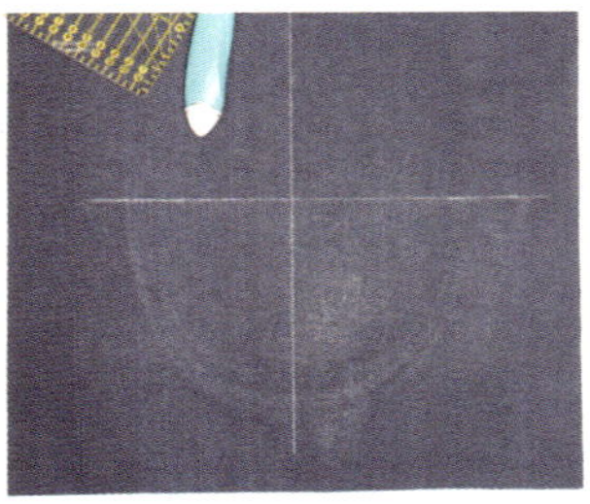

2 Aus dem Stickvlies zum Kleben und Wegreißen ein Rechteck etwas größer als der Stickrahmen zuschneiden. Das Trägerpapier abziehen und das Stickvlies auf die linke Stoffseite des Vorderteils mittig unter die Markierung kleben. Den Stoff im Stickrahmen einspannen, dabei darauf achten, dass die Markierung in der Mitte des Rahmens ist.

3 Vliesofix auf die Rückseite des Applikationsstoffs bügeln. Auskühlen lassen. Trägerpapier abziehen.

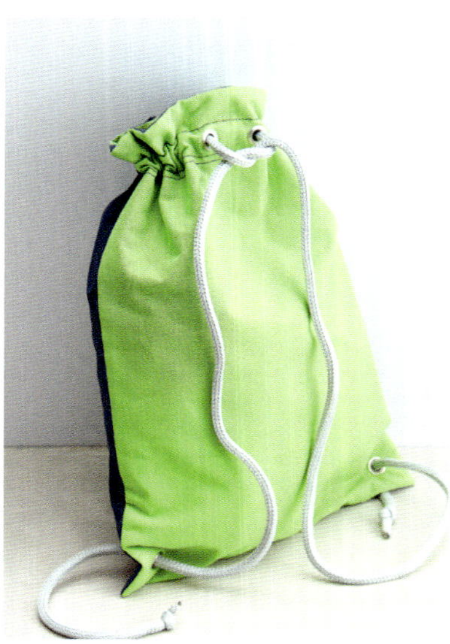

STICKEN

1 **A_FARBE 1, GRÜN**
Die Maschine stickt die Platzierungslinie für die Applikation.

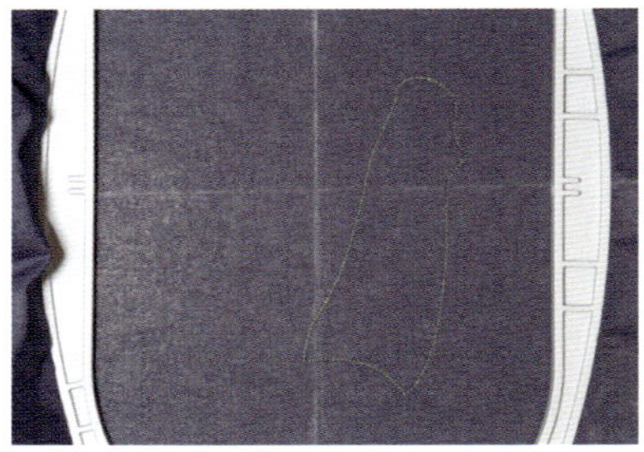

Nach dem Stopp eines der Rechtecke aus Applikationsstoff über die Linie mit der rechten Stoffseite nach oben legen. An den Ecken mit Klebeband fixieren.

2 **A_FARBE 1, GRÜN**
Die Maschine starten. Der Applikationsstoff wird aufgenäht.

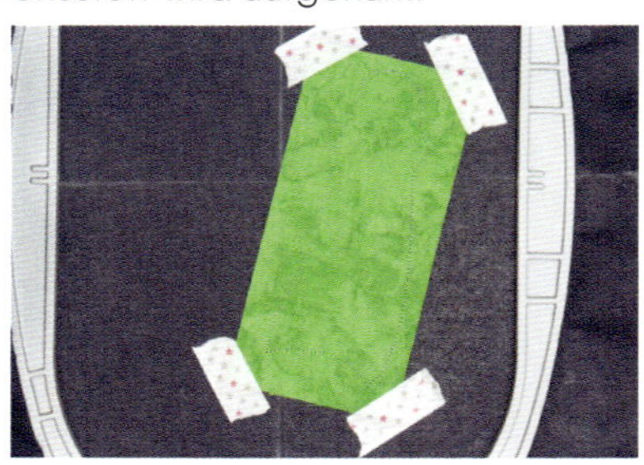

Nach dem Stopp den Stickrahmen aus der Maschine nehmen und den Stoff bis auf 2 mm vor der Naht zurückschneiden.

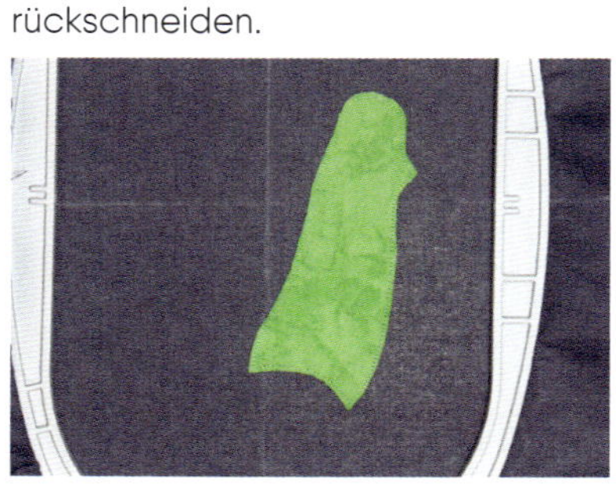

Den Applikationsstoff mit dem Bügeleisen fixieren.

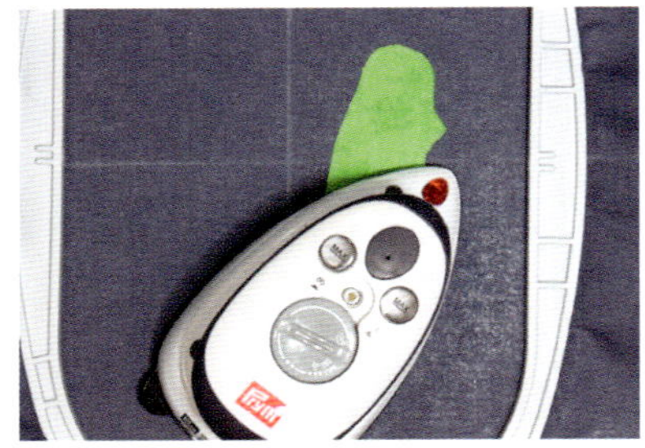

3 **S_FARBE 2, HELLGRÜN**
Die Innenseite des Schuhs wird gestickt.

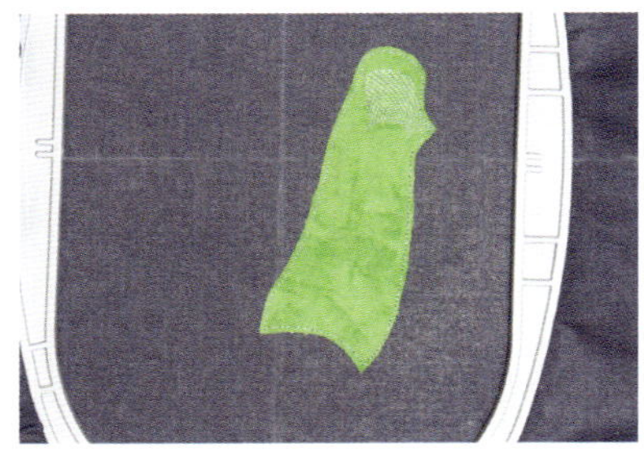

4 **S_FARBE 3, WEISS**
Die sichtbare Sohle und die vordere Spitze werden gestickt.

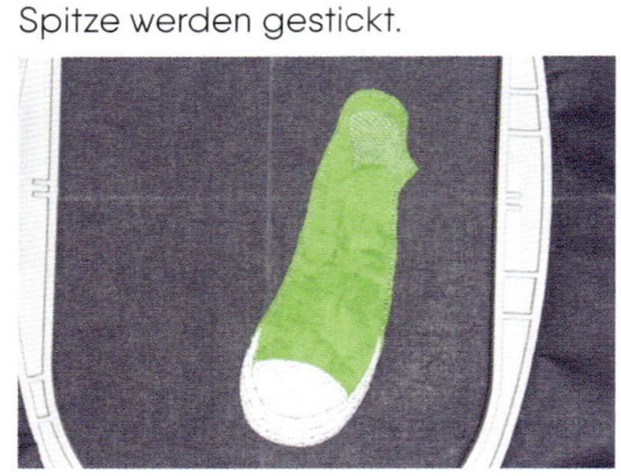

5 **S_FARBE 4, SCHWARZ**
Die Konturen werden gestickt.

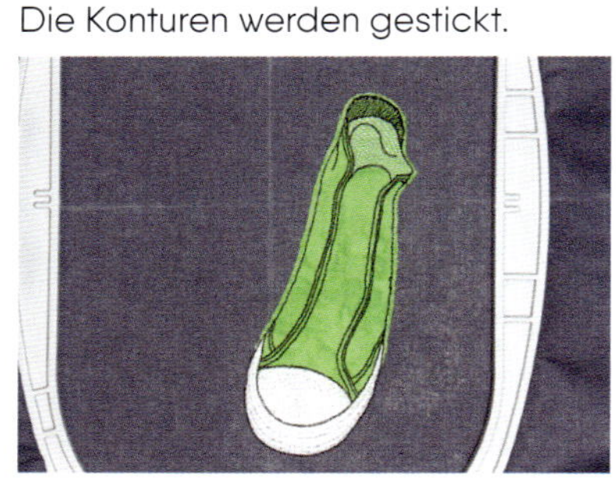

6 **S_FARBE 5, GRAU**
Die Ösen werden gestickt.

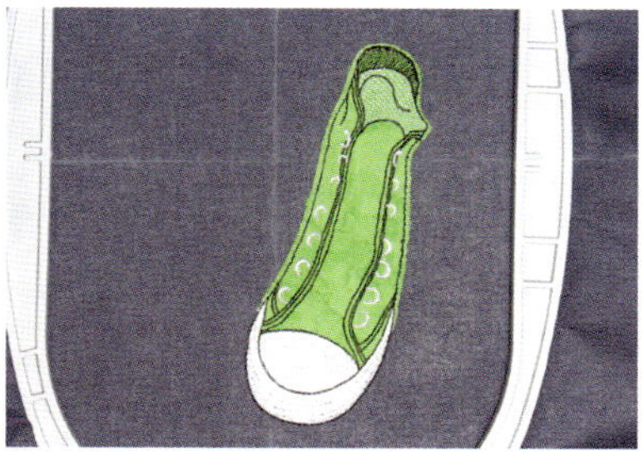

7 **S_FARBE 6, ROT**
Die Schnürsenkel werden gestickt.

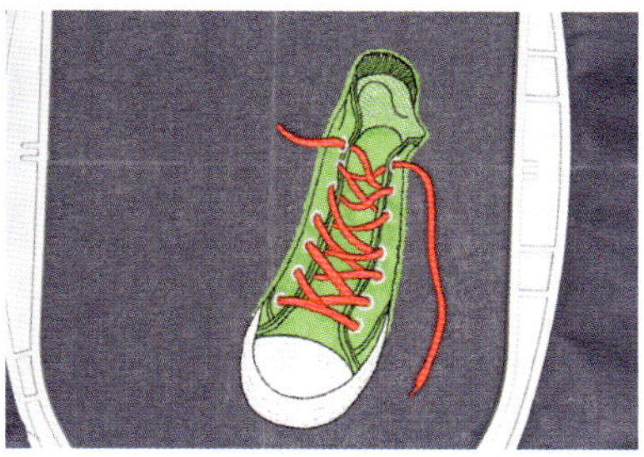

8 **A_FARBE 1, GRÜN**
Die Maschine stickt die Platzierungslinie für den zweiten Schuh.

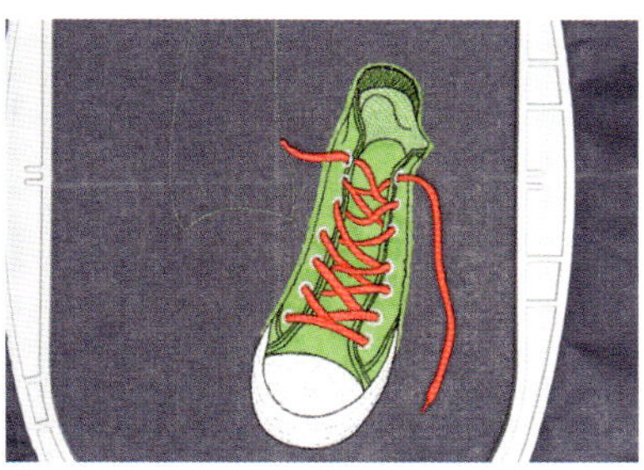

Das zweite Rechteck aus Applikationsstoff über die Platzierungslinie legen. An den Ecken mit Klebeband fixieren.

9 **A_FARBE 1, GRÜN**
Die Maschine starten. Der Stoff wird angenäht.

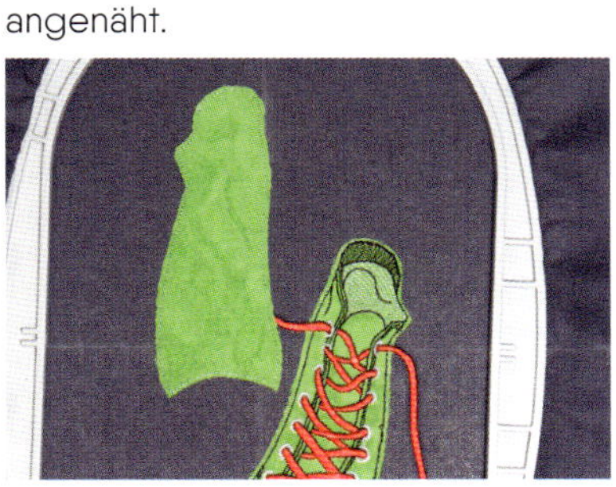

Nach dem Stopp den Stickrahmen aus der Maschine nehmen und den Applikationsstoff bis auf 2 mm vor der Naht zurückschneiden. Die Applikation mit dem Bügeleisen fixieren.

10 **S_FARBE 2, HELLGRÜN**
Die Stickreihenfolge beim zweiten Schuh ist wie beim ersten Schuh. Die Innenseite des Schuhs wird gestickt.

11 **S_FARBE 3, WEISS**
Die sichtbare Sohle und die vordere Spitze werden gestickt.

12 **S_FARBE 4, SCHWARZ**
Die Konturen werden gestickt.

13 **S_FARBE 5, GRAU**
Die Ösen werden gestickt.

14 **S_FARBE 6, ROT**
Die Schnürsenkel werden gestickt.

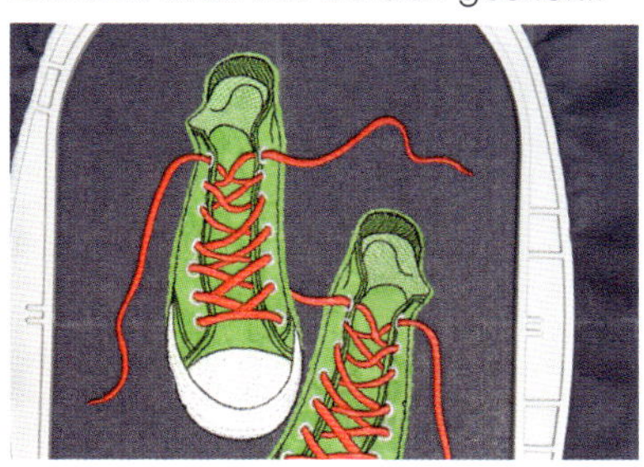

15 Den Stoff aus dem Rahmen nehmen, das Stickvlies vorsichtig abziehen und wegreißen.

16 Das Schnittteil glatt bügeln und auf 32 cm x 42 cm zuschneiden.

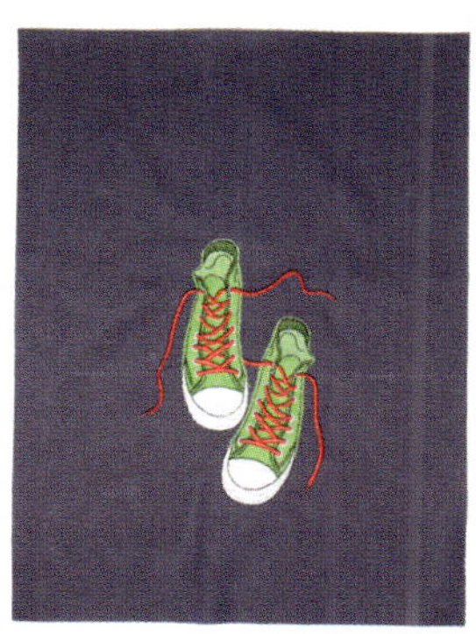

NÄHEN

1 Volumenvlies auf die linke Stoffseite des Vorder- und Rückteils aufbügeln.

2 Auf dem Rückteil für die Position der Ösen mittig an der oberen Kante im Abstand von 5 cm zwei Markierungen anbringen.

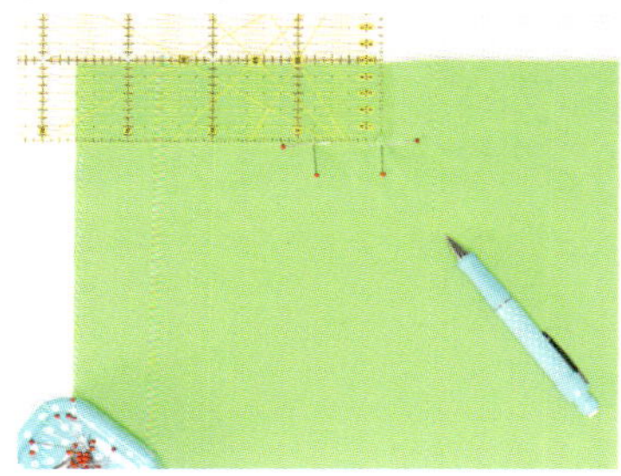

Die Ösen nach Herstelleranleitung anbringen. Der fertige Abstand zwischen den Ösen beträgt 4 cm.

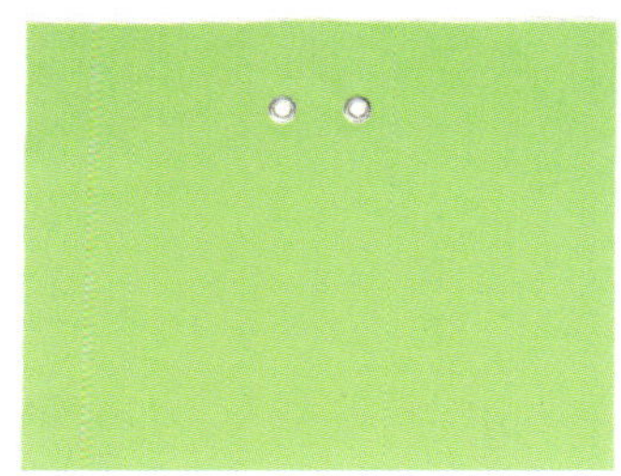

3 Vorder- und Rückteil rechts auf rechts legen und feststecken. Seitennähte und Bodennaht schließen. Die Nahtzugaben an den Ecken schräg zurückschneiden und die Naht ausbügeln.

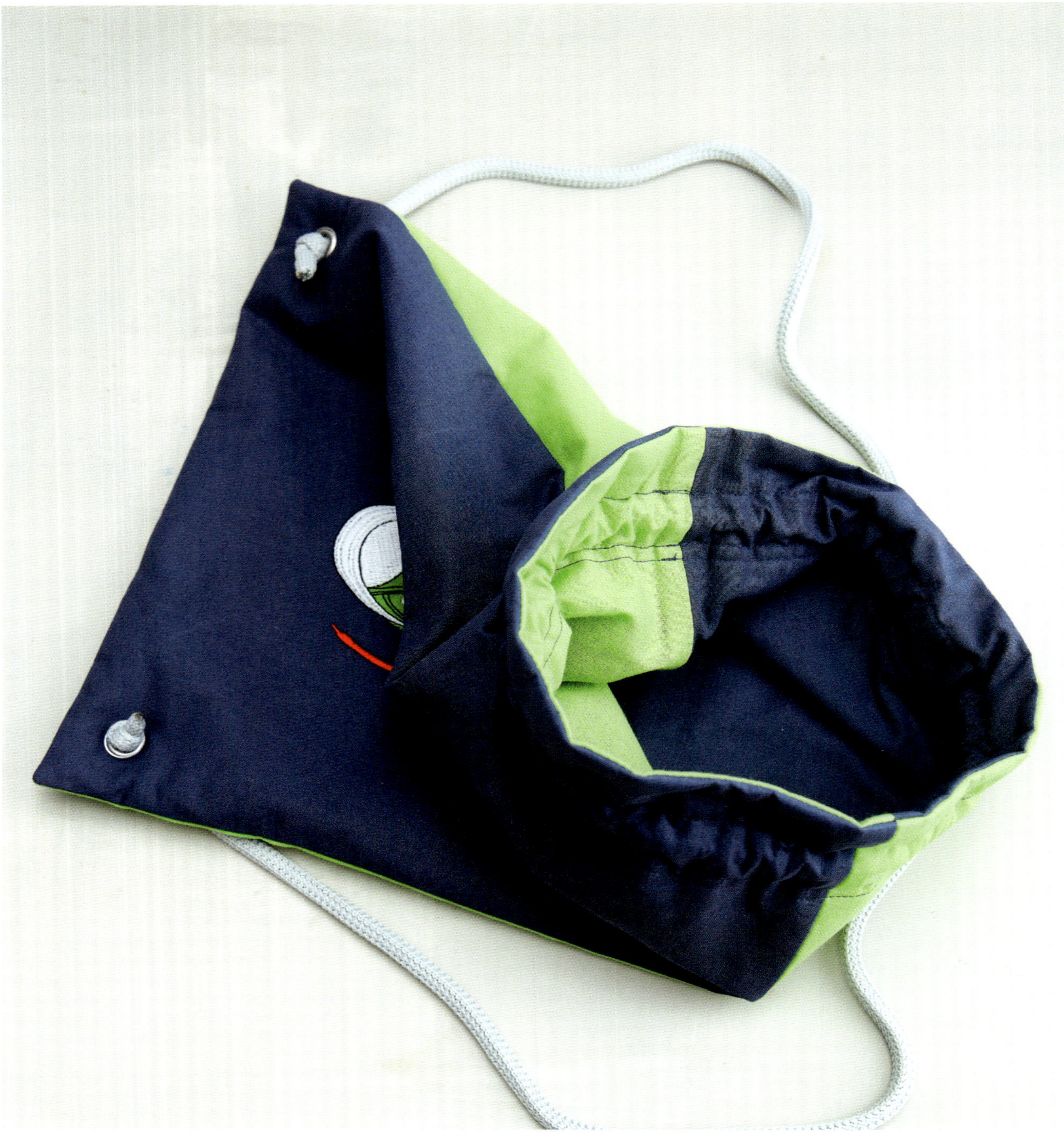

4 Das vordere und hintere Futterteil rechts auf rechts legen und feststecken. Seitennähte und Bodennaht schließen, dabei an der unteren Kante eine 12 cm lange Wendeöffnung lassen. Die Naht ausbügeln und die Nahtzugaben an den Ecken schräg zurückschneiden. Das Beutelfutter wenden und bügeln.

5 Das Beutelfutter rechts auf rechts in den Außenbeutel schieben. Darauf achten, dass die Nahtzugaben übereinanderliegen. Die obere Kante feststecken und die Stofflagen zusammennähen. Die Nahtzugaben auseinanderbügeln und den Beutel durch die Wendeöffnung wenden. Die Nahtzugaben an der Wendeöffnung nach innen klappen und die Öffnung knappkantig zunähen. Das Futter sauber in den Außenbeutel schieben.

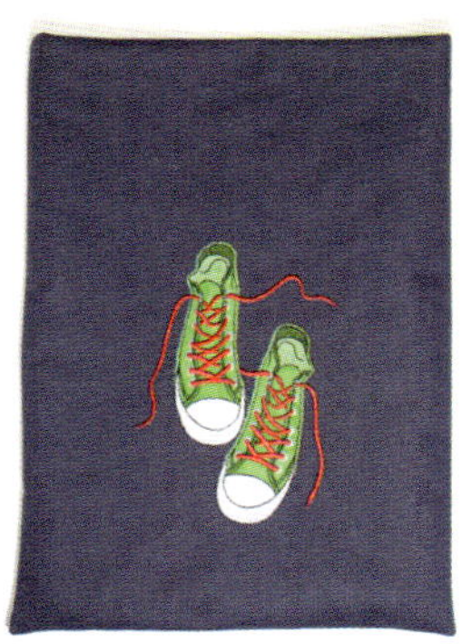

6 Drei parallele Linien im Abstand von 2,5 cm, 4,5 cm und 5 cm zur oberen Kante einzeichnen. Die Linien absteppen.

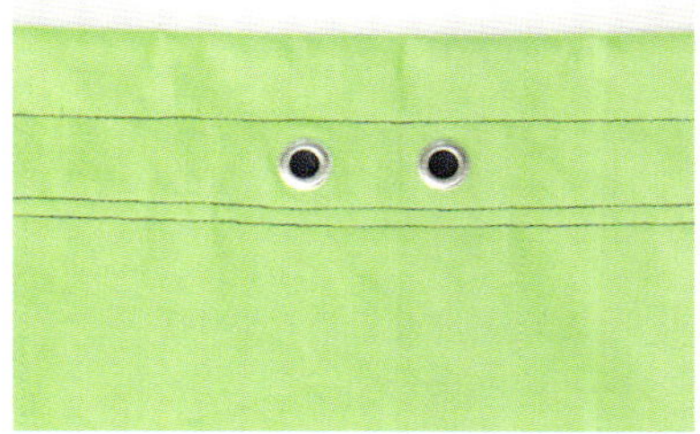

7 Auf beiden Seiten des Beutels jeweils 2 cm von der unteren Kante und von der Seitenkante entfernt die Position für die Ösen markieren und die Ösen nach Herstelleranleitung durch alle Stofflagen anbringen.

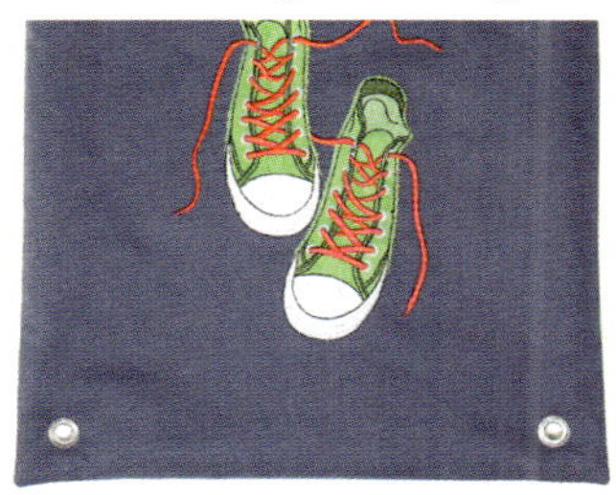

8 Die Kordel mit Hilfe einer Durchziehnadel in den Tunnel ziehen. Die Enden zu einem losen Knoten schlingen.

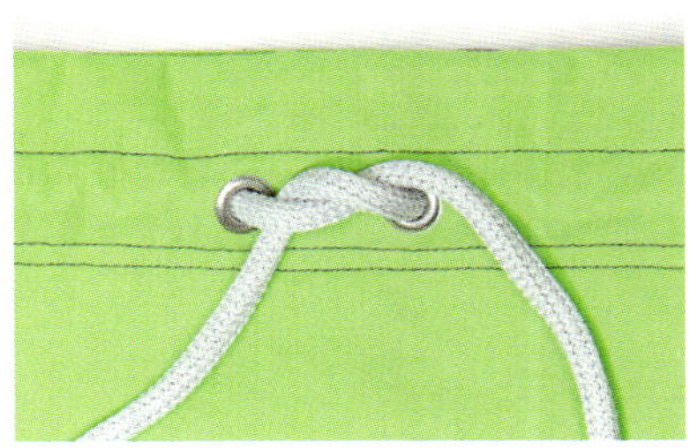

9 Die beiden Kordelenden durch die unteren Ösen fädeln.

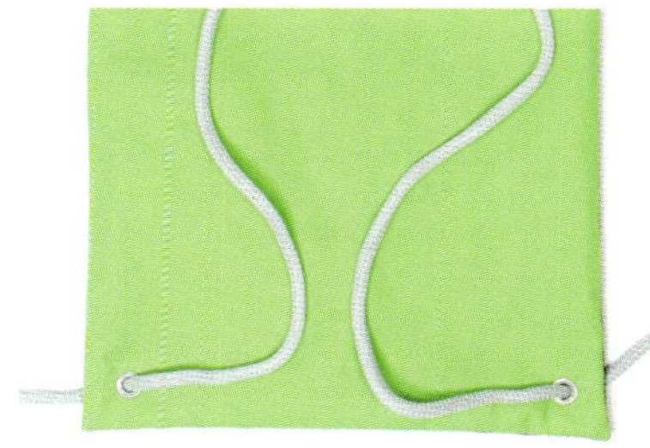

10 Die Kordellänge nach Wunsch anpassen, die Kordelenden verknoten, falls nötig zurückschneiden und mit einigen Handstichen annähen.

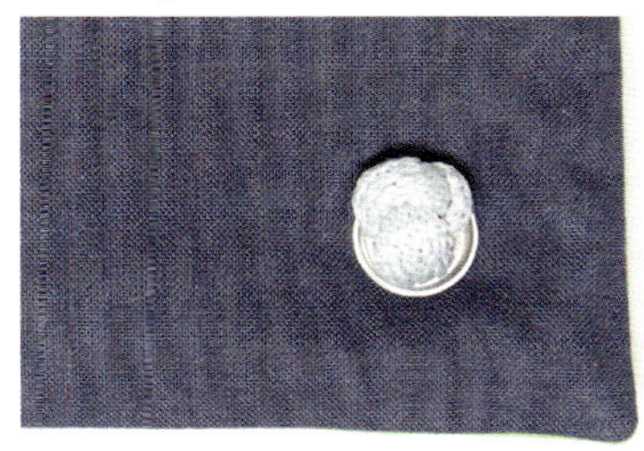

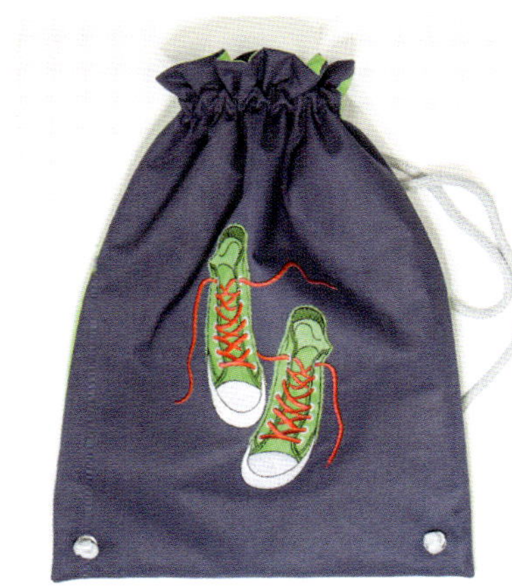

ITH-MUG-RUG

Genau so viel Leidenschaft steckt in der Kaffee- und Teekultur wie im Sticken und dem Nähen. Der ITH-Mug-Rug mit seinen liebevollen Details lässt sich in einem Schwung fertigen. In-the-Hoop oder ITH-Stickdateien sind Nähprojekte, die im Stickrahmen gefertigt werden.

SCHWIERIGKEIT 3

MATERIAL

STOFF

- Stoff 1 (Grundstoff): unifarbener Baumwollstoff oder Patchworkstoff, 1x 20 cm x 15 cm 2x 12 cm x 15 cm
- Stoff 2 (Applikationsstoff): gemusterter Baumwollstoff oder Patchworkstoff, 1x 7 cm x 15 cm

EINLAGE

- doppelseitige Bügeleinlage: Vliesofix, 7 cm x 15 cm
- Volumenvlies zum Aufbügeln H640, 20 cm x 15 cm

STICKVLIES UND GARN

- Stickvlies: Stickvlies zum Wegreißen
- Oberfaden: Maschinenstickgarn in Dunkellila, Grün, Gelb, Lila, Rot, Grasgrün, Lila-Grau und Altrosa
- Unterfaden: Stickunterfaden
- farblich passendes Nähgarn

STICKDATEIEN

- 1_Mug_Rug_Rueckseite
  Abmessungen:
  110,0 mm x 143,1 mm
- 2_Mug_Rug_Zeit_für_mich
  Abmessungen inkl. Platzierungslinien: 175,0 mm x 128,3 mm
  Abmessungen Stickdatei:
  160,0 mm x 110,0 mm
- 2_Mug_Rug_Coffee
  Abmessungen inkl. Platzierungslinien: 175,0 mm x 128,3 mm
  Abmessungen Stickdatei:
  160,0 mm x 110,0 mm
- 2_Mug_Rug_Tee
  Abmessungen inkl. Platzierungslinien: 175,0 mm x 128,3 mm
  Abmessungen Stickdatei:
  160,0 mm x 110,0 mm
- Stickrahmen: 13 cm x 18 cm oder größer

HINWEIS: Die Materialangaben und Anleitungen für die Motive „Kaffeepause“ und „Lieblingstee“ finden Sie zum Download.

RÜCKSEITE

HINWEIS: Die Schritt-für-Schritt-Anleitung für die Rückseite ist für alle drei Mug Rugs gleich.

VORBEREITUNG

1 Das Stickmuster 1_Mug_Rug_Rueckseite im Bedienfeld der Maschine öffnen. Stickvlies im Rahmen einspannen.

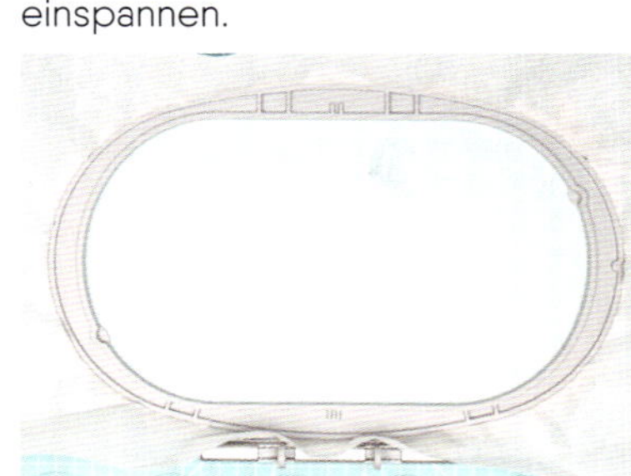

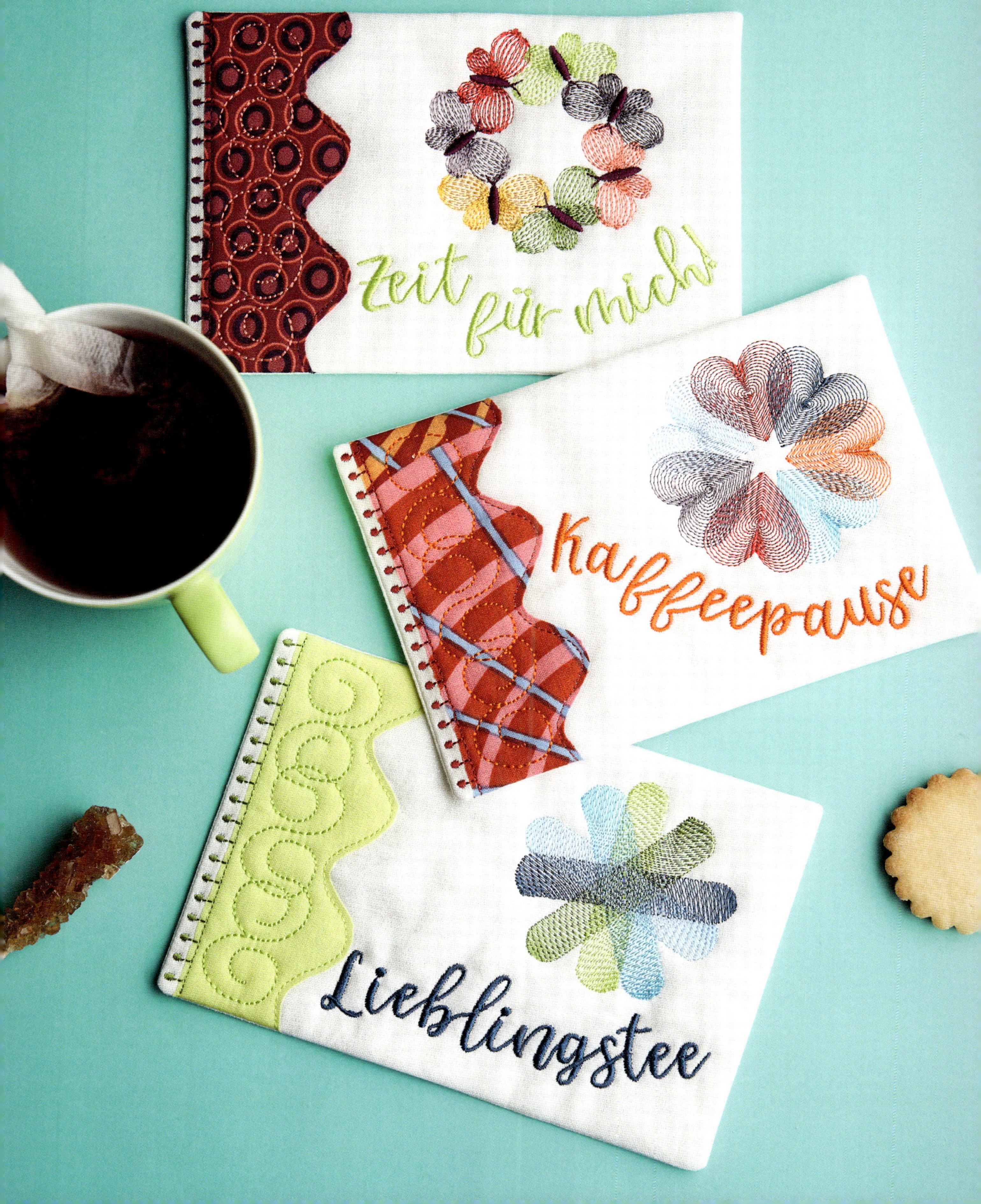
Zeit für mich!
Kaffeepause
Lieblingstee

IM RAHMEN NÄHEN

1 **N_FARBE 1, NÄHFADEN**
Die Maschine stickt das Platzierungsrechteck für den Stoff. Die 12 cm x 15 cm großen Stoffrechtecke rechts auf rechts aufeinanderlegen. Nach dem Stopp die Stoffe mittig über die Platzierung legen und die Kanten mit Klebeband fixieren.

2 **N_FARBE 1, NÄHFADEN**
Die Maschine näht zuerst den Stoff auf das Stickvlies auf, danach die Nahtlinie mit Wendeöffnung.

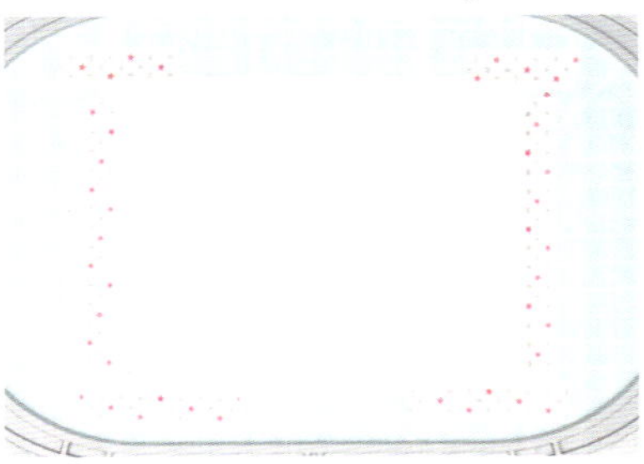

FERTIGSTELLEN

1 Die Klebestreifen abziehen und den Stoff aus dem Stickrahmen nehmen. Den Stoff an der Innenseite der Nahtlinie entlang zuschneiden.

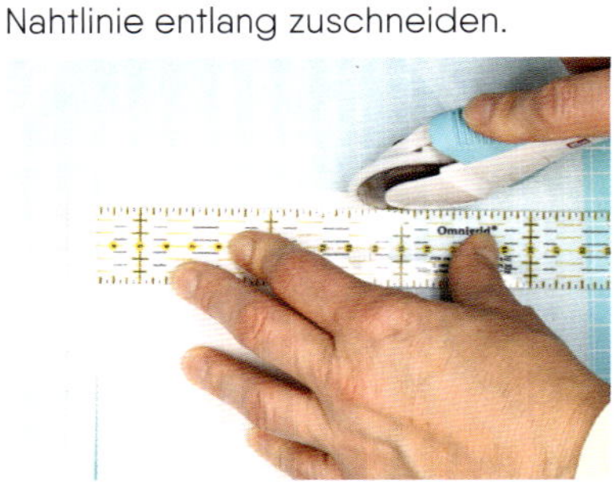

2 Das Stickvlies vorsichtig wegreißen. Die Nahtzugabe ausbügeln.

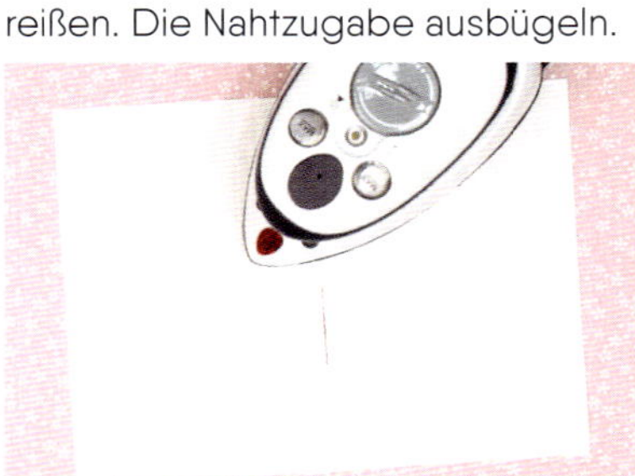

VORDERSEITE

HINWEIS: Die Schritt-für-Schritt-Anleitung für die Vorderseite ist eine Musteranleitung. Im Download finden Sie Anleitungen für alle drei Mug Rugs.

VORBEREITUNG

1 Stickvlies im Rahmen einspannen.

2 Für die Rückseite Vliesofix auf die linke Stoffseite des Rechtecks aus Stoff 2 bügeln. Auskühlen lassen und das Trägerpapier abziehen.

STICKEN

1 **N_FARBE 1, NÄHFADEN**
Die Maschine stickt das Platzierungsrechteck.

2 **N_FARBE 1, NÄHFADEN**
Das Volumenvlies mittig mit der Bügelseite nach oben auf das Stickvlies legen und mit Klebeband fixieren. Die Maschine starten. Nach dem Nähen den Stickrahmen aus der Maschine nehmen, Klebeband abziehen und die überschüssige Vliesbreite bis zur Naht zurückschneiden. Dafür eignet sich die Applikationsschere.

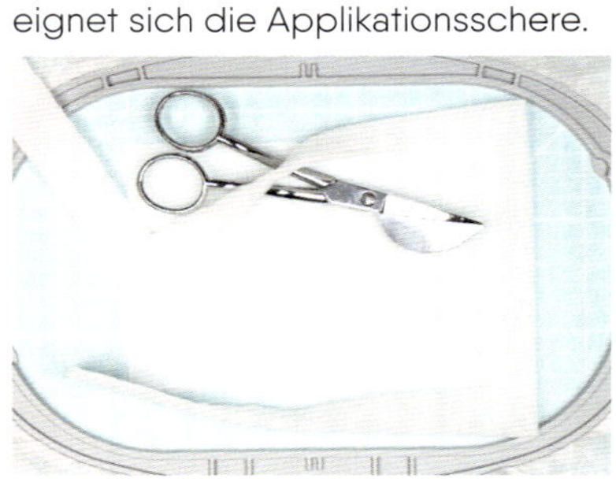

Den Stickrahmen wieder in die Maschine einsetzen. Das 20 cm x 15 cm große Stoffrechteck mit der rechten Stoffseite nach oben über das Vlies legen und mit Klebeband fixieren.

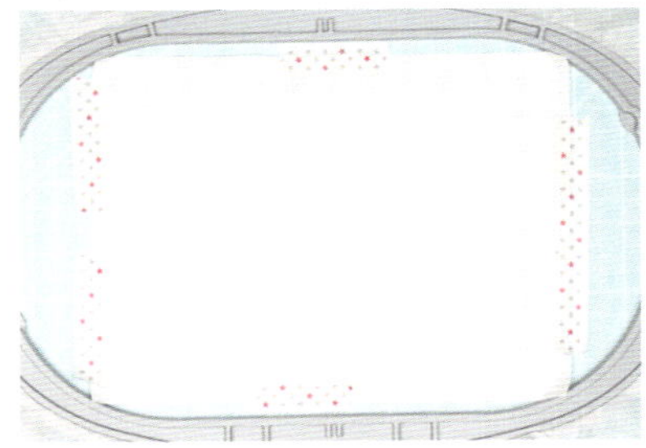

3 **A_FARBE 2, DUNKELLILA**
Die Maschine näht den Stoff an und stickt die Platzierungslinie für die Applikation. Nach dem Stopp das Rechteck aus Stoff 2 auf der linken Stoffseite des Mug Rug über die Platzierungslinie legen. Die rechte Stoffseite zeigt dabei nach oben.

4 **A_FARBE 2, DUNKELLILA**
Die Maschine näht den Stoff an. Nach dem Stopp den Stickrahmen aus der Maschine nehmen, Klebeband abziehen und den Stoff bis auf 2 mm vor der Naht zurückschneiden. Den Stoff bügeln. Dabei wird das Volumenvlies mit dem Stoff verbunden und die Applikation fixiert.

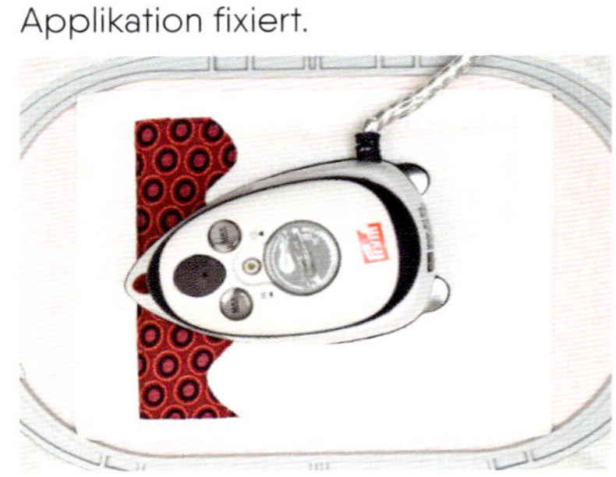

5 **S_FARBE 3, GRÜN**
Die Maschine stickt den ersten Schmetterling.

6 **S_FARBE 4, GELB**
Die Maschine stickt den zweiten Schmetterling.

7 **S_FARBE 5, LILA**
Die Maschine stickt den dritten Schmetterling.

8 **S_FARBE 6, ROT**
Die Maschine stickt den vierten Schmetterling.

9 **S_FARBE 7, GRASGRÜN**
Die Maschine stickt den fünften Schmetterling.

10 **S_FARBE 8, LILA-GRAU**
Die Maschine stickt den sechsten Schmetterling.

11 **S_FARBE 9, ALTROSA**
Die Maschine stickt den siebten Schmetterling und quiltet über die Applikation.

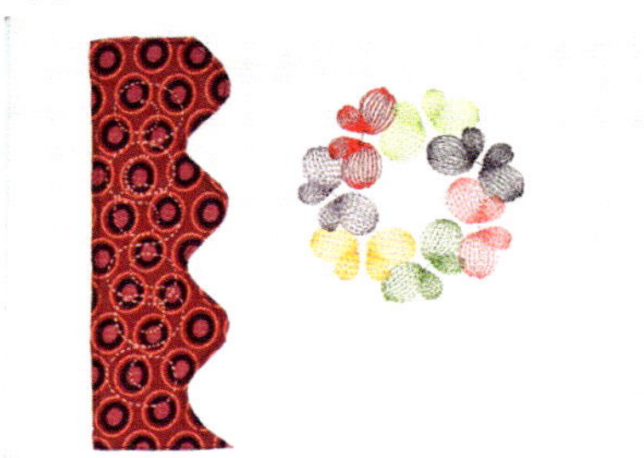

12 **S_FARBE 2, DUNKELLILA**
Die Maschine stickt den Musterstreifen links neben der Applikation und die Schmetterlinge fertig.

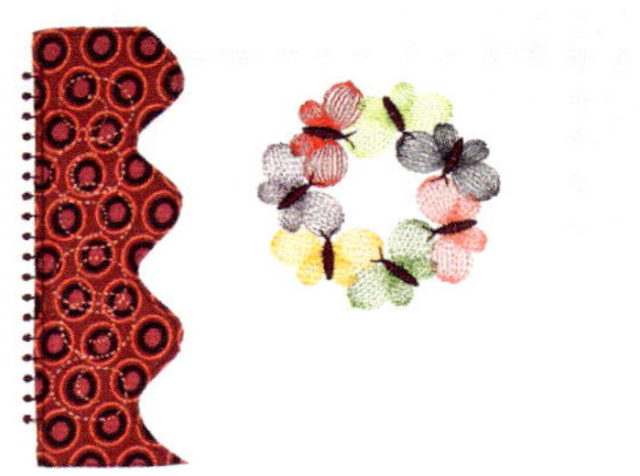

13 **S_FARBE 7, GRASGRÜN**
Die Maschine stickt den Schriftzug.

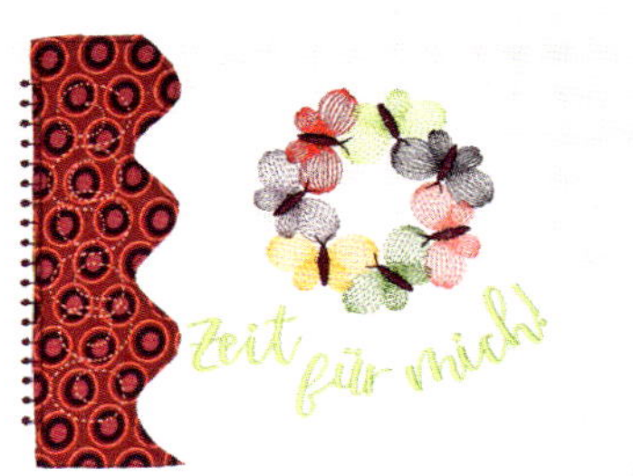

14 **N_FARBE 1, NÄHFADEN**
Die vorbereitete Rückseite rechts auf rechts auf die Vorderseite legen. Die Stoffkanten mit Klebeband fixieren. Damit die Naht nicht aus Versehen hochklappt, die Nahtzugabe ebenfalls mit Klebeband fixieren. Die Maschine starten. Die Rückseite wird angenäht.

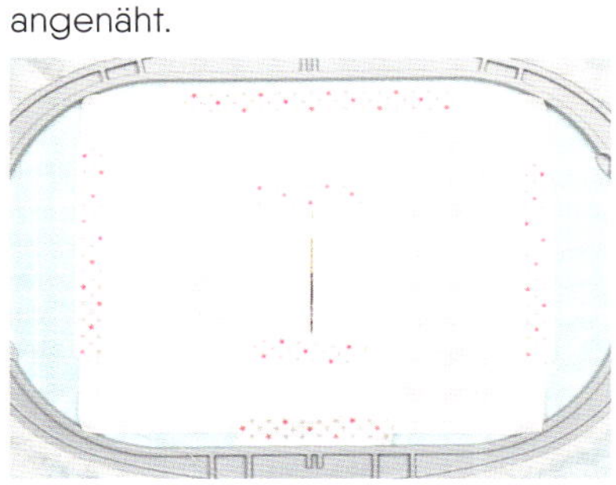

FERTIGSTELLEN

1 Die Klebestreifen abziehen und den Stoff aus dem Stickrahmen nehmen. Den Stoff bis auf 7 mm entlang der Nahtlinie zuschneiden. Die Ecken schräg zurückschneiden.

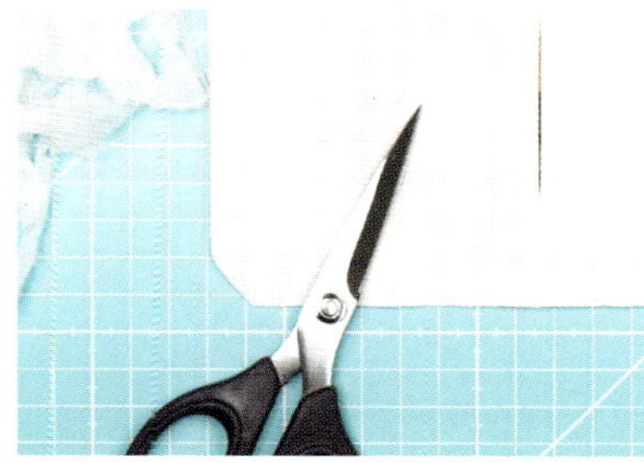

2 Das Stickvlies vorsichtig wegreißen. Nahtzugaben ausbügeln. Den Mug Rug wenden und bügeln.

3 Die Wendeöffnung mit Handstichen schließen.

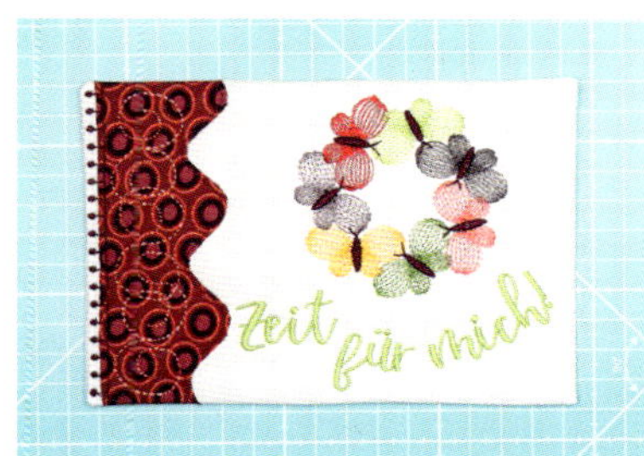

FESTLICHE WEIHNACHTSKARTEN

Weihnachtskarten mit selbst gestickten Motiven machen Ihre Festtagswünsche noch persönlicher. Das Projekt ist einfach umzusetzen und auch für Stickmaschinen-Neulinge geeignet.

SCHWIERIGKEIT 1

GRÖSSE

17,5 cm x 12,5 cm

MATERIAL

STOFF

- Filz in Weiß, 1,5–2 mm stark, 3x 13 cm x 19 cm
- farblich passender Baumwollstoff, 3x 16 cm x 20 cm

AUSSERDEM

- 3 Faltkarten, B6 (17,5 cm x 12,5 cm)
- Stoffkleber

STICKVLIES, FOLIE, EINLAGE UND GARN

- Stickvlies: Stickvlies zum Kleben und Wegreißen (Cotton Fix von Madeira), 3x passend zum Stickrahmen zuschneiden
- Bügeleinlage: doppelseitige Klebefolie (BSN oder Heat Seal Iron), 3x 13 cm x 19 cm
- Spezialeffekt-Stickfolie (Mäde),
  Kugel: 8 cm x 8 cm
  Geschenke: 15 cm x 10 cm
  Herz: 10 cm x 10 cm
- Oberfaden: Maschinenstickgarn
  Kugel: in Grau, Silbergrau, Weiß und Rot
  Geschenke: in Petrolblau, Tannengrün, Grasgrün, Anthrazit, Gelb, Silber, Hellblau und Rot
  Herz: in Grau, Rot, Mint und Anthrazit
- Unterfaden: Stickunterfaden

STICKDATEIEN

- Kugel_Frohes_Fest
  Abmessungen: 141,3 mm x 93,7 mm
- Geschenkbox
  Abmessungen: 141 mm x 103,2 mm
- Herz_Frohe_W
  Abmessungen: 140,6 mm x 95,2 mm
- Stickrahmen: 13 cm x 18 cm oder größer

VORBEREITUNG

HINWEIS: Die Vorbereitung ist für alle drei Karten identisch.

1 Stickvlies zum Kleben und Wegreißen im Rahmen einspannen. Das Trägerpapier einritzen und abziehen.

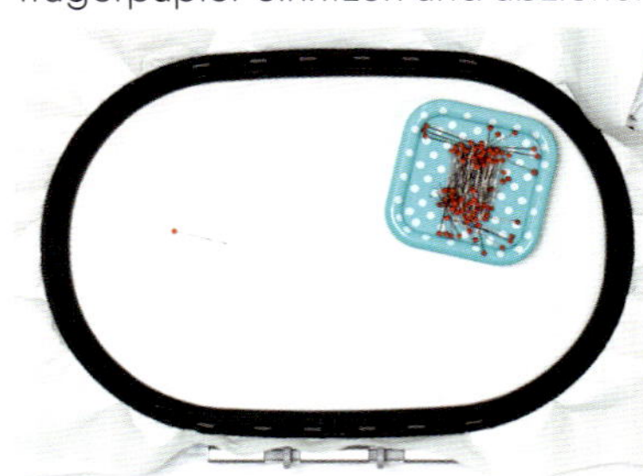

2 Eine Lage Baumwollstoff mit der rechten Stoffseite nach oben mittig auf das Stickvlies kleben.

3 Die jeweilige Stickdatei im Bedienfeld der Maschine öffnen.

STICKEN

WEIHNACHTSKUGEL

1 **FARBE 1, GRAU**
Im Bedienfeld der Maschine den Heftrahmen wählen. Nach dem Start wird der Stoff auf das Stickvlies geheftet.

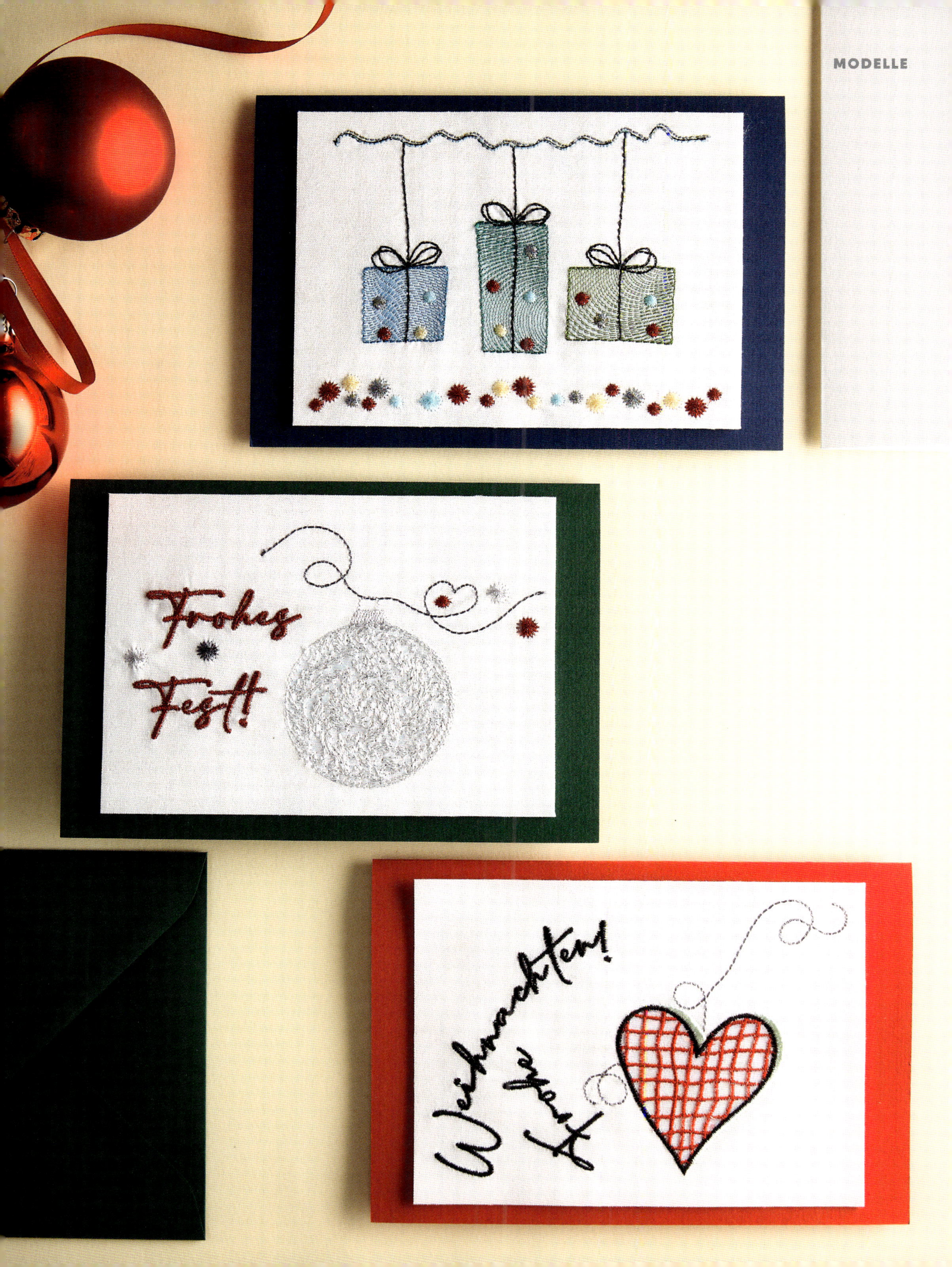
Frohes
Fest!
Weihnachten!

2 **FARBE 1, GRAU**

Die Maschine stickt die Schnur und einen Punkt.

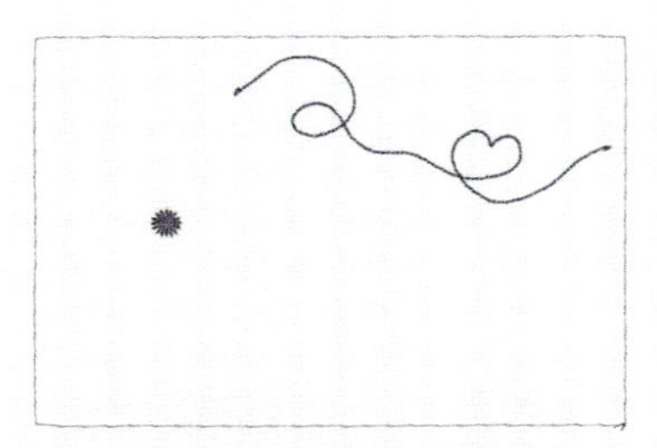

3 **FARBE 2, SILBERGRAU**

Die Kugelaufhängung und zwei weitere Punkte werden gestickt.

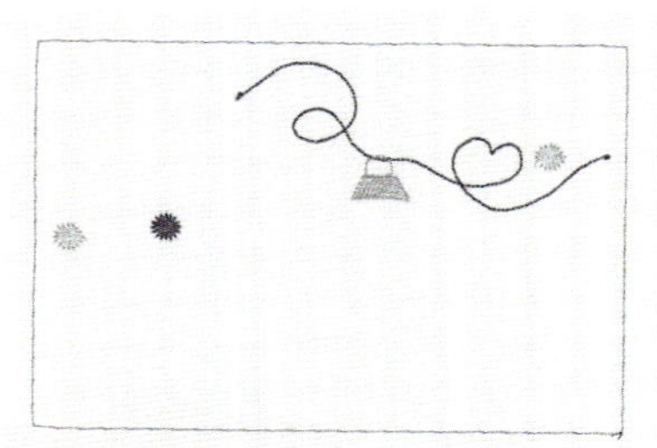

4 **FARBE 3, WEISS**

Die Spezialeffekt-Stickfolie unterhalb der Aufhängung auflegen und an den Ecken mit Klebeband fixieren. Die Maschine starten. Die Folie wird beim Sticken von der Nadel perforiert. Nach dem Sticken die überstehende Folie vorsichtig wegreißen.

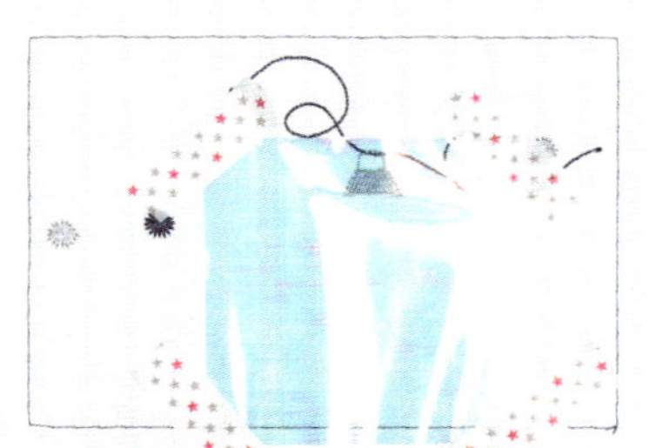

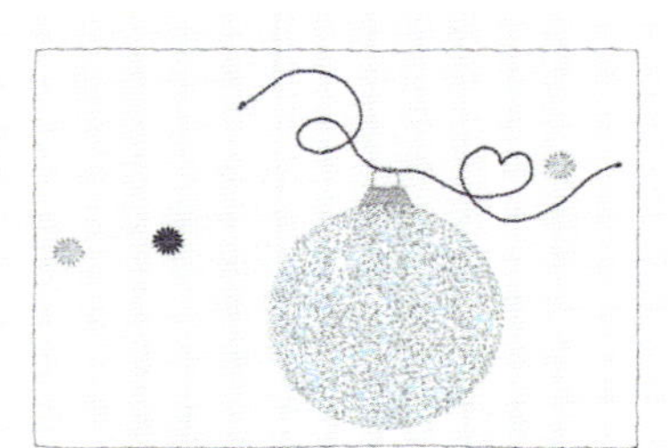

5 **FARBE 4, ROT**

Die Maschine stickt die Schrift und zwei Punkte.

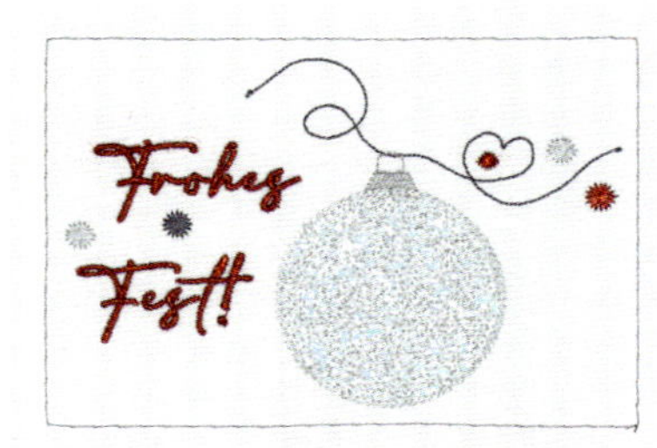

GESCHENKE

1 **FARBE 1, PETROLBLAU**

Im Bedienfeld der Maschine den Heftrahmen wählen und die Maschine starten. Nach dem Stoppen die 15 cm x 10 cm große Spezialeffekt-Stickfolie mittig auf das Stoffstück legen und mit Klebeband fixieren.

2 **FARBE 1, PETROLBLAU**

Die Maschine stickt die linke Box.

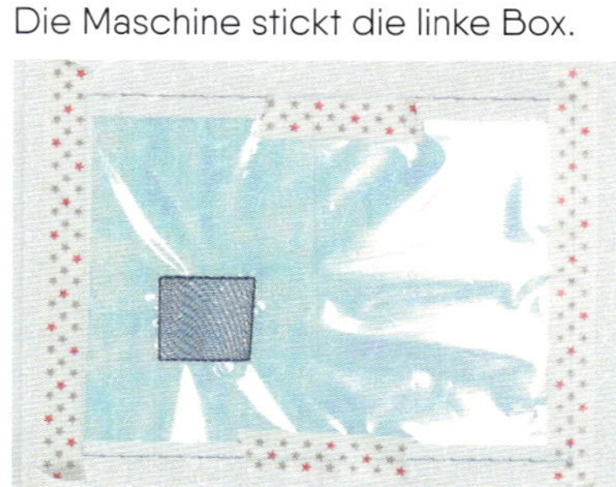

3 **FARBE 2, TANNENGRÜN**

Die mittlere Box wird gestickt.

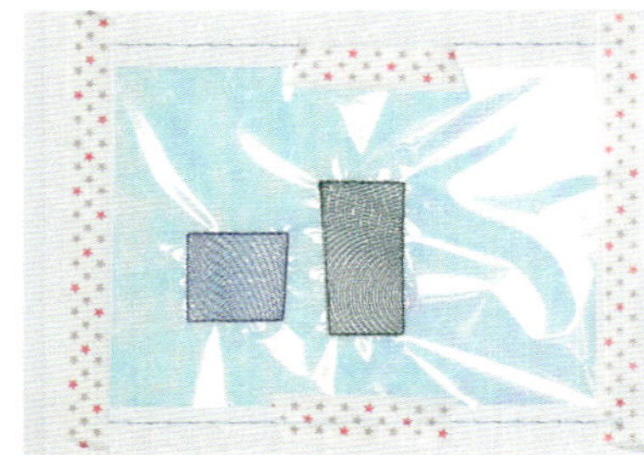

4 **FARBE 3, GRASGRÜN**

Die Maschine stickt die rechte Box. Klebebänder abziehen und die Folie vorsichtig wegreißen.

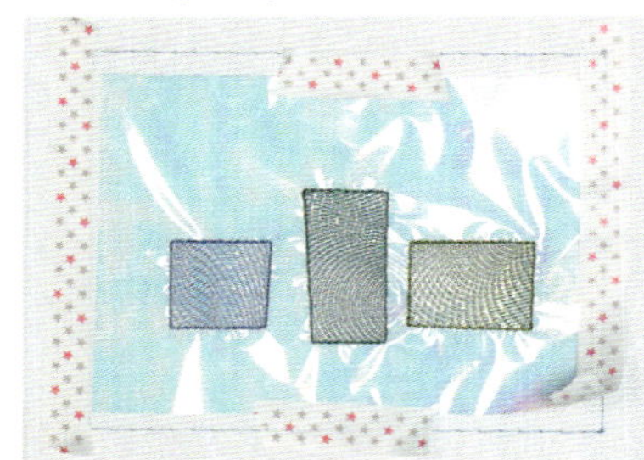

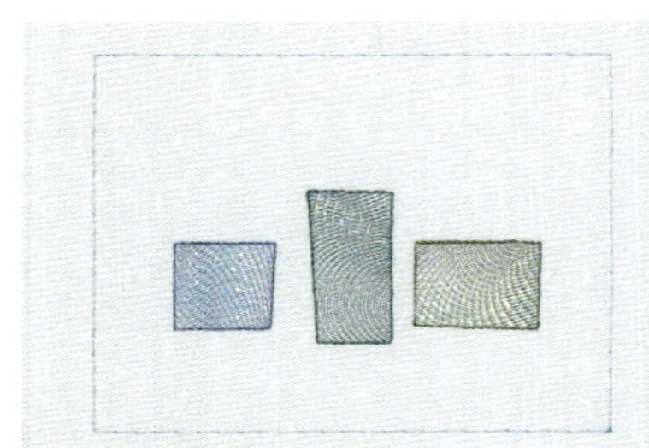

5 **FARBE 4, ANTHRAZIT**

Die Maschine stickt die Schnüre mit den Schlaufen.

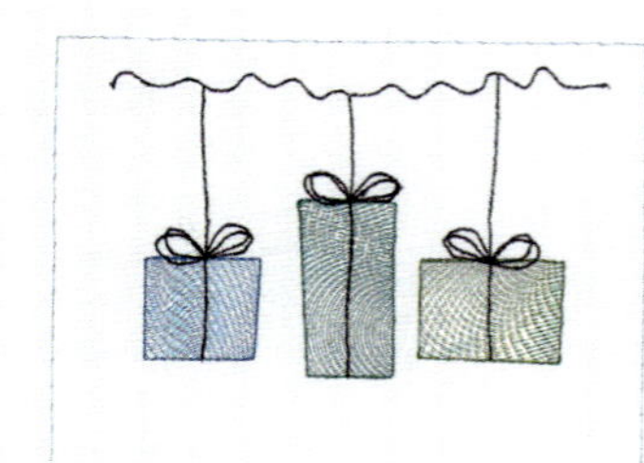

6 **FARE 5, GELB**
Die Punkte werden gestickt.

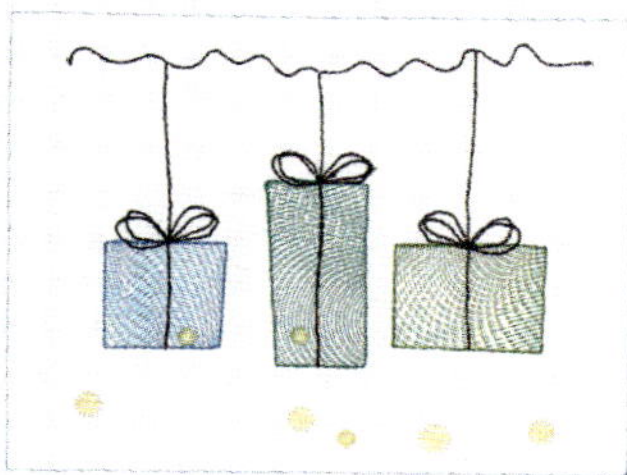

7 **FARBE 6, SILBER**
Die Maschine stickt Punkte und die zweite Farbe für die Aufhängung.

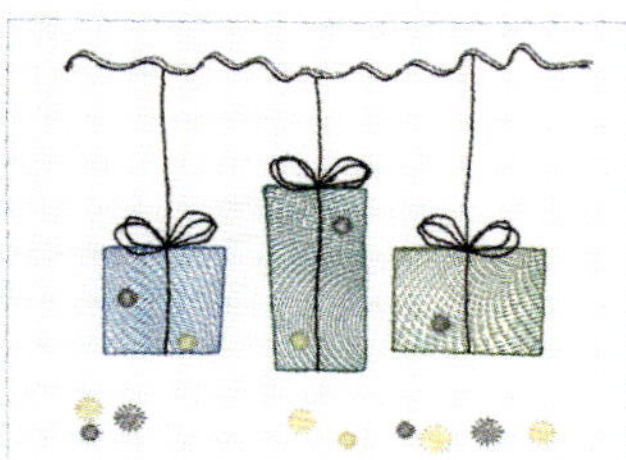

8 **FARBE 7, HELLBLAU**
Weitere Punkte und die letzte Farbe in der Aufhängung werden gestickt.

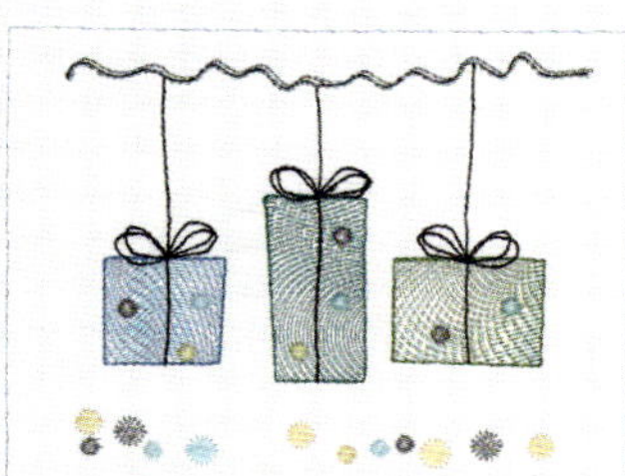

9 **FARBE 8, ROT**
Die letzten Punkte werden gestickt.

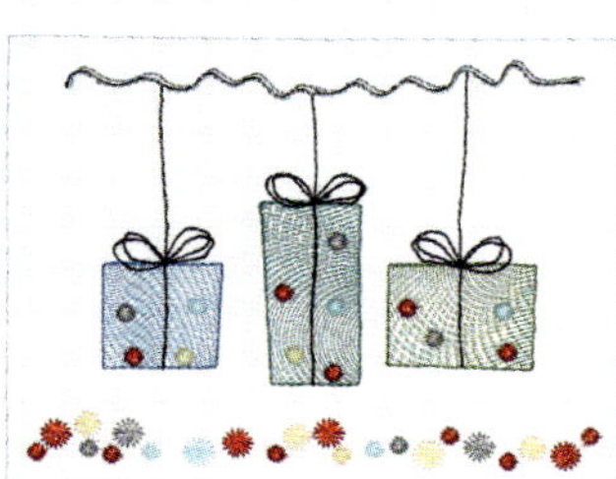

HERZ

1 **FARBE 1, GRAU**
Im Bedienfeld der Maschine den Heftrahmen wählen. Nach dem Start wird der Stoff auf das Stickvlies geheftet.

2 **FARBE 1, GRAU**
Die Maschine stickt die Schnur. Nach dem Stopp die 10 cm x 10 cm große Spezialeffekt-Stickfolie auf die untere Hälfte der Schnur legen und an den Ecken mit Klebeband fixieren.

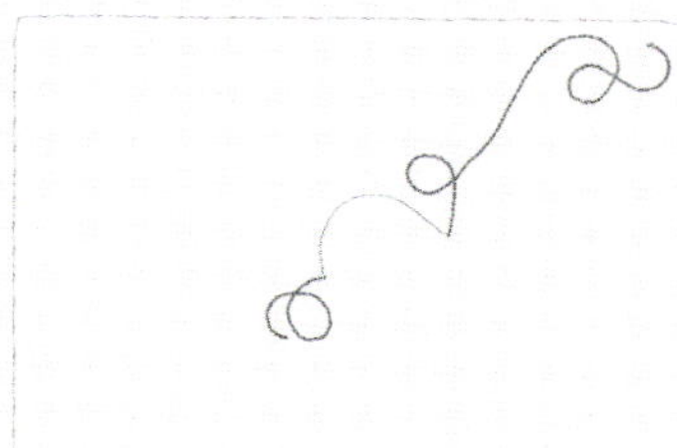

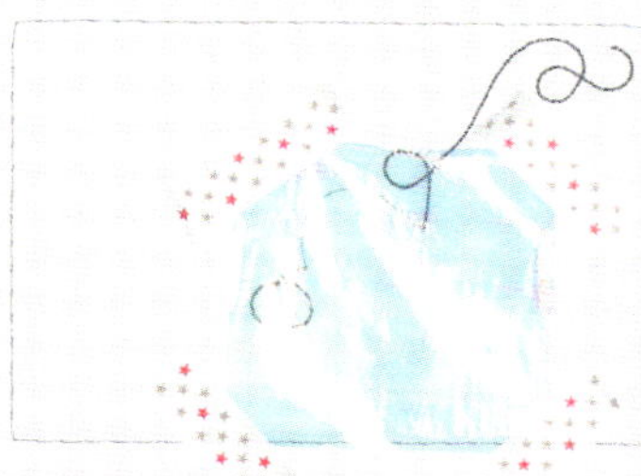

3 **FARBE 2, ROT**
Das Herz wird auf die Folie gestickt. Nach dem Sticken die Folie außen vorsichtig wegreißen.

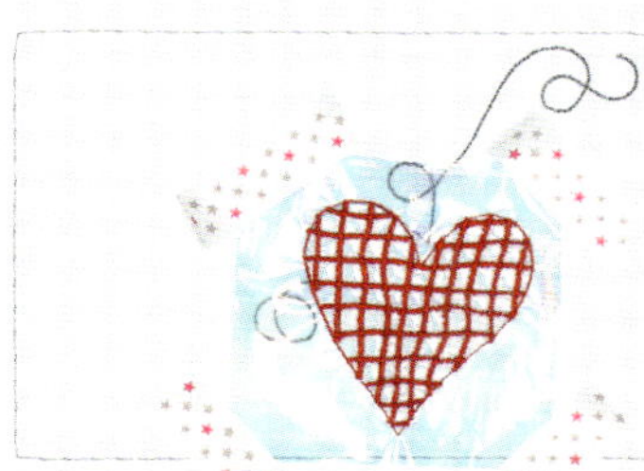

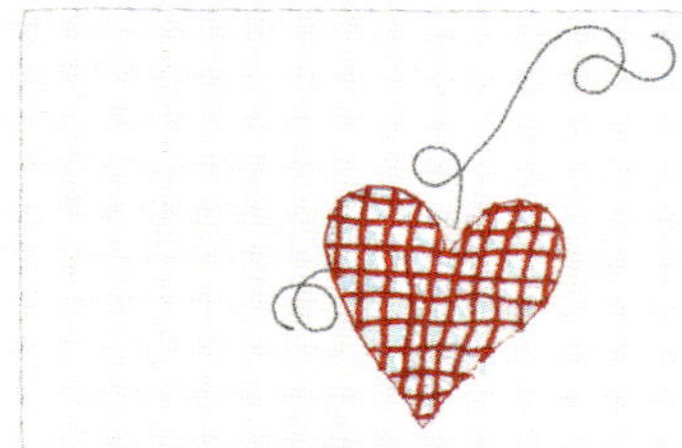

4 **FARBE 3, MINT**
Die Maschine stickt einen Rand auf der rechten Seite.

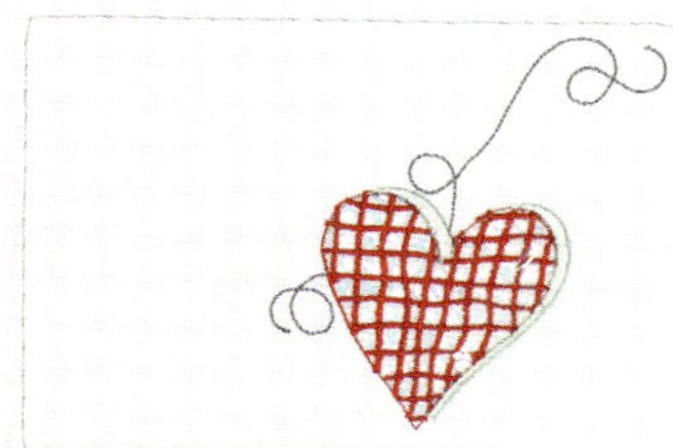

5 **FARBE 4, ANTHRAZIT**
Die Umrandung und die Schrift werden gestickt.

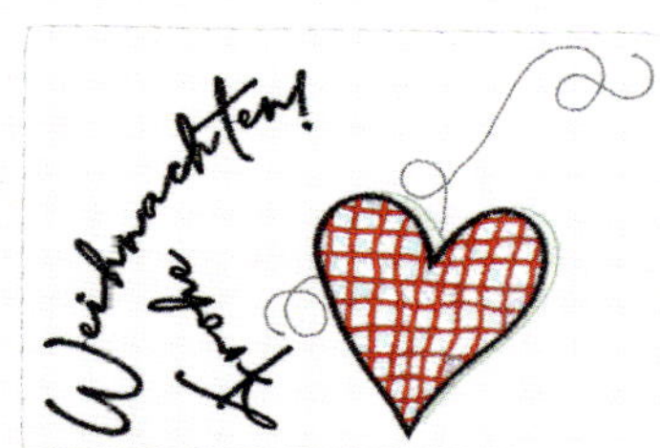

FERTIGSTELLEN

1 Den Stoff aus dem Rahmen nehmen. Den Heftstich auftrennen.

2 Auf der Stoffrückseite die doppelseitige Klebefolie aufbügeln.

3 Das Trägerpapier abziehen und den Filz aufbügeln. Das Motiv jeweils auf 15 cm x 12 cm zurückschneiden und mit Textilkleber auf die Karte kleben.

ARMBAND & CLUTCH MIT FRANSENBLUMEN

Die raffinierten Fransenblumen sind ein echter Hingucker. Sie zieren die Taschenklappe der Clutch und das Armband aus demselben Stoff. Die Blumen werden alle nach demselben Schema gestickt, nur die Farbreihenfolge ist jeweils verschieden.

SCHWIERIGKEIT 2

GRÖSSE

Armband: 3 cm x 18 cm
Clutch: 25 cm x 13 cm

ARMBAND MATERIAL

STOFF

- Leinenstoff oder Baumwollstoff, 25 cm x 35 cm
- transparentes Organzaband, 1 cm breit, 2x 30 cm

AUSSERDEM

- 8 farblich passende Perlen, ø 7 mm
- 1 Armbandverschluss mit Klemme und Kette

STICKVLIES UND GARN

- Stickvlies: Stickvlies zum Bügeln und Wegreißen (Cotton Stable von Madeira), Größe passend zum Stickrahmen
- Stickvlies zum Wegreißen, 3x 5 cm x 5 cm
- Sprühkleber
- Oberfaden: Maschinenstickgarn in Grün, Dunkelblau, Fuchsia und Türkisblau
- Unterfaden: Stickunterfaden

STICKDATEI

- Armband_Fransenblumen
  Abmessungen inkl. Platzierungslinien:
  178,0 mm x 76,0 mm
  Abmessungen Stickdatei: 92,5 mm x 28,2 mm
- Stickrahmen: 13 cm x 18 cm oder größer

ZUSCHNITT

- 1x Rechteck, 25 cm x 35 cm, passend für den Stickrahmen

CLUTCH MATERIAL

STOFF

- Leinenstoff oder Baumwollstoff, 130 cm breit, 45 cm
- Volumenvlies H630, 90 cm breit, 30 cm
- Bügeleinlage Vlieseline G700, 90 cm breit, 30 cm

AUSSERDEM

- Kette mit 2 Ringen, ø 2,5 cm, 90 cm lang
- Magnetverschluss zum Annähen

STICKVLIES UND GARN

- Stickvlies: Stickvlies zum Bügeln und Wegschneiden (Super Stable von Madeira)
- Stickvlies zum Wegreißen, 7x 5 cm x 5 cm
- Sprühkleber
- Oberfaden: Maschinenstickgarn in Türkisblau, Dunkelblau, Hellgrün, Orange, Petrol, Hellblau, Rot und Fuchsia
- Unterfaden: Stickunterfaden

STICKDATEI

- Clutch_Fransenblumen
  Abmessungen: 174 mm x 56,3 mm

ZUSCHNITT

Die Schnittmuster enthalten 1 cm Nahtzugabe.
Die Markierungen für Stepplinie und Wendeöffnung auf die Schnittteile übertragen. Aus dem Rechteck zum Einspannen wird nach dem Sticken die obere Taschenklappe zugeschnitten.

- 1x Rechteck zum Einspannen, Größe passend für den Stickrahmen
- 1x (untere) Taschenklappe
- 1x Tasche im Stoffbruch
- 2x Tasche (Futter)
- 2x Schlaufe

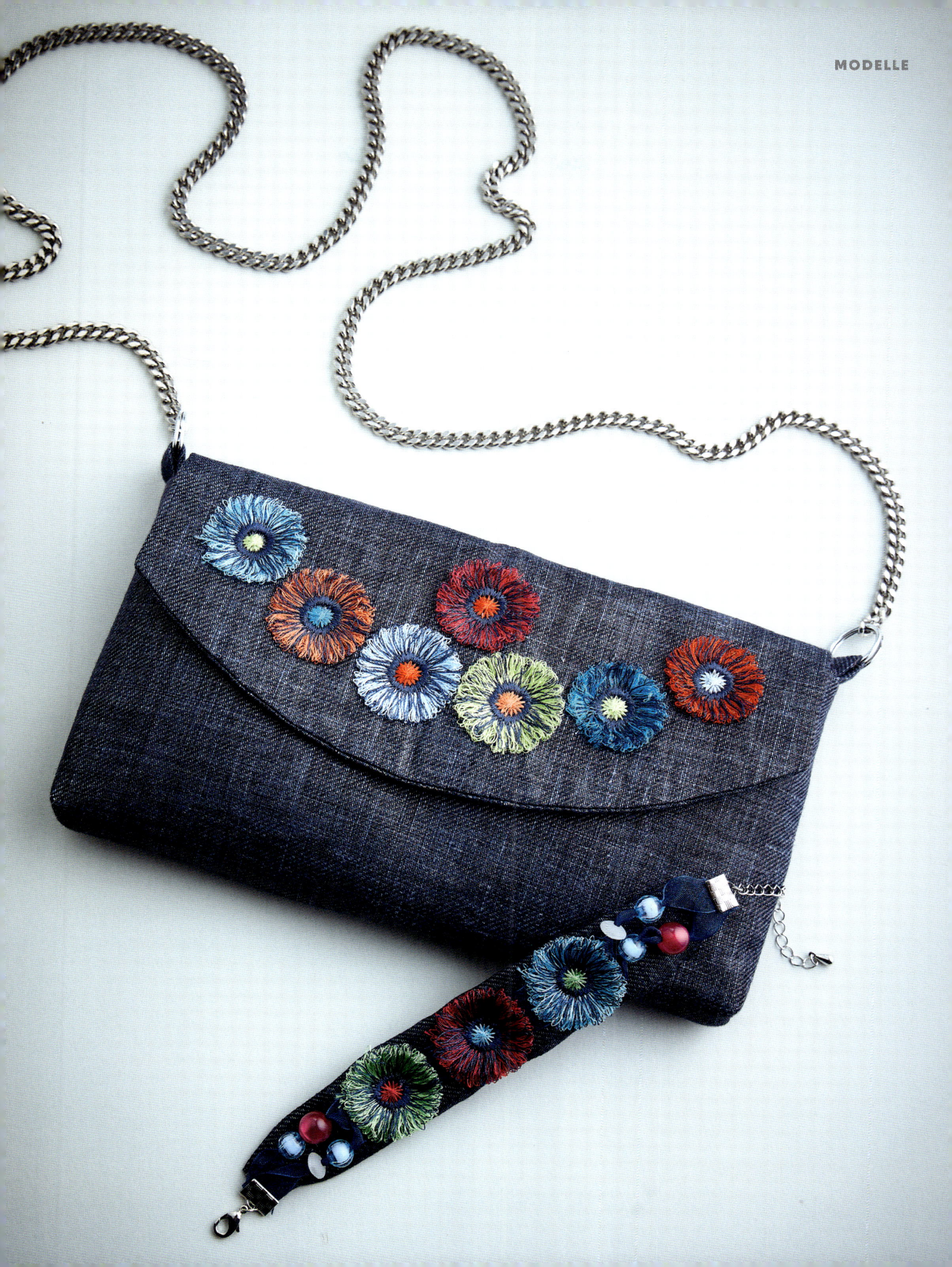

ARMBAND

VORBEREITUNG

1 Den Stoff mit dem Stickvlies zum Bügeln und Wegreißen unterbügeln.

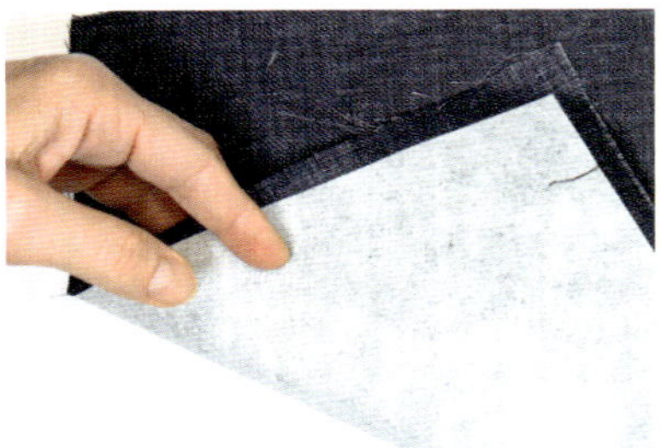

2 Den Stoff mit dem Stickvlies im Rahmen einspannen.

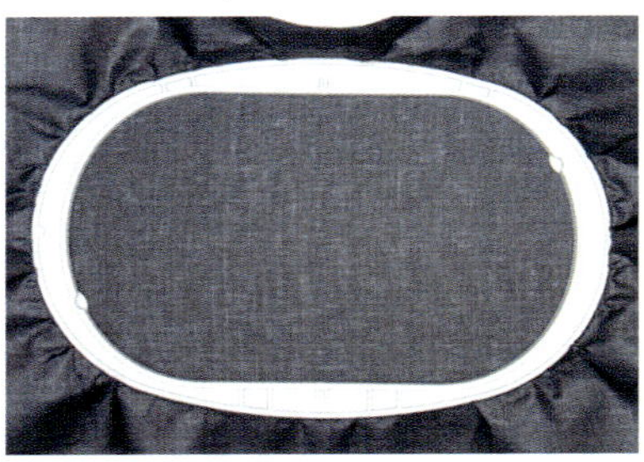

3 Die Stickdatei Armband_Fransenblumen im Bedienfeld der Maschine öffnen.

STICKEN

1 **FARBE 1, GRÜN**
Es wird eine Platzierungslinie in der Mitte gestickt. Den Stickrahmen aus der Maschine nehmen. Organzaband überkreuz aufkleben, dazu einen Streifen schräg so platzieren, dass die Kante an der Platzierungslinie liegt, und mit Klebeband fixieren.

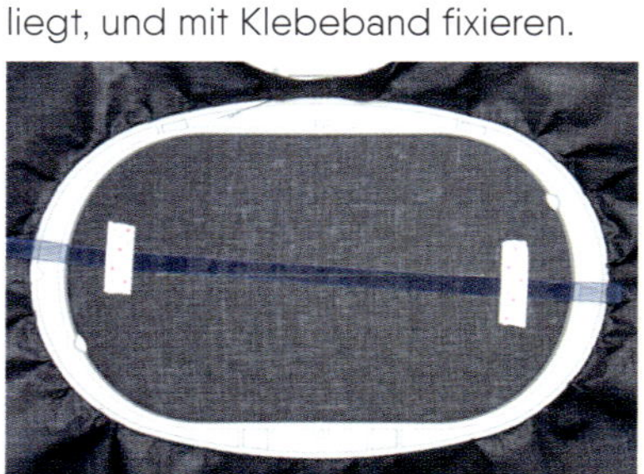

Den zweiten Organzastreifen überkreuz auf der anderen Seite der Linie aufkleben.

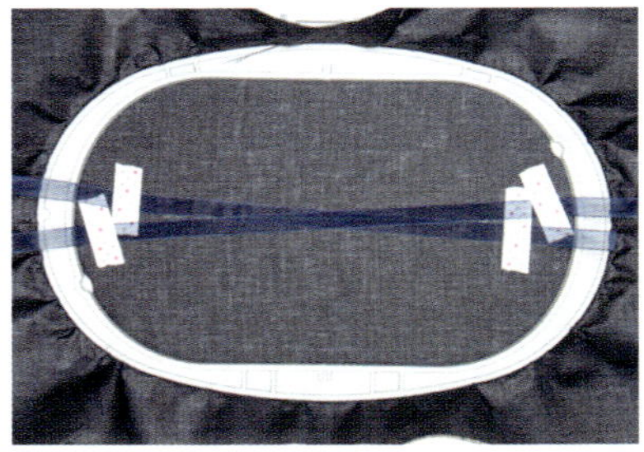

2 **FARBE 1, GRÜN**
Den Stickrahmen wieder anbringen und den zweiten Schritt starten. Die Maschine stickt die Zuschneidelinie.

3 **FARBE 1, GRÜN**
Die Maschine stickt den unteren Kreis der Blume. Dies dient auch dazu, den Stoff zu Stabilisieren. Nach dem Sticken den Stickrahmen aus der Maschine nehmen. Ein 5 cm x 5 cm großes Stück Stickvlies mit Sprühkleber auf die Rückseite unter den Kreis kleben.

4 **FARBE 1, GRÜN**
Den Stickrahmen an der Maschine anbringen. Nach dem Starten wird der zweite Kreis gestickt. Aus dieser Lage werden später die Fransen.

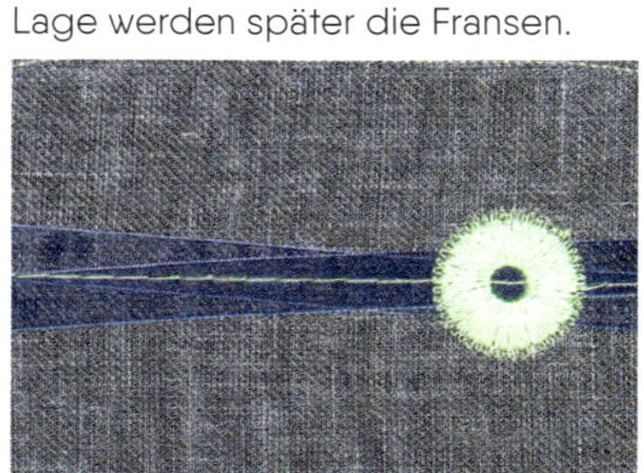

5 **FARBE 2, DUNKELBLAU**
Die Maschine stickt einige Stiche über die zweite Lage der Blume, danach den Kreis um die Mitte herum.

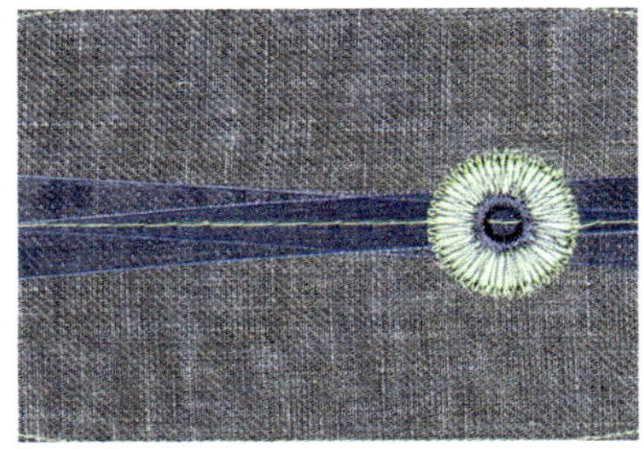

6 **FARBE 3, FUCHSIA**
Die Blumenmitte wird gestickt.

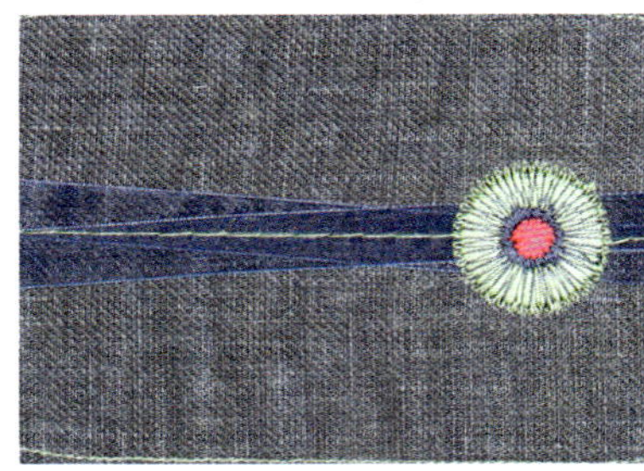

7 Nach dem Sticken den Stickrahmen aus der Maschine nehmen und das geklebte Reststück Stickvlies vorsichtig wegreißen. Den Stickrahmen wieder anbringen.

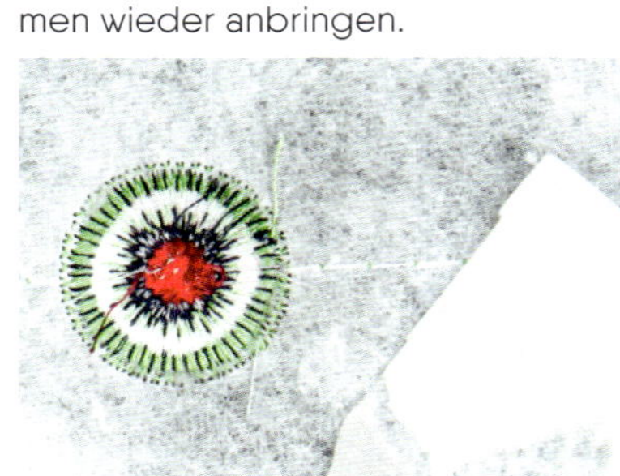

8 Die zweite und die dritte Blume werden genauso gestickt wie die erste; nur die Farbreihenfolge ist anders. Für jede Blume zuvor ein 5 cm x 5 cm großes Stück Stickvlies auf die Rückseite des Stoffes kleben. Nach der Fertigstellung der Blumen das Stickvlies jeweils vorsichtig wegreißen.

Farbreihenfolge zweite Blume:
Stopp 1: Farbe 1, Fuchsia
Stopp 2: Farbe 1, Fuchsia
Stopp 3: Farbe 2, Dunkelblau
Stopp 4: Farbe 3, Türkisblau

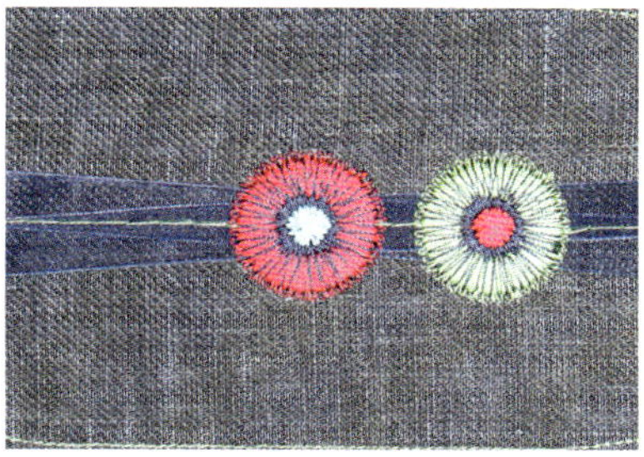

Farbreihenfolge dritte Blume:
Stopp 1: Farbe 1, Türkisblau
Stopp 2: Farbe 1, Türkisblau
Stopp 3: Farbe 2, Dunkelblau
Stopp 4: Farbe 3, Grün

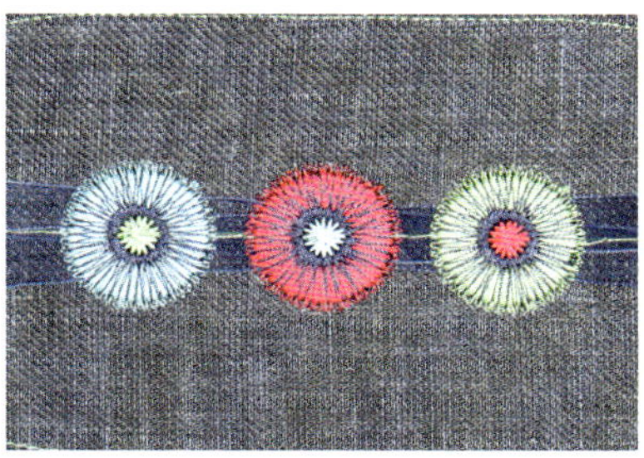

FERTIGSTELLEN

1 Den Stoff aus dem Stickrahmen nehmen. Mit einer spitzen gebogenen Stickschere nur den Unterfaden an allen drei Blumen durchschneiden.

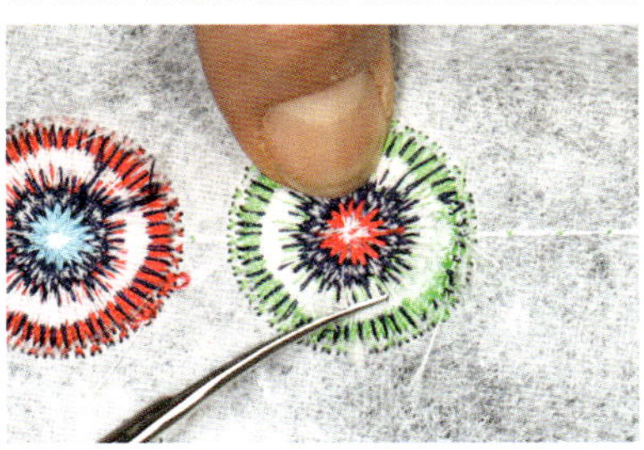

2 Den Unterfaden mit dem Finger herausreiben.

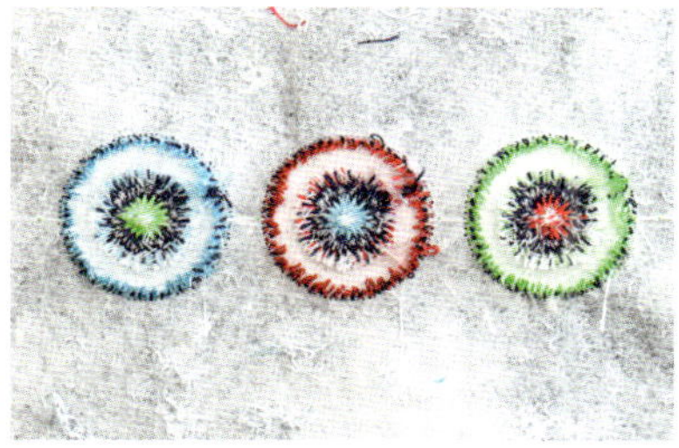

3 Mit einer stumpfen Stopfnadel oder einem Pfriem die Fäden auf der Vorderseite vorsichtig herausziehen.

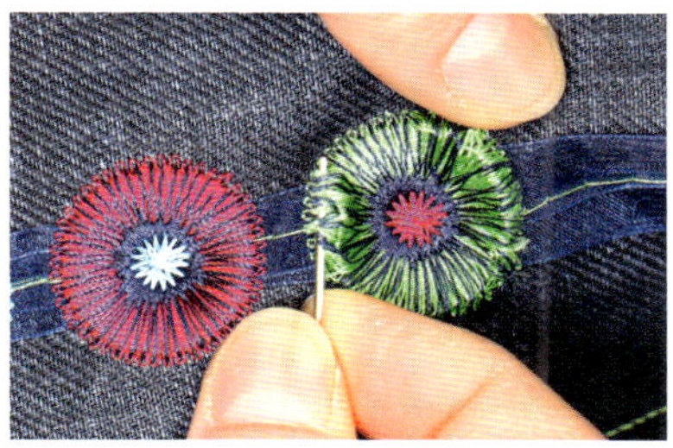

4 Die Klebestreifen abziehen, die mittleren Heftstiche trennen und das Stickvlies von der Rückseite vorsichtig wegreißen. Den Stoff bis zur Linie zurückschneiden.

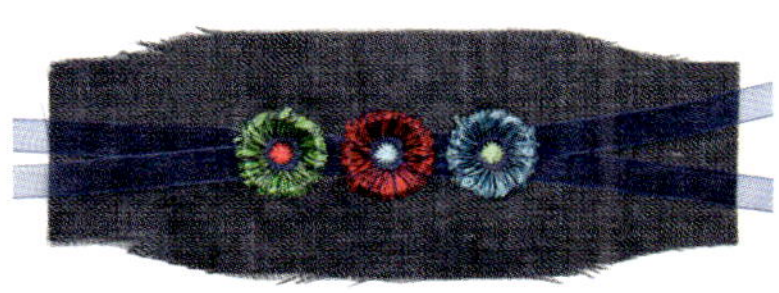

5 Eine Längskante mit 5 mm Abstand vom Muster umklappen und mit Stecknadeln fixieren.

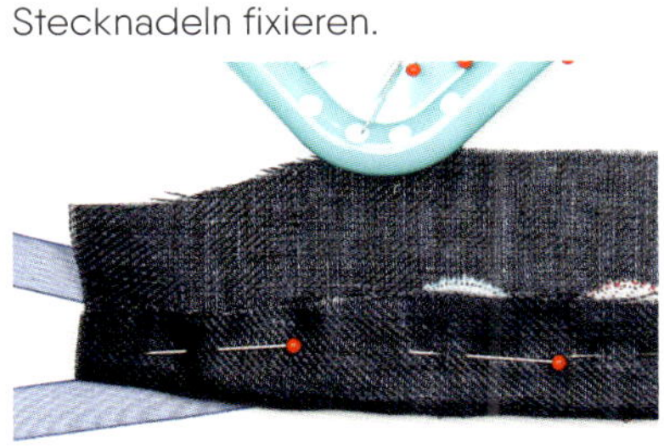

6 Die andere Längskante 1 cm einschlagen, dann umschlagen mit 5 mm Abstand vom Muster mit Stecknadeln fixieren. Die Kanten mit einigen Handstichen annähen. Das fertige Armband soll 3 cm breit sein.

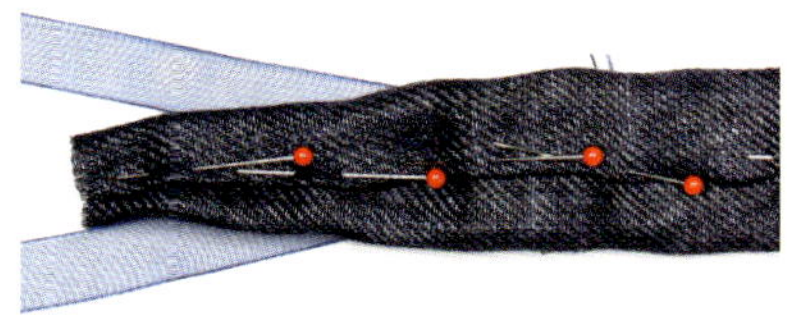

7 Jeweils zwei Perlen auf die Organzabandenden auffädeln. Das Band zurückschneiden und mit Handstichen an der Seite des Armbands fixieren.

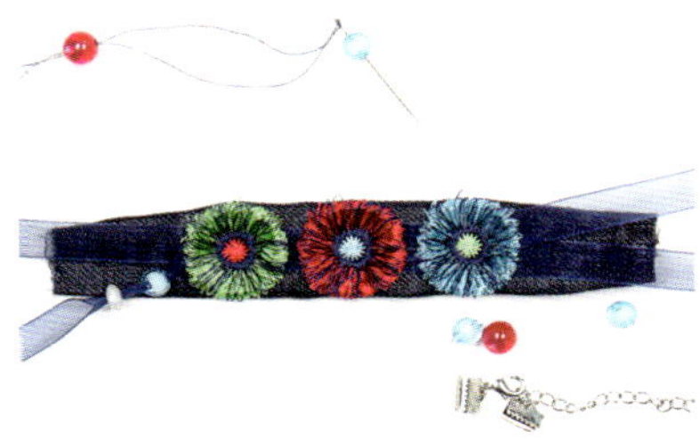

8 Die beiden Teile des Armbandverschlusses nach Herstelleranleitung an den Enden anbringen.

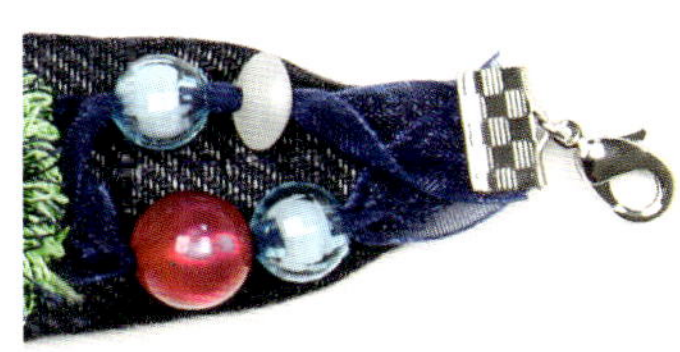

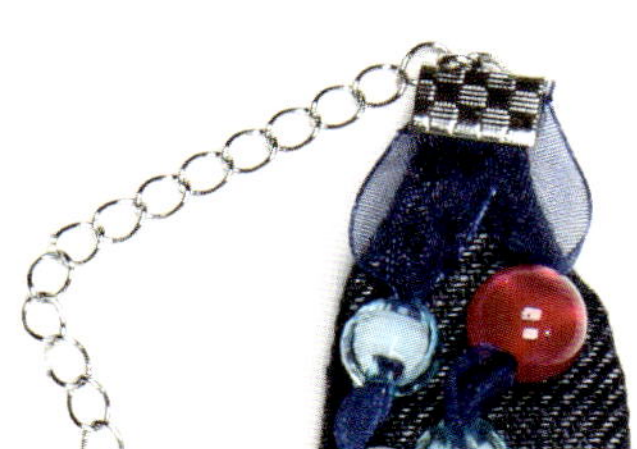

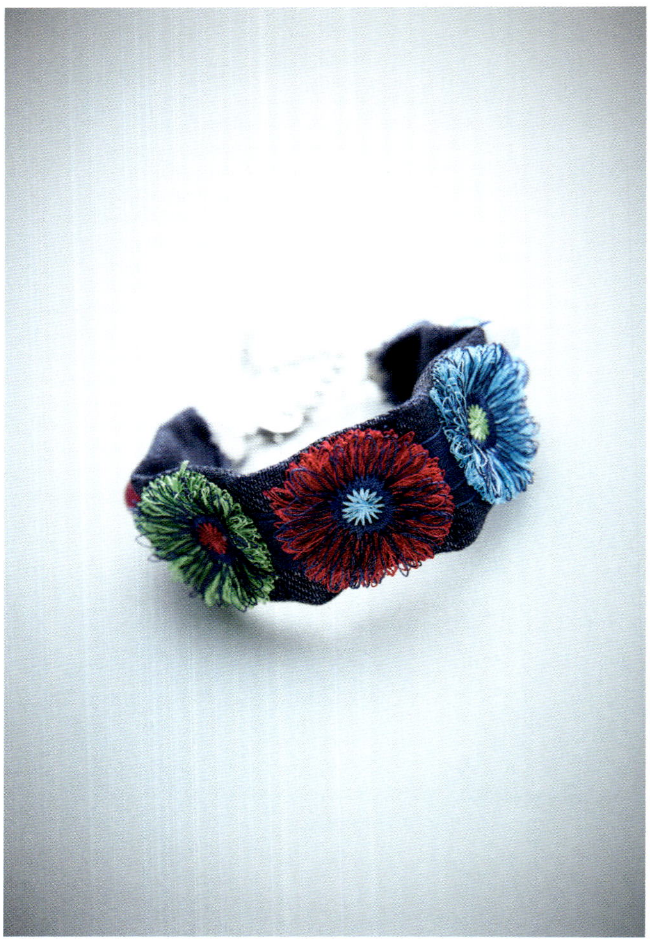

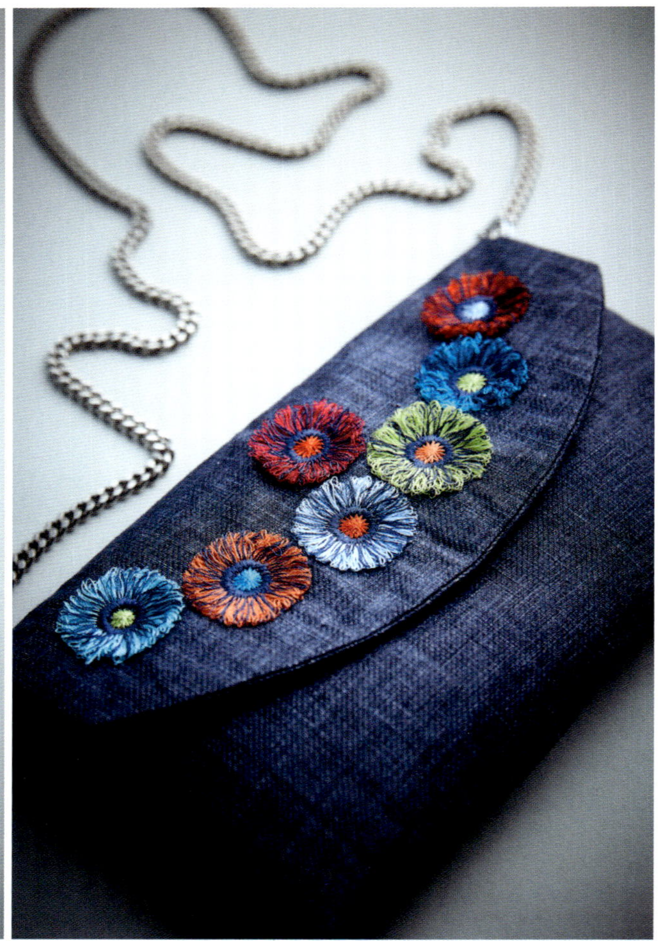

CLUTCH

VORBEREITUNG

1 Die untere Taschenklappe, die Schlaufen und die Taschenteile für das Futter mit Vlieseline G 700 unterbügeln. Auf die linke Stoffseite des Zuschnitts für die Außentasche das Volumenvlies H 630 bügeln.

2 Den Zuschnitt zum Einspannen (Besticken) mit dem Stickvlies zum Bügeln und Wegschneiden unterbügeln und im Stickrahmen einspannen.

3 Die Stickdatei Clutch_Fransenblumen im Bedienfeld öffnen.

STICKEN

HINWEIS: Die Blume wird insgesamt sieben Mal gestickt. Der Ablauf beim Sticken ist bei jeder Blume gleich. In der Anleitung ist die erste Blume Schritt für Schritt beschrieben. Bei den weiteren Blumen ist nur die Farbreihenfolge angegeben.

1 **FARBE 1, TÜRKIS**
Die Maschine stickt den unteren Kreis der ersten Blume und stabilisiert den Stoff.

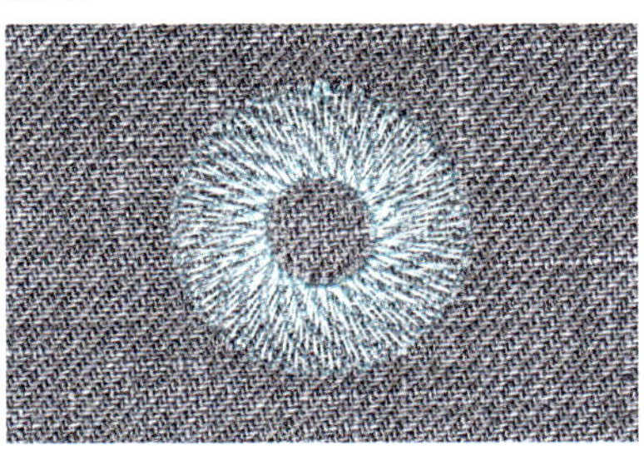

Nach dem Sticken den Stickrahmen aus der Maschine nehmen. Ein 5 cm x 5 cm großes Stück Stickvlies mit Sprühkleber auf die linke Stoffseite unter den Kreis kleben.

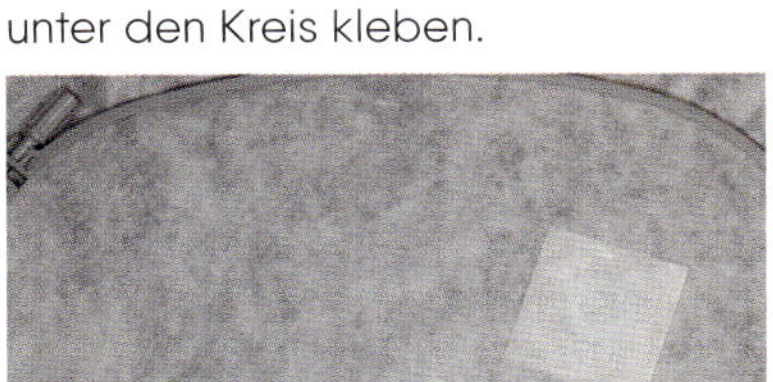

2 **FARBE 1, TÜRKIS**
Den Stickrahmen an der Maschine anbringen. Nach dem Starten wird der zweite Kreis gestickt. Das werden später die Fransen.

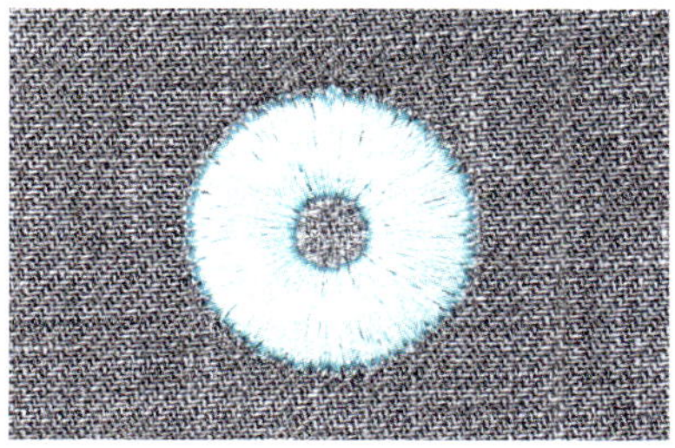

3 **FARBE 2, DUNKELBLAU**
Die Maschine stickt einige Stiche über der zweiten Lage der Blume, anschließend den Kreis.

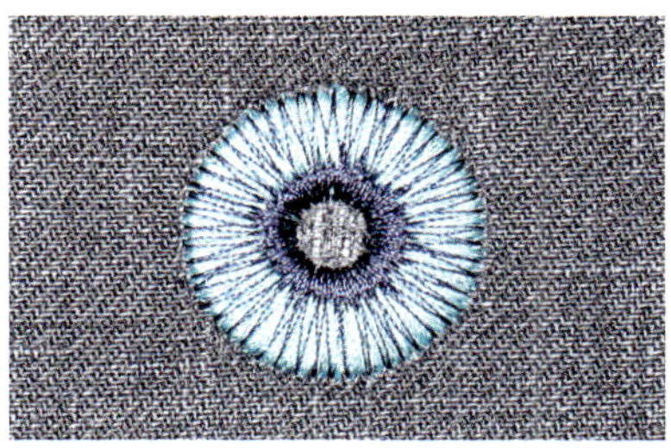

4 **FARBE 3, HELLGRÜN**
Die Mitte der Blume wird gestickt.

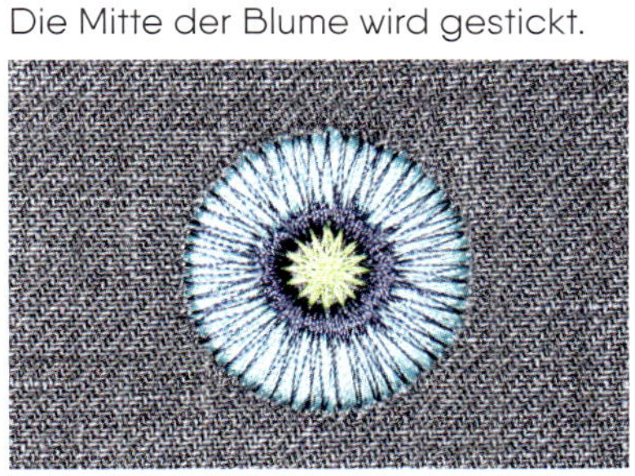

5 Den Stickrahmen aus der Maschine nehmen und das Stickvlies auf der linken Stoffseite vorsichtig wegreißen. Den Stickrahmen wieder an der Maschine anbringen.

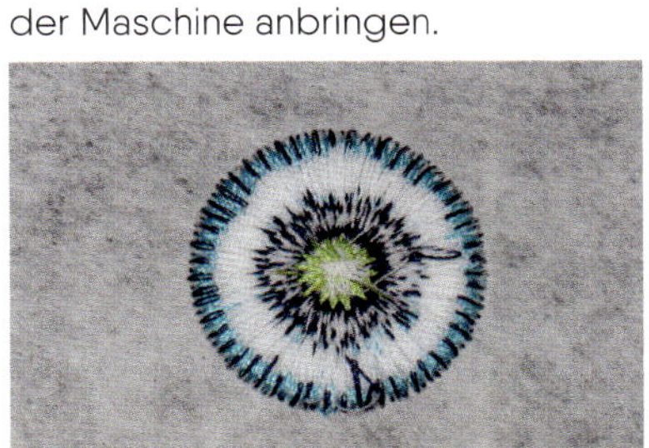

6 Die zweite Blume mit folgenden Farben sticken:
Stopp 1 Farbe 1, Orange
Stopp 2: Farbe 1, Orange
Stopp 3: Farbe 2, Dunkelblau
Stopp 4: Farbe 3, Petrol

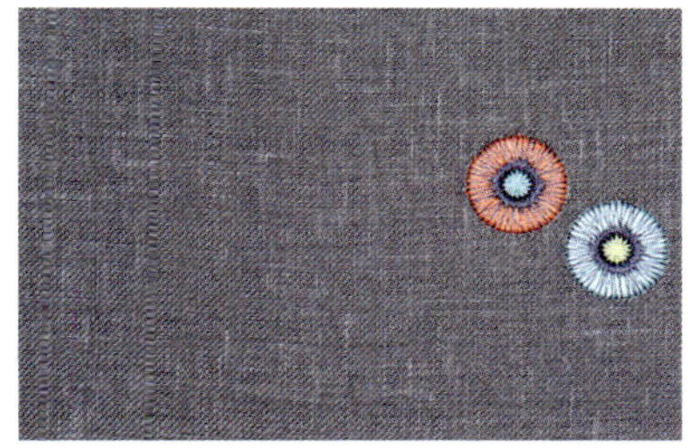

7 Die dritte Blume mit folgenden Farben sticken:
Stopp 1: Farbe 1, Hellblau
Stopp 2: Farbe 1, Hellblau
Stopp 3: Farbe 2, Dunkelblau
Stopp 4: Farbe 3, Fuchsia

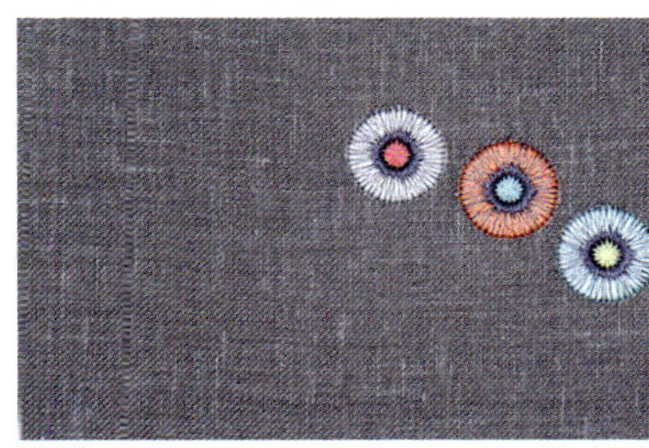

8 Die vierte Blume mit folgenden Farben sticken:
Stopp 1: Farbe 1, Hellgrün
Stopp 2: Farbe 1, Hellgrün
Stopp 3: Farbe 2, Dunkelblau
Stopp 4: Farbe 3, Orange

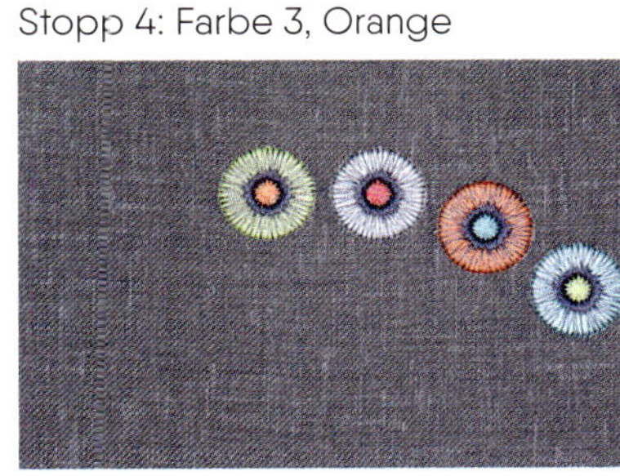

9 Die fünfte Blume mit folgenden Farben sticken:
Stopp 1: Farbe 1, Petrol
Stopp 2: Farbe 1, Petrol
Stopp 3: Farbe 2, Dunkelblau
Stopp 4: Farbe 3, Hellgrün

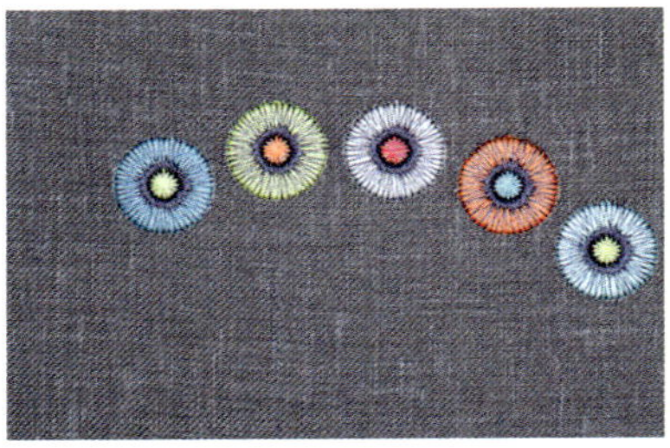

10 Die sechste Blume mit folgenden Farben sticken:
Stopp 1: Farbe 1, Rot
Stopp 2: Farbe 1, Rot
Stopp 3: Farbe 2, Dunkelblau
Stopp 4: Farbe 3, Hellblau

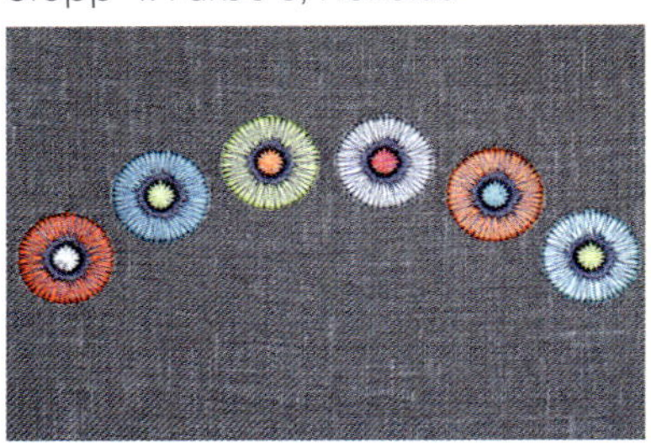

11 Die siebte Blume mit folgenden Farben sticken:
Stopp 1: Farbe 1, Fuchsia
Stopp 2: Farbe 1, Fuchsia
Stopp 3: Farbe 2, Dunkelblau
Stopp 4: Farbe 3, Rot

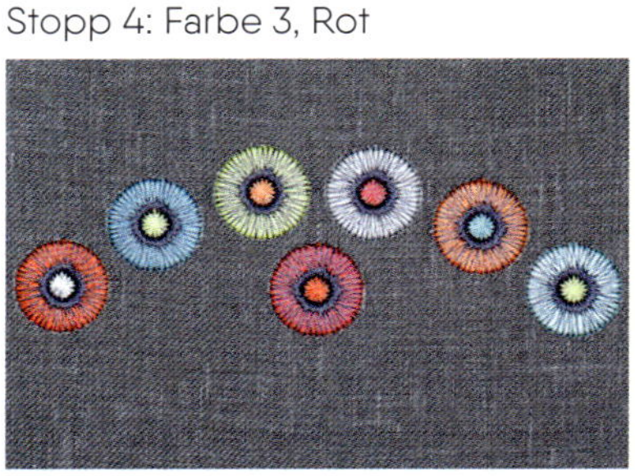

NÄHEN

1 Den bestickten Stoff aus dem Rahmen nehmen. Das Stickvlies bleibt auf der Stoffrückseite. Den Stoff glatt bügeln.

2 Das Schnittmuster für die Taschenklappe auf das gestickte Stoffteil legen und die Klappe zuschneiden.

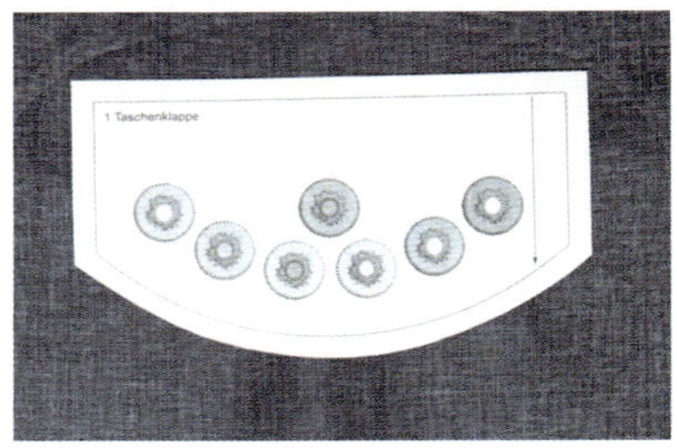

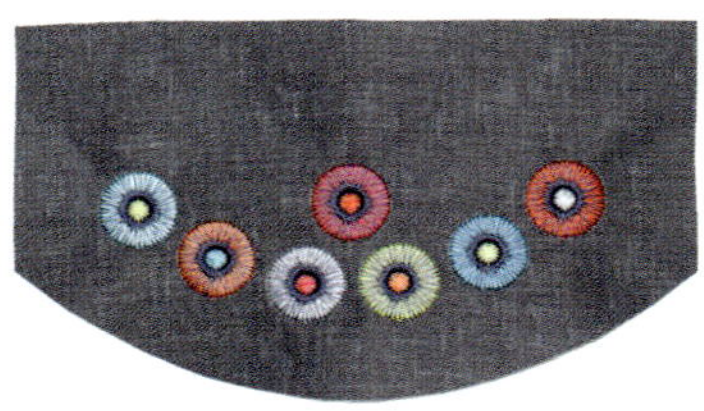

3 Mit einer spitzen Stickschere den Unterfaden unter dem Kreis an allen Blumen durchschneiden. Danach den Unterfaden mit den Fingern herausreiben.

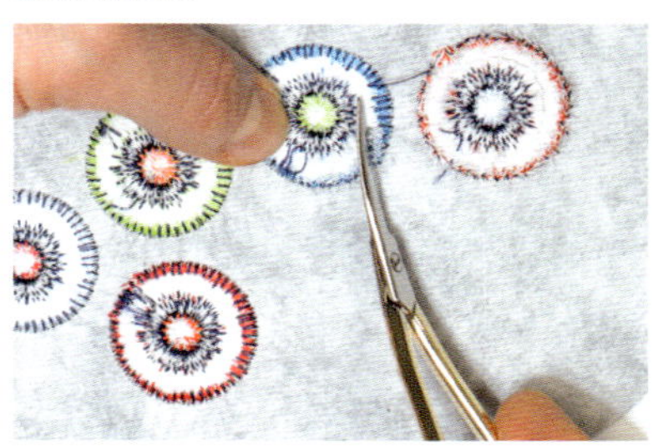

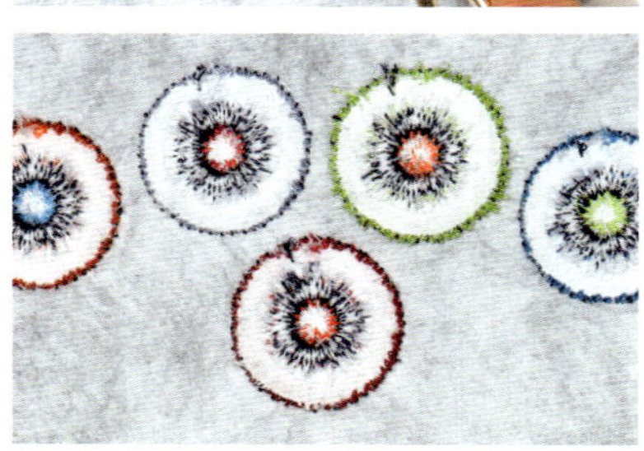

4 Mit einer stumpfen Stopfnadel oder einem Pfriem die Fäden auf der Vorderseite vorsichtig herausziehen.

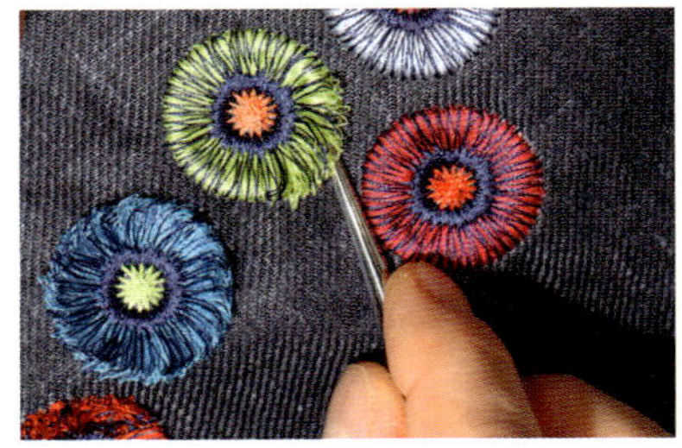

5 Die Zuschnitte für die Taschenklappe rechts auf rechts legen. An den Seiten und an der Rundung zusammennähen. Die Nahtzugaben an der Rundung einschneiden, an den Ecken schräg zurückschneiden und ausbügeln. Die Taschenklappe wenden und bügeln.

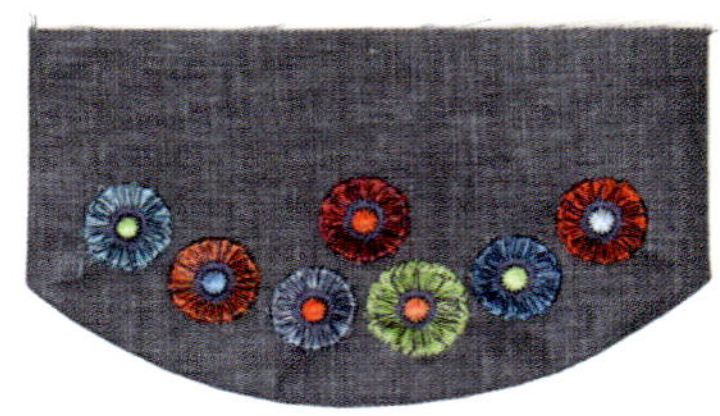

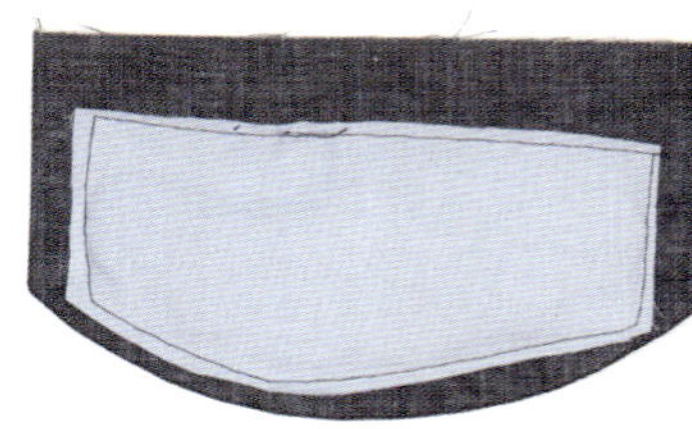

MEIN TIPP

Damit Sie nicht aus Versehen beim Wenden der Tasche an den Fransen hängenbleiben, können Sie ein Stück Baumwollstoff über die Fransen legen und mit langem Geradstich (Stichlänge 6 mm) mit der Nähmaschine festnähen.

6 Die Schlaufenteile jeweils mittig rechts auf rechts falten und an der langen Kante zusammennähen. Die Nahtzugaben auf 5 mm zurückschneiden und ausbügeln. Die Schlaufen wenden und bügeln.

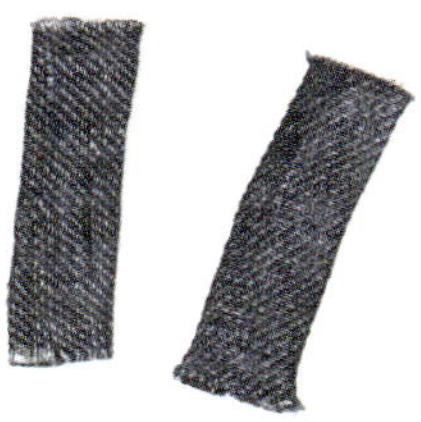

7 Die Stoffstücke für das Taschenfutter rechts auf rechts legen und die Bodennaht schließen, dabei die Wendeöffnung markierungsgemäß offen lassen. Die Nahtzugaben ausbügeln.

8 Die Seitennähte des Taschenfutters schließen. Die Nahtzugaben ausbügeln. Die Stofflagen an den inneren Ecken auseinanderziehen und Seitennaht und Bodennaht aufeinanderlegen. Die Kante an der inneren Ecke mit 1 cm Nahtzugabe zusammennähen. Die Naht bügeln und die Nahtzugaben zurückschneiden.

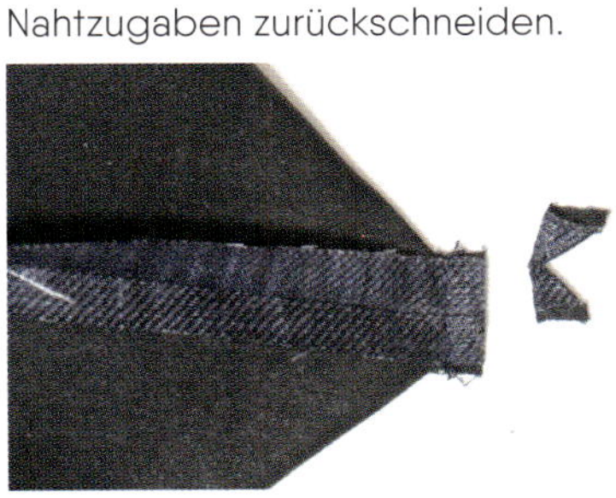

9 Die Stepplinien vom Schnittmuster auf die Außentasche übertragen. Die Linien mit Geradstich (Stichlänge 3 mm) nachsteppen.

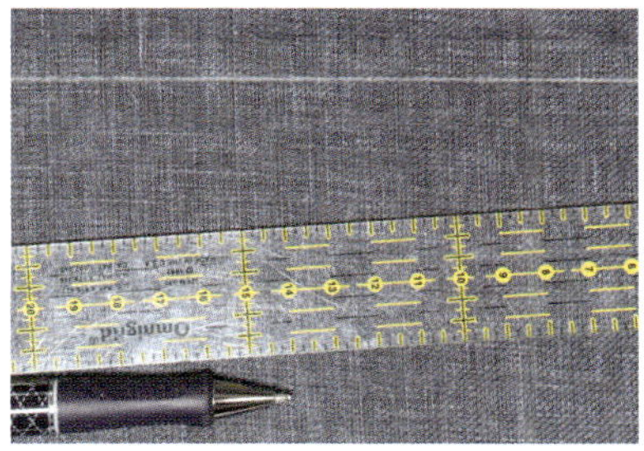

10 Die Seitennähte der Außentasche schließen und die Nahtzugaben ausbügeln.

11 Die Stofflagen auseinanderziehen und die Seitennähte auf den Stoffbruch am Taschenboden stecken. Im Abstand von 1 cm zur Spitze eine Naht quer steppen. Die Nahtzugabe zurückschneiden. Die Tasche wenden.

12 Eine Schlaufe an den kurzen Kanten zusammenlegen, die Naht zeigt dabei nach innen. Die Schlaufe bündig zur oberen Taschenkante mittig über der Seitennaht fixieren. Die andere Schlaufe genauso formen und auf der anderen Seite fixieren. Mit einigen Stichen heften.

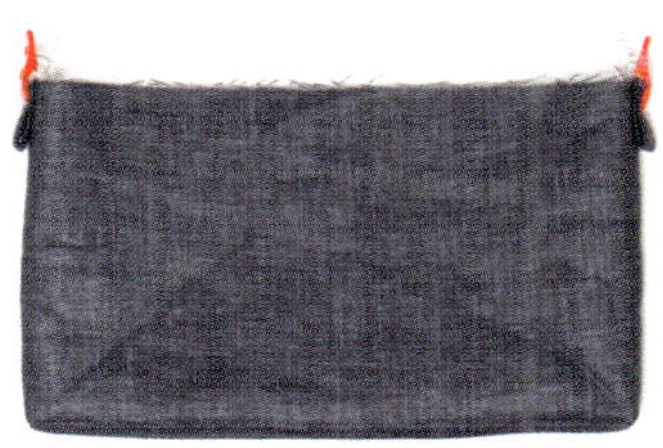

13 Die Taschenklappe rechts auf rechts und bündig an die hintere Taschenoberkante stecken und annähen.

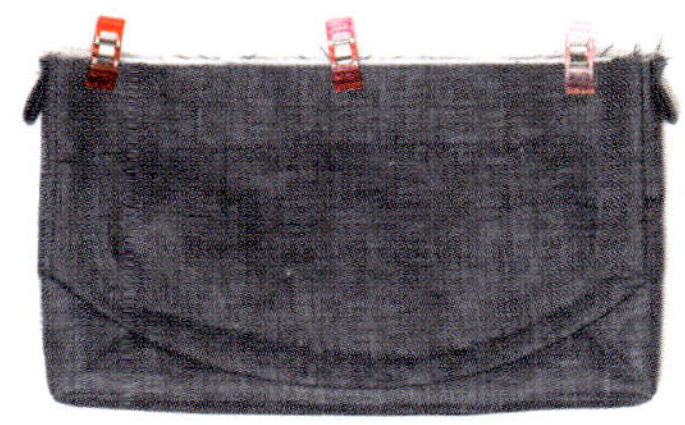

14 Das Futter rechts auf rechts über die Tasche stülpen, an der Oberkante mit Stecknadeln fixieren und annähen.

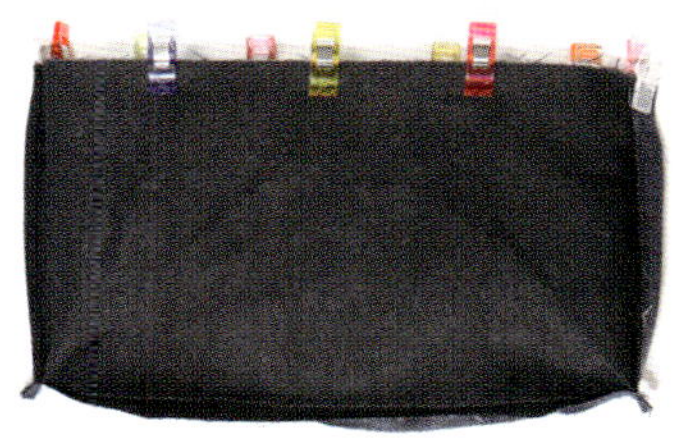

15 Die Naht ausbügeln, die Tasche durch die Wendeöffnung wenden und bügeln. Die Wendeöffnung mit Handstichen oder mit der Nähmaschine schließen. Das Futter in die Tasche schieben.

16 Den Schutzstoff von der Klappe trennen. Danach die Ringe mit der Kette durch die Schlaufen einfädeln.

17 Die Teile des Magnetverschlusses auf der Tasche und auf der Klappe von Hand annähen.

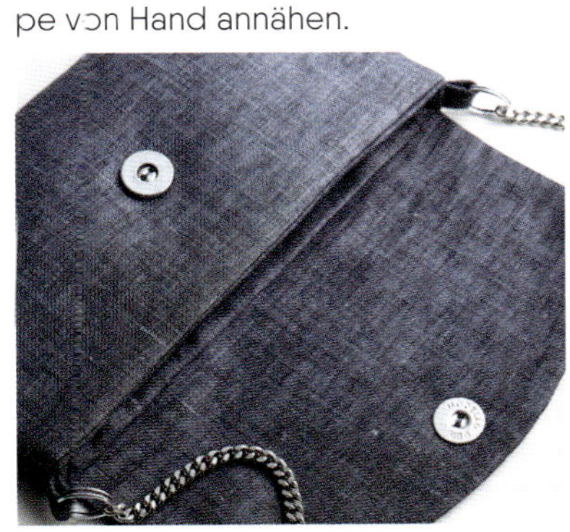

KISSENHÜLLEN MIT BLÄTTERSTICKEREI

Als trendiges „Outfit" für Sofa und Lounge lassen sich die Kissen mit der Blätterbordüre toll in Szene setzen. Verleihen Sie Ihrer Kuschelecke mit den beiden Kissen einen edlen Touch oder machen Sie gleich einen ganzen Schwung Kissen für die Sommerlounge auf dem Balkon.

SCHWIERIGKEIT 3

GRÖSSE

40 cm x 40 cm

MATERIAL (für 2 Kissen)

STOFF

- Kissenstoff: Walkstoff, Strickstoff oder Leinenstoff, 130 cm breit, 1 m
- Applikationsstoff: gemusterter Tüll, unifarbener Tüll und Organza, 120 cm breit, je 20 cm

AUSSERDEM

- 2 feine Reißverschlüsse mit Schieber, 45 cm lang
- 45 cm Kantenband (Vlieseline), 1,7 m lang

STICKVLIES UND GARN

- Stickvlies:
  Stickvlies zum Kleben und Wegreißen (Filmoplast), 60 cm breit, 1,80 m
  dünne auswaschbare Stickfolie (Avalon oder Solvy), 4x 15 cm x 15 cm
- Oberfaden: Maschinenstickgarn in Hellgrün und Dunkelgrün
- Unterfaden: Stickunterfaden
- farblich passendes Nähgarn

STICKDATEIEN

KISSEN MIT BORDÜRE

- Blaetter_Borduere_01
  Abmessungen: 122,5 mm x 155,9 mm
- Blaetter_Borduere_02
  Abmessungen: 124,7 mm x 175,7 mm
- Blaetter_Borduere_03
  Abmessungen: 126,2 mm x 156,7 mm
- Blaetter_Borduere_04
  Abmessungen: 125,9 mm x 165,3 mm

KISSEN MIT ZWEI BLÄTTERN

- Blatt_1
  Abmessungen inkl. Platzierungsmarker: 138,6 mm x 212,6 mm
  Abmessungen Stickdatei: 134,8 mm x 172,3 mm
- Blatt_2
  Abmessungen inkl. Platzierungsmarker: 147,3 mm x 160,9 mm
  Abmessungen Stickdatei: 137,5 mm x 160,9 mm

ZUSCHNITT

Die Maßangaben enthalten 1 cm Nahtzugabe.

- Kissenstoff
  2x Vorderteil, 50 cm x 50 cm
  4x Rückteil, 42 cm x 21,5 cm
- Gemusterter Tüll
  8x Quadrat, 12 cm x 12 cm
  2x Quadrat, 18 cm x 18 cm
- Unifarbener Tüll
  4x Quadrat, 12 cm x 12 cm
  1x Quadrat, 18 cm x 18 cm
- Organza
  8x Quadrat, 12 cm x 12 cm
  2x Quadrat, 18 cm x 18 cm

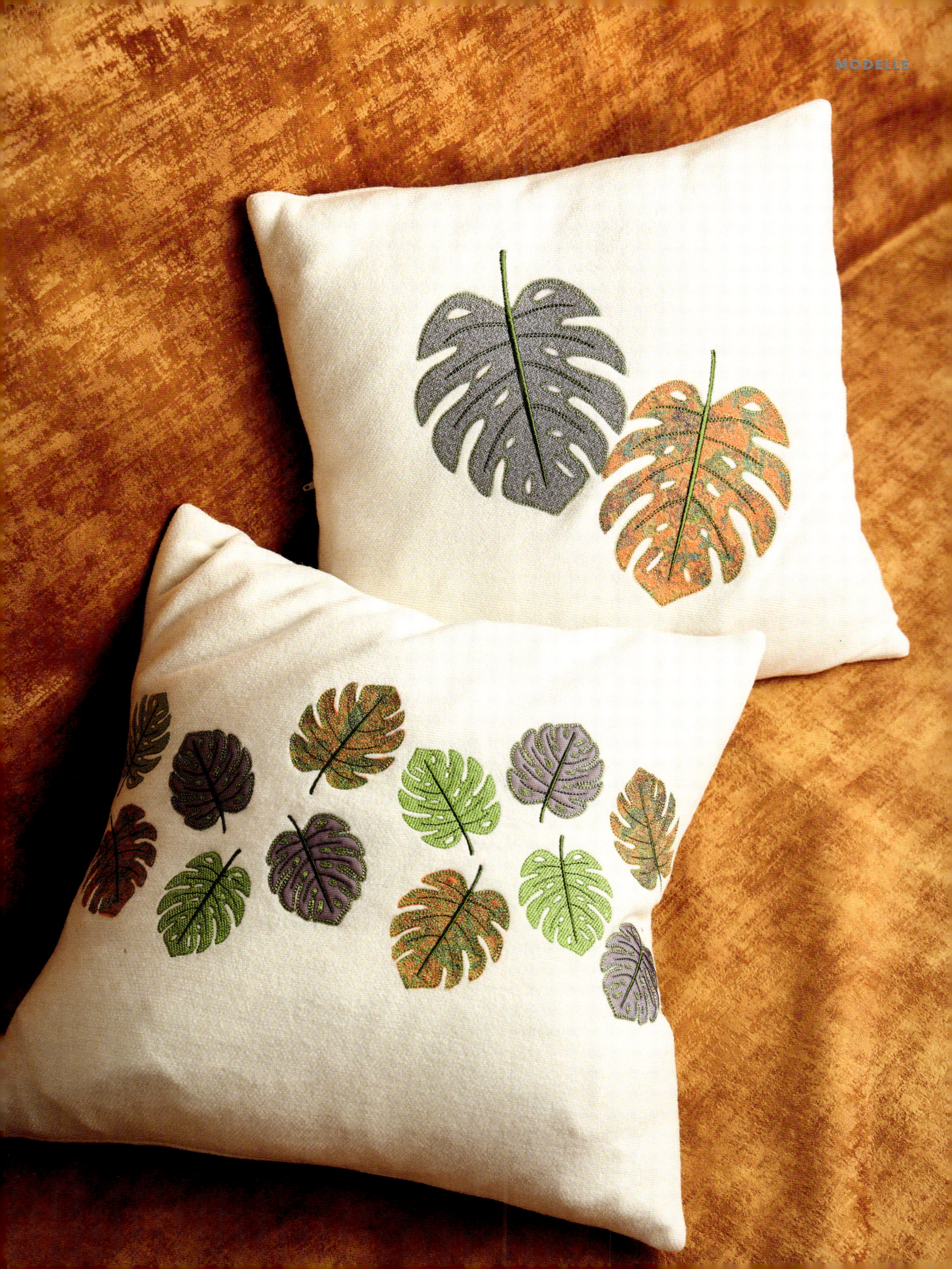

KISSEN MIT BLÄTTER-BORDÜRE

HINWEISE: Die Bordüre ist 38 cm x 17,7 cm groß und besteht aus vier Teilen, die nacheinander gestickt werden. Um das Muster ansetzen und genau platzieren und umspannen zu können, werden Platzierungspunkte gestickt. Nach dem Sticken werden diese Platzierungspunkte aufgetrennt.

Die Bordüre besteht aus drei verschiedenen Blättern, die sich beim Sticken wiederholen. Das Sticken der Blätter des ersten Teils ist Schritt für Schritt beschrieben. Ab dem zweiten Teil der Bordüre wird nur die Reihenfolge der Blätter beschrieben.

Das erste Blatt wird mit dem gemusterten Tüll gestickt.

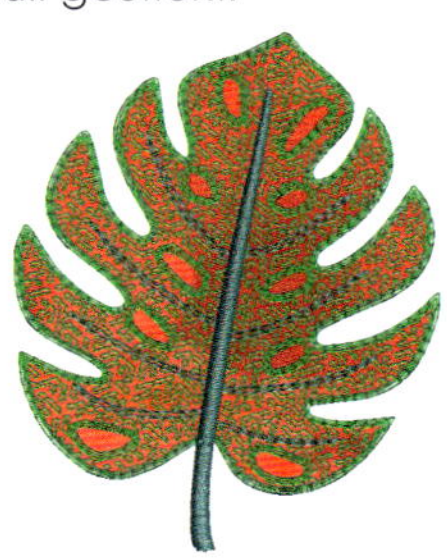

Das zweite Blatt wird mit dem unifarbenen Tüll und Organza gestickt.

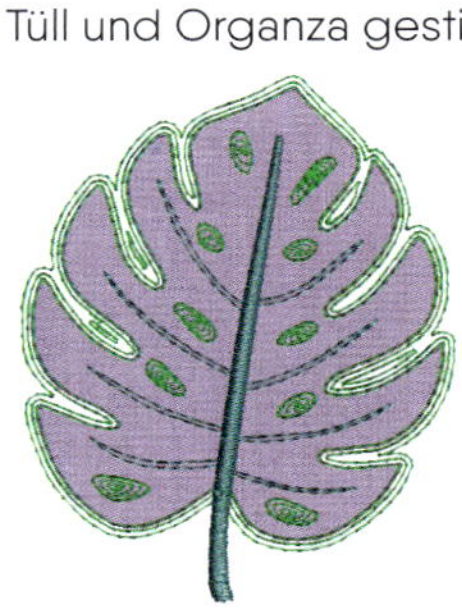

Das dritte Blatt ist voll ausgestickt.

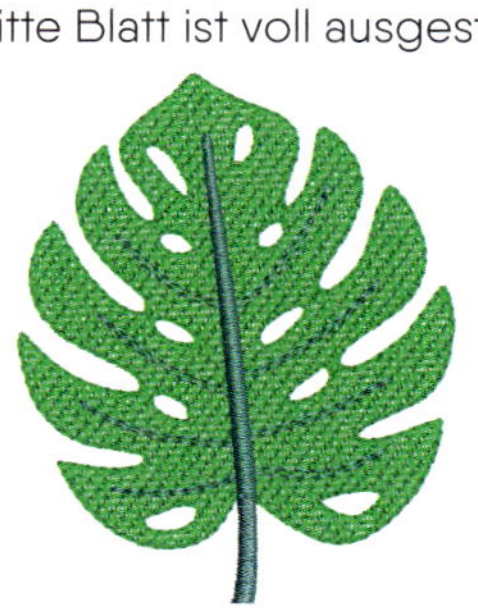

ERSTER TEIL DER BORDÜRE

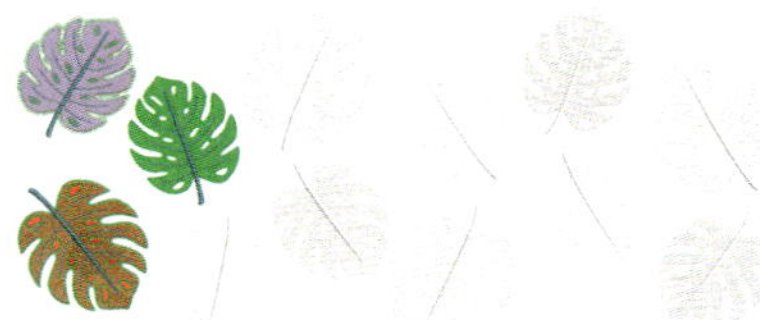

HINWEIS: Die Platzierungspunkte werden mit einigen langen Stichen gestickt. Am Musteranfang werden sie in der Maschine grün angezeigt, am Ende des Musters werden sie rot angezeigt. Diese Farbanzeige ist eine optische Hilfe. Zum Sticken wird die Farbe eingefädelt, die gerade im Muster gebraucht wird.

VORBEREITUNG

1 Filmoplast mit der Papierseite nach oben im Rahmen einspannen. Mit einer Stecknadel das Papier vorsichtig einritzen und abziehen.

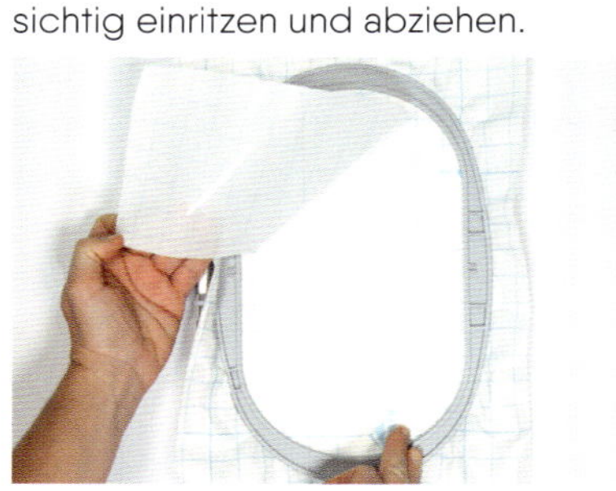

2 In der Mitte des Stoffquadrats für das Vorderteil des Kissens eine Linie auf der linken Stoffseite ziehen. Dann im Abstand von 6 cm von der Kante entfernt einen Punkt markieren.

3 Die Stickdatei Blaetter_Bordue-re_01 im Bedienfeld der Maschine öffnen.

STICKEN

1 **P_FARBE 1, HELLGRÜN**
Den Stickrahmen an der Maschine anbringen und die Maschine starten. Die Platzierungspunkte werden direkt auf das Stickvlies gestickt.

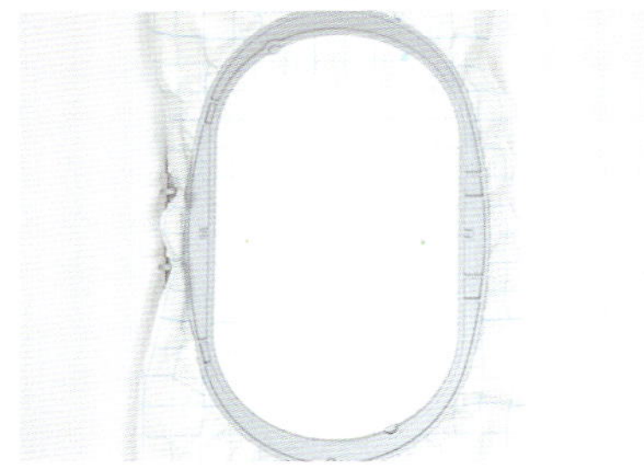

Den Stickrahmen aus der Maschine nehmen. Das Vorderteil mit der rechten Stoffseite nach oben so auf das Stickvlies kleben, dass der markierte Punkt den linken Platzierungsmarker trifft. Die markierte Mittellinie im Stoff verläuft über den rechten Platzierungsmarker.

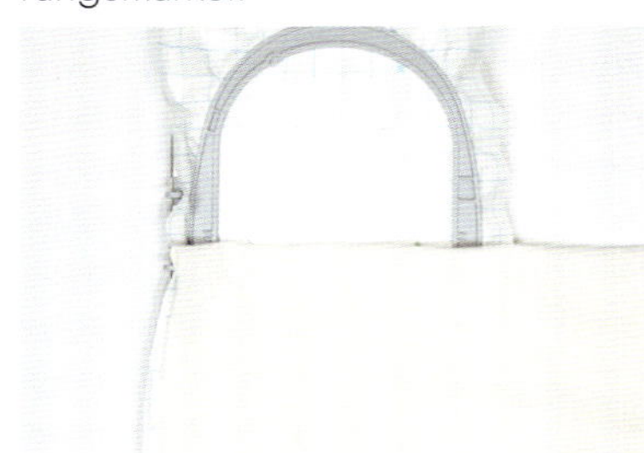

Den Rahmen an der Maschine anbringen.

MEIN TIPP

Fixieren Sie den Stoff zusätzlich mit dem Heftstich Ihrer Maschine. Bei den meisten Maschinen ist ein Heftstich zum Annähen des Stoffes im Stickrahmen integriert. Diese Funktion befindet sich bei den meisten Maschinen direkt im Bedienfeld des Anzeigefensters.

Wählen Sie den Heftstich an und starten Sie die Maschine. Der Stoff wird mit einem großen Geradstich auf dem Stickvlies fixiert.

2 A_FARBE 1, HELLGRÜN

Die Maschine für das erste Blatt starten. Die Platzierungslinie für die Applikation wird genäht.

Zwei 12 cm x 12 cm große Quadrate des gemusterten Tülls über die Platzierungslinie legen und mit Klebestreifen an den Ecken fixieren.

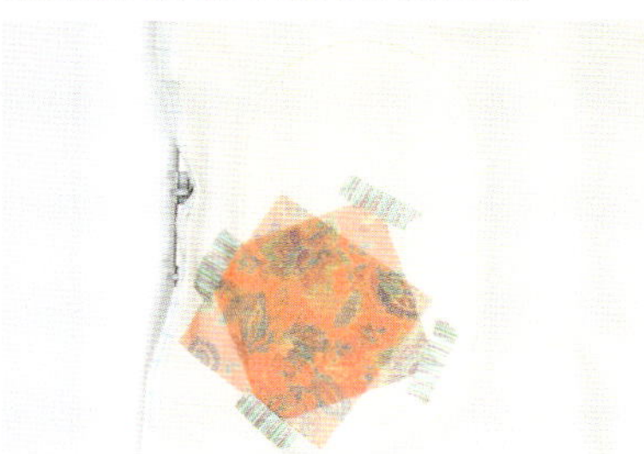

3 A_FARBE 1, HELLGRÜN

Nach dem Starten näht die Maschine den Tüll an. Den Stickrahmen aus der Maschine nehmen. Den Tüll bis zur Linie zurückschneiden und den Rahmen wieder anbringen.

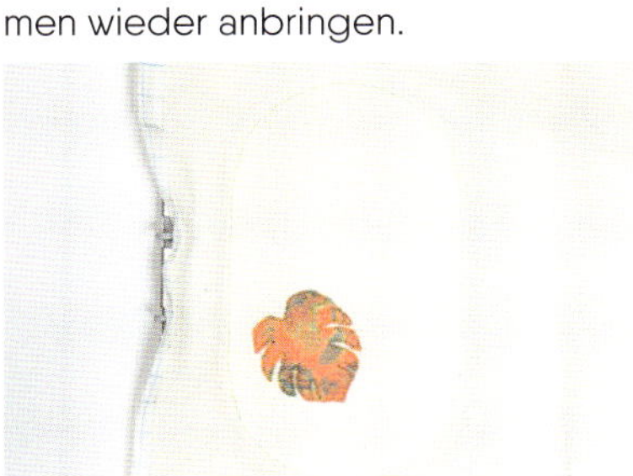

4 S_FARBE 1, HELLGRÜN

Die Maschine stickt die Fläche des Blatts aus.

5 S_FARBE 2, DUNKELGRÜN

Die Maschine stickt die Blattadern.

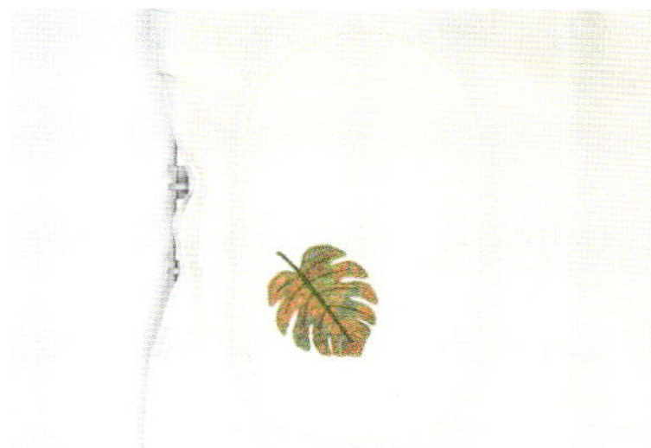

6 A_FARBE 1, HELLGRÜN

Für das zweite Blatt die Maschine starten. Zuerst wird die Platzierungslinie gestickt.

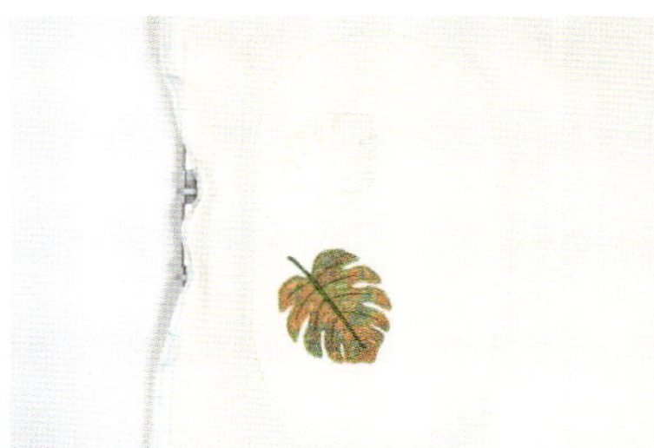

7 A_FARBE 1, HELLGRÜN

Zwei 12 cm x 12 cm große Stücke Organza und ein Quadrat aus unifarbenem Tüll über die Platzierungslinie legen und mit Klebestreifen fixieren. Die Maschine starten. Die Stofflagen werden angenäht.

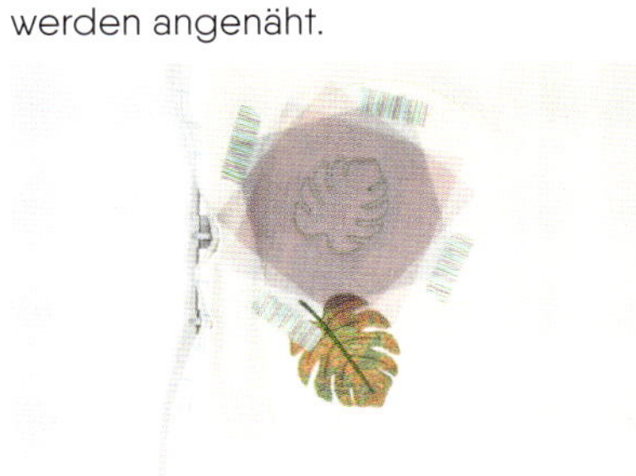

8 A_FARBE 1, HELLGRÜN

Den Stickrahmen aus der Maschine nehmen. Den Tüll bis zur Linie zurückschneiden. Den Rahmen wieder anbringen und die Maschine starten. Die Maschine stickt die Umrandung und die Details im Blatt.

9 S_FARBE 2, DUNKELGRÜN

Die Maschine stickt die Blattadern.

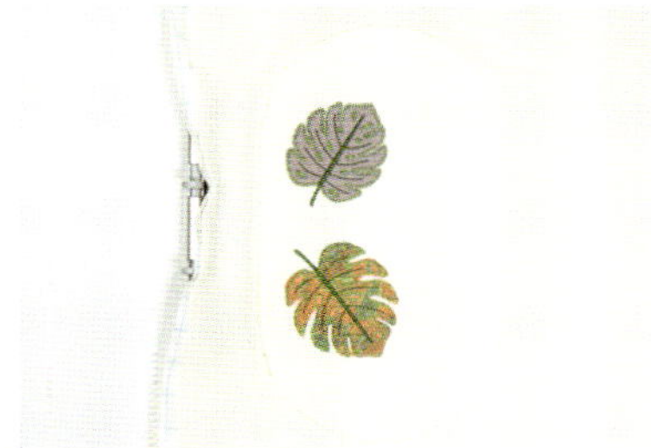

10 A_FARBE 1, HELLGRÜN

Für das dritte Blatt ein 15 cm x 15 cm großes Quadrat Stickfolie zum Auswaschen rechts der Blätter mit Klebestreifen fixieren. Die Folie verhindert bei dem flauschigen Stoff, dass der Stickfaden ins Material hineinschlüpft. Die Stickerei wird klarer und schöner gestickt.

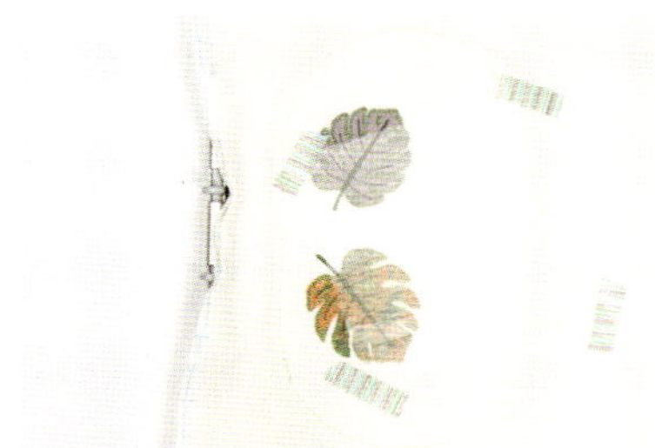

Die Geschwindigkeit der Maschine reduzieren und starten. Die dünne Folie wird mit einem langen Geradstich aufgeheftet. Anschließend die Folie bis auf ca. 1 cm vor der Linie zurückschneiden.

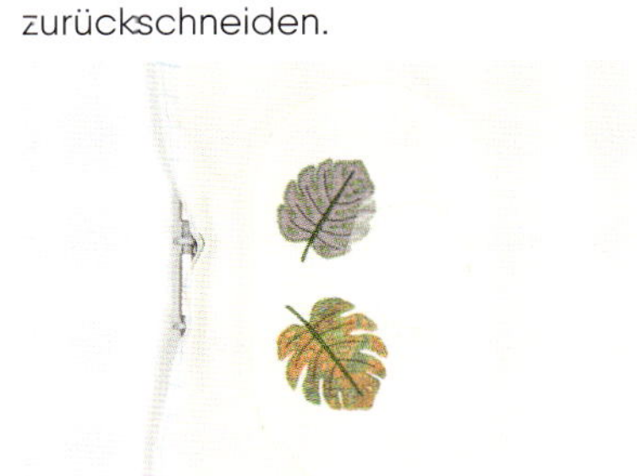

11 S_FARBE 1, HELLGRÜN

Die Maschine stickt das Blatt.

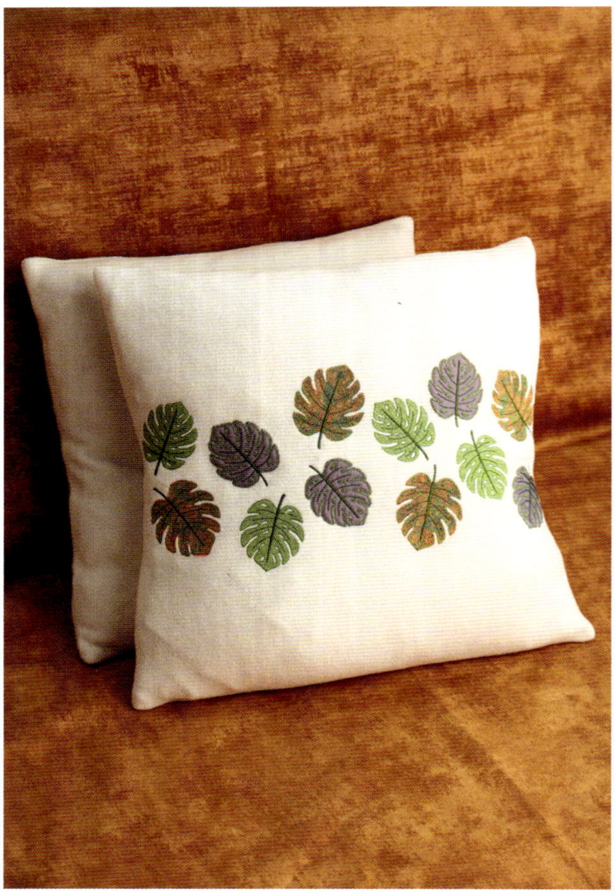
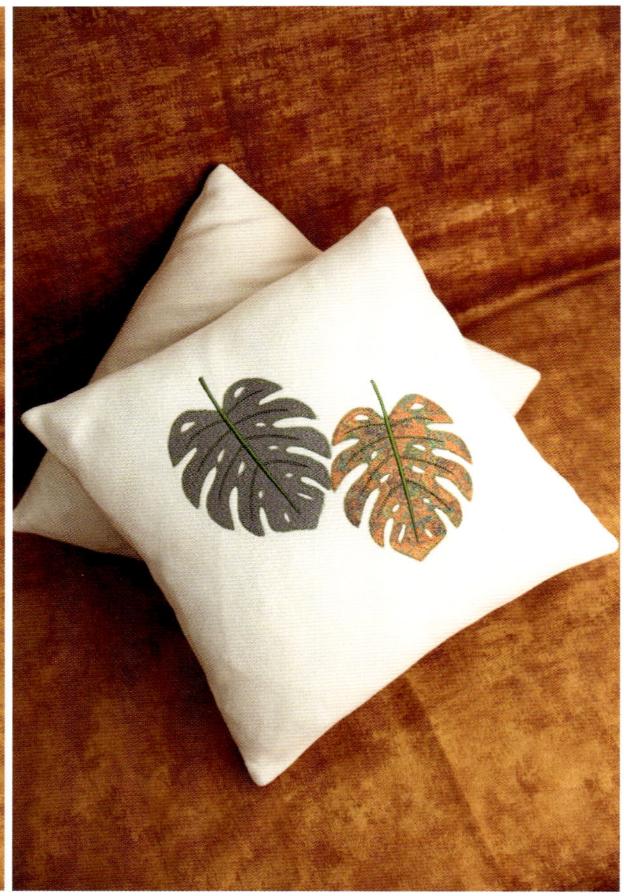

12 **S_FARBE 2, DUNKELGRÜN**
Die Maschine stickt die Blattadern.

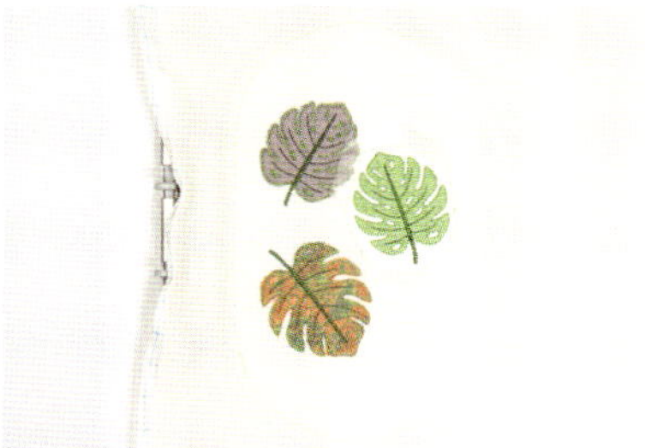

13 **P_FARBE 2, DUNKELGRÜN**
Die Platzierungspunkte für die nächsten Blätter werden gestickt.

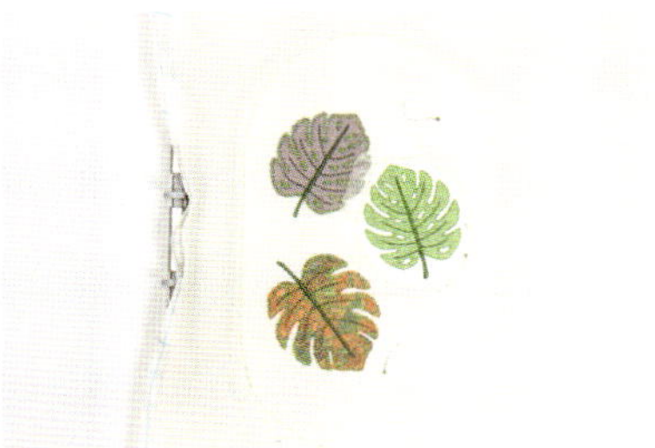

14 Den Stickrahmen aus der Maschine nehmen. Die Heftstiche von der Rückseite her auftrennen und den Stoff aus dem Rahmen nehmen. Die auswaschbare Folie vorsichtig wegreißen. Das Stickvlies großzügig um das Muster herum von der Stoffrückseite wegreißen. Unter den Platzierungspunkten soll das Stickvlies bleiben.

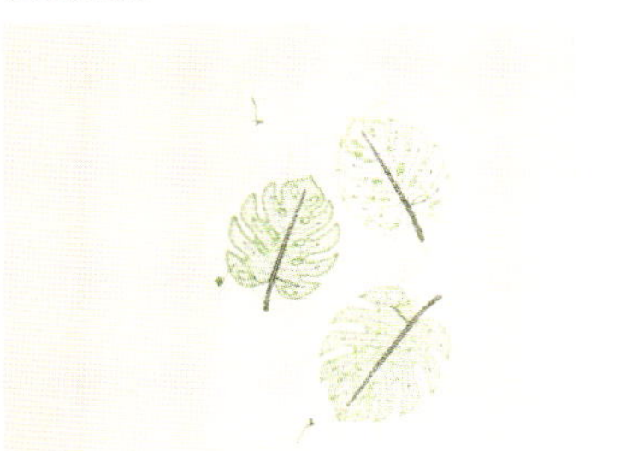

ZWEITER TEIL DER BORDÜRE

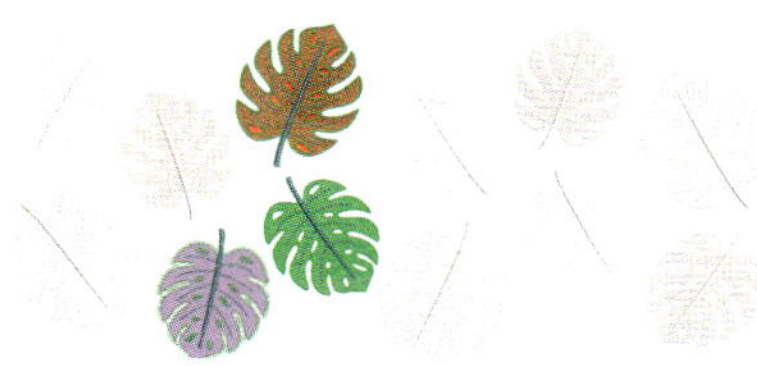

VORBEREITUNG

1 Die Stickdatei Blaetter_Borduere_02 im Bedienfeld der Maschine öffnen.

2 Filmoplast mit der Papierseite nach oben im Rahmen einspannen. Mit einer Stecknadel das Papier vorsichtig einritzen und abziehen.

STICKEN

1 **P_FARBE 1, HELLGRÜN**
Den Stickrahmen anbringen und die Maschine starten. Es werden Platzierungspunkte direkt auf das Stickvlies gestickt.

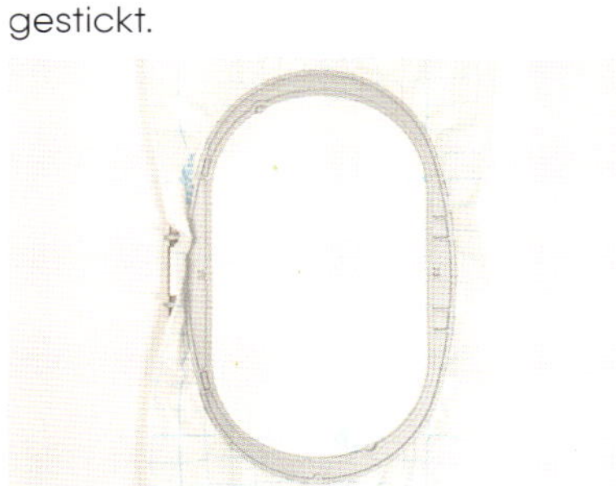

2 Den Stickrahmen aus der Maschine nehmen. Den Stoff auf das Stickvlies kleben. Dabei auf die Platzierungspunkte achten: Die zuletzt gestickten Punkte des ersten Teils der Bordüre sollen auf die Platzierungspunkte, die auf dem Stickvlies sind, treffen.

MEIN TIPP

Eine Stecknadel, die Sie durch die Punkte stechen, erleichtert die Kontrolle, ob die Punkte übereinander liegen. Falls die Punkte sich nicht treffen, ziehen Sie den Stoff vom Stickvlies ab und kleben ihn erneut richtig auf.

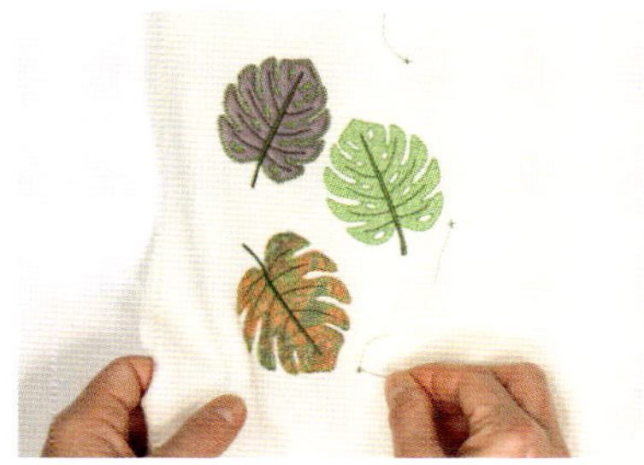

3 Den Stickrahmen an der Maschine anbringen. Den Heftstich wählen und die Maschine starten. Die Blätter werden wie beim ersten Teil beschrieben gestickt.

4 Das zweite Blatt mit unifarbenem Tüll und Organza sticken.

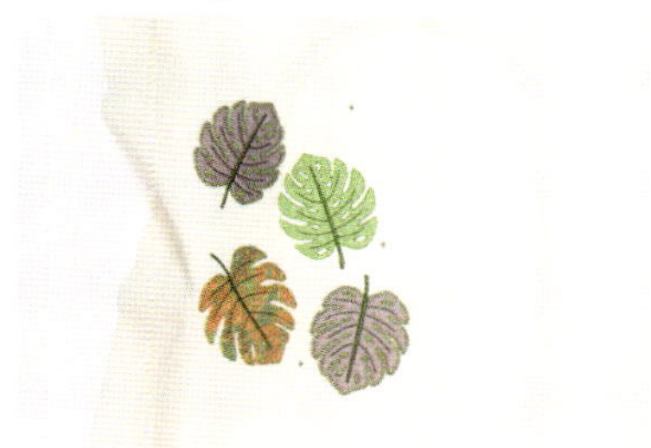

5 Das erste Blatt mit dem gemusterten Tüll sticken.

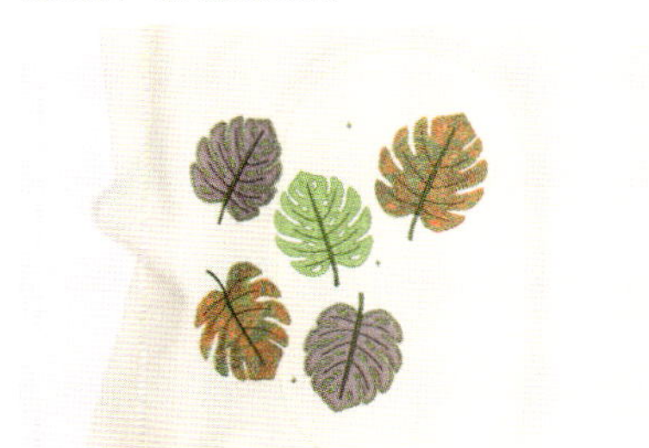

6 Das dritte Blatt sticken.

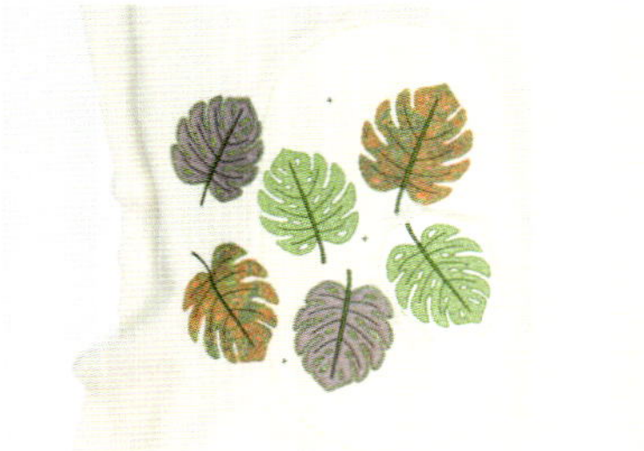

7 Zum Schluss werden die Platzierungspunkte für den nächsten Rahmen gestickt.

8 Den Stickrahmen aus der Maschine nehmen. Die Heftstiche von der Rückseite her auftrennen und den Stoff aus dem Rahmen nehmen. Das Stickvlies großzügig um das Muster herum von der Stoffrückseite wegreißen. Unter den Platzierungspunkten soll das Stickvlies bleiben. Die auswaschbare Folie von der Vorderseite wegreißen.

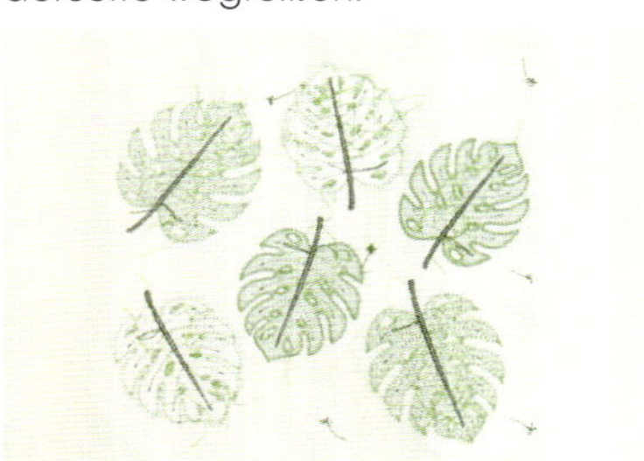

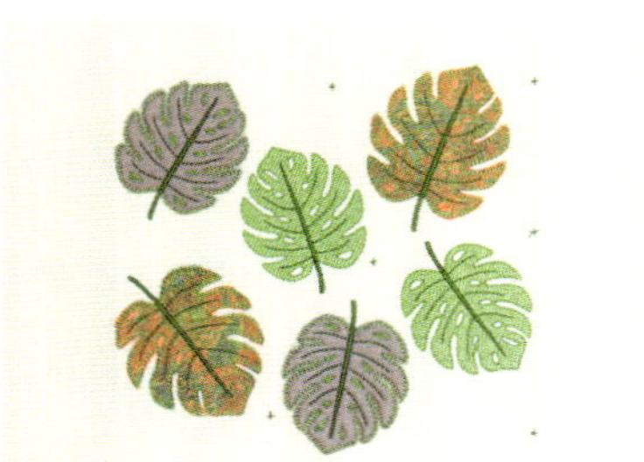

DRITTER TEIL DER BORDÜRE

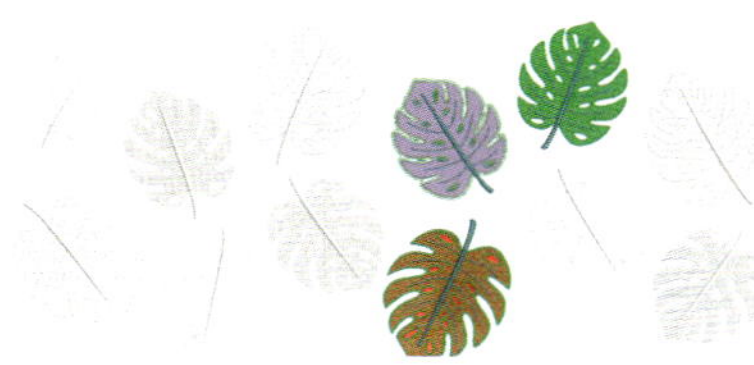

VORBEREITUNG

1 Die Stickdatei Blaetter_Bordue-re_03 im Bedienfeld der Maschine öffnen.

2 Das Stickvlies mit der Papierseite nach oben im Rahmen einspannen. Mit einer Stecknadel das Papier vorsichtig einritzen und abziehen.

STICKEN

1 **P_FARBE 1, HELLGRÜN**
Den Stickrahmen anbringen und die Maschine starten. Es werden Platzierungspunkte direkt auf das Stickvlies gestickt.

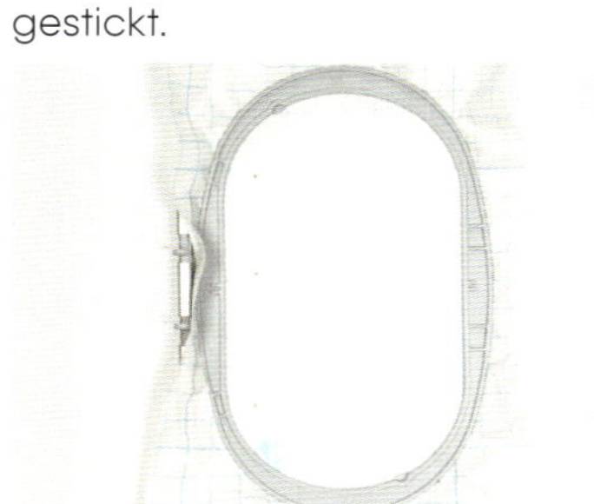

2 Den Stickrahmen aus der Maschine nehmen. Den Stoff auf das Stickvlies kleben. Dabei darauf achten, dass die zuletzt gestickten Platzierungspunkte des zweiten Teils auf die Platzierungspunkte des Stickvlieses treffen.

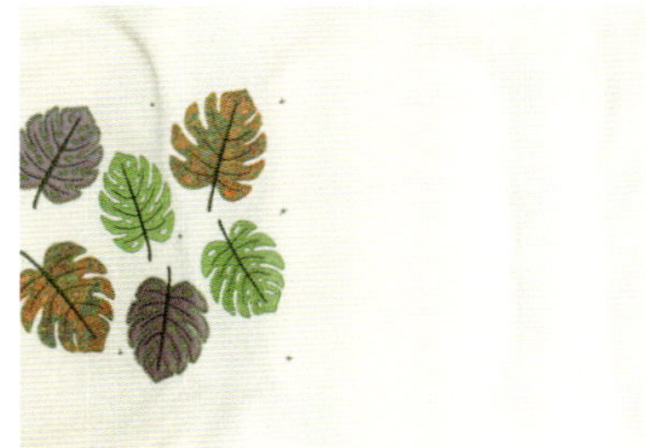

3 Das zweite Blatt mit unifarbenem Tüll und Organza sticken.

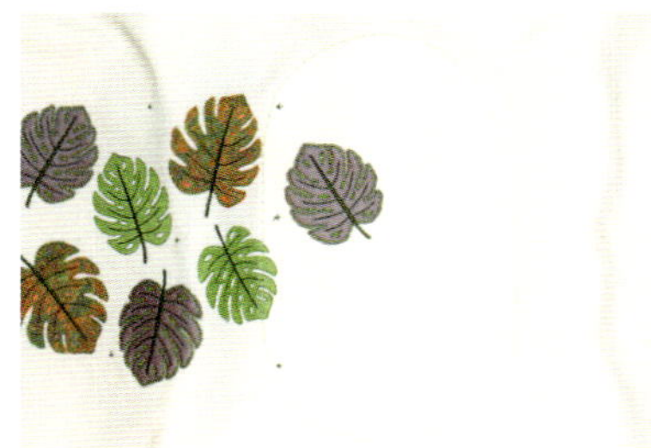

4 Das erste Blatt mit dem gemusterten Tüll sticken.

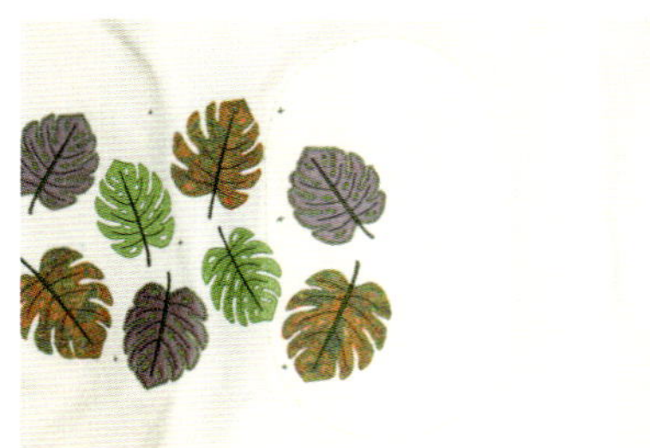

5 Das dritte Blatt sticken.

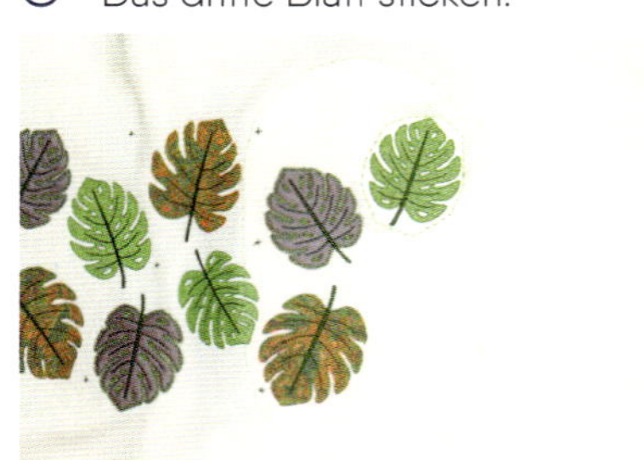

6 Zum Schluss werden die Platzierungspunkte für den nächsten Rahmen gestickt.

7 Den Stickrahmen aus der Maschine nehmen. Die Heftstiche von der Rückseite her auftrennen und den Stoff aus dem Rahmen nehmen. Das Stickvlies großzügig um das Muster herum von der Stoffrückseite wegreißen. Unter den Platzierungspunkten soll das Stickvlies bleiben. Die auswaschbare Folie vorsichtig wegreißen.

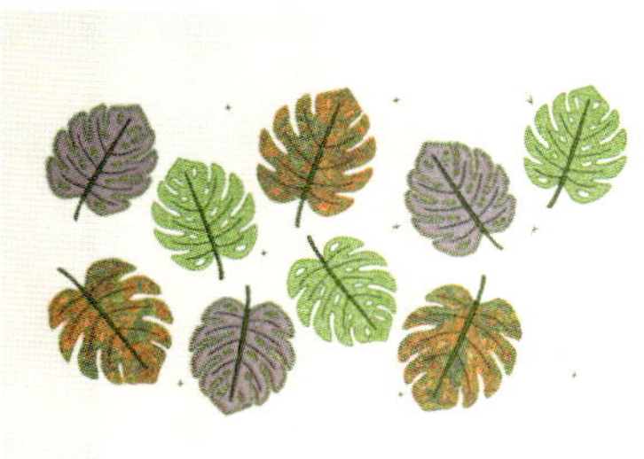

VIERTER TEIL DER BORDÜRE

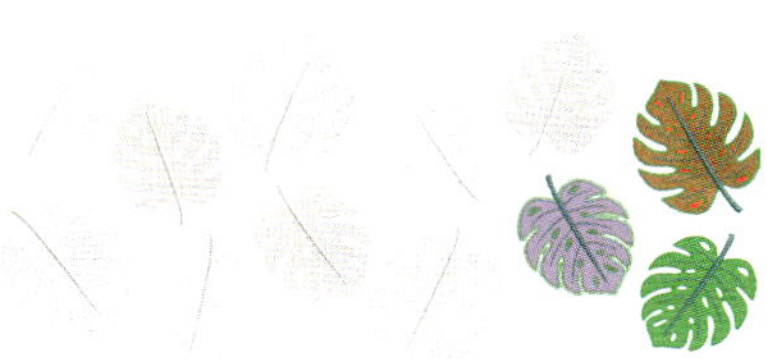

VORBEREITUNG

1 Die Stickdatei „Blaetter_Borduere_04“ im Bedienfeld der Maschine öffnen.

2 Das Stickvlies mit der Papierseite nach oben im Rahmen einspannen. Mit einer Stecknadel die obere Schicht vorsichtig einritzen und abziehen.

STICKEN

1 **P_FARBE 1, HELLGRÜN**
Den Stickrahmen anbringen und die Maschine starten. Es werden Platzierungspunkte direkt auf das Stickvlies gestickt.

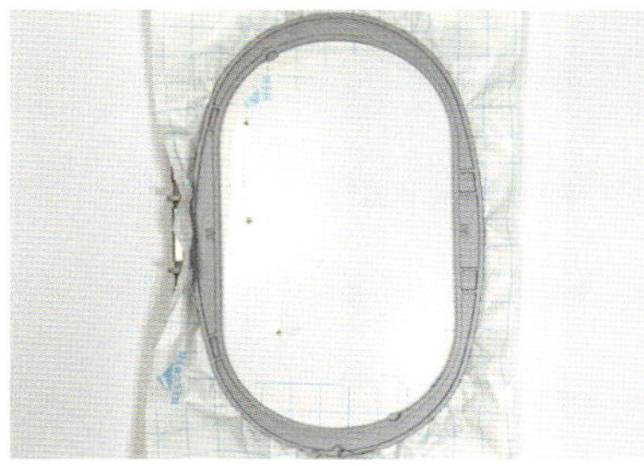

Den Stickrahmen aus der Maschine nehmen. Den Stoff so auf das Stickvlies kleben, dass die Platzierungspunkte, die zuletzt im dritten Teil gestickt worden sind, auf die Platzierungspunkte des Stickvlieses treffen.

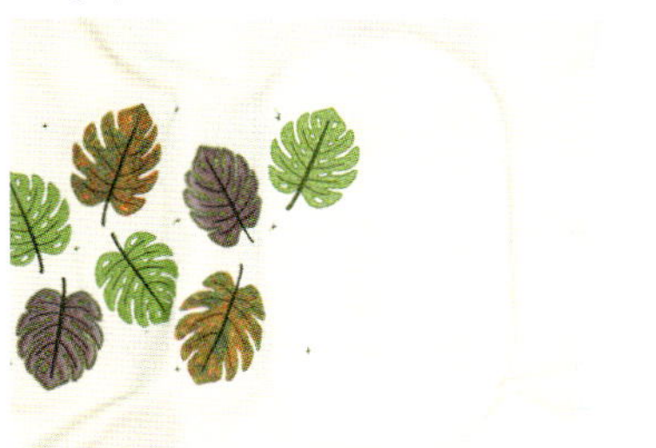

2 Das erste Blatt mit dem gemusterten Tüll sticken.

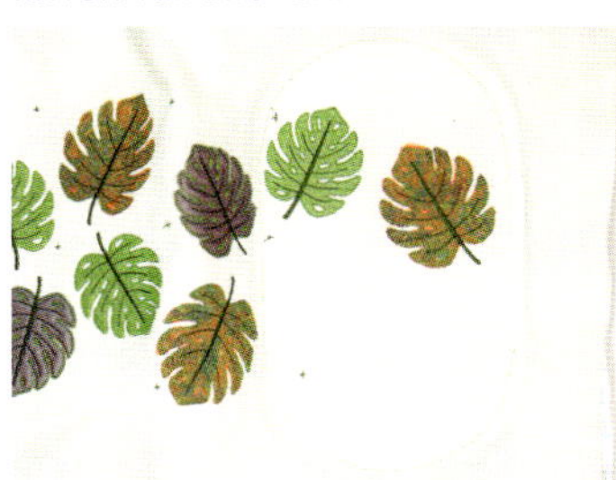

3 Das zweite Blatt mit dem unifarbenen Tüll und Organza sticken.

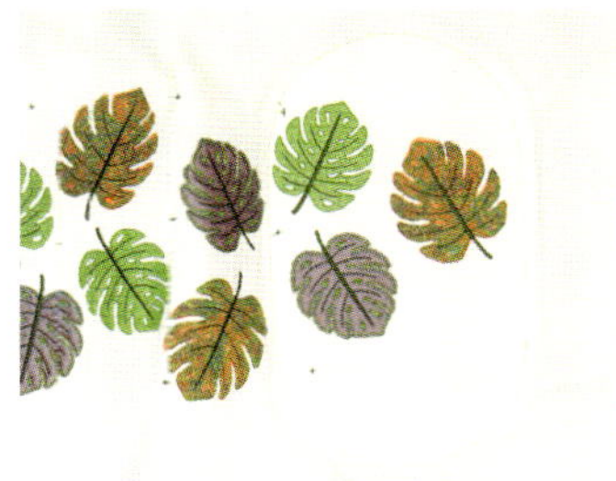

4 Das dritte Blatt sticken.

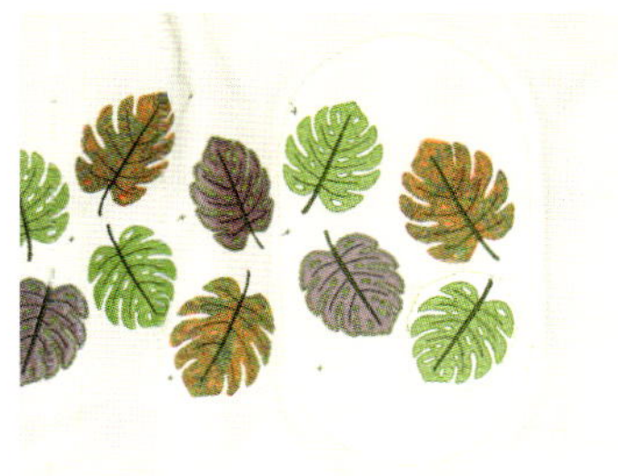

5 Den Stickrahmen aus der Maschine nehmen. Die Heftstiche von der Rückseite her auftrennen und den Stoff aus dem Rahmen nehmen. Das Stickvlies und die auswaschbare Folie vorsichtig wegreißen.

NÄHEN

1 Das Kissenvorderteil auf 42 cm x 42 cm zuschneiden.

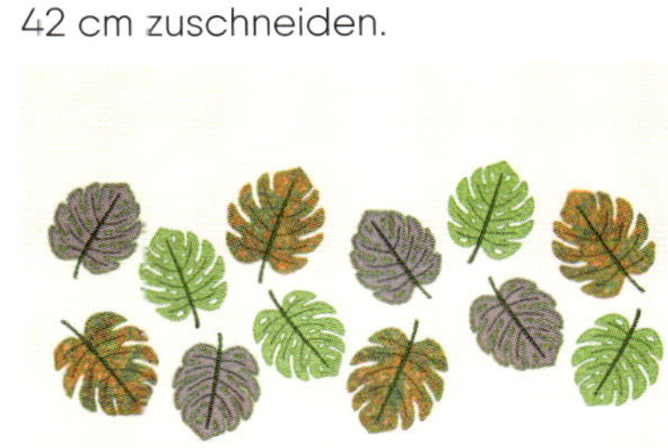

2 Kantenband jeweils auf eine lange Kante der beiden 42 cm x 21,5 cm Zuschnitte für die Kissenrückteile bügeln. Alle Kanten rundum versäubern.

3 Die erste Seite des Reißverschlusses rechts auf rechts mit Stecknadeln an der verstärkten Kante fixieren und annähen.

4 Die zweite Seite des Reißverschlusses an die verstärkte Kante des zweiten Rückteils heften und annähen.

5 Vorderteil und Rückteil rechts auf rechts legen. Den Reißverschluss zur Hälfte öffnen. Die Kanten mit Stecknadeln rundum fixieren und zusammennähen. Die Nahtzugaben ausbügeln und das Kissen wenden.

KISSEN MIT ZWEI BLÄTTERN

VORBEREITUNG

1 Am Kissenvorderteil mit 18 cm Abstand von der unteren und von der rechten Kante jeweils eine Linie einzeichnen. Der Schnittpunkt ist der Platzierungspunkt für das erste Blatt.

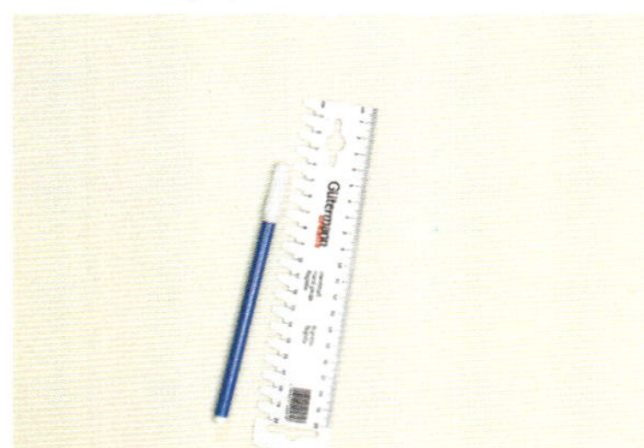

2 Die Stickdatei Blatt_01 im Bedienfeld der Maschine öffnen.

3 Filmoplast mit der Papierseite nach oben im Rahmen einspannen. Mit einer Stecknadel das Papier vorsichtig einritzen und abziehen. Auf dem Stickvlies die Mitte mit Linien markieren.

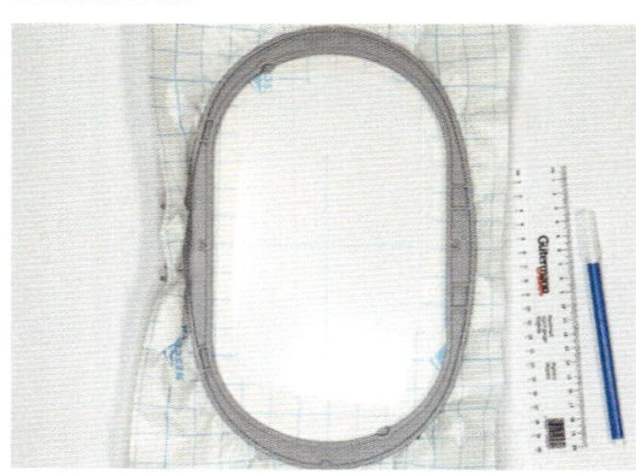

4 Den Stoff auf das Stickvlies kleben. Die Kreuzungen der Linien treffen dabei aufeinander.

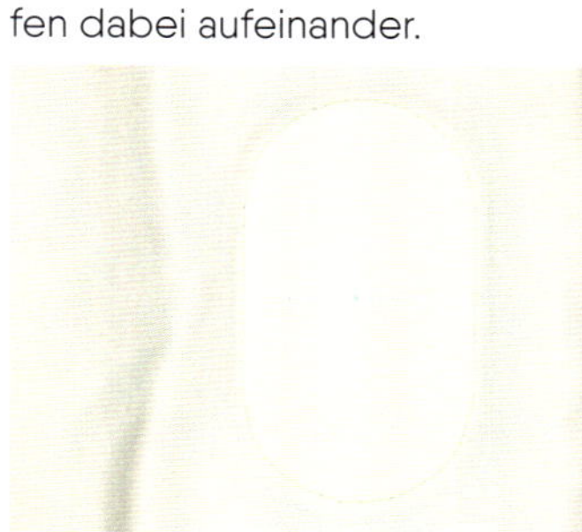

Den Heftstich an der Maschine anwählen und die Maschine starten. Der Stoff wird auf das Stickvlies geheftet.

STICKEN

1 **A_FARBE 1, HELLGRÜN**
Die Maschine starten. Die Platzierungslinie für die Applikation wird genäht.

2 **A_FARBE 1, HELLGRÜN**
Zwei 18 cm x 18 cm große Zuschnitte aus Organza über die Platzierungslinie legen, darüber ein 18 cm x 18 cm großes Quadrat aus unifarbenem Tüll. Die Lagen mit Klebestreifen fixieren. Die Geschwindigkeit der Maschine reduzieren, damit die Stofflagen bei diesem Schritt nicht verrutschen. Die Maschine starten; die Stoffstücke werden angenäht.

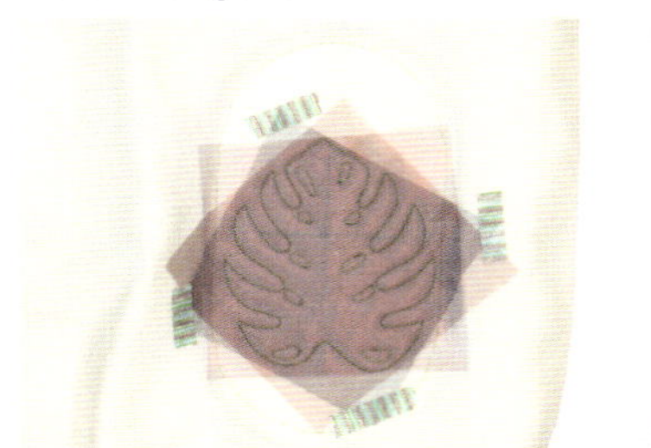

3 **A_FARBE 1, HELLGRÜN**
Den Stickrahmen aus der Maschine nehmen. Die Stofflagen bis zur Linie zurückschneiden. Den Rahmen an der Maschine wieder anbringen und starten. Die Maschine stickt die Umrandung und die Details im Blatt.

4 **S_FARBE 2, DUNKELGRÜN**
Die Maschine stickt die Blattadern.

5 **P_FARBE 2, DUNKELGRÜN**
Die Platzierungspunkte für das nächste Blatt werden gestickt.

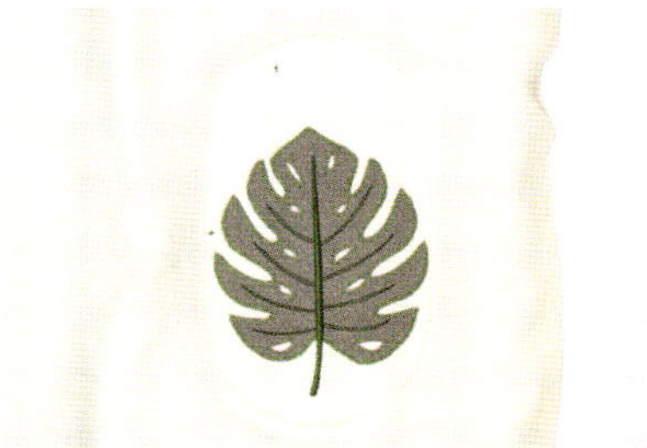

6 Den Stickrahmen aus der Maschine nehmen und den Rahmen ausspannen. Das Stickvlies großzügig um das Muster herum von der Stoffrückseite wegreißen. Unter den Platzierungspunkten soll das Stickvlies bleiben.

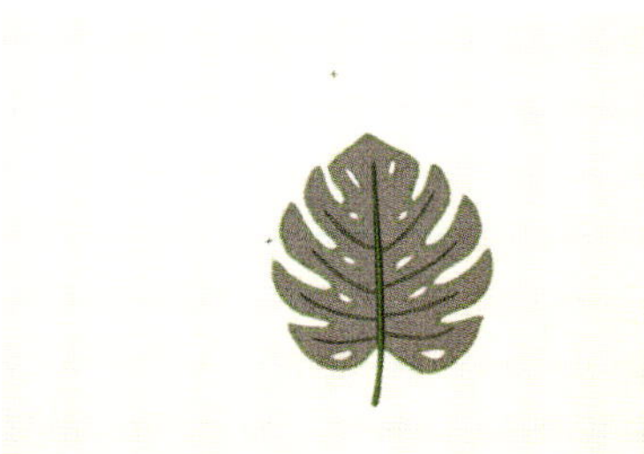

7 Die Stickdatei Blatt_02 im Bedienfeld der Maschine öffnen.

8 Filmoplast mit der Papierseite nach oben im Rahmen einspannen. Mit einer Stecknadel die obere Schicht vorsichtig einritzen und abziehen.

9 **P_FARBE 1, HELLGRÜN**
Den Stickrahmen anbringen und die Maschine starten. Die Platzierungspunkte werden direkt auf das Stickvlies gestickt.

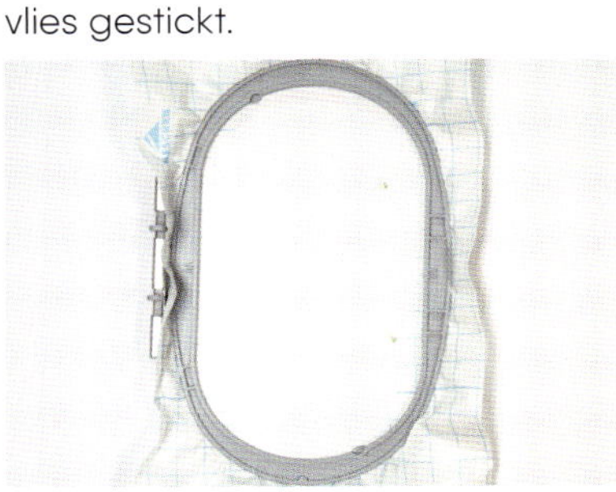

10 Den Stoff auf das Stickvlies kleben. Dabei auf die Platzierungspunkte achten; die zuletzt gestickten Punkten treffen auf die Platzierungspunkte des Stickvlieses.

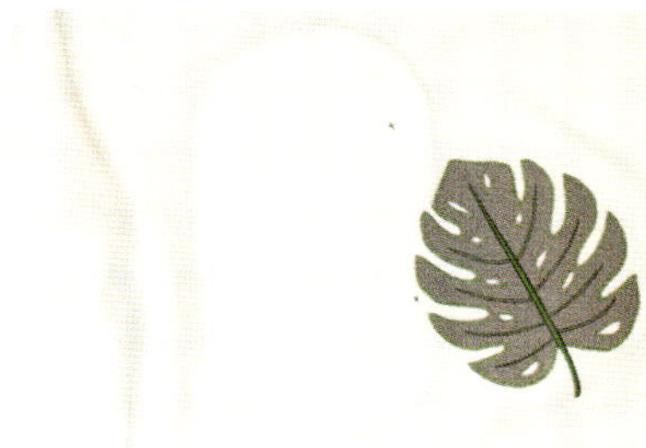

11 Das zweite Blatt wie beim ersten Blatt in Schritt 1–6 beschrieben arbeiten: Zuerst die Platzierungslinie sticken. Anschließend zwei 18 cm x 18 cm große Zuschnitte des gemusterten Tülls auf die Platzierungslinie legen und mit Klebestreifen fixieren. Die Maschine näht die Stoffstücke an. Den Stoff bis zur Linie zurückschneiden. Die Maschine stickt das Blatt in Hellgrün. Nach dem Farbwechsel werden die Blattadern in Dunkelgrün gestickt.

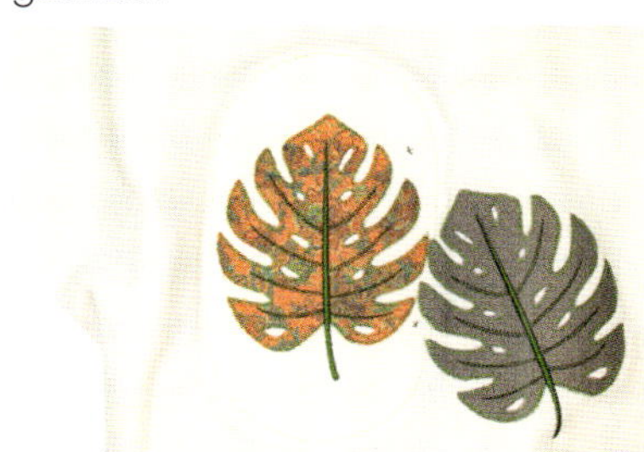

12 Den Stoff aus dem Rahmen nehmen. Die Platzierungspunkte auftrennen und das Stickvlies vorsichtig wegreißen.

NÄHEN

Das Kissenvorderteil auf 42 cm x 42 cm zurückschneiden. Das Kissen wie das Kissen mit der Blätterbordüre nähen.

PANNENHILFE

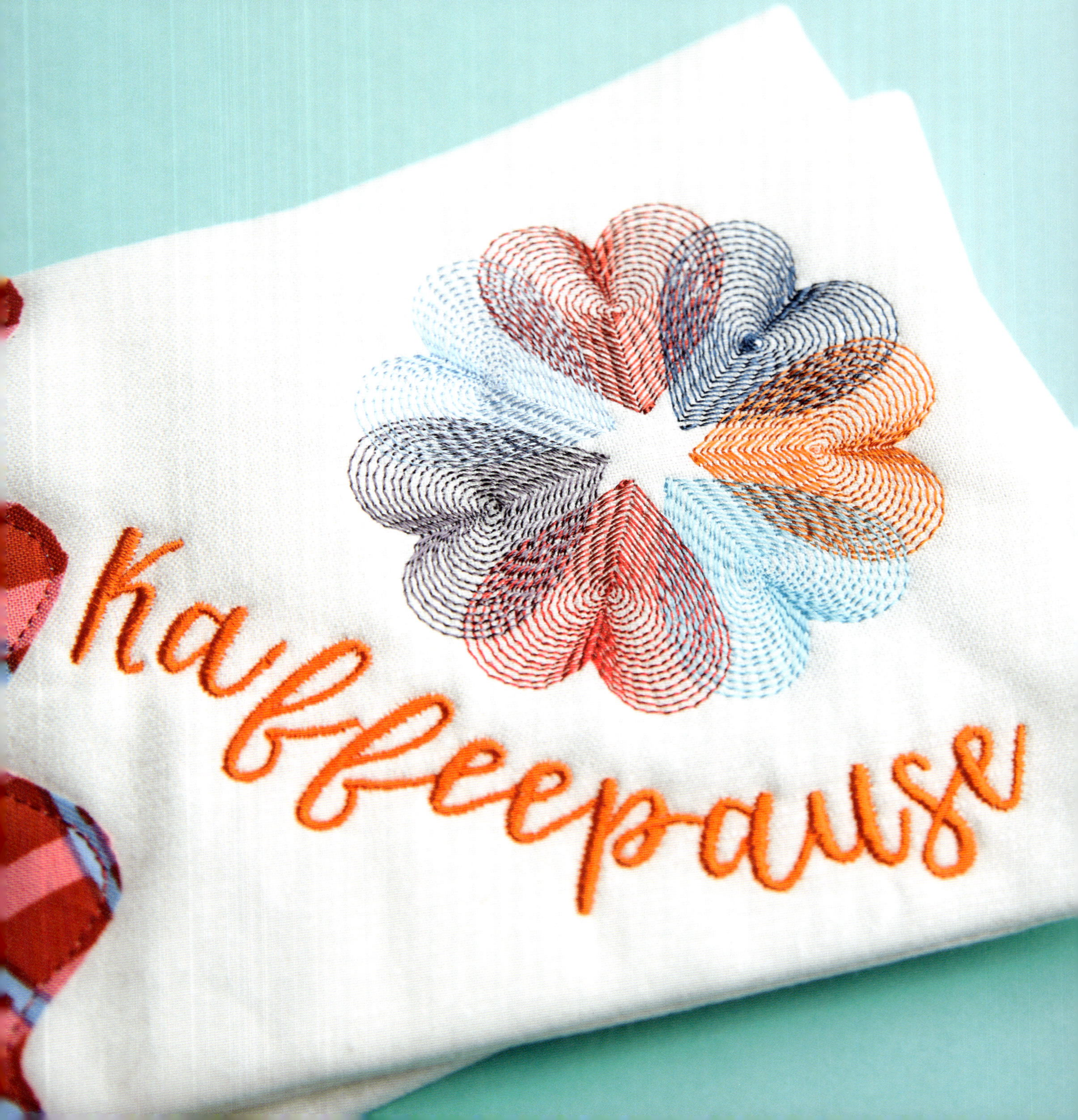

PROBLEMEN VORBEUGEN

Bevor Sie mit dem Sticken anfangen, überprüfen Sie grundsätzlich, ob Sie alles richtig vorbereitet haben. Passt die Fadenspannung? Ist der Faden richtig eingefädelt? Wurde keine Fadenführung ausgelassen? Ist die Spule richtig eingelegt? Stimmt die Qualität des Fadens?
Prüfen Sie die Nadelstärke, das Nadelsystem und ob das richtige Füßchen eingesetzt ist. Ist der Stoff mit dem passenden Stabilisator im Stickrahmen sauber eingespannt? Wenn die Stickerei nicht sauber gelingt, wurde häufig der Stickrahmen nicht sauber eingespannt, es wurde nicht der passende Stoff verwendet, der Stoff ist zu wenig stabilisiert oder es wurde nicht die richtige Nadel eingesetzt. Spannen Sie daher den Stoff stets trommelfest im Rahmen ein (siehe S. 56) und verwenden Sie lieber eine Lage der Stabilisatoren mehr als zu wenig. Wechseln Sie im Zweifel die Nadel und reinigen Sie die Maschine nach jedem Projekt.

MEINE TIPPS

Vermeiden Sie Probleme, indem Sie die Maschine regelmäßig reinigen und gegebenenfalls ölen.

Bei Maschinen, die den Faden beim Sticken selbst abschneiden, können Fadenreste unter die Stichplatte oder in den Greiferbereich fallen und Probleme verursachen. Nehmen Sie die Stichplatte ab (siehe S. 15) und entfernen Sie die Fadenreste.

Legen Sie keine Stecknadeln oben auf der Maschine ab. Durch die Vibration beim Sticken können sie sich verfangen oder in die Maschine hineinfallen.

Trotz guter Vorbereitung kann es passieren, dass die Maschine nicht einwandfrei arbeitet oder das Stickergebnis nicht zufriedenstellend ist. Im Folgenden finden Sie die häufigsten Probleme und Lösungen.

MASCHINE BILDET GROSSE, GLEICHMÄSSIGE SCHLINGEN AUF DER STOFFRÜCKSEITE

- In der Oberfadenspannung befindet sich ein Fadenrest oder Fusseln. Sie drücken die Spannungsscheiben auseinander und der eingefädelte Faden läuft ohne Anpressdruck, also ohne Spannung, durch. Reinigen Sie die Spannungsscheiben der Fadenspannung mit einem dickeren Faden. Dazu den Faden wie Zahnseide spannen, durch die Spannungsscheiben führen und nach oben und nach unten bewegen. So können Sie feststellen, ob sich hier Fadenreste befinden, und diese entfernen. Auch Staub und Flusen lassen sich so entfernen.
- Der Faden kann auch beim Einfädeln aus Versehen nicht zwischen die Spannungsscheiben gelegt worden sein. Der Faden hat dann keine Spannung, die Maschine stickt große Schlingen und in den meisten Fällen reißt der Faden. Fädeln Sie den Faden erneut ein und achten Sie dabei auf die Spannungsscheiben.

STICKEREI WELLT SICH

- Stickvliese zum Wegreißen werden von der Nadel perforiert und das Stickvlies wird gedehnt. Bei Mustern mit einer voll ausgestickten Fläche können deshalb unerwünschte Wellen entstehen.
- Das Stickvlies passt nicht zu Stoff und Muster. Wenn in dem Muster voll ausgestickte Flächen sind, ein Stickvlies zum Schneiden verwenden.
- Der Stoff ist nicht glatt im Rahmen eingespannt. Das Muster kann nicht fehlerfrei gestickt werden. Den Stoff glatt und trommelfest im Rahmen einspannen.
- Den passenden Stabilisator zum Stoff und Projekt verwenden. Bei manchen Stoffen und Stickarbeiten ist es notwendig, mehrere Stabilisatoren in Kombination zu verwenden.

STOFF ZIEHT SICH IM STICKRAHMEN ZUSAMMEN

- Der Stickrahmen ist nicht richtig oder zu locker eingespannt. Darauf achten, dass der Stoff trommelfest eingespannt ist.
- Den passenden Stabilisator zum Stoff und Projekt verwenden. Bei manchen Stoffen und Stickarbeiten ist es notwendig, mehrere Stabilisatoren in Kombination zu verwenden.
- Zum Sticken einen Faden von guter Qualität verwenden. Auf die Spule den speziellen Stickunterfaden aufspulen.
- Der Faden ist nicht richtig eingefädelt, evtl. ist eine Fadenführung ausgelassen.
- Die Nadel könnte stumpf oder defekt sein: Die Nadel wechseln.
- Die Nadelstärke passt nicht zum Stoff oder zum Faden. Auf Nadelsystem und Nadelstärke achten.
- Die Fadenspannung könnte zu fest eingestellt sein. Die Einstellungen überprüfen.

MASCHINE LÄSST STICHE AUS

- Die Nadel könnte stumpf oder defekt sein. Die Nadel wechseln.
- Die Klebeeinlage hinterlässt Spuren auf der Nadel, die Fehlstiche verursachen können. Beim Sticken mit Klebeeinlage eine Nadel mit der Antihaftbeschichtung verwenden.
- Die Nadelstärke passt nicht zum Stoff oder zum Faden. Auf Nadelsystem und Nadelstärke achten.
- Der Faden ist nicht richtig eingefädelt, evtl. ist eine Fadenführung ausgelassen.
- Die Fadenspannung könnte zu fest sein. Überprüfen Sie die Einstellungen.
- Zum Sticken einen Faden von guter Qualität verwenden.

OBERFADENSPANNUNG STIMMT NICHT

- Überprüfen, ob der Faden zwischen den Fadenspannungsscheiben liegt.
- In der Fadenspannung dürfen sich keine Fadenreste oder Fusseln befinden.
- Der Faden muss durch alle Führungen eingefädelt sein und ohne Hindernisse sauber durch alle Fadenführungen laufen.
- Die Unterfadenspule könnte nicht richtig eingelegt sein.
- Die Spule nicht übermäßig mit Garn füllen.
- Den Zustand der Nadel überprüfen. Eine stumpfe oder defekte Nadel wechseln. Die Nadel beim Einsetzen stets bis zum Anschlag nach oben schieben.
- Den passenden Stabilisator zum Stoff und Projekt verwenden.
- Ein Oberfaden, der sich schnell und unkontrolliert abwickelt, kann Fehlstiche verursachen und die Fadenspannung beeinflussen. Ein Netz (Zubehör) über die Garnrolle stülpen, damit sich der Faden gleichmäßig abwickelt.

OBERFADEN REISST

- Zum Sticken einen Faden von guter Qualität verwenden.
- Der Faden hat sich evtl. in einer Fadenführung verfangen.
- Der Faden ist nicht richtig eingefädelt, evtl. ist eine Fadenführung ausgelassen.
- Die Nadel könnte stumpf oder defekt sein. Eine neue Nadel passend zum Projekt einsetzen.
- Die Nadel könnte verklebt sein. Die Klebeeinlage hinterlässt Spuren auf der Nadel, die Fehlstiche verursachen können. Bei der Verwendung von Sprühzeitkleber oder Klebevlies Nadeln mit Antihaftbeschichtung einsetzen.
- Die Nadelstärke passt nicht zum Stoff oder zum Faden. Auf das Nadelsystem achten und die passende Nadelstärke einsetzen.
- Die Fadenspannung könnte zu fest eingestellt sein. Die Einstellungen überprüfen.

- Die Stichplatte könnte am Schlitz durch die Nadel beschädigt worden sein. Der Faden reibt an der Kante des Schlitzes und reißt.
- Nähmaschine reinigen, evtl. ölen.

UNTERFADEN REISST

- Der Faden ist nicht richtig eingefädelt.
- Die Fadenspannung könnte zu fest eingestellt sein. Die Einstellungen überprüfen.
- Die Spulenkapsel ist zu alt und hält die Spannung nicht mehr. Eine neue Spulenkapsel verwenden.
- Die Stichplatte ist beschädigt.
- Die Nähmaschine reinigen, evtl. haben sich Fadenreste in dem Greifer verfangen.
- Zum Sticken einen speziellen Unterfaden von guter Qualität verwenden.

UNTERFADEN IST AUF DER RECHTEN STOFFSEITE ZU SEHEN

- Der Stickrahmen ist nicht richtig oder zu locker eingespannt. Darauf achten, dass der Stoff trommelfest eingespannt ist.
- Die Unterfadenspannung ist zu locker oder die Oberfadenspannung ist zu fest eingestellt.
- Der Unterfaden ist nicht in die Spannungsfeder der Spulenkapsel eingefädelt.
- Die Spule ist falsch herum in die Spulenkapsel eingelegt.
- Der Unterfaden ist zu dick. Zum Sticken einen speziellen Unterfaden von guter Qualität verwenden.
- Die Nadel ist stumpf und kann den Unterfaden nicht sauber aufnehmen. Die Nadel ist beim Einsetzen nicht bis zum Anschlag nach oben geschoben worden.
- Den passenden Stabilisator zum Stoff und zum Projekt verwenden.
- Der Faden ist locker und ungleichmäßig aufgespult. Beim Spulen darauf achten, dass der Faden sauber durch die Vorspannung läuft und in alle Führungen eingelegt ist.

NADEL BRICHT

- Der Faden hat sich evtl. in einer Fadenführung verfangen.
- Der Faden hat sich an der Garnrolle verfangen.
- Die Nadel könnte stumpf oder defekt sein. Die Nadel wechseln.
- Die Nadel kann verklebt sein. Die Klebeeinlage hinterlässt Spuren auf der Nadel, die Fehlstiche verursachen können. Beim Sticken mit Klebeeinlage eine Nadel mit Antihaftbeschichtung verwenden.
- Die Nadelstärke passt nicht zum Garn. Auf Nadelsystem und Nadelstärke achten.
- Die Nadelfeststellschraube hat sich gelockert.
- Die Nähmaschine reinigen und gegebenenfalls ölen.

DIE STICKDATEIEN

STICKMASCHINE & ZUBEHÖR

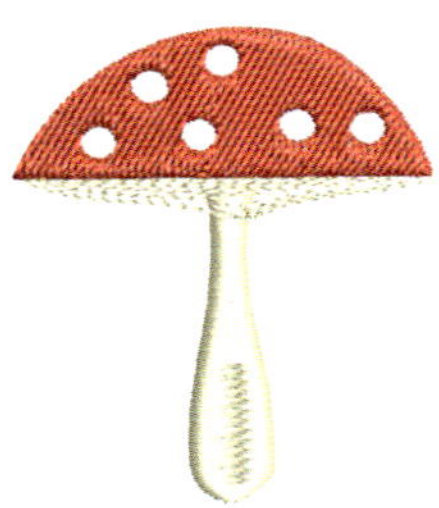

Stickdatei: Pilz
Abmessungen: 49,5 mm x 58,0 mm
Anzahl Stiche: 2733
Stickrahmen: 10 cm x 10 cm
oder größer

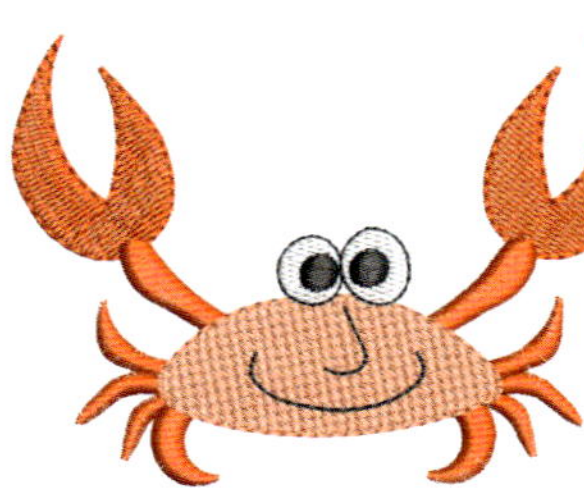

Stickdatei: Krebs
Abmessungen: 95,7 mm x 70,2 mm
Anzahl Stiche: 6786
Stickrahmen: 10 cm x 10 cm
oder größer

STICKMUSTER

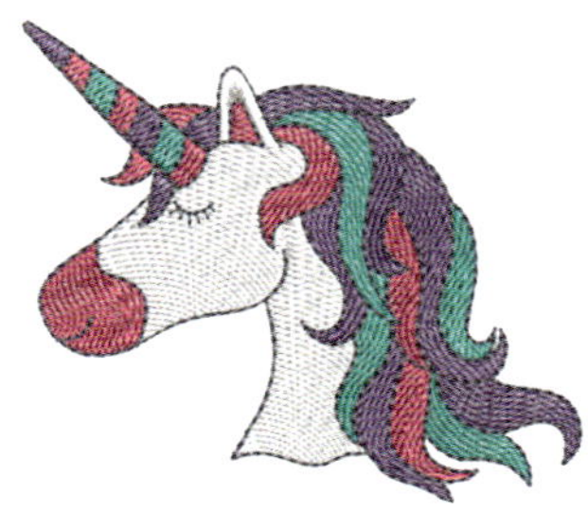

Stickdatei: Einhorn
Abmessungen: 75,0 mm x 66,7 mm
Anzahl Stiche: 9855
Stickrahmen: 10 cm x 10 cm
oder größer

STICKVLIESE & STABILISATOREN

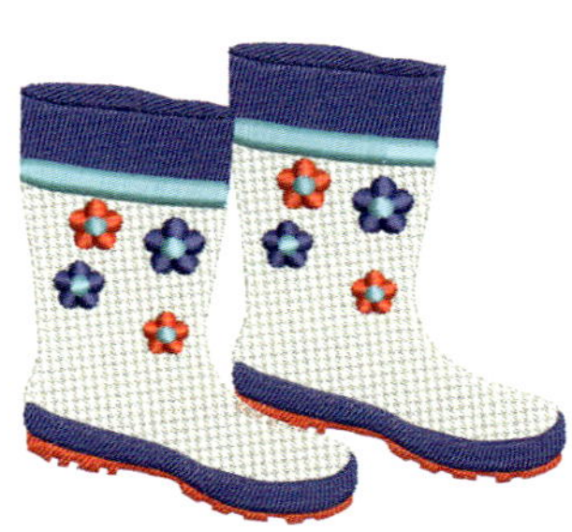

Stickdatei: Gummistiefel
Abmessungen: 96,4 mm x 87,2 mm
Anzahl Stiche: 15570
Stickrahmen: 10 cm x 10 cm
oder größer

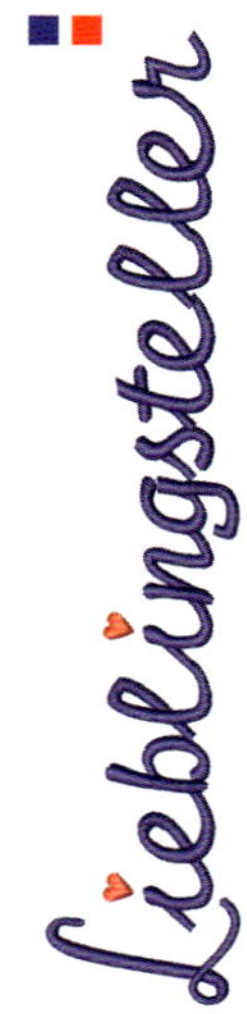

Stickdatei: Lieblingsteller
Abmessungen: 32,4 mm x 166,2 mm
Anzahl Stiche: 4076
Stickrahmen: 13 cm x 18 cm
oder größer

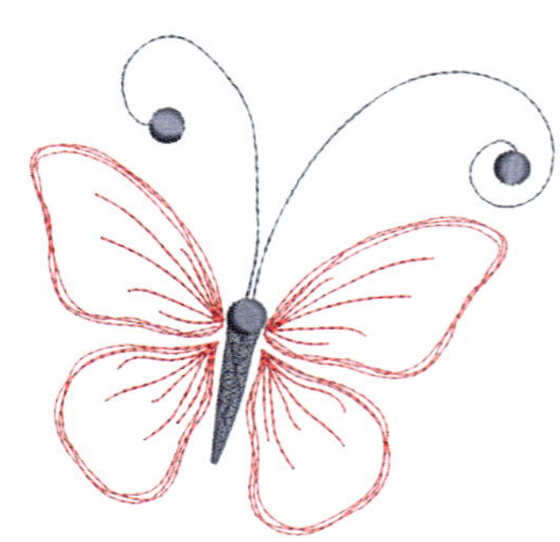

Stickdatei: Schmetterling_Organza
Abmessungen: 94,6 mm x 92,2 mm
Anzahl Stiche: 2131
Stickrahmen: 10 cm x 10 cm
oder größer

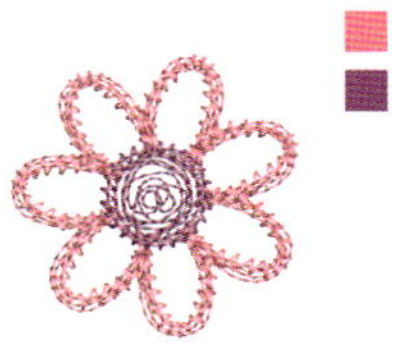

Stickdatei: Blume_Alina
Abmessungen: 34,1 mm x 34,5 mm
Anzahl Stiche: 1103
Stickrahmen: 10 cm x 10 cm
oder größer

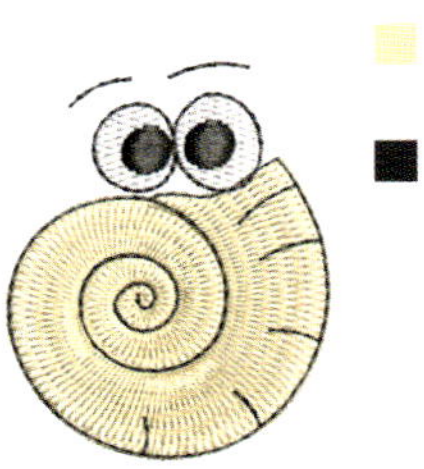

Stickdatei: Muschel
Abmessungen: 38,5 mm x 48,4 mm
Anzahl Stiche: 4080
Stickrahmen: 10 cm x 10 cm
oder größer

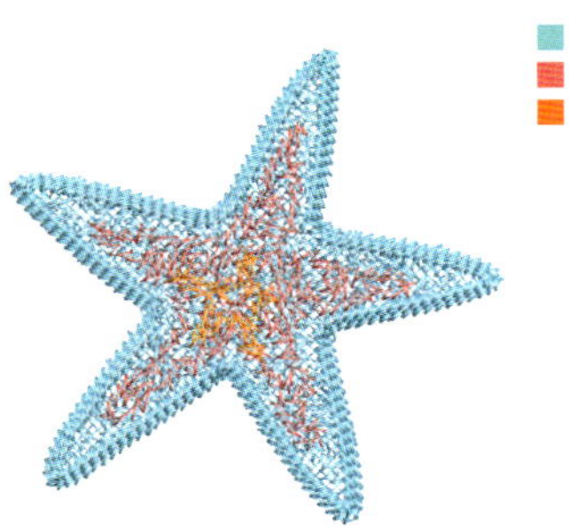

Stickdatei: Seestern_Spitzenstickerei
Abmessungen: 92,3 mm x 91,0 mm
Anzahl Stiche: 7233
Stickrahmen: 10 cm x 10 cm
oder größer

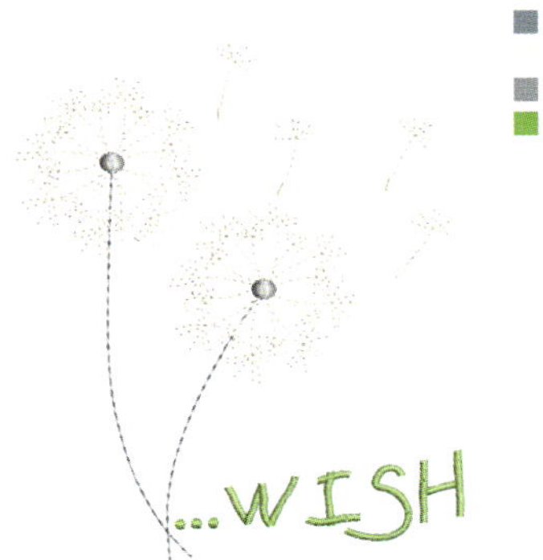

Stickdatei: Pusteblume_Wish
Abmessungen: 92,1 mm x 110,6 mm
Anzahl Stiche: 3792
Stickrahmen: 10 cm x 13 cm
oder größer

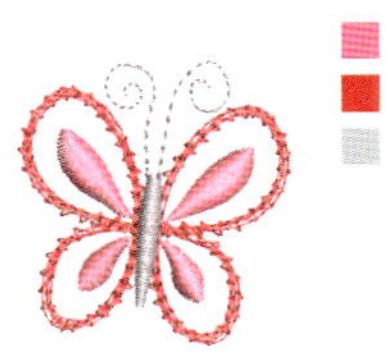

Stickdatei: Schmetterling
Abmessungen: 36,0 mm x 38,9 mm
Anzahl Stiche: 1239
Stickrahmen: 10 cm x 10 cm
oder größer

Stickdatei: Schmetterling_Kranz
Abmessungen: 90,4 mm x 89,0 mm
Anzahl Stiche: 6394
Stickrahmen: 10 cm x 10 cm
oder größer

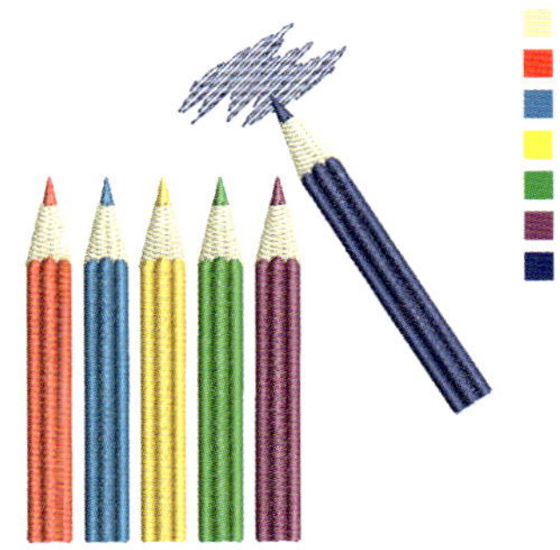

Stickdatei: Stifte
Abmessungen: 79,7 mm x 91,5 mm
Anzahl Stiche: 8965
Stickrahmen: 10 cm x 10 cm
oder größer

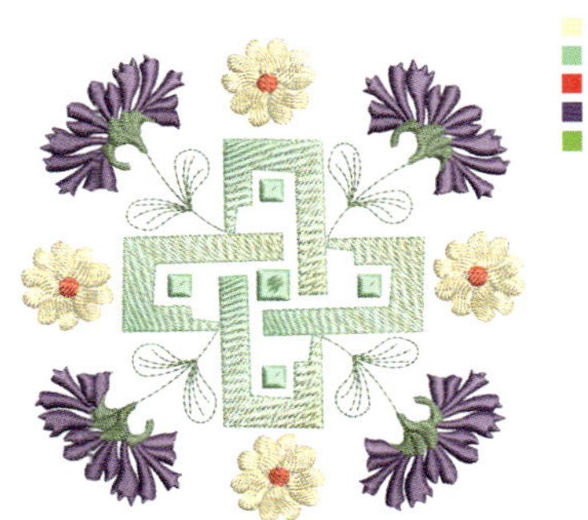

Stickdatei: Blumenkranz
Abmessungen: 122,5 mm x 122,5 mm
Anzahl Stiche: 17622
Stickrahmen: 13 cm x 18 cm
oder größer

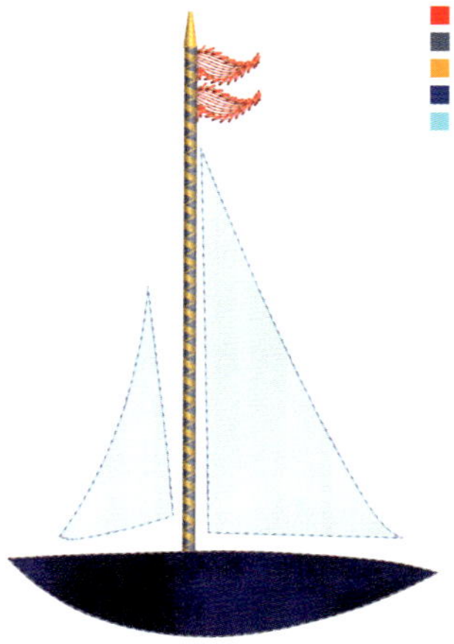

Stickdatei: Appl_Boot_Vliesofix
Abmessungen: 113,1 mm x 170,1 mm
Anzahl Stiche: 3644
Stickrahmen: 13 cm x 18 cm
oder größer

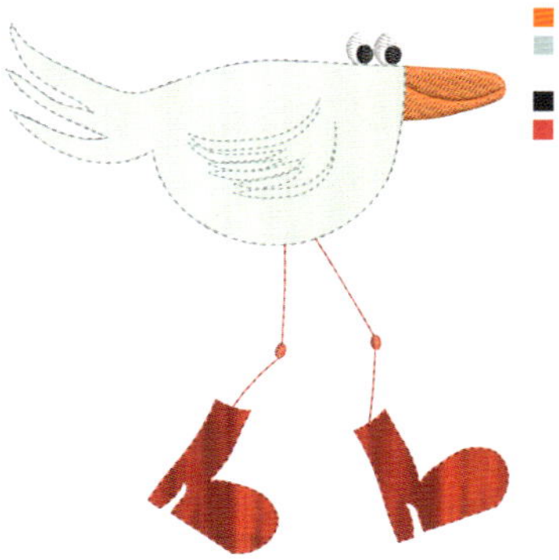

Stickdatei: Appl_Stretchfix Vogel
Abmessungen: 125,0 mm x 136,6 mm
Anzahl Stiche: 3468
Stickrahmen: 13 cm x 18 cm
oder größer

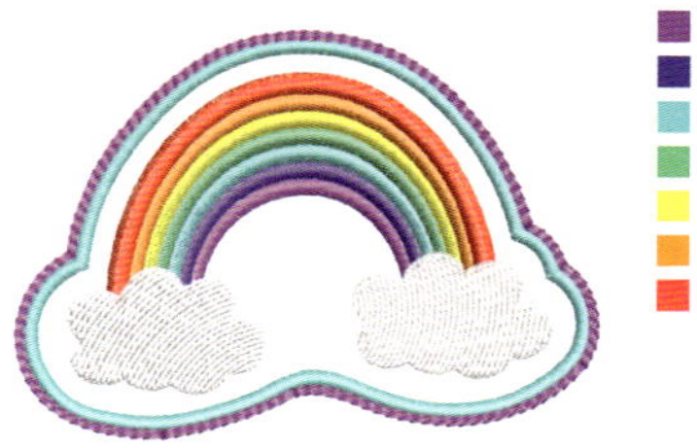

Stickdatei: Patch_Regenbogen
Abmessungen inkl. Platzierungs-linien: 98,0 mm x 98,0 mm
Abmessungen Stickdatei:
90,4 mm x 65,5 mm
Anzahl Stiche: 10154
Stickrahmen: 10 cm x 10 cm
oder größer

STICKGARNE & STICKNADELN

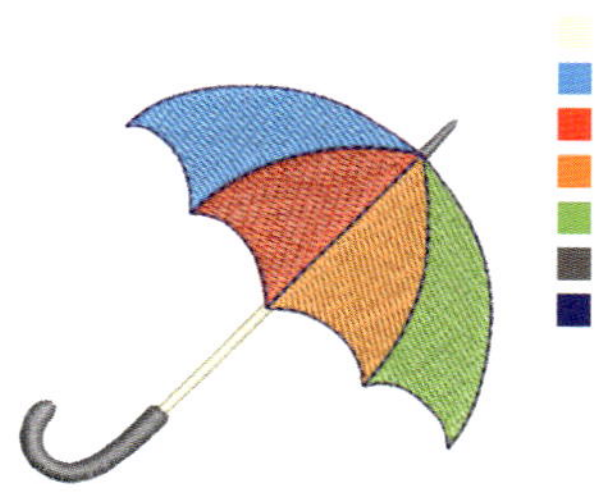

Stickdatei: Schirm
Abmessungen: 71,1 mm x 62,4 mm
Anzahl Stiche: 3815
Stickrahmen: 10 cm x 10 cm
oder größer

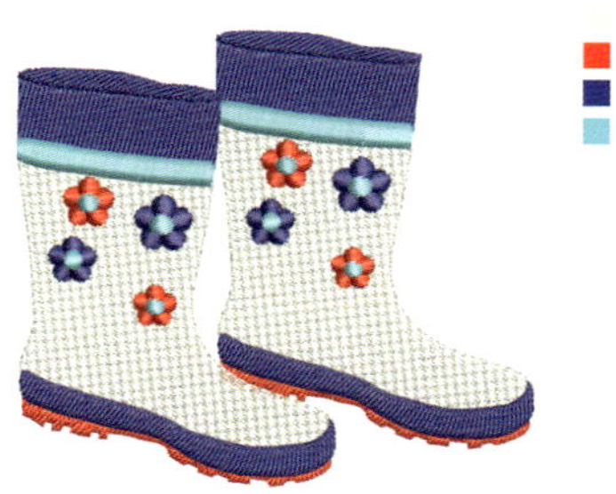

Stickdatei: Gummistiefel
Abmessungen: 96,4 mm x 87,2 mm
Anzahl Stiche: 15570
Stickrahmen: 10 cm x 10 cm
oder größer

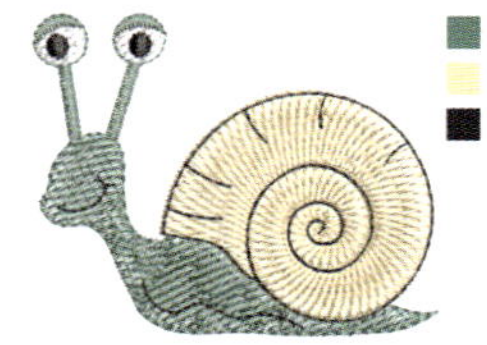

Stickdatei: Schnecke
Abmessungen: 60,9 mm x 50,1 mm
Anzahl Stiche: 4522
Stickrahmen: 10 cm x 10 cm
oder größer

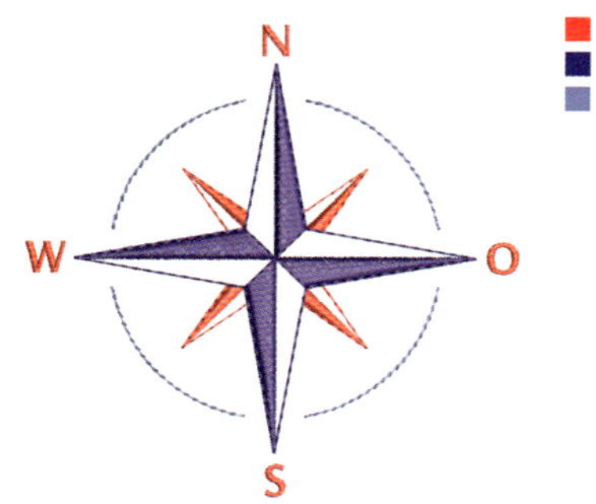

Stickdatei: Met_Kompass
Abmessungen: 98,1 mm x 96,7 mm
Anzahl Stiche: 2911
Stickrahmen: 10 cm x 10 cm
oder größer

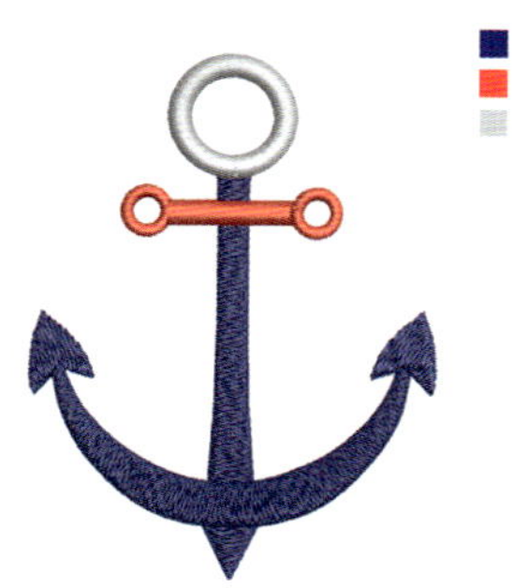

Stickdatei: Met_Anker
Abmessungen: 72,1 mm x 95,1 mm
Anzahl Stiche: 5878
Stickrahmen: 10 cm x 10 cm
oder größer

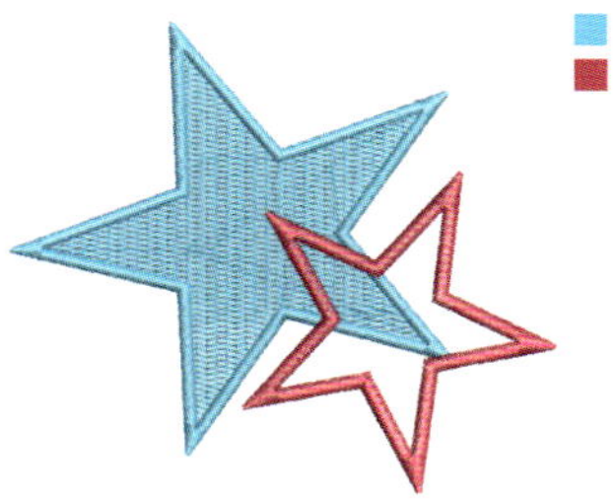

Stickdatei: Met_Sterne
Abmessungen: 83,1 mm x 74,0 mm
Anzahl Stiche: 5361
Stickrahmen: 10 cm x 10 cm
oder größer

Stickdatei: Halloween
Abmessungen: 97,1 mm x 59,6 mm
Anzahl Stiche: 3686
Stickrahmen: 10 cm x 10 cm
oder größer

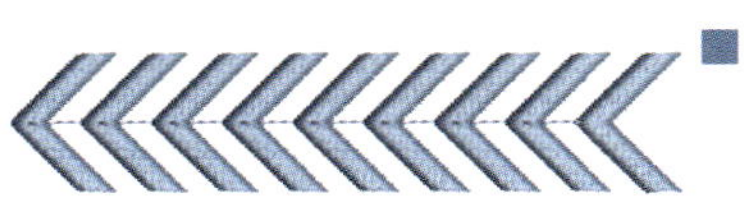

Stickdatei: Reflexionen
Abmessungen: 92,6 mm x 19,5 mm
Anzahl Stiche: 2071
Stickrahmen: 10 cm x 10 cm
oder größer

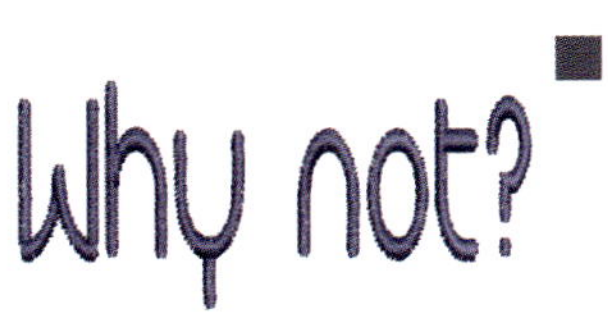

Stickdatei: Why not
Abmessungen: 56,5 mm x 25,4 mm
Anzahl Stiche: 1352
Stickrahmen: 10 cm x 10 cm
oder größer

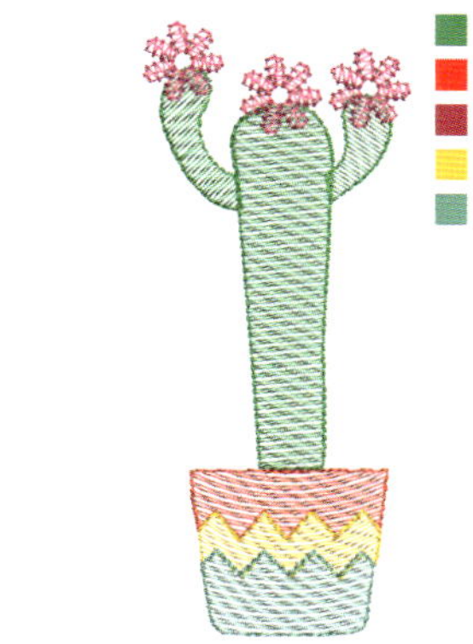

Stickdatei: Kaktus_Wollfaden
Abmessungen: 41,5 mm x 98,4 mm
Anzahl Stiche: 2387
Stickrahmen: 10 cm x 10 cm
oder größer

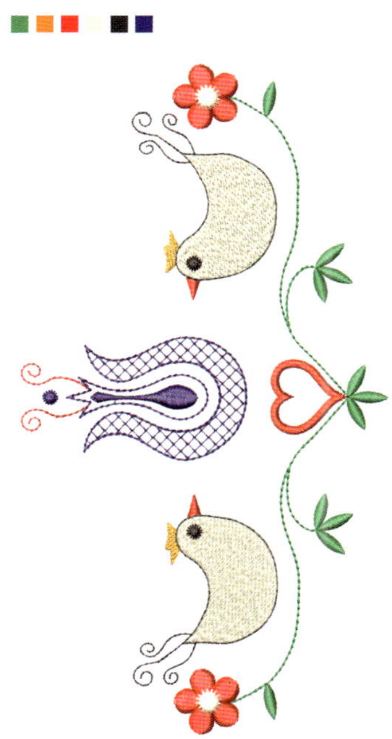

Stickdatei: Trad_Vogel
Abmessungen: 106,1 mm x 199,6 mm
Anzahl Stiche: 10118
Stickrahmen: 14 cm x 25 cm
oder größer

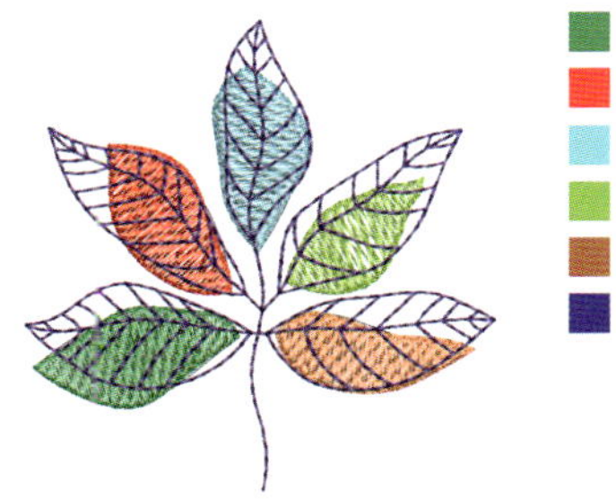

Stickdatei: Blaetter_Embroidery
Abmessungen: 57,9 mm x 60,0 mm
Anzahl Stiche: 2741
Stickrahmen: 10 cm x 10 cm
oder größer

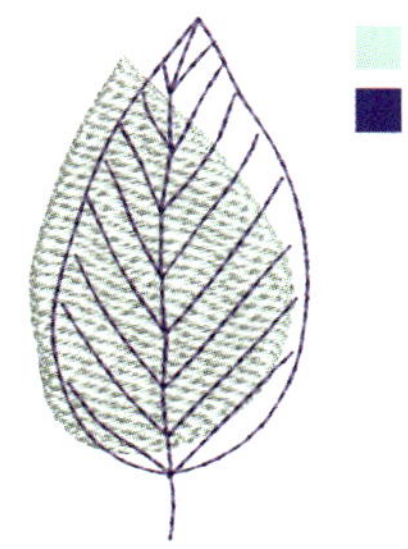

Stickdatei: Blaetter_Titan
Abmessungen: 30,6 mm x 60,0 mm
Anzahl Stiche: 1624
Stickrahmen: 10 cm x 10 cm
oder größer

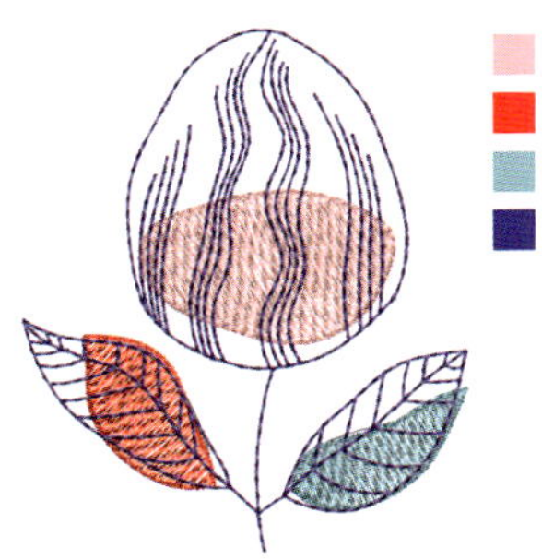

Stickdatei: Blaetter_Kleber
Abmessungen: 53,4 mm x 64,3 mm
Anzahl Stiche: 2429
Stickrahmen: 10 cm x 10 cm
oder größer

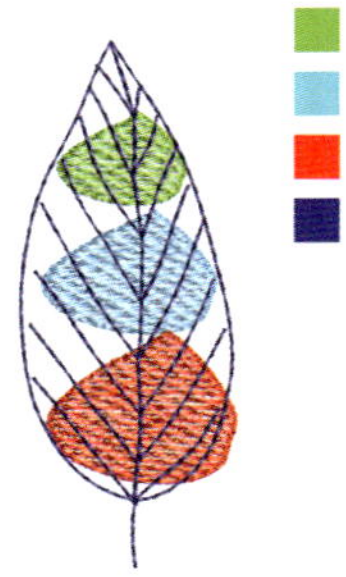

Stickdatei: Blaetter_Glamour
Abmessungen: 23,8 mm x 60,1 mm
Anzahl Stiche: 1376
Stickrahmen: 10 cm x 10 cm
oder größer

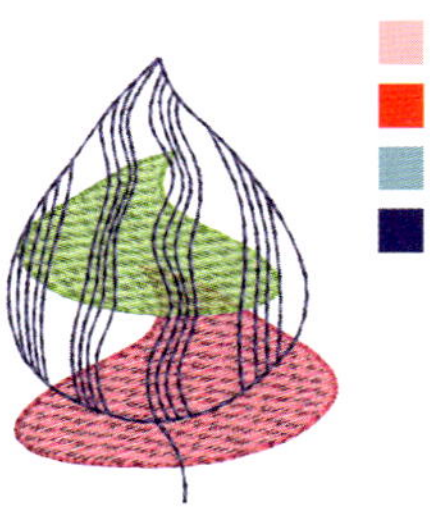

Stickdatei: Blaetter_Metallic
Abmessungen: 36,6 mm x 50,8 mm
Anzahl Stiche: 1737
Stickrahmen: 10 cm x 10 cm
oder größer

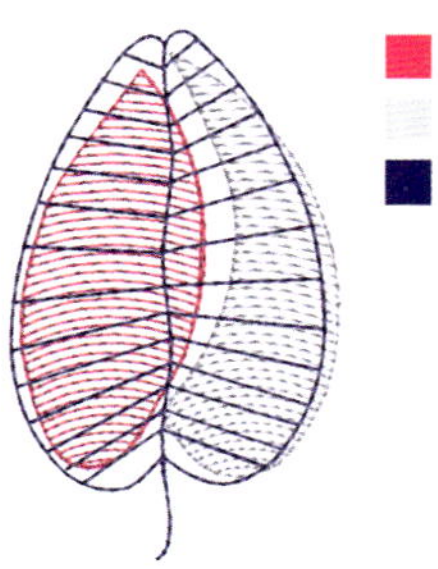

Stickdatei: Blaetter_Wool
Abmessungen: 36,1 mm x 60,1 mm
Anzahl Stiche: 1570
Stickrahmen: 10 cm x 10 cm
oder größer

TIPPS ZUM EINSPANNEN

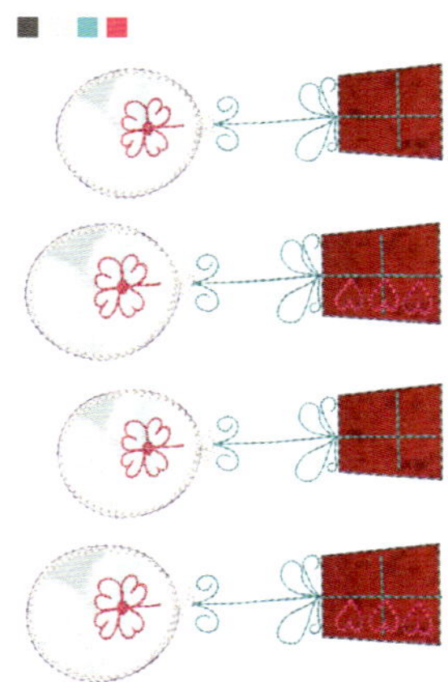

Stickdatei: Appl_Bordüre_Luftballon
Abmessungen: 153,2 x 99,8 mm
Anzahl Stiche: 5245
Stickrahmen: 13 cm x 18 cm
oder größer

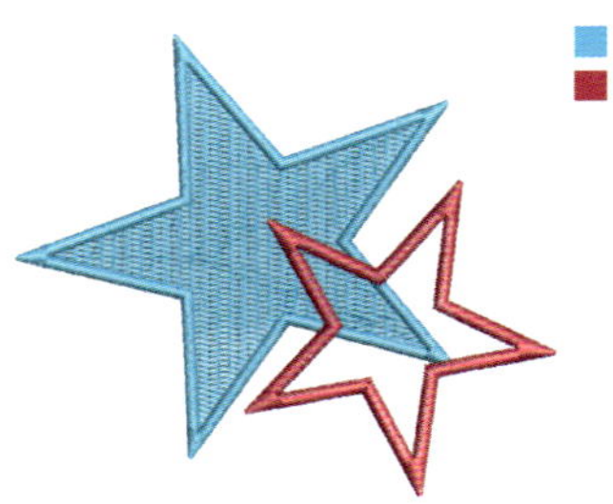

Stickdatei: Met_Sterne
Abmessungen: 83,1 mm x 74,0 mm
Anzahl Stiche: 5361
Stickrahmen: 10 cm x 10 cm
oder größer

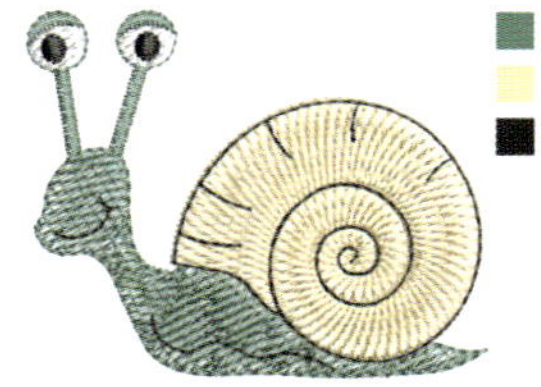

Stickdatei: Schnecke
Abmessungen: 60,9 mm x 50,1 mm
Anzahl Stiche: 4526
Stickrahmen: 10 cm x 10 cm
oder größer

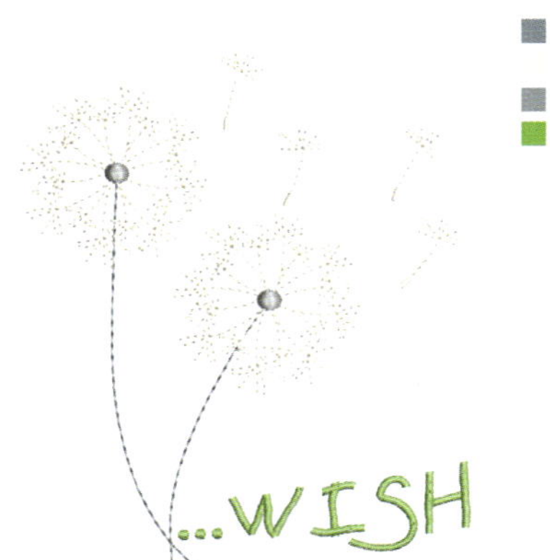

Stickdatei: Pusteblume_Wish
Abmessungen: 92,1 mm x 110,6 mm
Anzahl Stiche: 3792
Stickrahmen: 10 cm x 13 cm
oder größer

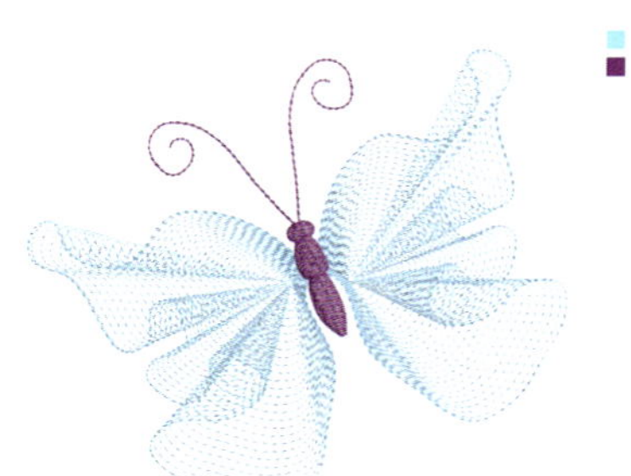

Stickdatei: Schmetterling_140
Abmessungen: 140,0 mm x 119,3 mm
Anzahl Stiche: 8153
Stickrahmen: 13 cm x 18 cm
oder größer

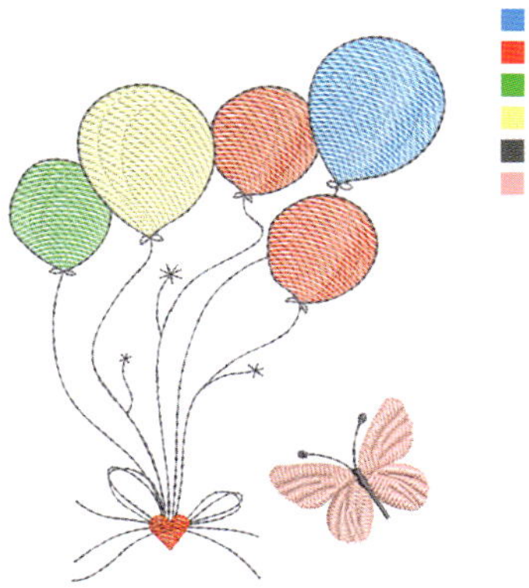

Stickdatei: Luftballons_120
Abmessungen: 93,0 mm x 120,0 mm
Anzahl Stiche: 7052
Stickrahmen: 10 cm x 13 cm
oder größer

SPEZIELLE STICKTECHNIKEN

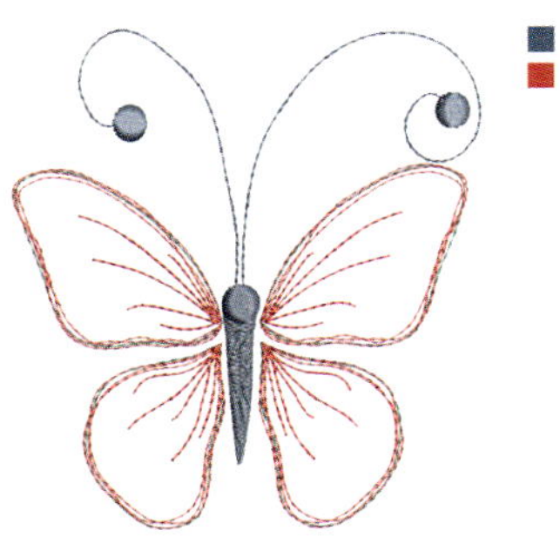

Stickdatei: Appl_Schmetterling
Abmessungen: 89,1 mm x 97,9 mm
Anzahl Stiche: 2683
Stickrahmen: 10 cm x 10 cm
oder größer

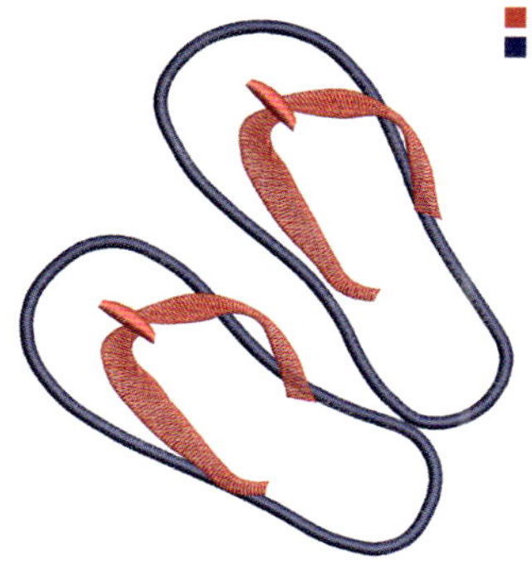

Stickdatei: FlipFlops
Abmessungen: 115,8 mm x 129,5 mm
Anzahl Stiche: 8642
Stickrahmen: 13 cm x 18 cm
oder größer

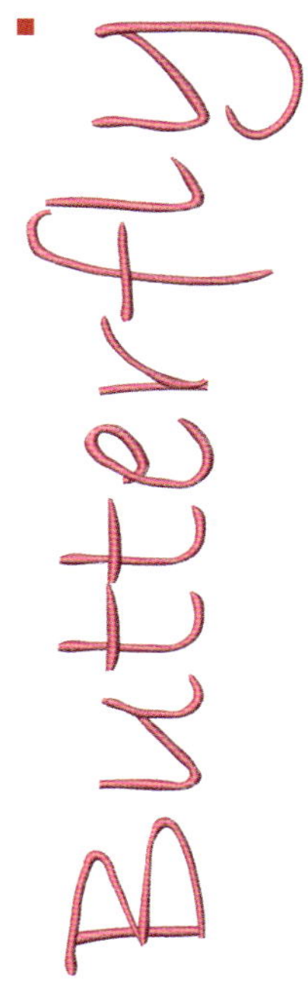

Stickdatei: Butterfly
Abmessungen: 285,6 mm x 80,4 mm
Anzahl Stiche: 6529
Stickrahmen: 18 cm x 300 cm
oder größer

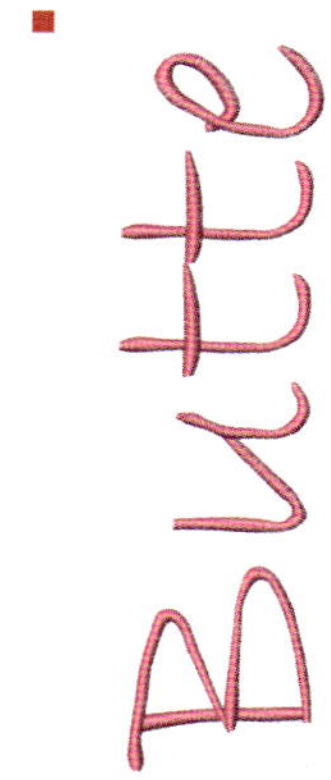

Stickdatei: Butte-
Abmessungen: 165,9 mm x 45,0 mm
Anzahl Stiche: 3665
Stickrahmen: 13 cm x 18 cm
oder größer

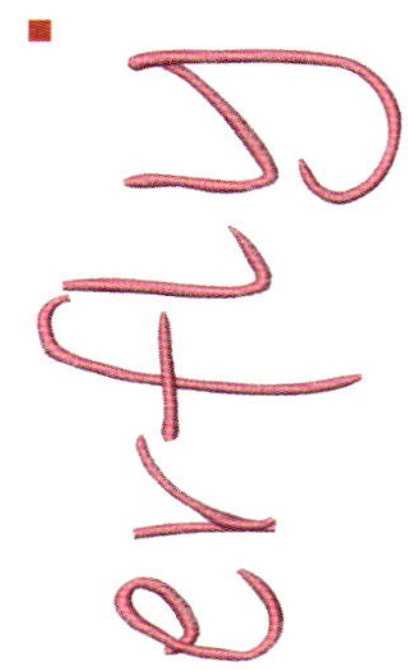

Stickdatei: B-erfly
Abmessungen: 140,9 mm x 80,4 mm
Anzahl Stiche: 3462
Stickrahmen: 13 cm x 18 cm
oder größer

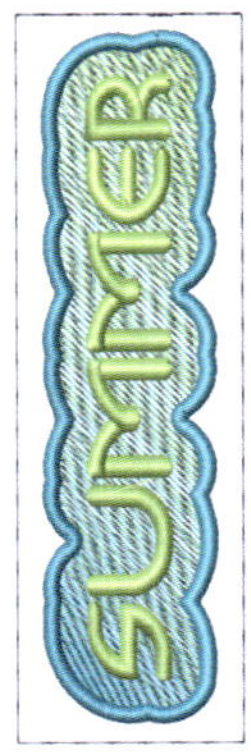

Stickdatei: 3D Summer
Abmessungen inkl. Platzierungslinien: 124,6 mm x 37,4 mm
Abmessungen Stickdatei:
118,8 mm x 29,2 mm
Anzahl Stiche: 8334
Stickrahmen: 13 cm x 18 cm
oder größer

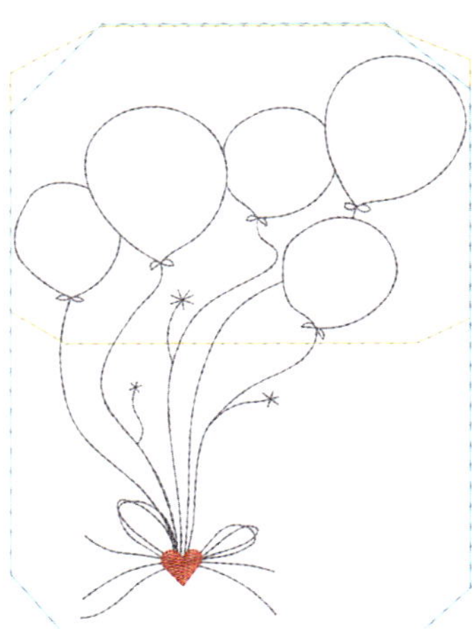

Stickdatei: Trapunto_Luftballons
Abmessungen inkl. Platzierungslinien: 129,2 mm x 178,5 mm
Abmessungen Stickdatei:
127,0 mm x 163,8 mm
Anzahl Stiche: 3074
Stickrahmen: 13 cm x 18 cm
oder größer

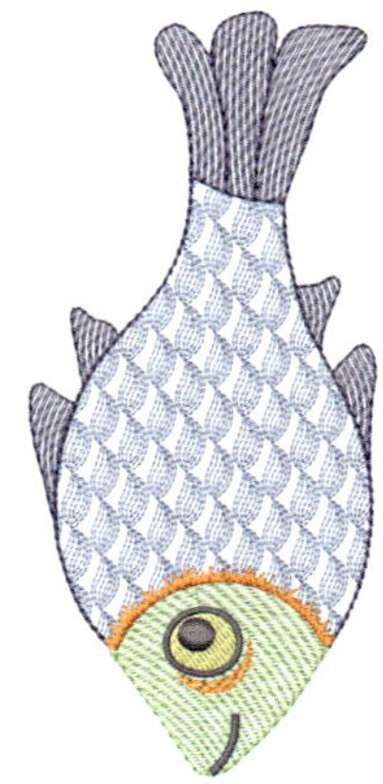

Stickdatei: Fisch Glitzerfolie
Abmessungen: 138,2 mm x 60,5 mm
Anzahl Stiche: 7922
Stickrahmen: 13 cm x 18 cm
oder größer

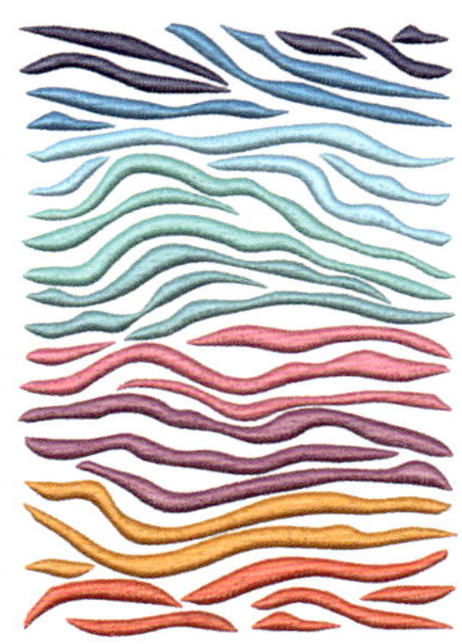

Stickdatei: Zebrastreifen bunt Glitzerfaden
Abmessungen: 126,6 mm x 96,9 mm
Anzahl Stiche: 14082
Stickrahmen: 13 cm x 10 cm
oder größer

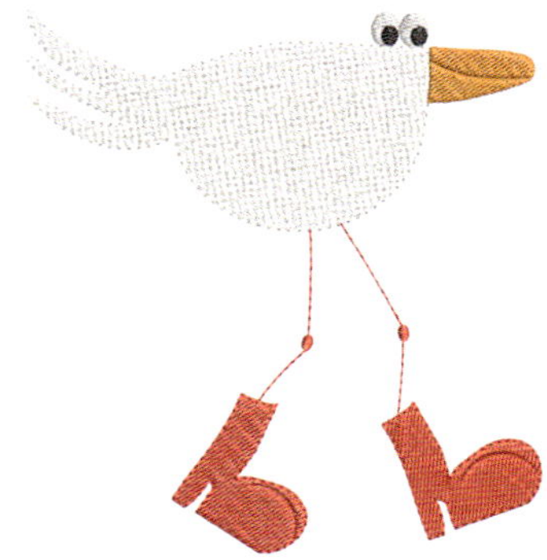

Stickdatei: Vogel_Sublimieren
Abmessungen: 125,0 mm x 136,8 mm
Anzahl Stiche: 9216
Stickrahmen: 13 cm x 18 cm
oder größer

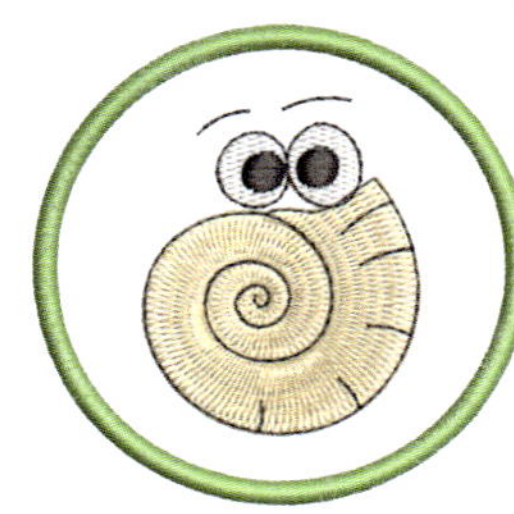

Stickdatei: Patch_Muschel
Abmessungen:
64,94 mm x 64,94 mm
Anzahl Stiche: 5440
Stickrahmen: 10 cm x 10 cm
oder größer

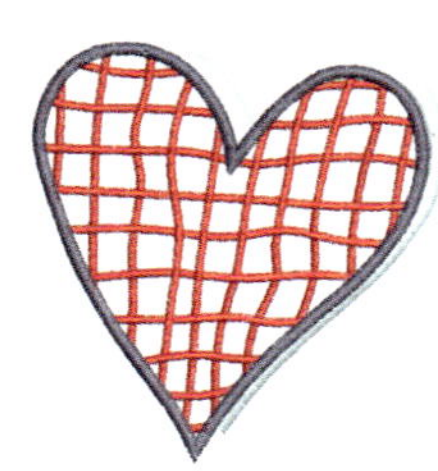

Stickdatei: Herz
Abmessungen: 57,5 mm x 59,2 mm
Anzahl Stiche: 5409
Stickrahmen: 10 cm x 10 cm
oder größer

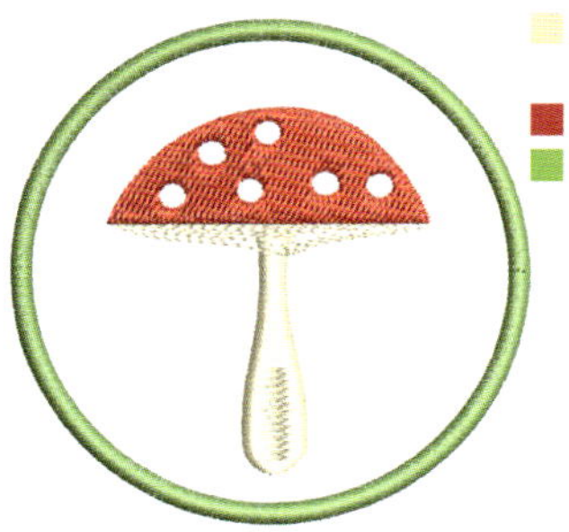

Stickdatei: Patch_Pilz
Abmessungen: 79,9 mm x 79,9 mm
Anzahl Stiche: 4405
Stickrahmen: 10 cm x 10 cm
oder größer

MODELLE

SHOPPER

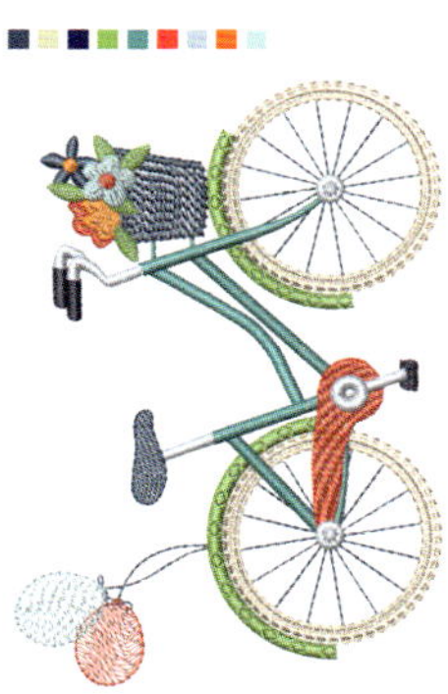

Stickdatei: Fahrrad_150
Abmessungen: 150,0 mm x 102,7 mm
Anzahl Stiche: 15902
Stickrahmen: 13 cm x 18 cm
oder größer

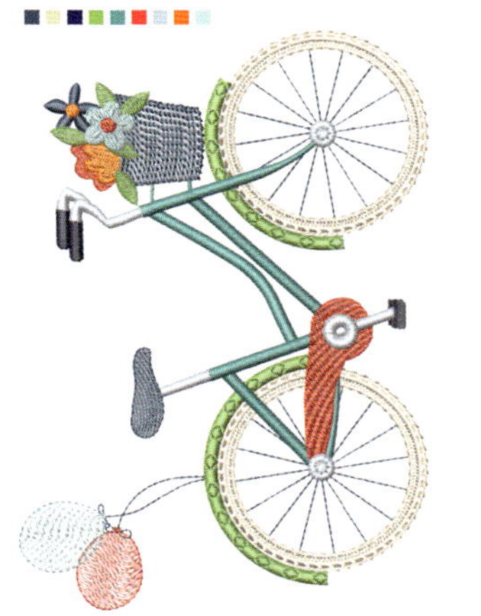

Stickdatei: Fahrrad_200
Abmessungen:
200,0 mm x 137,0 mm
Anzahl Stiche: 20525
Stickrahmen: 14,5 cm x 25,5 cm
oder größer

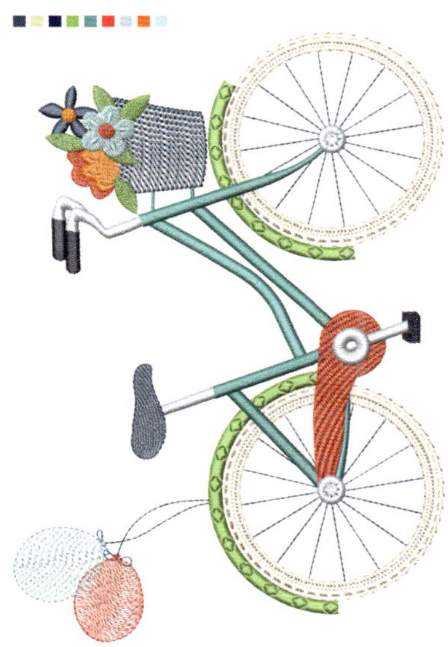

Stickdatei: Fahrrad_255
Abmessungen: 255,1 mm x 174,7 mm
Anzahl Stiche: 20183
Stickrahmen: 18 cm x 30 cm
oder größer

ORDNERHÜLLE MIT PATCHS

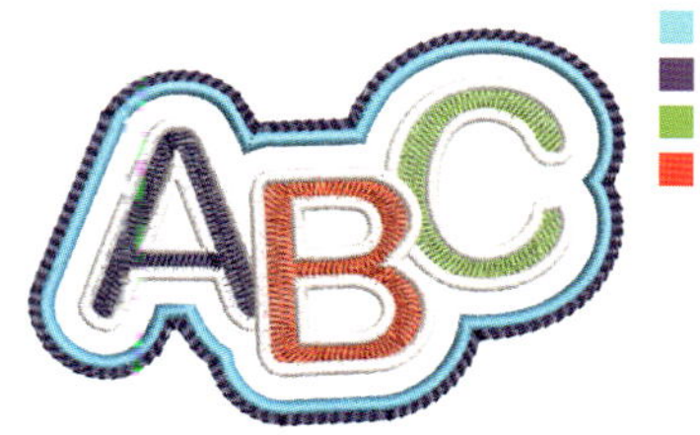

Stickdatei: Patch_ABC
Abmessungen inkl. Platzierungslinien: 98,0 mm x 98,0 mm
Abmessungen Stickdatei:
86,8 mm x 59,6 mm
Anzahl Stiche: 10337
Stickrahmen: 10 cm x 10 cm
oder größer

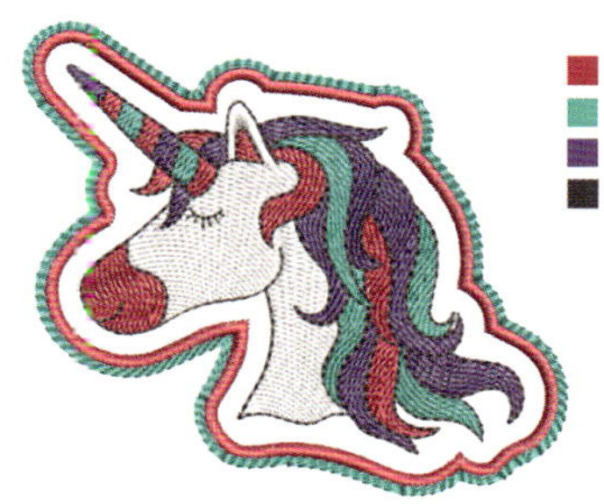

Stickdatei: Patch_Einhorn
Abmessungen inkl. Platzierungslinien: 98,0 mm x 98,0 mm
Abmessungen Stickdatei:
89,4 mm x 81,2 mm
Anzahl Stiche: 14180
Stickrahmen: 10 cm x 10 cm
oder größer

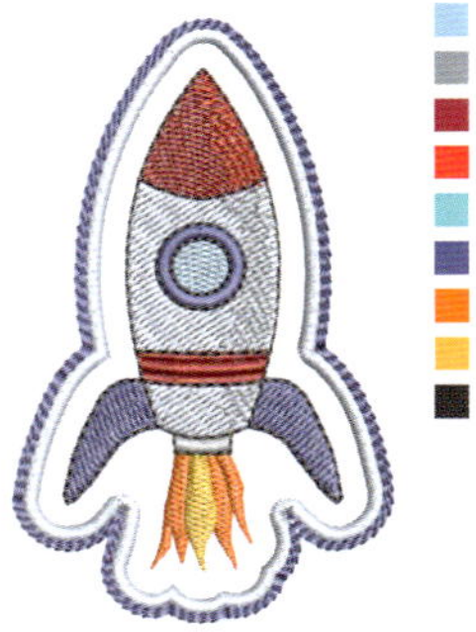

Stickdatei: Patch_Rakete
Abmessungen inkl. Platzierungslinien: 98,0 mm x 98,0 mm
Abmessungen Stickdatei: 55,4 mm x 90,7mm
Anzahl Stiche: 8347
Stickrahmen: 10 cm x 10 cm oder größer

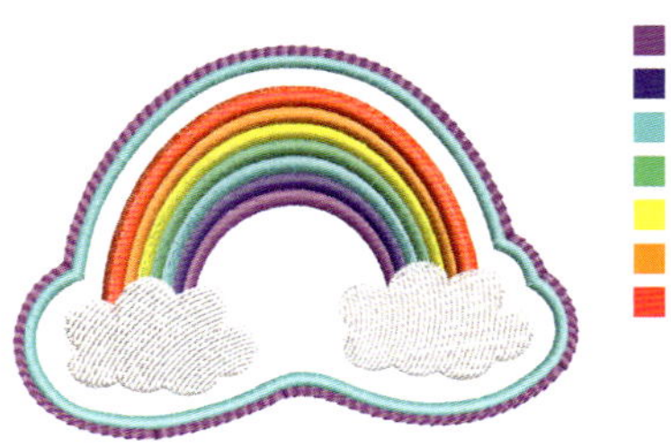

Stickdatei: Patch_Regenbogen
Abmessungen inkl. Platzierungslinien: 98,0 mm x 98,0 mm
Abmessungen Stickdatei: 90,4 mm x 65,5 mm
Anzahl Stiche: 10154
Stickrahmen: 10 cm x 10 cm oder größer

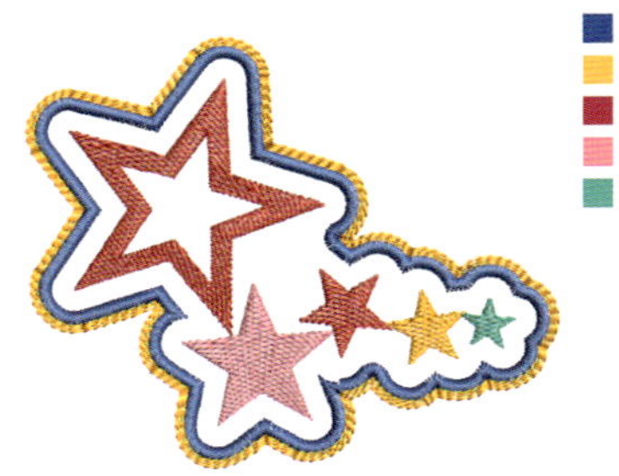

Stickdatei: Patch_Sterne
Abmessungen inkl. Platzierungslinien: 98,0 mm x 98,0 mm
Abmessungen Stickdatei: 89,4 mm x 75,0 mm
Anzahl Stiche: 8161
Stickrahmen: 10 cm x 10 cm oder größer

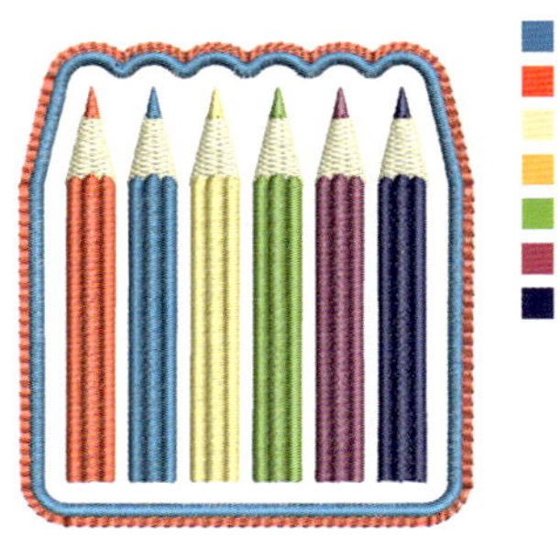

Stickdatei: Patch_Stifte
Abmessungen inkl. Platzierungslinien: 98,0 mm x 98,0 mm
Abmessungen Stickdatei: 71,3 mm x 79,0 mm
Anzahl Stiche: 12435
Stickrahmen: 10 cm x 10 cm oder größer

GESCHIRRTÜCHER MIT TASSENSTICKEREI

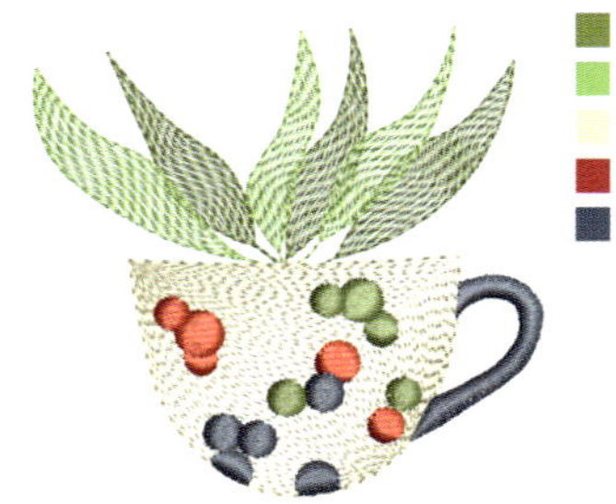

Stickdatei: Tasse_Aloe
Abmessungen: 73,3 mm x 69,5 mm
Anzahl Stiche: 5112
Stickrahmen: 10 cm x 10 cm oder größer

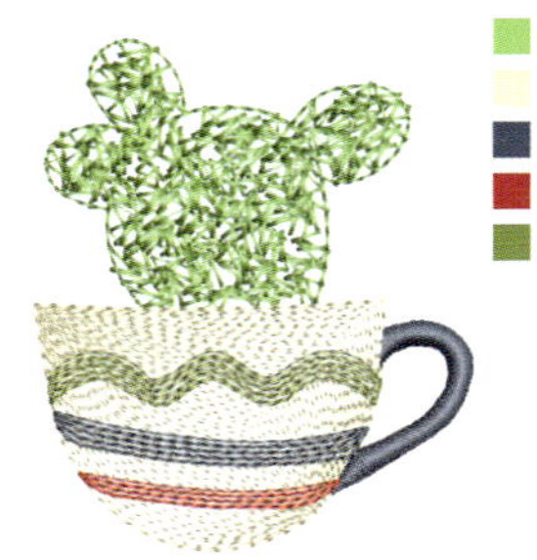

Stickdatei: Tasse_Kaktus
Abmessungen: 59,6 mm x 71,7 mm
Anzahl Stiche: 4569
Stickrahmen: 10 cm x 10 cm oder größer

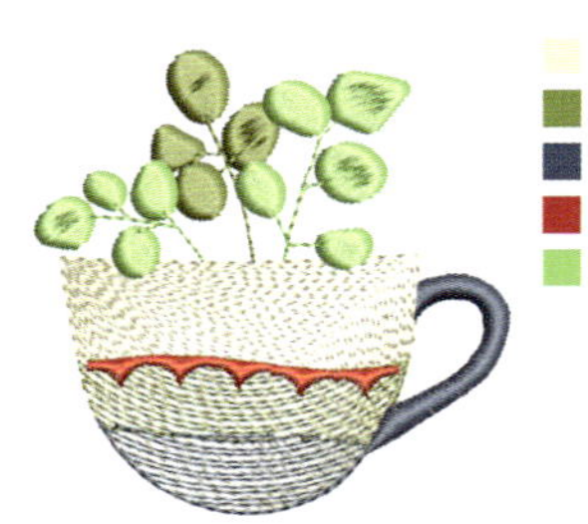

Stickdatei: Tasse_Tornado
Abmessungen: 63,4 mm x 63,1 mm
Anzahl Stiche: 4701
Stickrahmen: 10 cm x 10 cm oder größer

MATCHSACK MIT TURNSCHUH-APPLIKATION

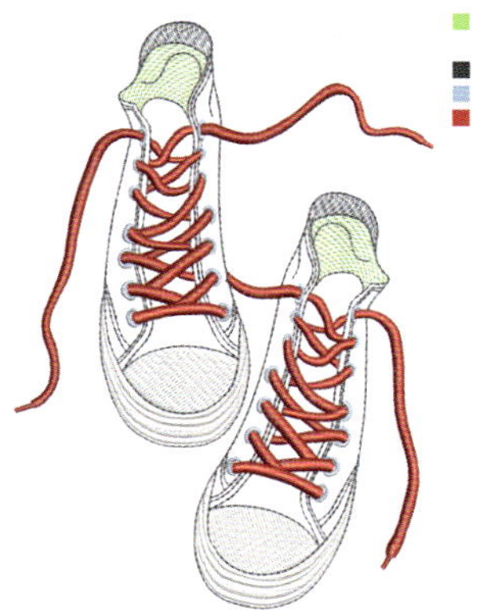

Stickdatei: Schuhe_175
Abmessungen: 121,3 mm x 175,1 mm
Anzahl Stiche: 20125
Stickrahmen: 13 cm x 18 cm
oder größer

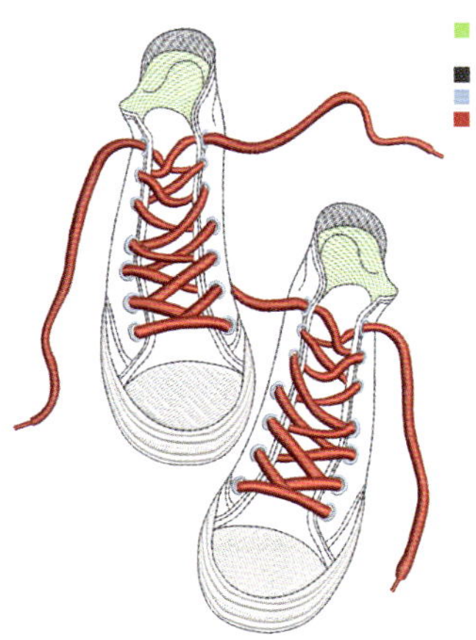

Stickdatei: Schuhe_195
Abmessungen: 135,2 mm x 195,2 mm
Anzahl Stiche: 22729
Stickrahmen: 14,5 cm x 25,5 cm
oder größer

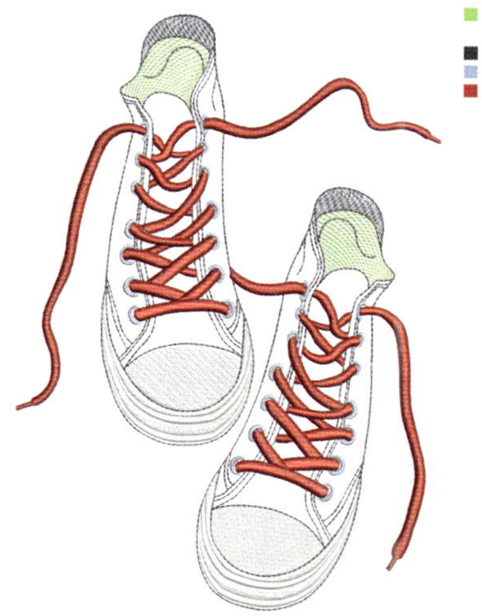

Stickdatei: Schuhe_225
Abmessungen: 155,9 mm x 225,1 mm
Anzahl Stiche: 26784
Stickrahmen: 16,5 cm x 26,5 cm
oder größer

ITH-MUG-RUG

Stickdatei: 1_Mug_Rug_Rueckseite
Abmessungen: 110,0 mm x 143,1 mm
Anzahl Stiche: 647
Stickrahmen: 13 cm x 18 cm
oder größer

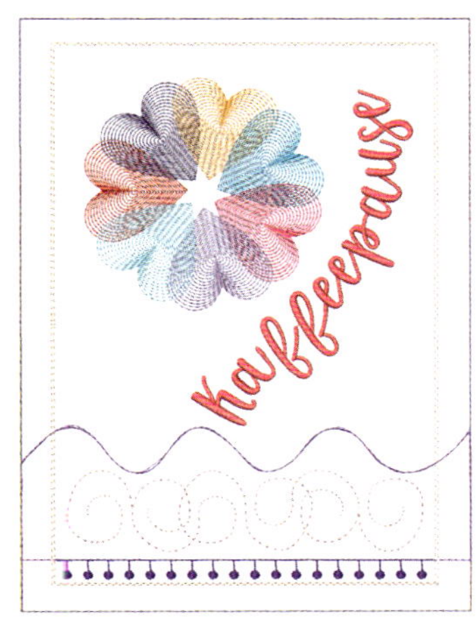

Stickdatei: 2_Mug_Rug_Coffee
Abmessungen inkl. Platzierungslinien: 175,0 mm x 128,3 mm
Abmessungen Stickdatei:
160,0 mm x 110,0 mm
Anzahl Stiche: 9211
Stickrahmen: 13 cm x 18 cm
oder größer

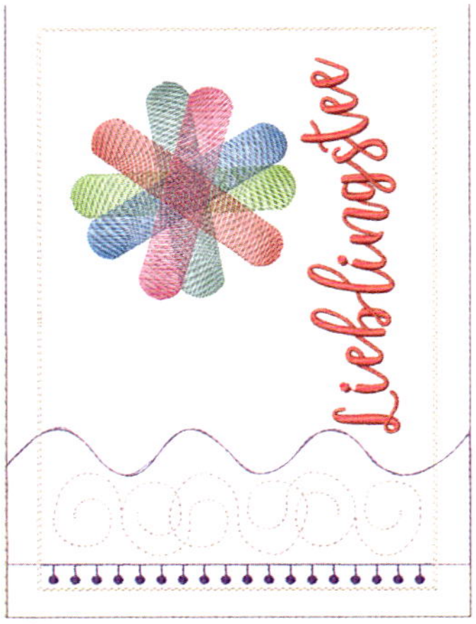

Stickdatei: 2_Mug_Rug_Tee
Abmessungen inkl. Platzierungslinien: 175,0 mm x 128,3 mm
Abmessungen Stickdatei: 160,0 mm x 110,0 mm
Anzahl Stiche: 9709
Stickrahmen: 13 cm x 18 cm oder größer

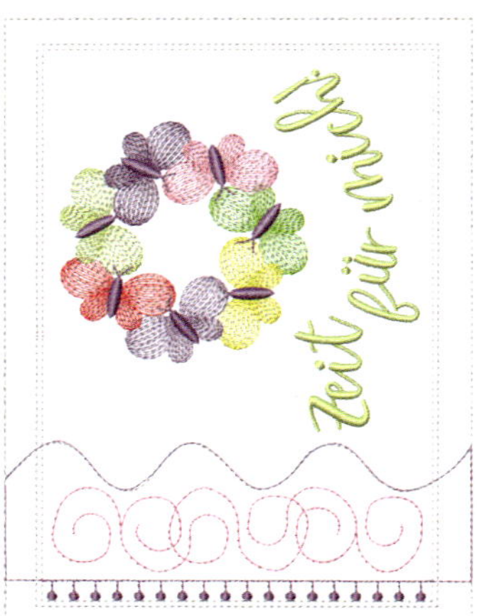

Stickdatei: 2_Mug_Rug_Zeit_für_mich
Abmessungen inkl. Platzierungslinien: 175,0 mm x 128,3 mm
Abmessungen Stickdatei: 160,0 mm x 110,0 mm
Anzahl Stiche: 10268
Stickrahmen: 13 cm x 18 cm oder größer

FESTLICHE WEIHNACHTSKARTEN

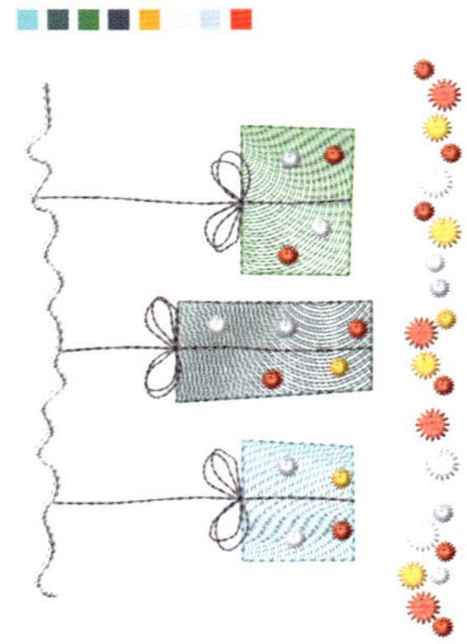

Stickdatei: Geschenkbox
Abmessungen: 141,0 mm x 103,2 mm
Anzahl Stiche: 6850
Stickrahmen: 13 cm x 18 cm oder größer

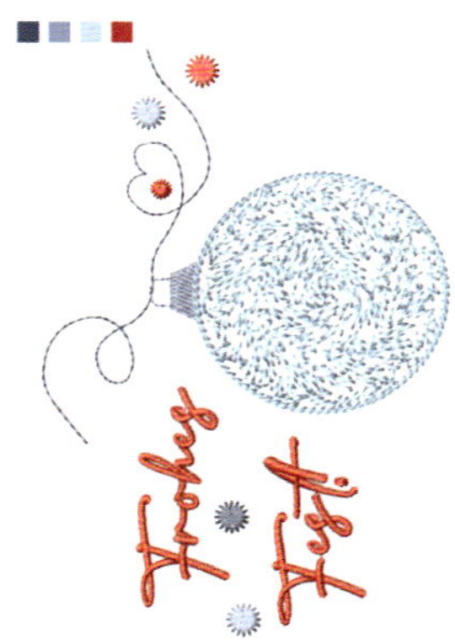

Stickdatei: Kugel_Frohes_Fest
Abmessungen: 141,3 mm x 93,7 mm
Anzahl Stiche: 6615
Stickrahmen: 13 cm x 18 cm oder größer

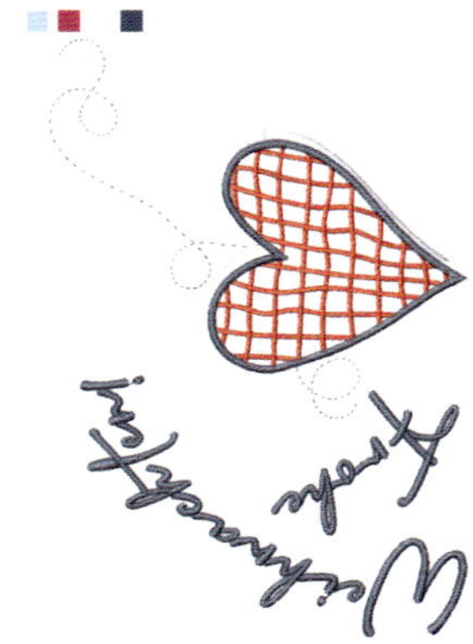

Stickdatei: Herz_Frohe_W
Abmessungen: 140,6 mm x 95.2 mm
Anzahl Stiche: 9141
Stickrahmen: 13 cm x 18 cm oder größer

ARMBAND & CLUTCH MIT FRANSENBLUMEN

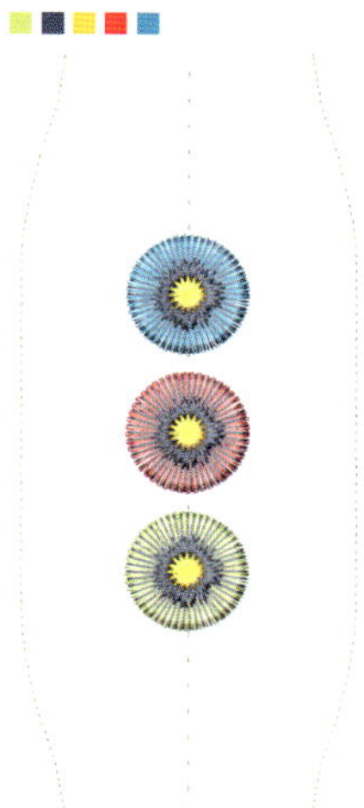

Stickdatei: Armband_Fransen-blumen
Abmessungen inkl. Platzierungs-linien: 178,0 mm x 76,0 mm
Abmessungen Stickdatei: 92,5 mm x 28,2 mm
Anzahl Stiche: 4640
Stickrahmen: 13 cm x 18 cm oder größer

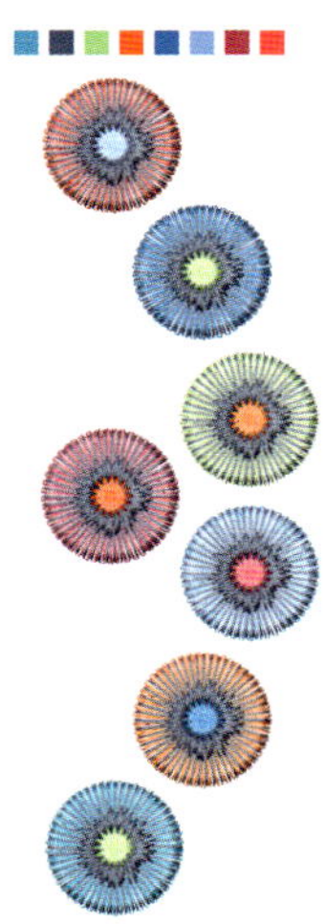

Stickdatei: Clutch_Fransenblumen
Abmessungen: 174,3 mm x 56,3 mm
Anzahl Stiche: 9964
Stickrahmen: 13 cm x 18 cm oder größer

KISSENHÜLLEN MIT BLÄTTERSTICKEREI

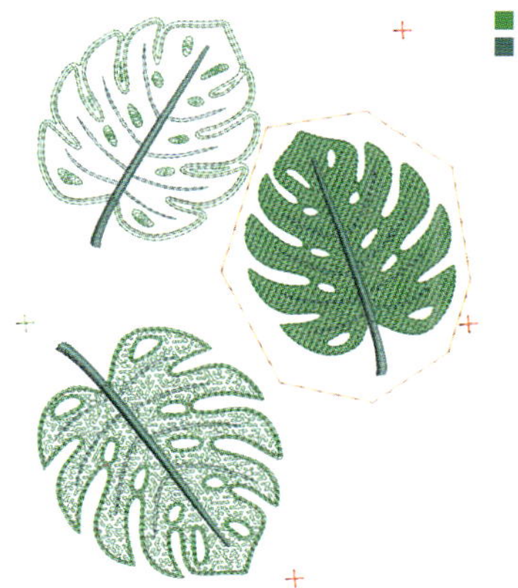

Stickdatei: Blaetter_Borduere_01
Abmessungen: 122,5 mm x 155,9 mm
Anzahl Stiche: 16006
Stickrahmen: 13 cm x 18 cm oder größer

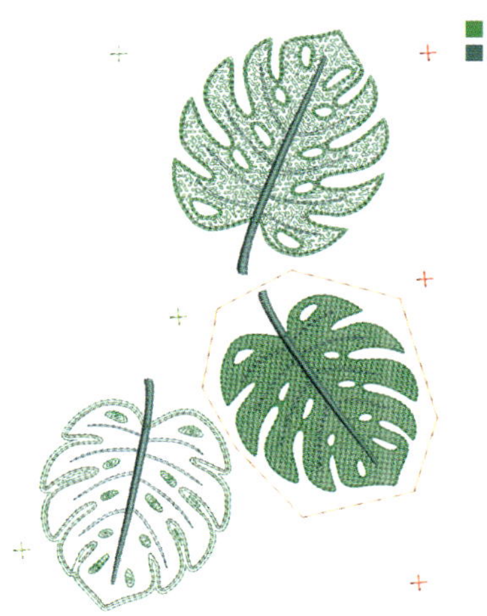

Stickdatei: Blaetter_Borduere_02
Abmessungen: 124,7 mm x 175,7 mm
Anzahl Stiche: 16048
Stickrahmen: 13 cm x 18 cm oder größer

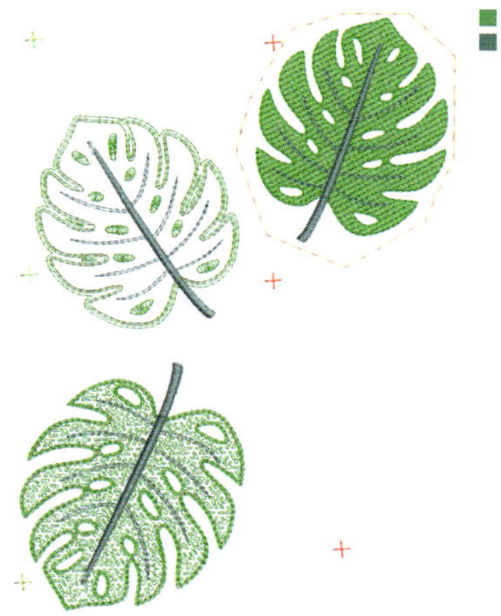

Stickdatei: Blaetter_Borduere_03
Abmessungen: 126,2 mm x 156,7 mm
Anzahl Stiche: 16029
Stickrahmen: 13 cm x 18 cm oder größer

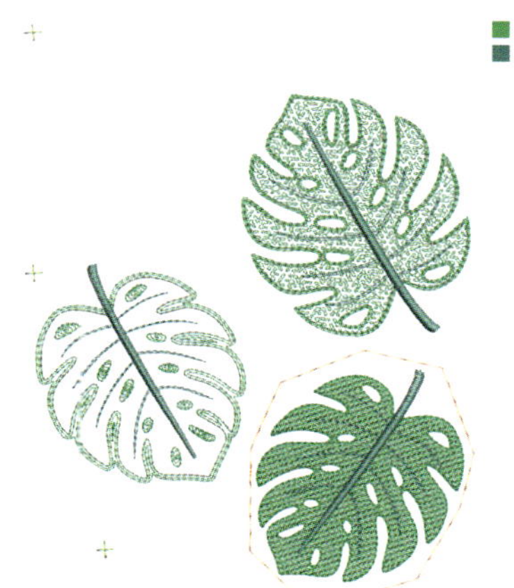

Stickdatei: Blaetter_Borduere_04
Abmessungen: 125,9 mm x 165,3 mm
Anzahl Stiche: 15933
Stickrahmen: 13 cm x 18 cm oder größer

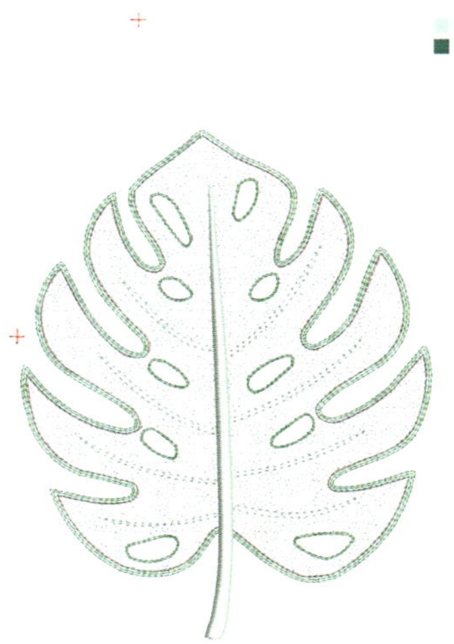

Stickdatei: Blatt_1
Abmessungen inkl. Platzierungs-marker: 138,6 mm x 212,6 mm
Abmessungen Stickdatei: 134,8 mm x 172,3 mm
Anzahl Stiche: 12811
Stickrahmen: 14,5 cm x 25,5 cm oder größer

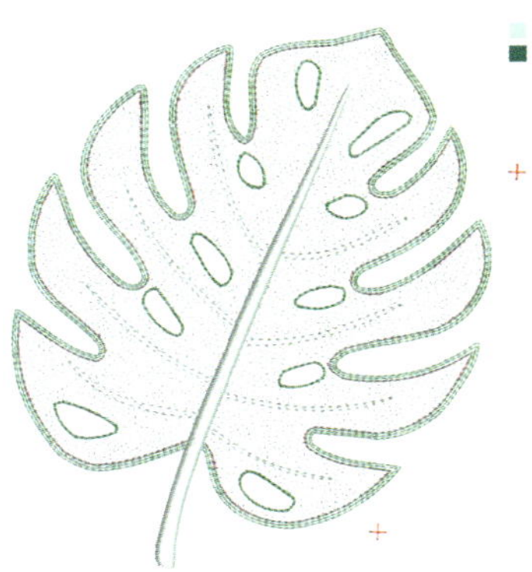

Stickdatei: Blatt_2
Abmessungen inkl. Platzierungs-marker: 147,3 mm x 160,9 mm
Abmessungen Stickdatei: 137,5 mm x 160,9 mm
Anzahl Stiche: 12813
Stickrahmen: 14,5 cm x 25,5 cm oder größer

WEITERE STICKDATEIEN

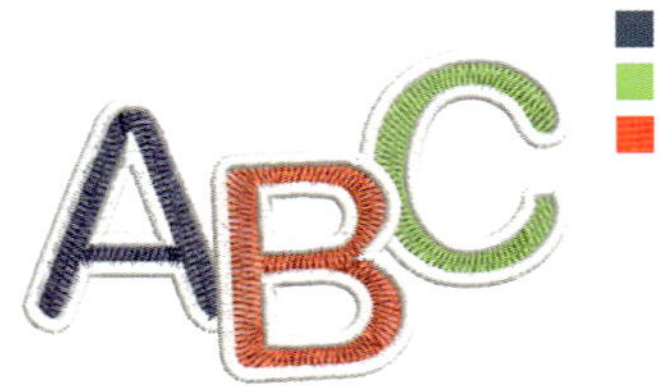

Stickdatei: ABC
Abmessungen: 72,8 mm x 45,5 mm
Anzahl Stiche: 6661
Stickrahmen: 10 cm x 10 cm oder größer

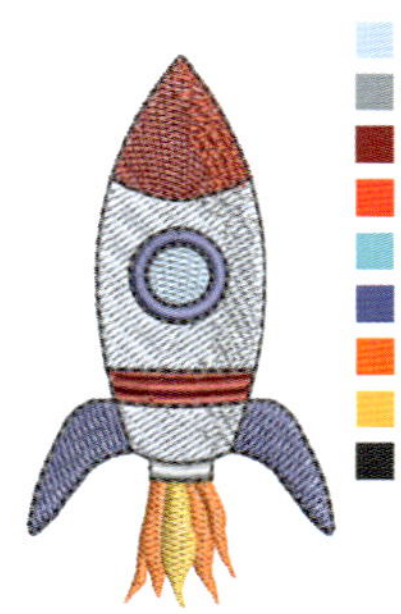

Stickdatei: Rakete
Abmessungen: 40,6 mm x 75,8 mm
Anzahl Stiche: 4763
Stickrahmen: 10 cm x 10 cm oder größer

Stickdatei: Regenbogen
Abmessungen: 75,0 mm x 51,7 mm
Anzahl Stiche: 6604
Stickrahmen: 10 cm x 10 cm oder größer

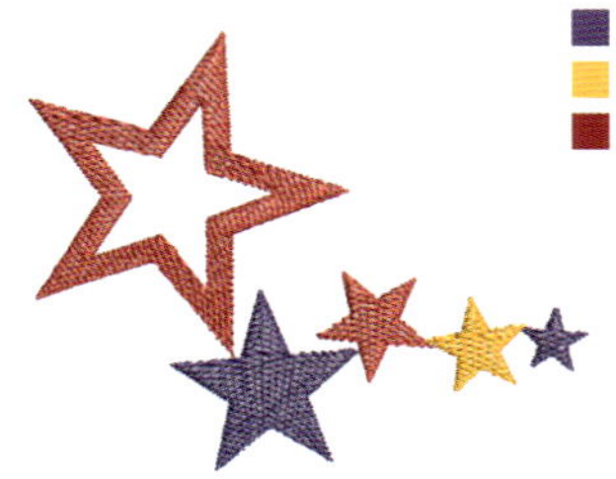

Stickdatei: Sterne
Abmessungen: 75,0 mm x 60,4 mm
Anzahl Stiche: 3612
Stickrahmen: 10 cm x 10 cm oder größer

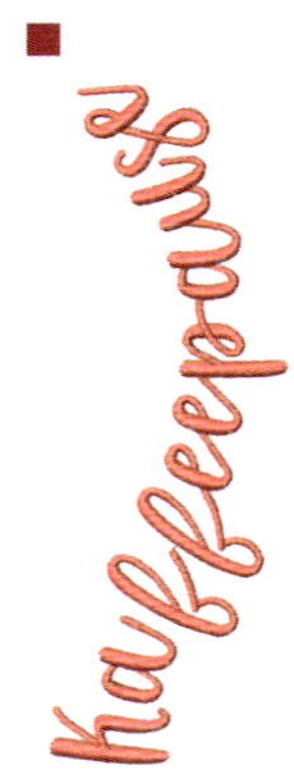

Stickdatei: Kaffeepause
Abmessungen: 105,7 mm x 35,5 mm
Anzahl Stiche: 2792
Stickrahmen: 13 cm x 10 cm oder größer

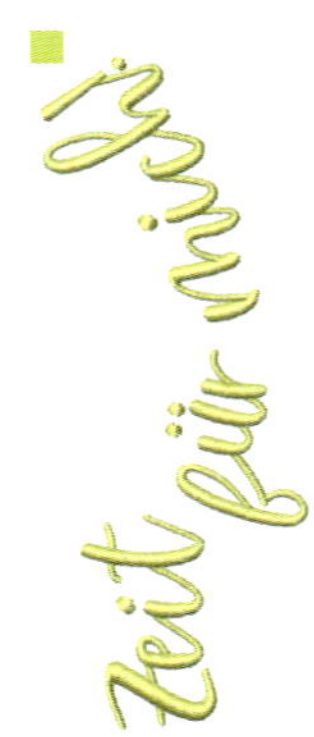

Stickdatei: Zeit für mich
Abmessungen: 103,9 mm x 40,5 mm
Anzahl Stiche: 2704
Stickrahmen: 13 cm x 10 cm oder größer

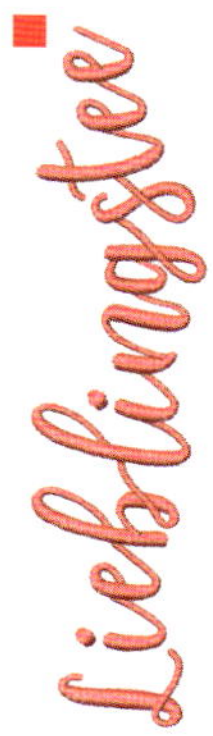

Stickdatei: Lieblingstee
Abmessungen: 108,3 mm x 26,3 mm
Anzahl Stiche: 2953
Stickrahmen: 13 cm x 10 cm
oder größer

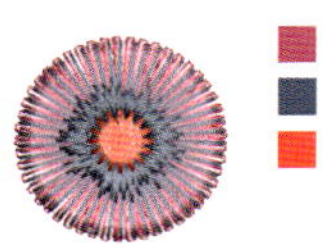

Stickdatei: Fransenblume
Abmessungen: 28,0 mm x 28,0 mm
Anzahl Stiche: 1421
Stickrahmen: 10 cm x 10 cm
oder größer

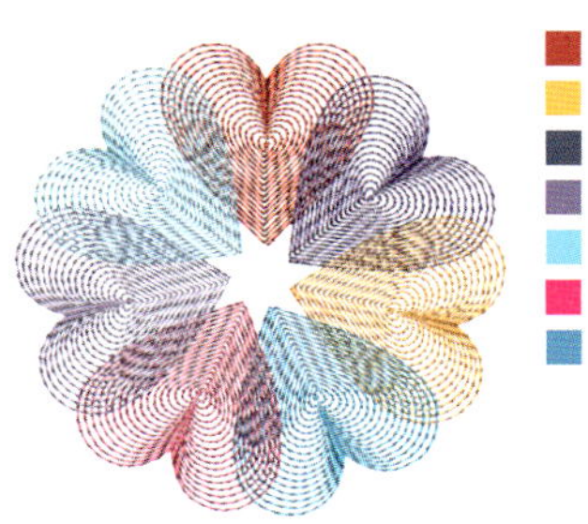

Stickdatei: Herz_Kranz
Abmessungen: 69,0 mm x 67,9 mm
Anzahl Stiche: 3721
Stickrahmen: 10 cm x 10 cm
oder größer

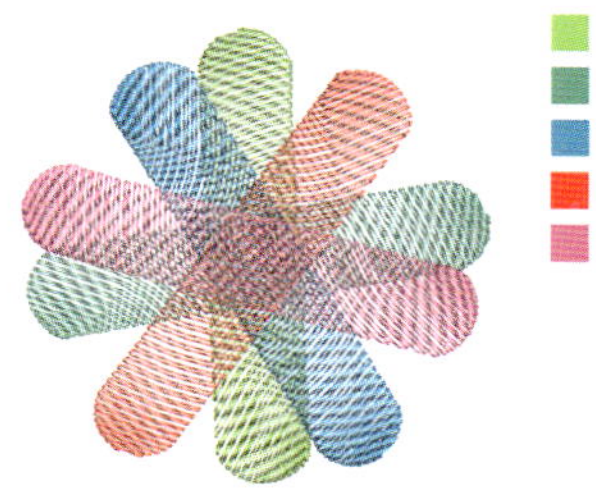

Stickdatei: Ornament _1
Abmessungen: 61,9 mm x 62,1 mm
Anzahl Stiche: 4064
Stickrahmen: 10 cm x 10 cm
oder größer

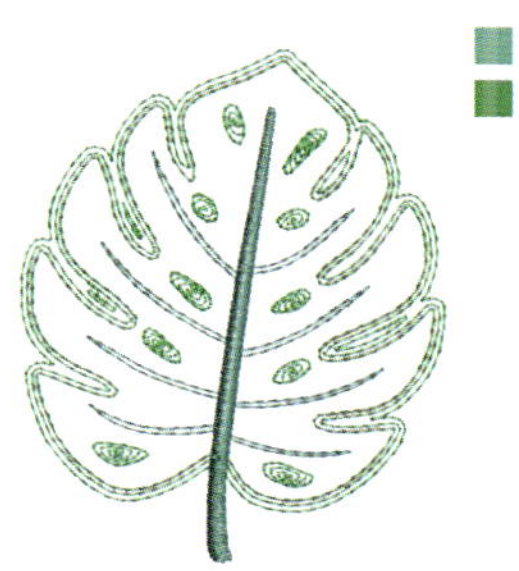

Stickdatei: Monstera 1
Abmessungen: 56,1 mm x 70,4 mm
Anzahl Stiche: 2323
Stickrahmen: 10 cm x 10 cm
oder größer

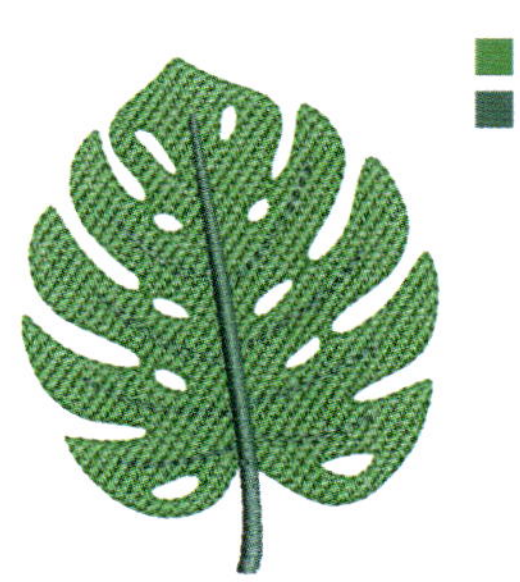

Stickdatei: Monstera 2
Abmessungen: 54,8 mm x 69,8 mm
Anzahl Stiche: 6866
Stickrahmen: 10 cm x 10 cm
oder größer

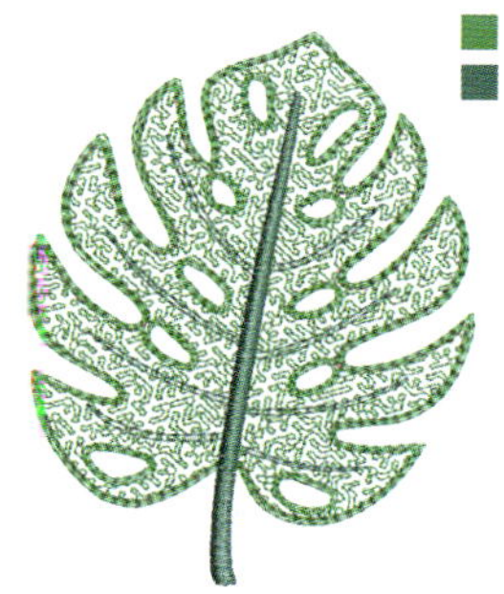

Stickdatei: Monstera 3
Abmessungen: 52,0 mm x 79,0 mm
Anzahl Stiche: 6648
Stickrahmen: 10 cm x 10 cm
oder größer

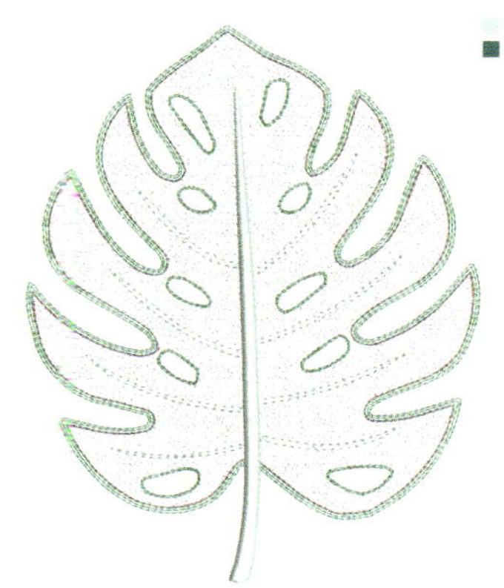

Stickdatei: Monstera
Abmessungen: 134,8 mm x 172,3 mm
Anzahl Stiche: 12768
Stickrahmen: 14,5 cm x 25,5 cm
oder größer

REGISTER

BUCHEMPFEHLUNGEN FÜR SIE

Noch mehr kreative Bücher gesucht?

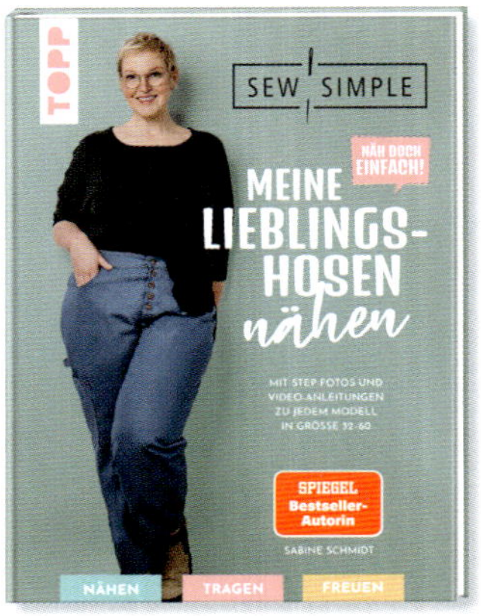

ISBN 978-3-7358-7057-5

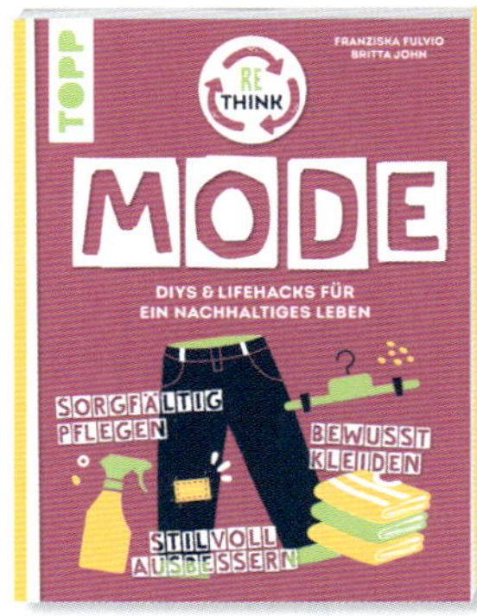

ISBN 978-3-7358-7077-3

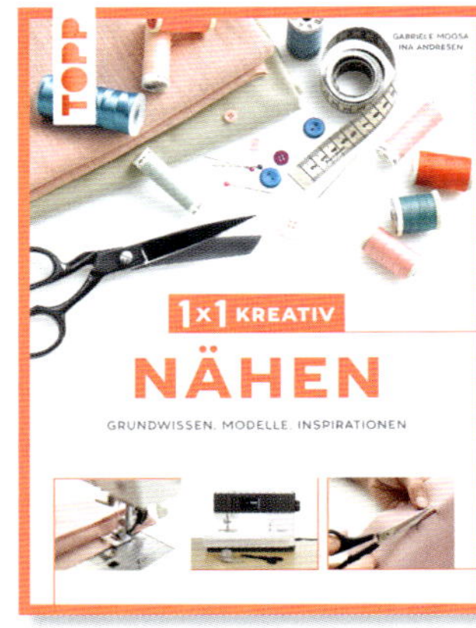

ISBN 978-3-7358-7022-3

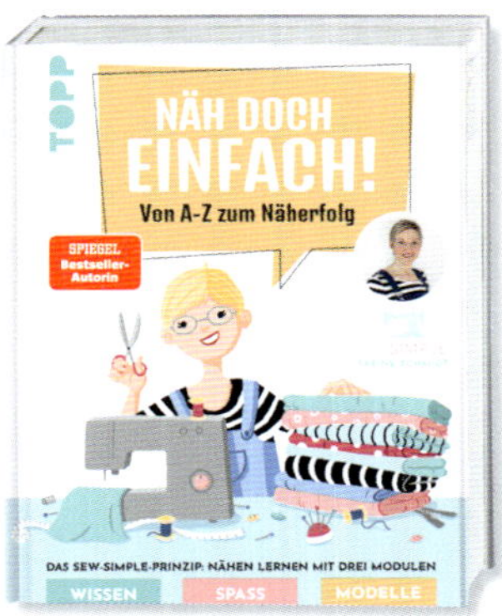

ISBN 978-3-7724-4880-5

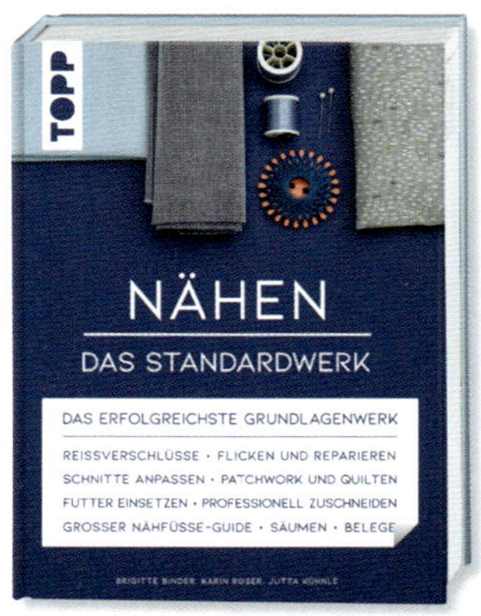

ISBN 978-3-7724-4860-7

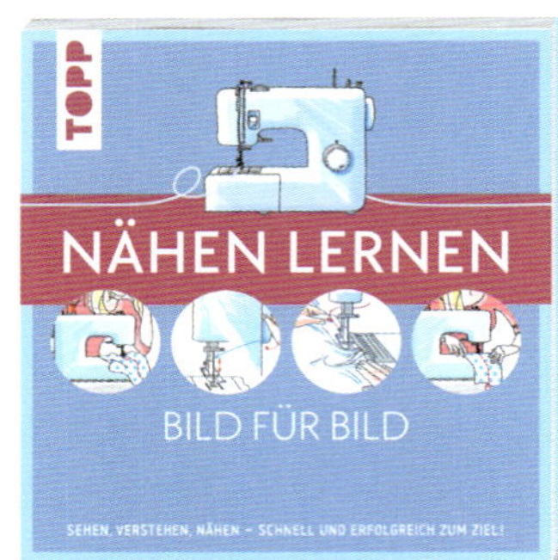

ISBN 978-3-7358-7090-2

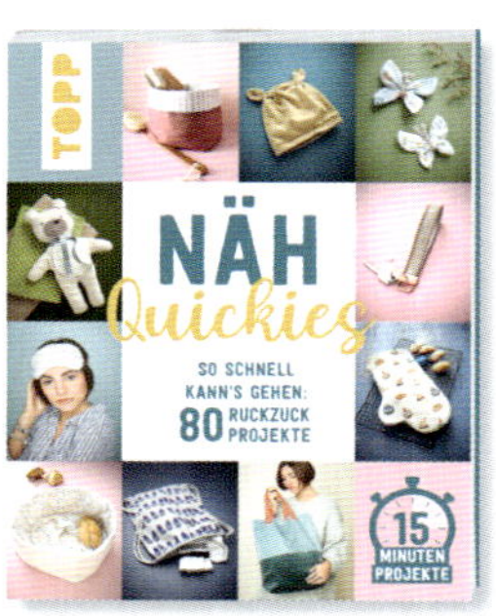

ISBN 978-3-7358-7117-6

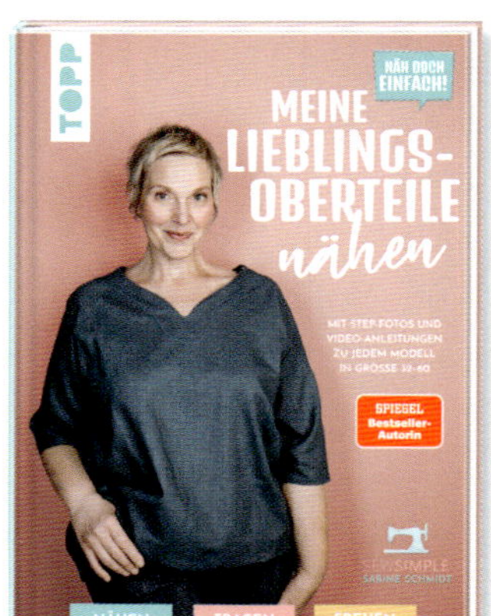

ISBN 978-3-7358-7037-7

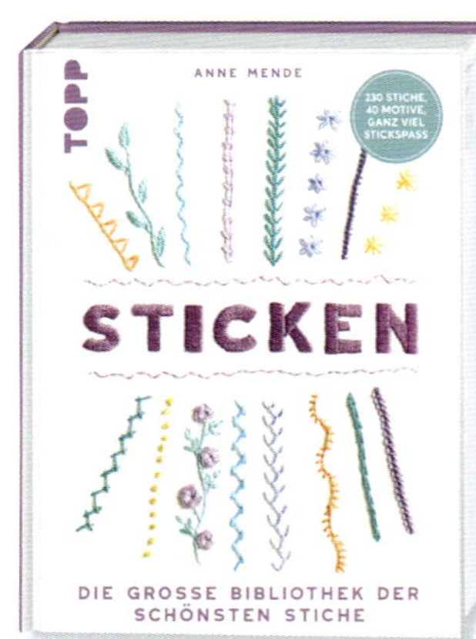

ISBN 978-3-7358-7027-8

Noch mehr Kreativ-Bücher finden Sie auf www.TOPP-kreativ.de

#TOPPprojekt

Die eigene Kreativität zeigen: TOPPprojekt mit anderen Kreativen teilen und Teil der Gemeinschaft werden.

DIY-begeistert und auf Instagram? Dann unbedingt mitmachen! Hier gibt's Tipps und Feedback zu den eigenen Projekten. Außerdem verlosen wir jeden Monat ein Überraschungspaket. Um am Gewinnspiel teilzunehmen, einfach ein Bild vom Kreativ-Projekt aus unseren Büchern mit #TOPPprojekt posten und unserem Account @frechverlag folgen. Mehr Infos auf TOPP-kreativ.de/TOPPprojekt

Mach mit beim

#TOPPprojekt

#TOPPprojekt
@frechverlag

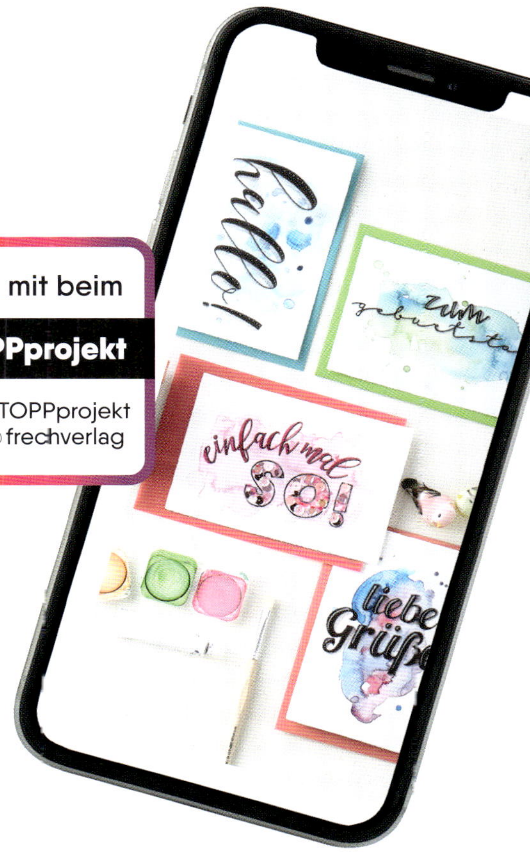

Webseite

Auf TOPP-kreativ.de gibt es ein riesiges Angebot von über 1.000 Kreativbüchern, Sets und mehr zu entdecken.

Newsletter

Immer als Erstes von unseren Neuheiten und Sonderaktionen erfahren: TOPP-kreativ.de/newsletter

Instagram

@frechverlag

Pinterest

pinterest.com/frechverlag

Facebook

facebook.com/frechverlag

DigiBib

Hier gibt es zusätzlich zu einiger unserer Bücher digitale Extras, wie Video-Tutorials, Plotter-Dateien, Vorlagen, Übungsblätter und vieles mehr. Einfach im Impressum eines TOPP-Buchs nachschauen, ob dort ein Code vorhanden ist, und exklusive Inhalte freischalten. TOPP-kreativ.de/digibib

Youtube

youtube.com/frechverlag

DANK

Ein Buch wie dieses lässt sich ohne helfende Hände und weitreichende Unterstützung nicht realisieren. Daher möchte ich den nachfolgend aufgeführten Firmen ganz herzlich für Rat und Tat, Ideen, Hinweise und Unterstützung danken:

Bernina
www.bernina.com

Gunold Sulky
https://sulky-shop.de

Gütermann Garne
https://consumer.guetermann.com

Madeira Garne
https://garne.madeira.de/startseite/

Mettler Garne
www.amann-mettler.com

Vlieseline
www.vlieseline.com

Schmetz Nadeln
www.schmetz.com/de/haushaltsnadeln/

Organ Nadeln
www.organneedle.com

Rauschenberger Möbel mit Funktion
www.rmf-moebel.com

Creazon
www.creazon.com

MÄDE!
madebykasia.com

SERVICE-HOTLINE

Haben Sie Fragen oder gibt es ein Problem? Wir helfen Ihnen gern. Rufen Sie uns an oder schreiben Sie uns eine E-Mail:

Telefon: 0711 / 12 37 57 20 * *normale Telefongebühren
E-Mail: hilfe@frechverlag.de

Weitere Informationen zum Verlag und zu unserem gesamten Programm finden Sie unter: www.topp-kreativ.de

IMPRESSUM

Der Downloadcode für die Stickdateien lautet: **55394**

Stickmusterdesign und -ausarbeitung: Gaby Seeberg-Wilhelm, myoverlock Verlag

FOTOS: frechverlag GmbH, 70839 Gerlingen; lichtpunkt, Michael Ruder, Stuttgart (Modellfotos und Kapitelaufmacher); Gaby Seeberg-Wilhelm (alle Stepfotos)

PRODUKTMANAGEMENT: Claudia Mack

LEKTORAT: Christine Schlitt, Worms

COVER: Tatjana Weiß

LAYOUT: Petra Theilfarth

DRUCK UND BINDUNG: PNB Print Ltd, Lettland

2. Auflage 2024

ISBN 978-3-7358-7080-3 • Best.-Nr. 27080

MIX
Papier | Fördert gute Waldnutzung
FSC® C084698

Penguin Random House Verlagsgruppe FSC® N001967

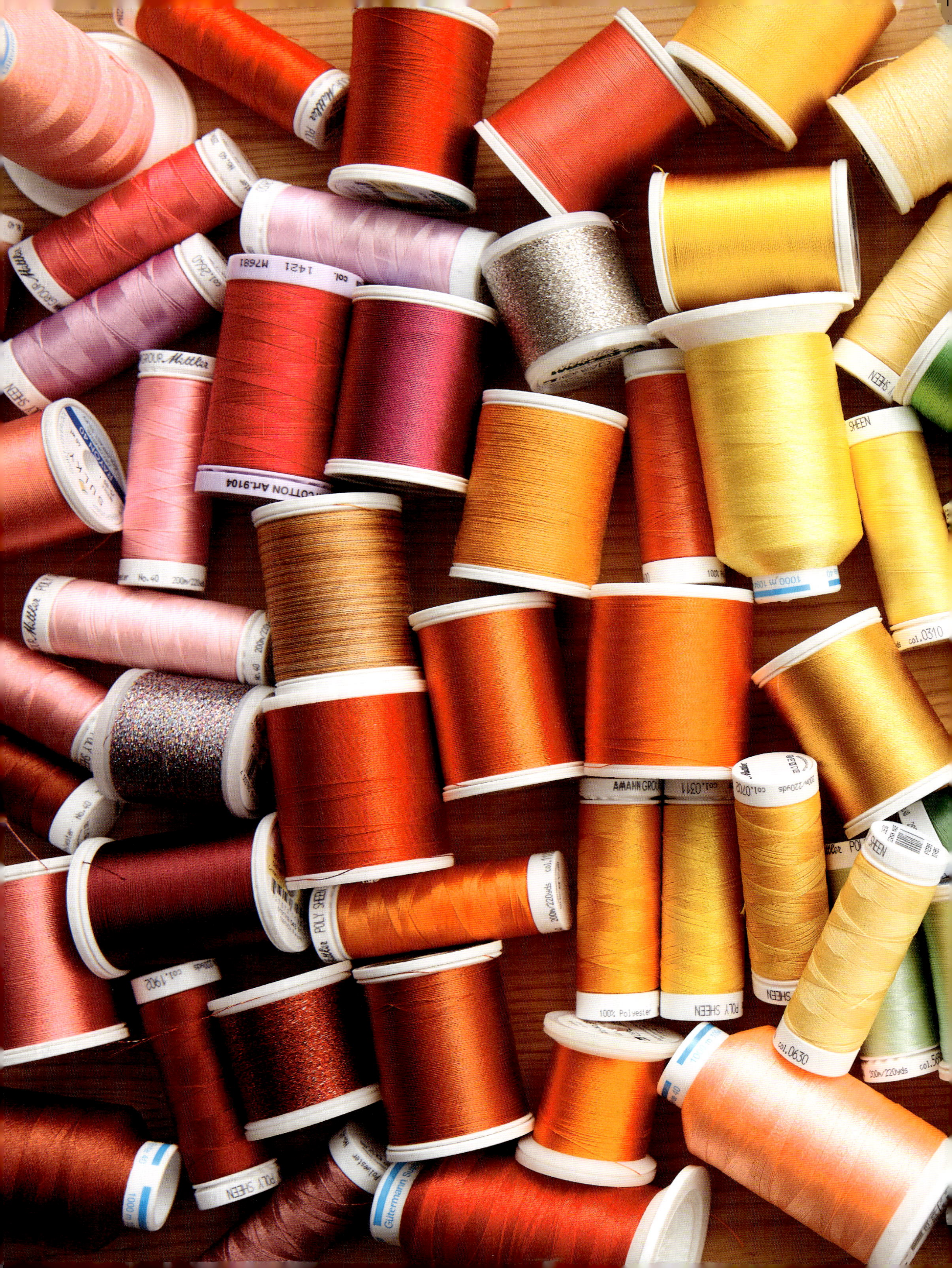
COTTON Art.9104
AMANN GROUP
col.0311
col.0310
col.0630
POLY SHEEN
100% Polyester
Gütermann